LA

NORMANDIE MONUMENTALE

ET

PITTORESQUE

Publication de la Librairie LEMALE & Cie, au Havre.

LA NORMANDIE MONUMENTALE
ET
PITTORESQUE
ÉDIFICES PUBLICS, ÉGLISES, CHATEAUX, MANOIRS, ETC.
CINQ VOLUMES GRAND IN-FOLIO CONTENANT DE 400 A 500 PLANCHES

Héliogravures de P. DUJARDIN, d'après les Photographies de E. LETELLIER, Paul ROBERT, H. MAGRON et DOUTHWAITE

TEXTE PAR UNE SOCIÉTÉ D'ARCHÉOLOGUES ET DE LITTÉRATEURS

CONDITIONS DE LA SOUSCRIPTION

OUVRAGE COMPLET

L'ouvrage complet comprendra cinq volumes grand in-folio, et contiendra de 400 à 500 planches en héliogravure.
Il est publié en livraisons, contenant chacune 2 ou 3 planches et 12 pages de texte.
Prix de la livraison, pour les souscripteurs à l'ouvrage complet, F. 4.50.
Il paraît environ une livraison par semaine.
Les livraisons qui dépasseront le nombre de 200 seront remises gratuitement aux souscripteurs.
Le nom de tout souscripteur qui en fera la demande sera imprimé sur son exemplaire en face du titre.
La liste des souscripteurs sera publiée à la fin de chaque volume.

VOLUMES SÉPARÉS

Chacun des départements de l'ancienne province de Normandie (Seine-Inférieure, Calvados, Eure, Orne et Manche) sera l'objet d'un volume séparé formant un tout complet.
Chaque volume comprendra de 80 à 100 planches en héliogravure et environ 500 pages de texte.
Il sera publié par livraisons, au nombre de 40 environ, contenant chacune 2 ou 3 planches et 12 pages de texte.
Prix de la livraison, pour les souscripteurs aux volumes séparés, F. 5.—.
Les livraisons qui dépasseront le nombre de 40 seront remises gratuitement aux souscripteurs.

VOLUMES TERMINÉS

Prix : 180 fr. pour les Souscripteurs à l'ouvrage complet.
200 » pour les Acheteurs de volumes séparés. } En feuilles réunies dans un carton.

SEINE-INFÉRIEURE. . . . . 476 pages de texte et 91 planches.
CALVADOS. . . . . 642 »   » 85 »
EURE. . . . . 564 »   » 83 »

ÉDITIONS DE BIBLIOPHILES

Il est publié deux éditions de *La Normandie monumentale* spécialement destinées aux bibliophiles :
A.) L'une est tirée, texte et planches, sur le papier de l'ouvrage, avec une deuxième suite de planches sur papier des manufactures impériales du Japon, grand format (57 centimètres sur 40).
Prix de la livraison de cette édition, F. 5.—, plus F. 3. — par épreuve sur Japon.
Prix du volume de la Seine-Inférieure, et de la deuxième suite de planches sur papier du Japon, F. 475.—.
B.) L'autre, rigoureusement limitée à 25 exemplaires numérotés de 1 à 25, est tirée, le texte sur papier de Chine fort, les planches sur papier des manufactures impériales du Japon, extra-fort, le tout grand format (57 centimètres sur 40). Épreuves d'artistes.
Prix de la livraison de cette édition, F. 15.—.
Prix de chaque volume, F. 600.—.

Les numéros 1 et suivants sont réservés aux souscripteurs de l'édition complète; les numéros 25, 24, 23, 22, etc., aux souscripteurs des volumes séparés.

MONOGRAPHIES SÉPARÉES	ÉPREUVES D'ARTISTES
Les livraisons dont la réunion pourra former une monographie distincte seront vendues séparément au prix de 6 francs la livraison.	Il sera tiré quelques épreuves des principales planches, sur papier du Japon, grand format. Le prix de ces épreuves sera de 8 francs l'une.

LA
NORMANDIE MONUMENTALE

ET

PITTORESQUE

ÉDIFICES PUBLICS, ÉGLISES, CHATEAUX, MANOIRS, ETC.

HÉLIOGRAVURES DE P. DUJARDIN

D'APRÈS LES PHOTOGRAPHIES DE HENRI MAGRON

ORNE

PREMIÈRE PARTIE

TEXTE

Par MM. ADIGARD, Jules APPERT, l'abbé P. BARRET, Eugène de BEAUREPAIRE, L. BUREL, Wilfrid CHALLEMEL, le Comte G. de CONTADES, Reynold DESCOUTURES, le Chanoine L. DUMAINE, Louis DUVAL, l'abbé L. HOMMEY, Eugène LECOINTRE, H. LE FAVERAIS, Gustave LE VAVASSEUR, Florentin LORIOT, Léopold MABILLEAU, l'Abbé C. MACÉ, l'Abbé MALLET, Alfred MONOD, le Vicomte du MOTEY, Henri ONFROY, le Chanoine J. ROMBAULT, Madame R. SCHALCK de la FAVERIE.

HAVRE
LEMALE & Cie, IMPRIMEURS, ÉDITEURS

1896

CHÂTEAU D'ALENÇON

LA NORMANDIE MONUMENTALE
ET
PITTORESQUE

ORNE

ARRONDISSEMENT D'ALENÇON

LE CHATEAU D'ALENÇON

Alençon a dû son importance à sa situation au confluent de deux rivières, la Sarthe et la Briante, sur les limites de deux provinces, la Normandie et le Maine. Il est à peu près certain que ce point stratégique fut occupé dès l'époque gauloise. On a trouvé sur son territoire diverses haches en pierre polie, et le musée de Rouen possède un demi-statère d'or armoricain, au type du sanglier, que l'on croit trouvé à Alençon.

Mais la construction du château qui fit d'Alençon une place forte importante au moyen âge, remonte tout au plus au Xe siècle.

Guillaume de Bellême, fils d'Yves de Creil, grand-maître des machines de guerre du roi de France, « *balistarius, magister balistarum* », dut le faire bâtir en même temps que le château de Domfront, lorsqu'il fut devenu seigneur de tout le pays, par la munificence du duc Richard de Normandie, qu'il avait réussi à arracher aux mains du roi de France (944).

Si l'on songe que, de père en fils, les Bellême se sont fait remarquer par des connaissances spéciales dans l'art militaire, on comprendra qu'ils ne tardèrent pas à faire d'Alençon, comme de Domfront, une place considérable. Dès l'année 1029, Guillaume de Bellême, dit Talvas, s'y croyait assez fort pour refuser l'hommage au duc de Normandie, Robert le Magnifique. Le duc fut obligé de rassembler toutes ses forces autour d'Alençon pour soumettre cet orgueilleux vassal. La place fut prise d'assaut et Talvas réduit à demander grâce au duc, pieds nus, en chemise, une selle sur le dos. S'il ne fut pas détruit de fond en comble dans cet assaut, le château d'Alençon a dû subir depuis des modifications telles qu'il ne peut être rien resté de la construction primitive.

Il est vrai que, dans une vue du château, dessinée en 1781, on remarque, sur une ligne parallèle à celle qu'occupe aujourd'hui la *Tour couronnée*, une autre tour moitié octogone, moitié ronde, nommée, par Odolant Desnos, la *Tour Giroie*, et dans laquelle, d'après cet historien, aurait eu lieu la mutilation atroce que Talvas fit subir au malheureux chevalier de ce nom, vers l'année 1040. La tour en question serait, par conséquent, antérieure à cette date; mais cette supposition est démentie par les caractères architectoniques de la tour qui, d'ailleurs, dans les anciens plans, ne porte pas le nom de *Tour du Chevalier Giroie*, mais bien de *Tour du Chevalier*.

Vers la même époque, le château d'Alençon fut pris de nouveau par Geoffroi Martel, comte d'Anjou, puis, en 1048, par Guillaume le Bâtard, duc de Normandie. Pour former le blocus, Guillaume éleva trois forts et, après s'être emparé du fort du boulevard de Sarthe, qui défendait le passage de la rivière du côté du Maine, fit couper pieds et mains à trente-deux soldats angevins qui le défendaient, et jeta leurs membres mutilés dans le château, en menaçant la garnison d'un pareil traitement. Les Angevins terrifiés se rendirent sans attendre l'assaut, et le duc mit garnison dans le château, qu'il restitua ensuite à Guillaume de Bellême.

Robert II de Bellême, surnommé le Diable à cause de sa cruauté, dut travailler alors à fortifier le château d'Alençon, comme les autres forteresses du pays. En guerre avec tous ses voisins, Robert est cité par les historiens comme le plus habile ingénieur de son temps. Au mois de janvier 1098, il avait décidé le roi d'Angleterre, Guillaume le Roux, à faire une incursion dans le Maine, pour y surprendre le comte Hélie, à la faveur de l'hiver; mais l'armée normande fut obligée de s'arrêter à Alençon, tous les ponts et tous les chemins qui conduisaient de la Normandie dans le Maine ayant été coupés.

« Robert, dit Odolant Desnos, fit aussitôt travailler à élever de nouvelles fortifications et à réparer les anciennes. Il fit creuser des fossés profonds, élever des palissades, des murailles, des boyaux et autres fortifications... Il fit tirer des retranchements ou lignes de communication d'une de ces places à l'autre. On en voit encore des vestiges sur la route de Saint-Remi-du-Plain, à Perrai, que les paysans du canton appellent les *Fossés de Robert-le-Diable*. »

Alençon, qui servait de quartier général à Robert de Bellême, devint alors, par la force des choses, une place de guerre de première importance.

La prise du comte Hélie par Bellême, au mois d'avril 1098, décida les seigneurs normands à tenter la conquête du Maine. Le rendez-vous des barons fut fixé à Alençon, pour le commencement de juin, et le roi d'Angleterre y fut rejoint par ses alliés de Bourgogne, de Flandre et de Bretagne, de sorte qu'il s'y trouva à la tête d'une armée de cinquante mille hommes.

Peu de jours après, l'armée normande entrait victorieuse dans le Maine, et, au mois de juillet, le roi était en mesure d'imposer au comte Hélie et à Foulque, comte d'Anjou, son allié, un traité humiliant. La défense des places conquises fut confiée à Robert de Bellême.

Cependant, dès l'année suivante (1093), le comte du Maine osait recommencer la guerre. A cette nouvelle, dont il fut informé par un courrier envoyé par Robert de Bellême, le roi passa de nouveau le détroit et se rendit à Alençon où son armée fut bientôt rassemblée. Après avoir réprimé cette tentative de révolte, le roi confia encore la défense du Maine à Bellême.

La mort de Guillaume le Roux faillit détruire l'unité de cette grande monarchie anglo-normande dont Alençon était un des boulevards principaux du côté du Maine.

Bellême, le véritable lieutenant du duc en Normandie, où il exerçait une autorité presque souveraine, dut subir le contre-coup des alternatives de haines et de rapprochements que l'intérêt et la voix du sang, la faiblesse du duc et la politique de Henri faisaient naître entre les deux frères. Il s'ensuivit une série de guerres qui désolèrent l'Alençonnais. Réconcilié un moment avec son frère, le duc Robert se déclara contre Bellême, et les nombreux ennemis que celui-ci s'était attirés par son caractère violent, en profitèrent pour se soulever de toutes parts. Trahi par Raoul d'Escures, abbé de Saint-Martin de Sées, qui en récompense reçut l'archevêché de Cantorbéry, Bellême se vit en outre dépouillé par le roi des immenses possessions qu'il avait en Angleterre. Rentré en Normandie, il se rendit à Alençon, « fit semondre tous les vassaux qui lui devaient le service militaire de se rendre auprès de lui, tant pour être en état de se venger de ses ennemis déclarés que pour reconnaître les ennemis secrets qu'il avait parmi ses propres sujets ».

Battu dans plusieurs rencontres, le duc Robert finit par faire la paix avec Bellême, auquel il confirma la donation des domaines dépendant de l'évêché de Sées. Réconcilié avec son suzerain, celui-ci se vit attaqué par Rotrou II, comte de Mortagne, gendre du roi d'Angleterre, et la guerre recommença avec plus de fureur que jamais. Serlon, évêque de Sées, saisit cette occasion pour lancer l'anathème contre ses turbulents diocésains ; mais il jugea prudent de passer le détroit peu de temps après, pour se soustraire à la colère de Bellême.

La lutte inégale engagée entre le roi d'Angleterre et le duc de Normandie, soutenu par Bellême, devait se terminer par la bataille de Tinchebray (1106).

Cependant, à peine en paix avec le roi, Bellême avait recommencé la guerre contre le comte de Mortagne, bravant de nouveau les foudres de l'évêque de Sées, qui l'excommunia une seconde fois; peu de temps après, il organisait un soulèvement général en Normandie en faveur de Guillaume Cliton, fils du duc Robert. Le roi, instruit de ses manœuvres, le fit citer à sa cour pour rendre compte de l'administration des vicomtés d'Argentan, d'Exmes et de Falaise ; mais il ne jugea pas à propos de s'y présenter et conclut une alliance avec le roi de France et avec le comte d'Anjou, qui lui confia le commandement des troupes angevines et mancelles, destinées à opérer en Normandie. Le comte de Mortagne, son ennemi personnel, eut de son côté le commandement des troupes du roi d'Angleterre. Finalement, après quelques succès, Bellême envoyé comme ambassadeur par le roi de France auprès du roi d'Angleterre, fut arrêté à Bonneville-sur-Touques (1112), condamné par la cour de l'Échiquier et jeté dans une prison, où il finit ses jours.

La confiscation des biens du condamné fut la conséquence de cet arrêt, et le roi mit le siège devant Alençon, qui fut défendu par Geoffroi et Ade Soro, auxquels Bellême en avait confié la garde ; mais, au bout de quelques jours de résistance, la place fut forcée de capituler.

* *

Peu d'années après, une nouvelle ligue des seigneurs normands, aidés du roi de France et du comte d'Anjou, se forma en faveur du fils de Bellême, nommé Guillaume Talvas et, dans le cours de la guerre qui suivit, Alençon servit encore une fois de quartier général au roi d'Angleterre, qui y rassembla toutes les forces de la Normandie pour marcher au secours du château de la Motte-Gautier, assiégé par les Angevins.

Alençon, Sées, la Roche-Mabile, et toutes les anciennes possessions de Bellême furent abandonnées à Thibaud, comte de Blois, qui les céda à Étienne, comte de Mortain, son neveu. Ce nouveau seigneur ayant vivement indisposé contre lui les habitants d'Alençon, ceux-ci introduisirent dans la ville le comte d'Anjou qui s'y maintint, mais sans pouvoir s'emparer du château. Le roi d'Angleterre, qui était dans le voisinage, occupé à réparer les forteresses de Moulins et de Bons-Moulins, réunit aussitôt toutes les forces qu'il avait sous la main pour investir l'armée assiégeante, campée entre Hertré et le château, au lieu dit le *Champ de bataille*. Le roi d'Angleterre éprouva dans cette rencontre une défaite complète et fut forcé de se retirer en désordre vers Sées, harcelé par l'armée angevine (décembre 1118).

Le lendemain, après avoir fait célébrer une messe d'actions de grâces dans l'église du prieuré de Saint-Isiges, le comte d'Anjou recommença plus vivement l'attaque du château. Les habitants lui indiquèrent un conduit souterrain qui traversait la ville et portait l'eau de la Sarthe dans le château; il intercepta cette communication, et la garnison fut forcée de se rendre le troisième jour.

Le danger que le roi d'Angleterre avait couru à la bataille d'Alençon, le décida à faire la paix avec le comte d'Anjou, auquel il demanda la main de sa fille pour son fils Guillaume (juin 1119). Guillaume Talvas fut, en conséquence, établi dans la possession d'Alençon, de Vignats, de Sées, d'Almenèches et de toutes les autres places qui avaient appartenu à son père. Le roi ne se réserva que la liberté de tenir garnison dans les donjons.

* * *

Ici se place la question de l'origine du comté d'Alençon et de la construction du donjon. Guillaume Talvas, fils de Robert de Bellême, paraît avoir hérité du titre de comte de Ponthieu en 1105, à la mort d'Agnès, comtesse de Ponthieu, sa mère. Il prit dès lors le titre de comte d'Alençon. La première mention de l'Alençonnais se trouve dans une charte de Jean sans Terre, de l'année 1199, contenant octroi de privilèges aux bourgeois d'Alençon et de l'Alençonnais *(de Alenchoneio)*. Quant au donjon, les chroniqueurs nous apprennent qu'il fut rebâti à neuf par le roi d'Angleterre, Henri Ier. Or il est à remarquer que dans la vue du château citée plus haut, la partie inférieure de la maçonnerie présente l'aspect de l'appareil en épis ou à arêtes de poisson qui caractérise la période romane. On attribue au même roi la construction de fortifications considérables à Argentan.

En 1135, le roi Henri fit une descente en Normandie pour réprimer une menace de révolte de Guillaume Talvas, parcourut l'Alençonnais et soumit le château d'Alençon. Cette malheureuse ville avait été presqu'entièrement réduite en cendres par le feu du ciel l'année précédente. On sait que le roi Henri Ier mourut au mois de décembre 1135. Cette mort fut le signal d'une nouvelle guerre dont l'Alençonnais eut sa large part. « Chaque seigneur mit en état de défense ses châteaux, les fortifia, en bâtit de nouveaux, en sorte que la Normandie fut bientôt remplie de forteresses. »

Vers le milieu d'octobre 1136, Geoffroi le Bel, comte d'Anjou, époux de l'impératrice Mathilde, fille et unique héritière de Henri Ier, rejoignit à Alençon le comte Guillaume Talvas et alla assiéger Carrouges, qui fut pris au bout de trois jours, mais ne tarda pas à retomber au pouvoir du comte de Mortain. Après avoir soumis plusieurs châteaux d'alentour, non sans avoir éprouvé des pertes sérieuses, le comte d'Anjou, en repassant par Alençon, fut, dit-on, attaqué dans les bois de Malêfre par une troupe de brigands qui tuèrent son chambellan et pillèrent ses équipages. De son côté, l'évêque de Séez, prenant parti contre Mathilde et ses adhérents, lança un interdit sur les terres du comte d'Alençon, « en sorte qu'on n'y faisait plus de service divin, l'entrée des églises y était défendue aux laïques, le son des cloches ne s'y faisait plus entendre, on n'y faisait plus de mariages, et l'air était infecté par les cadavres qui restaient sans sépulture ». La guerre recommença l'année suivante ; le comte d'Alençon y fut fait prisonnier par Rotrou, comte du Perche, et n'obtint sa liberté qu'en 1141, époque où le comte d'Anjou fut reconnu roi d'Angleterre par tous les seigneurs normands.

Le comte d'Alençon et ses sujets jouirent alors d'une tranquillité complète jusqu'en 1165. Le roi d'Angleterre Henri II, craignant une révolte des Manceaux, exigea alors du comte qu'il lui remît les forteresses d'Alençon et de la Roche-Mabile. Quelques années après, ce roi, par surcroît de précaution, fit creuser de profondes tranchées sur les frontières du Maine et du Perche. « On en voit encore des vestiges, qu'on appelle *Tranchées ou Fossés-le-Roi*, que l'on a pu confondre avec les *Fossés de Robert-le-Diable*. »

Henri II gardait toujours Alençon en son pouvoir, lorsqu'en 1173, le jeune Henri, son fils, résolut de s'en emparer, avec l'aide du comte Jean, fils et héritier de Guillaume Talvas. Parti inopinément de Chinon vers la mi-carême, il arriva le lendemain à Alençon, ne fit qu'y coucher et courut à Argentan et à Mortagne pour entraîner dans son parti les officiers du roi. Celui-ci, à la nouvelle du départ de son fils, s'était mis à sa poursuite avec tant de rapidité qu'il put entrer à Alençon le soir même du jour où le jeune prince en était sorti. Il y resta jusqu'après les fêtes de Pâques et y tint cour plénière.

En 1177, une nouvelle révolte força Henri II à rassembler toutes ses troupes à Alençon, où il se rendit lui-même le 3 octobre. La guerre recommença l'année suivante, et c'est encore dans cette ville qu'eut lieu le rendez-vous de l'armée royale. Après avoir éprouvé plusieurs revers dans cette campagne, le vieux roi, accablé de chagrin, mourut à Loches à la fin de cette année.

Son fils Richard Cœur de Lion résida souvent à Alençon, qui continua à être dans la main du roi. A l'Échiquier de 1180, Robert Valeis, Raoul l'Abbé et Durand, prévôt, rendirent compte de la ferme de la vicomté et de la prévôté d'Alençon. La garde des châteaux d'Alençon et de la Roche-Mabile était confiée à Fouque Paienel, qui recevait, à cet effet, une somme de 300 livres par an, comme on le voit par les comptes de 1180 et de 1184. C'est dans cette ville qu'eut lieu l'assemblée générale des barons, convoqués par le sénéchal de Normandie pour délibérer sur les moyens de délivrer Richard Cœur de Lion, retenu prisonnier par le duc d'Autriche. A son retour, ce prince passa plusieurs jours à Alençon. Dans le compte de 1195 est portée la dépense faite par les chevaux du roi à Alençon. En 1198, Raoul l'Abbé continuait à avoir la garde du château d'Alençon, du jardin et du parc. La même année on travailla à la fortification du château et 65 livres y furent employées.

Dans la guerre qui éclata bientôt entre Jean sans Terre et Philippe-Auguste, Robert, comte d'Alençon, fut un des premiers seigneurs normands qui se déclarèrent pour le roi de France. Jean sans Terre, pour l'en punir, fondit sur Alençon avec une armée; mais Philippe-Auguste, de son côté, fit avancer des troupes au secours de cette place et, aidé des chevaliers français assemblés à Moret pour prendre part à un tournoi, auxquels il dépeignit les plaines d'Alençon comme le champ le plus honorable où ils pussent déployer leur valeur, contraignit le roi d'Angleterre à lever le siège, abandonnant ses machines de guerre, ses tentes et ses munitions.

Le comté d'Alençon, érigé en apanage en faveur de Pierre, fils de saint Louis, qui y séjourna plusieurs fois, jouit pendant plus d'un siècle d'un calme qu'il n'avait pas encore connu. Le comte

Pierre et Jeanne de Châtillon, sa femme, ont laissé à Alençon des souvenirs de bienfaisance; ils dotèrent l'hôpital et la léproserie et firent des legs « as pouvres mesnagers, as pouvres pucelles et as pouvres gentils-fames de la terre d'Alençon ».

∗ ∗ ∗

La guerre de Cent ans ouvrit une nouvelle période de calamités. Amand de Cervoles, dit l'Archiprêtre, un des chefs des Grandes Compagnies, était à la tête des vassaux du comte d'Alençon; Loquet, autre chef des Grandes Compagnies à la solde du roi de Navarre, ravageait le pays environnant. Jean Boullet, bailli d'Alençon et du Perche, était gouverneur des forteresses du comté. Craignant qu'Alençon ne fût attaqué par les Navarrais et les Anglais, il fit raser, en 1357 et 1358, les faubourgs d'Alençon, le prieuré de Saint-Isiges, au faubourg de Lancrel et l'Hôpital, situé à Monsort, pour empêcher l'ennemi de s'y établir. Il fit en même temps réparer les fortifications.

Quelques écrivains ont avancé qu'Alençon fut attaqué par les Anglais en 1399, et vaillamment défendu par Jean d'Archères, chevalier ; mais le fait ne paraît pas suffisamment établi. Ce qui est certain, c'est que le comte Jean, ayant pris parti pour les Armagnacs, le connétable de Saint-Paul, en 1412, mit le siège devant Saint-Rémy-du-Plain et que les Alençonnais, au nombre de huit cents hommes de vieilles troupes, plus sept à huit cents bourgeois ou paysans, essayèrent vainement de l'en débusquer. Croyant surprendre le connétable, ils tombèrent sur les avant-postes en poussant leur cri de guerre : *Alençon! Alençon!* mais ils y furent reçus par les troupes rangées en bataille, aux cris de *Ribaudaille! Ribaudaille!* et furent taillés en pièces.

∗ ∗ ∗

A la suite d'Azincourt, où périt le comte Jean, nouvellement créé duc et pair, la Normandie fut envahie par les Anglais qui, prenant Alençon à revers, vinrent camper à Monsort, de l'autre côté de la Sarthe, au lieu dit le Champ-du-Roi (1417). Jean d'Aché, *le Petit Galois*, commandait le château. C'était un des hommes les plus braves de son temps; mais n'ayant qu'une faible garnison et n'étant pas secouru, il fut forcé de capituler le 22 octobre. Le roi d'Angleterre demeura à Alençon depuis cette époque jusqu'au mois de décembre. Il y établit une administration civile et militaire. Scintale fut nommé bailli d'Alençon, Talbot, commandant des marches de Normandie, et Arondel son lieutenant. L'année suivante, une conférence eut lieu à Alençon entre les commissaires du Dauphin et ceux du Régent qui refusèrent toute proposition d'accommodement. La guerre recommença, et le jeune duc d'Alençon, Jean II, y prit une part glorieuse. A la suite de la reprise de Verneuil, fait prisonnier par Bedford, qui avait pris le titre de duc d'Alençon, il refusa la proposition qui lui fut faite de rentrer en possession de ses terres s'il voulait reconnaître le roi d'Angleterre. Il préféra payer une rançon de 300,000 écus d'or et vendre toutes ses possessions de Bretagne, tous ses meubles, tous ses bijoux. Il fut un des premiers à deviner l'inspiration patriotique qui fit d'une bergère de Domrémy la libératrice de la France.

En 1424, le fameux Jean Falstoff avait été nommé capitaine d'Alençon. Ambroise de Loré ayant repris Saint-Cénery, Français et Anglais se livrèrent des combats continuels autour d'Alençon, qui put même être occupé quelque temps par les Français. Mais Talbot ne tarda pas à y rentrer, et de cette place il dirigea jusqu'à trois attaques contre Saint-Cénery. Le comte d'Arondel organisa même un siège en règle contre cette place. Le 17 février 1432, Guillaume Fortin, vicomte d'Alençon, paya aux maçons employés « au siège de Saint-Célerin », pour faire pierres à bombardes, canons et couleuvrines, la somme de 70 livres, suivant les certificats donnés « par Cloucestre, escuyer, maistre des ordonnances et artilleries du Roy » (1). Les habitants du pays furent alors mis continuellement en réquisition, soit pour les travaux nécessaires à la défense des places, soit pour le transport des munitions et des approvisionnements. Au mois d'octobre 1435, les habitants d'Hellou furent obligés de fournir des provisions de vivres aux « souldaiers d'Alençon ».

On fit alors des travaux très importants au château. Le 21 juin 1438, Guillaume Milles dit le Tailleur, maistre des œuvres et réparations du roi en la vicomté d'Alençon, approuve les travaux faits par les charpentiers aux ordres de Thomas Buhéré, qui ont « rouczé et planché de carreaulx une chambre basse estant soubz la maison naguaires faicte de neuf au chastel d'Alençon nommée la garde-roble. Item ont changé deux poulies, mis roucz et planché semblablement de carreaulx unes galleries par lesquelles on va d'une des chambres dudit chastel joignant à la dite maison de la garde-roble, à unes chambres aisées, estant au devant d'icelle chambre, et par lesquelles galleries hons monte par ung degré sur le hourdeys du mur dudit chastel qui est en droit le pont du boullivert du parc ».

On voit par d'autres certificats du même architecte, en date du mois de juin, que l'on employa en outre sept pipes de chaux aux réparations du château, de la chaussée (2) de l'étang qui l'entourait et de la halle à la boucherie. On travailla aux couvertures, on fit faire deux cent trente-huit pieds de gouttières, dont 60 autour de la salle du donjon, 74 entre deux chambres « aboutant à l'auloge », 64 sur les chambres joignant la grande salle du château, du côté du préau, 40 sur les galeries faites de neuf pour communiquer avec la garde-robe. On fit couvrir de doubliers ces gouttières. Thomas d'Yrchill était alors vicomte d'Alençon et Henri Bedford, bailli.

Le 17 octobre 1441, les clés du château furent remises à Richard de Wydeville, chevalier, par Jehan Parlier, connétable dudit lieu, commis de Hwe Stanlawe, escuyer, lieutenant de monseigneur le comte de Dorset, capitaine d'Alençon, pendant son absence. Le 21 octobre, le même Stanlawe était de retour à Alençon, après une chevauchée en Normandie, et le 23 il remit de nouveau les clés du château à Richard de Wydeville, en présence de gens notables.

On voit par un mandement du roi d'Angleterre, Henri VI, que les émoluments de cette charge étaient considérables. Richard de Wydeville avait sous ses ordres les gens d'armes et de trait pour la garde des châteaux de Frênai et d'Alençon, et, en cette qualité, il toucha, le 4 avril 1445, une somme de 12,000 livres, tant pour ses bons services, que pour dépenses faites pour la défense de ces places.

En 1448, le roi d'Angleterre prévoyant une attaque prochaine des Français, obligea les habitants d'Alençon à réparer les fortifications de leur ville, et leur donna à cet effet un droit d'octroi sur le sel.

L'année suivante, le duc Jean d'Alençon, après s'être emparé des châteaux d'Essai et de Boitron, fut introduit dans la capitale de son duché par les quatre échevins, avec le concours des habitants. Surpris pendant la nuit à la porte de Lancrel, les soldats qui étaient occupés à garder cette porte furent taillés en pièces; un petit nombre d'entre eux parvint à se réfugier dans le château. Nicolas

---

(1) *Archives de l'Orne*, A., 408.
(2) Cette chaussée a donné son nom à une rue qui longe la Place d'Armes.

Morin, qui y commandait pour les Anglais, après s'être défendu pendant quelques jours, demanda à capituler et obtint la liberté de se retirer, vies et bagues sauves (septembre 1449).

Rentré dans ses domaines, le duc d'Alençon n'eût dû, ce semble, qu'aspirer à jouir des douceurs d'un repos acheté au prix de tant de fatigues et de périls. Ce prince avait le goût des arts, de la poésie, des jouissances du luxe. Il avait, dit une chronique, vingt-quatre chantres ou musiciens, une écurie garnie de vingt-quatre magnifiques chevaux, vingt-quatre haquenées blanches pour la duchesse, la plus belle meute et le plus bel équipage de chasse qu'on pût trouver. Cependant, au milieu de tous ces plaisirs, le duc ne se trouvait pas heureux. Démentant son passé et trop docile aux suggestions perfides des conseillers qui exaltaient sa colère contre Charles VII, il entra en correspondance avec les Anglais. Déclaré coupable de haute trahison, il obtint cependant du roi Louis XI d'être rendu à la liberté. Mais il ne tarda pas à être le jouet de nouvelles intrigues. Ayant conclu avec le duc de Bretagne le traité de Pouancé, par lequel il s'obligeait à rétablir le frère du roi dans la possession de la Normandie, il mit Alençon et ses autres places en défense et y établit son fils René, comte du Perche, comme capitaine. Le 11 octobre 1467, il y introduisit les archers ou gardes du corps du duc de Normandie, sous les ordres d'Artus de la Forêt. Quelques jours après, vingt hommes d'armes avec leurs archers et coutilliers bien armés, y arrivèrent sous le commandement de Jean de Launay. Jean de Laval y amena enfin, le 4 novembre, un corps de chevau-légers et autres gens de guerre.

Louis XI, informé de ces préparatifs, rassembla toutes ses forces. Les défenseurs d'Alençon craignant que les francs-archers envoyés par Louis XI ne se logeassent dans les faubourgs, firent mettre le feu à quelques maisons de la porte de Sées. Le même jour l'alarme fut donnée au quartier de Montsort. La nuit suivante, les bêtes fauves du parc, effrayées de ces mouvements, se jetèrent sur le poste de Lancrel, qui se crut attaqué. On brûla alors le faubourg de Montsort et les autres faubourgs. Le 27 novembre, une sortie furieuse eut lieu, mais fut repoussée sur le chemin d'Essay.

Louis XI y vint en personne avec le cardinal La Balue, et l'artillerie, tirée du parc d'Orléans, allait battre les remparts, lorsque le roi manda secrètement au comte du Perche, que s'il se séparait de la ligue de ses ennemis, il n'aurait pas à s'en repentir. En vertu d'un traité conclu en son nom, le 31 décembre, le comte du Perche s'engagea à faire chasser les Bretons de la ville et à embrasser le parti du roi. Aidé des habitants, très mécontents des soldats bretons, il parvint à se débarrasser d'eux, de sorte que le château fut remis au roi le 2 janvier 1468.

Rentré en grâce auprès du roi, le duc Jean II fut bientôt accusé de nouveau, par ses espions, d'intelligences avec ses ennemis et emprisonné.

En même temps, le duché d'Alençon fut saisi par le roi, qui vint lui-même dans cette ville en prendre possession, au mois d'août 1472. On sait quel grave accident faillit lui arriver au milieu des fêtes qu'occasionna sa présence. En rentrant au château, au sortir de la messe, une pierre se détachant de dessus la porte qui communiquait avec le parc, tombe sur lui, emportant un morceau de sa robe de camelot tanné. Le roi se met à genoux en se signant, baise la terre, et ramassant la pierre avec le lambeau déchiré de son vêtement, fait vœu de les offrir en *ex-voto* au bienheureux saint Michel. Aussitôt la consternation se répand dans la ville ; on impute l'accident à un complot tramé contre les jours du roi ; chacun tremble d'être impliqué dans les poursuites dirigées contre les coupables. Ceux-ci, heureusement, ne tardèrent pas à se faire connaître. Le roi se les fait amener par le grand prévôt et veut les interroger lui-même. C'était un page avec sa maîtresse qui, voulant voir passer le roi et son cortège, s'étaient postés à une ouverture percée dans la muraille au-dessus de la porte. Soit en folâtrant, soit en se penchant pour regarder, la dame, avec sa robe,

CHÂTEAU D'ALENÇON

avait détaché la pierre qui, par une fatalité extraordinaire, était venue tomber juste sur le vêtement du roi.

Louis XI, qui avait parfaitement conservé son sang-froid, se contenta d'infliger à ces étourdis quelques mois de prison bien mérités, réservant les rigueurs de sa justice, trop souvent sommaire, pour ceux qu'il regardait comme criminels d'État. Il accorda plusieurs privilèges aux bourgeois d'Alençon, qui tremblaient toujours d'être inquiétés à cause du page, et alla faire son pèlerinage à l'église du Mont-Saint-Michel, où il fit suspendre la pierre et le morceau de camelot aux pieds du crucifix. Quant aux possessions du duc d'Alençon, dont la confiscation avait été prononcée, il jugea bon de les garder et en confia le gouvernement à Jean de Daillon, vicomte du Lude, qu'il nomma capitaine d'Alençon et d'Argentan. Il fit démolir la culasse du château d'Alençon et combler les fossés. Le comte du Perche, à son tour, ne tarda pas à tomber dans les mêmes pièges que son père. Entouré d'espions et d'agents provocateurs, il fut dénoncé au roi comme un ennemi déclaré et condamné à la prison perpétuelle. Il ne recouvra sa liberté qu'à l'avènement de Charles VIII.

*
* *

Les noms des duchesses d'Alençon, Marguerite de Lorraine et Marguerite de Navarre, rappellent des souvenirs connus de tous. Ces noms parlent assez d'eux-mêmes, et l'on comprend que l'on pourrait trouver sans peine dans les souvenirs qu'ils évoquent le sujet de développements pleins d'intérêt.

Mais nous ne croyons pas nous écarter de notre sujet en donnant ici le procès-verbal *in extenso* de l'installation du capitaine du château d'Alençon, le 25 juillet 1527.

« Jacques Pilloys dit de Montigny, seigneur du lieu et cappitaine du chasteau d'Alençon, s'est, en notre présence et des témoings soubsignés, comparu et présenté devant la porte dudit chasteau. Dit et déclare à noble puissant seigneur, messire Jehan Poussart, sieur de Sées, que puis naguères il avoit pleu aux Roy et Royne de Navarre le pourveoir dudit office de cappitaine dont il n'avoit encores prins pocession, requérant audit sieur de Sées luy faire délivrer et bailler les clefs dudit chasteau pour prendre ladite pocession. Lequel sieur de Sées a faict venir Zacharie Sorey, portier dudict chasteau, auquel il a demandé lesdites clefs, que ledict portier lui a présentement baillées, et par après les a, iceluy seigneur, baillées audit cappitaine. Celà faict, après avoir icelluy cappitaine, receu les dictes clefs, rendues audict portier pour les luy garder, est icelluy cappitaine, en la présence dudict sieur de Sées et les autres témoings soubsignés présents, entré audict chasteau, au portail duquel il a trouvé jusques au nombre de sept pièces d'artillerye, cinq de fonte et deux de fer, et les aucunes dégarnies de bonettes. Et dudict portail s'est ledict cappitaine transporté, en la présence que dessus jusques en la grande salle dudict chasteau, où il a trouvé cinq autres grosses pièces d'artillerye, toutes de fer. Toutes lesquelles pièces d'artillerye, en nombre de douze, il a prinses en sa garde, à charge de dire et déclarer qu'elles appartiennent et deppendent de son dit office. Et d'icelles a déchargé Marin Morel, tapicier, présent, à quoy, comme il a dit, elles ont esté avecques les autres biens estans audict chasteau baillées par l'ancien temps, déclarant ledict tapicier que d'aucuns autres meubles il ne se dessaisiroit, qu'il en estoit et est responsable, et partant a ledit cappitaine prins pocession dudit office. Et de tout ce que dit est nous a demandé lettres que luy avons accordées et permis luy servir. Présents à ce Innocent le Coustellier, chevalier, vicomte d'Alençon; Nicolas le Tessier, receveur audit lieu; Richard Bouvier et plusieurs autres tesmoings (1). »

***

Pendant les guerres de religion, le capitaine Brucourt s'empara du château d'Alençon, en introduisant ses gens dans la ville par la *Sente à l'Anier*, qui conduisait au moulin de Lancrel. Brucourt fut obligé, peu de temps après, d'évacuer la ville, qui servit de lieu de ralliement à François duc d'Alençon, frère de Charles IX, au roi de Navarre et au prince de Condé, qui y formèrent une armée de trente mille hommes dont le commandement fut donné au duc d'Alençon. Le duc d'Alençon réclama le droit de nomination des gouverneurs de la ville et du château, et défense fut faite à Matignon d'exercer aucune autorité. C'est à Alençon, dont la moitié des habitants étaient alors protestants, qu'en 1576, Henri IV abjura solennellement la religion catholique. Quant au duc François, devenu suspect à la reine-mère, il ne tarda pas à se retirer de nouveau à Alençon, où il vendit aux bourgeois une partie des remparts, jusqu'aux places publiques, dans le but de se procurer de l'argent pour son expédition de Flandre. La reine-mère, alarmée, se rendit à Alençon avec la reine Margot, femme du roi de Navarre. De grandes fêtes eurent lieu dans cette ville, à cette occasion, et les princesses y restèrent huit jours.

***

Pendant la Ligue, c'est à Alençon que Montpensier réunit les gentilshommes dévoués à la cause royale, pour attaquer les partisans des Guise qui dominaient dans les villes voisines. La rivalité qui existait entre Renty, gouverneur de la ville et le gouverneur du château, donna lieu à un crime qui peint bien les mœurs du temps. Renty fit courir le bruit que le gouverneur du château voulait livrer cette place aux ligueurs. Des protestants, surexcités par cette fausse nouvelle, le poignardèrent un soir qu'il se rendait chez Jean de Frotté, seigneur de Couterne. Renty, par ce crime, gagna la place de capitaine du château, qu'il ne posséda pas longtemps.

Le duc de Mayenne ayant alors paru devant Alençon avec une armée, brûla le faubourg de Lancrel, pénétra dans la ville, battit le château pendant quatre jours, et força Renty à capituler. A sa place, il nomma Lagau gouverneur. Quant aux bourgeois, outre le payement d'une forte contribution de guerre, ils furent contraints de jurer de vivre et mourir pour la sainte Ligue qu'ils détestaient, autant les catholiques que les huguenots. Ils firent même diverses tentatives pour s'emparer du château. Hertré, ayant corrompu trois soldats de la garnison, put pénétrer la nuit dans le parc avec plusieurs bourgeois, et était sur le point d'arriver jusque dans la place lorsqu'il fut découvert. Trois bourgeois et deux soldats furent pendus. Une seconde tentative eut le même résultat. Enfin, après la prise du Mans, le capitaine Hertré fut chargé de faire le siège d'Alençon. On s'empara d'abord de Montsort, puis l'investissement commença et fut terminé le 1ᵉʳ décembre; mais l'artillerie, amenée

(1) *Reg. des tabellions d'Alençon*, 1526-1527. Étude de la rue aux Sieurs.

du Mans par Biron, n'arriva que le 15, les chemins étant tellement défoncés qu'il fallait traîner les pièces des lieues entières sur des claies. On fut bientôt maître des faubourgs. C'est par celui de Montsort que les Anglais qui servaient dans l'armée d'Henri IV pénétrèrent dans l'enceinte de la ville. Au moyen de grappins attachés à des cordes lancées avec force, ils parvinrent à accrocher le pont-levis qui communiquait à la forteresse du Boulevard, l'abattirent et s'en emparèrent. Lagau fut obligé de se retirer dans le château avec la garnison, réduite à trois cents hommes. Biron, pénétrant alors dans la ville, y fit dresser une batterie qui commença à foudroyer la place. Henri IV arriva le 23; il trouva tous les ouvrages avancés ruinés; mais l'eau qui environnait le château formait un obstacle qui retarda l'assaut.

La Fayole, commissaire de l'artillerie, en vint à bout après avoir reconnu, la nuit, à l'aide d'une lanterne sourde, la chaussée qui retenait l'eau, et qui était couverte par une tour ; il y fit pointer le canon, et au lever du jour les fossés se trouvèrent à sec. Sommé de remettre la place, le gouverneur se rendit et obtint les honneurs de la guerre pour lui et pour sa garnison. Henri IV donna le gouvernement du château au brave Hertré, avec trois cents hommes de garnison; la défense des remparts fut laissée au courage des habitants.

Quelques temps après, Hertré sortit d'Alençon, pour aller débusquer du château d'Essay, Jean Mallard qui, à la tête d'une troupe de paysans, connus sous le nom de Lipans, portait la terreur dans les environs. Hertré, à la tête de la noblesse des environs, réussit de même à s'emparer de Mamers dont une partie fut incendiée (1590).

Ce serait vers cette époque que Henri IV aurait mangé à Alençon la dinde légendaire figurée, dit-on, comme pièce honorable *(une dinde en pal)* dans les armoiries octroyées à un petit bourgeois de cette ville, anobli à la suite du bon souper offert au roi, descendu incognito dans la maison d'Ozé. Malheureusement, il en est de cette légende héraldique comme de beaucoup d'autres que l'on raconte sur Henri IV, à Domfront, à la Rochelle et ailleurs.

La démolition du corps du château fut commencée en 1602, par Henri IV, qui ordonna de conserver seulement le donjon. Une partie des matériaux servit aux Capucins à bâtir leur église. Cette place avait pourtant encore une certaine importance, puisqu'en 1620 la reine-mère s'y croyait assez forte pour tenir tête au roi son fils. Le 20 juillet 1620, l'avant-garde de l'armée royale, commandée par le marquis de Créquy, arriva devant Alençon. François de Faudoas, dit d'Averton, gouverneur de la ville pour Marie de Médicis, duchesse d'Alençon, prit le parti prudent de se retirer sans résistance, et l'armée royale prit possession de la ville et du château, dans la nuit du 20 au 21. Cet événement a été célébré emphatiquement par Le Hayer du Perron, dans son poème des *Palmes du Juste*, composé en l'honneur de Louis XIII :

« Dans ce fameux enclos tu n'as point d'adversaires, »

dit-il au roi,

« Ses tours, ses bastions, son donjon, ses remparts
Ne disputèrent point contre ton entreprise.
Cette illustre cité que le ciel favorise,
Qui se rend formidable à tes fiers ennemis,
S'en va jusqu'au devant de tes troupes soigneuses,
Reçoit à bras ouverts ces âmes généreuses.
Elle adore son prince..... »

Non contents d'aller au-devant des troupes royales, les bourgeois d'Alençon défoncèrent leurs tonneaux en l'honneur de ses soldats ; car, dit le poète :

« Bacchus, dans ses tonneaux, eût crevé de colère
Si son jus, gracieux à cette troupe chère,
N'eût servi de nectar. »

Cependant le roi Louis XIII, insensible à leurs démonstrations de dévouement, ne daigna pas entrer dans la ville. Non seulement, d'après Le Hayer, le peuple en versa des pleurs, mais :

« La Sarthe en fut émue,
Elle s'en desborda pour montrer ses douleurs. »

Pendant la Fronde, Alençon eut à subir une dernière alerte; on craignit d'être attaqué par les soldats de Condé : on répara les fortifications, on munit le château. Cependant les partisans du prince, nombreux dans le pays, n'osèrent attaquer la ville, qui put fournir au roi un corps de troupes important, pour délivrer le pays des ravages des révoltés.

*
* *

L'heure fatale avait sonné pour le donjon d'Alençon. Désormais, sans utilité au point de vue militaire, n'ayant plus pour le défendre que les souvenirs historiques attachés à sa masse imposante et que le goût malheureusement peu éclairé des contemporains, cet antique monument était condamné à périr. En 1637, les Jésuites d'Alençon, ayant besoin de pierres pour bâtir leur Collège, obtinrent de la reine-mère, duchesse d'Alençon, l'autorisation de se servir des matériaux provenant des démolitions. Le Parlement, il est vrai, leur fit défense de toucher au donjon, murailles, masures, matériaux ni démolitions quelconques (1). Ils revinrent à la charge en 1673, grâce à l'influence qu'ils exerçaient sur l'esprit de la duchesse de Guise. Les maire et échevins n'obtinrent qu'à grand'peine que la donation fût révoquée ; le pignon de l'église du Collège fut bâti avec les matériaux provenant de la porte de Lancrel et des murailles de la ville qu'ils firent démolir sur une longueur de plus de 48 pieds (1679-1682).

Un médecin nommé Rosseau, qui vint à Alençon par ordre du roi, à l'occasion d'une épidémie, qualifiée de « maladie extraordinaire, dont la plupart des habitants étaient attaqués », obtint en 1717, à titre de récompense, la concession d'un logement dans les ruines du château qui avait toujours un concierge. En 1731, l'intendant écrivait qu'on ne pourrait jamais le faire servir à aucun usage public (2).

Un arrêt du Conseil permit la démolition du donjon. On commença par les belles pierres du couronnement. Le comte de Rânes, gouverneur d'Alençon, s'y opposa et retarda ainsi cette destruction; mais en 1773, l'ingénieur en chef fit adopter un projet d'appropriation de cette forteresse à usage de prison. Par malheur, dans la construction des voûtes nécessitées pour l'établissement de nouveaux étages, on ne prévit pas que la poussée de ces voûtes, qui toutes partaient des mêmes points des murs, en amènerait l'écartement, quelque solides qu'ils fussent. A peine les prisonniers y étaient-ils installés, que des lézardes se produisirent, et que les nouvelles voûtes, mal liées aux constructions

---
(1) *Inventaire sommaire des Archives de l'Orne*, série D, art. 5.
(2) *Archives de l'Orne*, C. 1103, p. 76.

anciennes, menacèrent de s'écrouler et d'ensevelir sous les ruines de l'édifice ses nouveaux habitants. On fut obligé de retirer les prisonniers du donjon en 1781, après les dépenses énormes qu'on avait forcé la ville à y faire, et on se décida à raser cet édifice par la base. La prison actuelle y a été établie en 1824.

**

Odolant Desnos nous a laissé une description du château et des remparts, tels qu'il avait encore pu les voir avant leur destruction. Il nous paraît utile de la reproduire :

« Nous ignorons dans quel temps furent construites les murailles dont nous voyons les ruines, et qui étaient encore bien entières il y a cinquante ans ; elles étaient fort hautes et fort épaisses, couronnées d'un parapet garni de mâchicoulis. On aperçoit facilement qu'elles ne sont pas toutes d'une égale ancienneté.....

« Chaque tour portait un nom particulier (1) ; plusieurs de celles qui n'ont pas encore été rasées, paraissent plus anciennes que l'usage du canon. On y observe que les meurtrières y ont été faites après coup ; c'est une preuve qu'elles étaient garnies d'artillerie.

« La ville était encore défendue par deux châteaux : le plus considérable était à une de ses extrémités vers le couchant ; il était d'une vaste étendue : son plan, du côté de la ville, formait un pentagone irrégulier, le reste représentait une partie d'ovale irrégulière d'un côté, et un angle obtus de l'autre. Les seigneurs de la maison de Bellesme en avaient jeté les fondements ; les Montgommery y avaient fait des augmentations ; Pierre II et Jean I y firent beaucoup travailler.

« Ce fut Henri I, roi d'Angleterre et duc de Normandie, qui fit bâtir la forteresse, ou Tour carrée, connue des habitants du pays sous le nom de *Donjon*. On trouva le moyen d'y conduire l'eau de la Sarthe, par un canal souterrain qui traversait la ville, et dont il reste encore des traces sous une ancienne maison en bois située aux *Etaux* (2). C'était une ressource pour les assiégés, si on détournait la Briante. On éleva, dans la suite, cette forteresse d'un étage, et Pierre II, comte d'Alençon, termina l'ouvrage par le couronnement et par quatre tourelles, aux quatre coins, qui en faisaient le principal ornement. Ce donjon avait 122 pieds de hauteur perpendiculaire, y compris l'élévation des tourelles des guérites qui n'avaient que 14 pieds de hauteur et 7 de diamètre.

« Jean I, duc d'Alençon, fit construire le pavillon d'entrée qui subsiste, composé de deux grosses tours bâties en pierre de taille. L'écusson de ses armes, renversé, prouve qu'il n'était pas achevé lors de sa mort, arrivée en 1415. Le comble était orné de dentelles en plomb ; et du centre s'élevait une lanterne dont l'intérieur laissait voir une corbeille, dans laquelle était couché un gros lion, d'où partait une aiguille qui soutenait la girouette. Tout ce comble fut consumé par le feu en 1714. La façade de ce pavillon était décorée de quatre niches, où étaient les figures de Pierre II, de Marie de Chamaillart, du prince qui l'avait fait bâtir, et de Marie de Bretagne, son épouse. Charles IV le fit réparer en 1516. On en a changé les distributions depuis peu d'années, et les juridictions y siègent depuis 1779.

---

(1) La Tour Quillet appartenait à la famille Quillet en 1548.
(2) Telle est l'origine d'un vieux dicton relatif à la pierre d'encoignure d'une maison située à l'entrée de la rue des Lombards : « Quiconque me touchera, Alençon périra. »

« Le même prince avait encore fait construire la basse cour du château, et formé, en face de cette entrée, une place d'armes qui occupait tout le terrain entre la rue du *Château*, et celle du *Val-Noble*, ainsi appelée parce que les principaux officiers du prince y logeaient.

« Le corps du château était situé dans ce qu'on appelle les *hautes cours*, qu'on a détruites en 1781 et 1782; on y reconnaissait partout l'ancienne bâtisse des Bellesme et des Montgommery, par la disposition des pierres en épis. On a trouvé sous toutes ces cours de vastes souterrains. Madame de Guise en fit démolir un grand bâtiment qui restait et deux vieilles tours.

« Pierre II avait fait construire, dans l'intérieur du château, une très belle chapelle, ornée de peintures ; elle était sous l'invocation de Saint-Laurent. Il en avait encore fait construire une autre, sous l'invocation de Saint-Fiacre; elles étaient encore desservies en 1550 ; mais, depuis longtemps, on n'en apercevait plus de vestiges. Il en a encore existé une autre, sous le titre de Saint-Denis; elle a été transférée dans l'église Notre-Dame, et le curé perçoit une rente sur le domaine pour la desservir.

« Le corps du château était encore défendu par un grand nombre de fortifications, dont les unes étaient des tours rondes, des tours carrées, les autres des fausses-brayes, des chemins-couverts, etc. La première des tours qui s'offrait à droite du pavillon d'entrée était à moitié ronde, moitié octogone; elle portait le nom de *chevalier Giroye*, depuis que Guillaume Talvas II du nom, y fit mutiler ce seigneur, l'un des plus puissants du pays, qu'il avait engagé d'assister à son mariage avec la fille de Beaumont; une partie de cette tour fut abattue en 1746 ; on vient de raser ce qui en restait. Celle qui est à gauche du même pavillon porte le nom de *Tour couronnée*, à raison de sa forme; elle défendait le pont-levis, par lequel on passait du château dans le parc. Elle a servi longtemps à loger les capitaines et les gouverneurs; c'est aujourd'hui la prison. Une des autres tours avait retenu le nom de *Tour salée*, parce qu'elle servait de magasin au sel destiné pour la garnison. Les autres avaient également leur nom particulier.

« Le château et toutes ses fortifications étaient environnés, tant du côté de la ville que du parc, de larges fossés, dans lesquels coulent les eaux de la Sarthe et de la Briante, et par un étang destiné à couvrir l'ancienne porte d'entrée du côté de la ville. Le duc de Mayenne en dessécha une partie, et fit élever un bastion appelé l'*Eperon*, que nous avons vu détruire à plusieurs reprises, ainsi que l'ancienne porte d'entrée, qui avait été convertie en un moulin à poudre ; le tout a été achevé de raser, et les restes de l'étang comblés en 1776. On en a fait une place, où on a commencé d'élever un nouvel Hôtel de Ville. Il y avait aussi anciennement, en ce même lieu, un moulin à bled qui ne subsiste plus.

« Il y avait une autre forteresse ou château, moins considérable, nommé *le Boulevard*, situé à l'extrémité opposée de la ville, dans une petite île que forme la rivière de Sarthe sur le territoire du Maine. Nous ignorons le temps où il fut bâti ; mais il semble qu'il subsistait dès le temps de Guillaume le Conquérant. Lorsque Henri IV assiégea Alençon, il fut pris le premier. Madame la duchesse de Guise le fit démolir en 1679, et les matériaux servirent à la reconstruction de l'Hôtel-Dieu.

« Les titres de l'abbaye de Perseigne nous apprennent qu'il y avait encore une autre forteresse au lieu du pont du Guichet, qui couvrait le passage de la Briante, qui partage la ville en deux parties.

« On entrait dans la ville par cinq portes ; celle située au couchant se nommait *Lancrel* ou *Lancret*. Elle était défendue par deux grosses tours qui furent brûlées, le 13 novembre 1621 ; elles furent rebâties et ont été démolies en 1776. Elle était garnie de son pont-levis et de plusieurs ouvrages avancés, qui donnaient dans le faubourg de Lancrel ou de Saint-Isige et dans celui de l'Écusson.

« La seconde se nommait anciennement la porte de *Sagory* et aujourd'hui la porte de *Sées*. Elle était formée par quatre grosses tours, bâties sous Jean I.

« Deux de ces tours dominaient sur le faubourg de Saint-Blaise et les deux autres sur celui de Cazault. Après les avoir traversées, on trouvait encore plusieurs barrières fortifiées ; ces tours furent percées en 1724. La troisième n'est qu'une fausse porte, appelée pour cette raison *Poterne*. Elle était fermée par une très grosse tour qui ne permettait le passage qu'à un homme de pied ; elle servait à accéder à la Grande Sarthe et à la Fuye-des-Vignes.

« Elle fut aussi détruite en 1724. La quatrième était composée de deux grosses tours, bien moins fortes que celles des autres portes, parce qu'elle était défendue par la Sarthe, qui en baigne le pied, par le Boulevard, et par plusieurs barrières fortifiées du côté du Maine, dont on aperçoit encore aujourd'hui quelques restes.

« Dans une des tours de cette porte était le moulin, le plus considérable de la ville, qui porte dans les anciens titres le nom d'*Arondel*, sans doute parce qu'il fut bâti par le comte d'Arondel, l'un des fils de Roger de Montgommery, ou parce qu'il fit partie de son partage. On le nomme présentement le *Grand-Moulin*. Cette porte a pris son nom de la rivière de Sarthe, et servait à accéder, au moyen des ponts-levis qu'on abattait, à la forteresse du Boulevard et au faubourg Montsort. Une partie de cette porte a été abattue en 1776.

« La cinquième porte se nommait *la Barre* ; elle était composée de deux grosses tours rebâties sous le duc François, et rasées en 1776 ; elle avait pris son nom du faubourg de la Barre, nom qui nous indique qu'il est très ancien.

« Chacune de ces fortifications contenait des logements qui servaient de casernes aux troupes de la garnison, à renfermer des prison-

Porte de la Barre.
D'après une photographie de M. M. Magron.

niers de guerre, à former des magasins, etc. Elles étaient défendues en temps de guerre, ainsi que chaque porte du château, par quelques seigneurs de la châtellenie.

« Le parc était clos de murailles fort élevées, flanquées de tours de distance en distance. Il avait communication avec le château, par un pont-levis, et avec la campagne par une forteresse appelée *Barbacane* et par corruption *Barbe-lucane*, dont les restes ont été démolis de nos jours. Les ducs d'Alençon y avaient une maison de plaisance, qu'ils habitaient en temps de paix ; ils passaient, en temps de guerre, de là dans le château. »

*
* *

Par cette description on peut se faire une idée de l'aspect qu'aurait Alençon si, au cœur de la ville moderne, s'élevait encore l'antique construction dans laquelle se résume la plus grande partie de son histoire. Mais pour juger de l'étendue des pertes que l'indifférence ou plutôt l'aversion instinctive de nos pères pour les monuments de la féodalité, nous a fait éprouver, un simple coup d'œil suffit.

Vue postérieure.
D'après une photographie de M. H. Hoyau.

Du château et de tout le système de défense de la place, il ne reste que la Tour couronnée et les deux tours crénelées qui gardaient l'entrée du pavillon. Elles ont environ vingt-deux mètres de hauteur sur treize de diamètre; elles sont en granit parfaitement appareillé et recouvertes de larges dalles imbriquées. Le pavillon n'a conservé de son ancienne architecture que ses fenêtres supérieures à frontons triangulaires, élancés et fleuris.

La Tour couronnée se compose de deux tours superposées, en retraite l'une sur l'autre; la première, crénelée, de dix-neuf mètres environ de hauteur sur douze de diamètre, la seconde autour de laquelle règne une étroite galerie, de sept mètres de hauteur sur dix de diamètre, coiffée d'un toit pointu. L'ensemble, dit M. de La Sicotière, en est d'une élégance remarquable. Elle servit longtemps de logement pour les capitaines et les gouverneurs, puis de magasin et enfin de prison.

C'est à cette tour que se rattache la légende de Marie Anson ou de la dame blanche du Parc. A minuit, dit-on, un fantôme voilé de blanc paraît sur les créneaux, en fait lentement le tour, jette un cri douloureux et disparaît. On dit aussi qu'on l'a vue la nuit, toute blanche, laver dans les eaux de la Briante, au pied de son ancienne tour, ses vêtements ensanglantés. C'est l'âme d'une châtelaine que son mari, injustement jaloux, eut la cruauté d'attacher à la queue de son cheval et qui expira dans le parc, où, dit la ballade,

> N'y avoit arbre ni buisson
> Qui n'eût sang de Marie Anson.

LOUIS DUVAL.

HÔTEL DE VILLE D'ALENÇON

L'HOTEL DE VILLE ET LE MUSÉE D'ALENÇON

La construction de l'Hôtel de Ville d'Alençon, commencée en 1783, fait honneur à J.-B. Delarue, architecte de l'Intendance. On admire surtout la façade demi-circulaire de l'édifice et ses heureuses proportions. Mais il est une particularité, généralement ignorée, qui met surtout en évidence la sagesse de l'architecte et celle de la municipalité d'alors. Il faut savoir que, dans le principe, l'état des finances de la ville ne permit pas d'entreprendre la construction entière d'un édifice aussi considérable que l'Hôtel de Ville actuel. Mais par une disposition pleine de sagesse, la municipalité en concédant à des particuliers des portions de terrains dépendant du parc, qui longeaient la rue des Casernes, actuellement disparue, inscrivit dans les cahiers des charges que ces terrains ne seraient adjugés qu'à condition d'y faire élever immédiatement les constructions en se conformant, pour la façade, aux plans et élévations dressés d'avance par l'architecte.

La première pierre en fut posée le 25 septembre 1783. Voici un extrait du procès-verbal :

« Du lundy vingt neufvième jour de septembre mil sept cent quatre-vingt trois.

« La première pierre de l'Hôtel de Ville d'Alençon a été posée par messire Nicolas-Pierre Gamard, chevallier conseiller du Roy en ses conseils, auditeur ordinaire en sa chambre des comptes, conseiller de Monsieur en ses conseils, intendant de ses maisons, domaines et finances, au nom de Monsieur, frère du Roy, suivant l'autorisation de ce prince, datée de Brunoy du quatre aoust 1783, déposée à l'Hôtel de Ville; les cérémonies d'usage en pareilles circonstances duement observées, en la présence de messire Jean-Baptiste-Alexandre Jullien, chevallier, conseiller du Roy en ses conseils et honoraire en sa grande chambre du Parlement de Paris, maitre des requêtes ordinaire de son hôtel, intendant de justice, police et finances en la généralité d'Alençon, et de messieurs Bouley, Malassis, Olivier de Saint-Vast, de Boislambert, Duparc-Lesage et Demées, officiers municipaux de la ditte ville. Le public porté en foule à cette cérémonie a fait retentir la place des cris de vive le Roy et Monsieur. »

L'inscription en latin gravée sur une plaque de cuivre, incrustée dans la pierre, est rapportée par Odolant Desnos, dans les *Mémoires historiques sur la ville d'Alençon*, t. II, p. 464.

Il paraît que la rédaction en avait été regardée comme une affaire de conséquence. Un humaniste des environs d'Alençon, l'abbé Lefebvre, curé de Grandchamp, en fut chargé, ainsi que des autres inscriptions dont la municipalité voulait orner le nouveau bâtiment. Nous apprenons, par une lettre de Cromot, seigneur du Bourg-Saint-Léonard, surintendant des finances, bâtiments, arts et jardins de Monsieur, duc d'Alençon, que celui-ci, qui se piquait de parler latin autant qu'homme de France, ne voulut pas laisser passer ces inscriptions sans les avoir scrupuleusement examinées. Voici la lettre qu'il fit écrire par son surintendant aux officiers municipaux d'Alençon, le 11 juin 1783 :

« Je dois vous prévenir que *Monsieur* n'adopte point les inscriptions dont vous comptiez orner les bâtiments et la colonne triomphale. De toutes celles dont vous m'avez envoyé copie, il n'y en a que deux qui puissent avoir lieu, savoir, la première, au bas de laquelle est l'épigraphe du maire et des échevins. Encore faudroit-il supprimer les mots : *Apanagistae, munificentissimo domino*. Les seuls titres que vous devez donner à *Monsieur* sont ceux de FRÈRE DU ROI, DUC D'ALENÇON, et la légende placée au-dessous de l'écusson de la ville ayant au cœur l'écusson de *Monsieur*, avec ces mots : *Lilia corde gero*. Les intentions de *Monsieur*, que ce prince me charge de vous faire connaître, doivent accroître encore, s'il est possible, Messieurs, votre vénération et votre amour pour sa personne auguste. »

C'est à J.-B. Delarue que l'on doit la décoration des salons de l'hôtel de l'Intendance et de la Bibliothèque municipale d'Alençon. Il travailla également à la restauration de la cathédrale de Sées sous le premier Empire. Cet homme de talent et de goût n'est cité dans aucune biographie. Il a publié, en 1787, un *Essai d'une nouvelle couverture en tuiles sur planchers en charpente avec égouts formant terrasse*, in-folio, 6 p. avec une planche ornée par Godard. Imprimerie de Malassis le Jeune. Cet ouvrage fut dédié à Monsieur Jullien, intendant d'Alençon (1). En tête de la dédicace se trouve une console décorée des armes de Jullien : *d'azur, à deux besants d'or et à la bande d'argent, chargée de trois croisettes d'or, sur une gerbe d'or*. La décoration de ce frontispice rappelle tout à fait celle de l'entablement de l'Hôtel de Ville d'Alençon.

Il est à noter que d'après la gravure sur bois représentant l'Hôtel de Ville, insérée dans le texte des *Mémoires historiques sur la ville d'Alençon*, publiés en 1787, cet édifice devait être décoré d'un campanile et de deux groupes de statues qui n'ont pas été exécutés (2).

L'Hôtel de Ville était auparavant proche l'ancien Palais d'Alençon (3). Il avait été reconstruit à neuf, vers 1731, par les ordres de Lallemand de Lévignen, intendant, qui y avait fait placer une horloge en 1745. Plus anciennement, l'Hôtel de Ville était rue de la *Mairerie*, comme on le voit par un acte du 20 juin 1459, par lequel Jean Bougis, fils d'André, et Jeanne sa femme, fille de Jean Langlois, « bastard », vendirent « à vénérable et discrète personne, Me Louis du Mesnil, prestre, fils aîné de Jean de Mesnil, en son vivant écuyer, une maison manable nommée le *Perrin*, avec ses dépendances, à prendre vers la maison de la *Mairerie*, depuis l'estache de la gallerie, jusqu'au coin de la maison que on dit le *Fournil*, en la rue du Chasteau, la maison et jardin joignant d'un costé une petite ruelle tendante du chasteau à la rue aux Goguets. Item une masure ou place de masure, assise en la rue aux Goguets, joignant ledit Perrin, ainsi qu'elle se poursuit en long et en lay, joignant d'un costé la maison où soulloit estre la *Mairerie* » (4).

Il résulte de cet acte qu'à la fin du XVe siècle, l'Hôtel de Ville d'Alençon n'était plus rue de la *Mairerie* ou des Goguets, et qu'on l'avait probablement, dès cette époque, établi proche du Palais.

Ce serait ici le cas d'interroger l'histoire municipale d'Alençon, si cette histoire existait. Malheureusement les matériaux même qui pourraient servir à la construire, font en partie défaut. Odolant Desnos fait observer que Guillaume Talvas IIIe du nom, comte de Ponthieu et d'Alençon, ayant accordé

---

(1) Il fut rendu compte de ce travail dans la *Bibliothèque physico-économique*, année 1786. Il y est dit que le système de couverture à l'italienne inventé par M. Delarue avait été soumis à trois épreuves, premièrement, en la présence de M. Jullien, intendant; secondement, devant les maire et échevins et un grand nombre de personnes d'Alençon; troisièmement, sous les yeux de l'ingénieur en chef de la généralité.

(2) On trouve dans le n° 131 du *Mercure*, 9 nivôse an XI, p. 70-74, un article communiqué, intitulé *Analyse des rapports entre les parties des figures de la musique ancienne et moderne et l'architecture*, par J.-B. Delarue, architecte, élève de l'Académie d'architecture. Cet ouvrage est composé de 100 figures au trait.

(3) Place du Palais. Dans le registre de Contrôle du domaine d'Alençon n° 986, on trouve la mention d'une rente de 5 sols, que René Mesvral, docteur en médecine, était obligé de payer pour une maison sur les marches du Palais, à la charge, en outre, « d'entretenir les vitres du Palais ». Cet article est suivi de l'annotation suivante : « Cette rente se paye par les habitants de la ville d'Alençon, ladite maison acquise par les dits habitants, qui sert d'Hôtel de Ville. »

(4) Archives de l'Orne. E. Famille du MESNIL DU PEY.

le droit de commune aux habitants d'Abbeville, il y a bien de l'apparence que ce seigneur concéda un pareil privilège à ceux d'Alençon (1).

Il est certain que Guillaume Talvas, fils de Robert de Bellême, octroya certains privilèges aux habitants du bourg d'Alençon et à ceux du pays environnant, appelé l'*Alençonnais*. Ces privilèges consistaient principalement dans les droits d'usage et de panage dans la forêt d'Écouves (2), et dans la concession du droit de construire un four appelé le four de l'*Épine* (situé rue du Bercail), accordé à un bourgeois d'Alençon, avec permission aux habitants d'y faire cuire leurs pâtes. Il nous reste une traduction ancienne de l'acte contenant cette dernière concession :

« Je, Guillaume, comte de Ponthieu, donne permission à Paien Le Caust, d'avoir un four à l'ancien bourg d'Alençon et de cuire les pastes de ceux qui volontairement et de leur bon gré voudront y aller (3). »

On voit par un article des comptes de l'Échiquier de Normandie, de l'année 1180, que les bourgeois d'Alençon n'avaient pas le droit de se marier sans la permission du roi. A l'Échiquier tenu à Caen cette année, ils rendirent compte d'une somme de 30 livres pour avoir terme au sujet des droits sur les vins jusqu'à la Pentecôte et pour les mariages contractés sans la permission du roi. Il résulte de cet article que les bourgeois d'Alençon formaient déjà un corps ou syndicat, et, d'autre part, qu'ils ne jouissaient pas, à cette époque, de la liberté civile et politique. Le droit de se marier sans la permission du roi ou du seigneur forme une des clauses des chartes communales, notamment de celle de Rouen.

L'établissement de la commune d'Alençon date seulement de l'année 1199, époque où le roi Jean sans Terre, sentant le besoin de s'attacher les bourgeois des villes, et trouvant d'ailleurs dans cette concession un moyen de remplir les vides de son trésor, autorisa plusieurs d'entre elles à adopter les statuts constitutifs des communes de la Picardie et du Ponthieu, de Rouen et de Verneuil.

Ce n'est pas au Ponthieu que les bourgeois d'Alençon empruntèrent le type de leur constitution municipale, mais à Rouen, et les villes de Domfront et de Falaise suivirent cet exemple. La charte du roi Jean sans Terre, qui détermine le modèle suivant lequel fut organisée la commune d'Alençon, est datée de Rouen, le 7 septembre 1199. Dans la première partie de cet acte important, le roi déclare qu'il confirme pleinement aux habitants d'Alençon et de l'Alençonnais, les libertés et les coutumes qui leur ont été accordées par Guillaume, comte de Ponthieu, fils de Robert de Bellême. Dans la seconde, il leur octroie et leur confirme l'autorisation d'avoir leur commune à Alençon, comme les bourgeois de la ville de Rouen.

Le premier maire d'Alençon dont le nom nous soit parvenu, est Mathieu Aude. Il fut présent à l'acte par lequel Guillaume Hamon donna, vers l'an 1260, à l'abbaye de Perseigne, une maison située rue de la Personne (aujourd'hui rue du Bercail), qui, depuis, fut affectée au logement du curé de Notre-Dame. Mathieu Aude, maire d'Alençon, apposa son sceau à cette charte.

Cette commune et cette mairie seraient tombées insensiblement dans une espèce d'avilissement et enfin dans l'oubli, pendant les guerres des Anglais, s'il fallait en croire l'historien d'Alençon, Odolant Desnos, qui ajoute, qu'en 1473, le roi Louis XI, pendant le séjour qu'il fit en cette ville, rétablit la mairie. Mais cette affirmation, qui n'avait d'autre point de départ que le silence même des documents, se trouve heureusement détruite par la mention des quatre échevins d'Alençon, comme présents à la

---

(1) Odolant Desnos. *Mémoires historiques sur la ville d'Alençon*, t. II, p. 413.
(2) *Ibidem*, p. 411.
(3) Archives départementales. Titres de la famille Thiroult, Mémoire relatif aux fours à ban. — Un fragment de cette charte est cité par l'abbé Gautier dans son *Histoire d'Alençon*, p. 170 : « Dedi Pagano Calido furnum unum, in veteri burgo de Alenconio », etc.

reddition des comptes de l'église Notre-Dame, en 1444-1445, à savoir : « Robert Pérou, Michel Tabor, Guillot Broucet, Pierre Michiel, lors échevins de ladite ville ».

Au reste, le même historien s'est donné à lui-même un démenti en rapportant que les quatre échevins d'Alençon introduisirent le duc Jean II dans la ville en 1449. Ces quatre échevins, auxquels Odolant Desnos donne mal à propos le nom de « sieurs de la ville », étaient Jean du Mesnil, Jean Brosset, Jean Moinet et Guillaume le Bouleur. Le duc récompensa leur fidélité en leur faisant expédier, le 5 décembre 1443, des lettres d'anoblissement, qui furent confirmées par Charles VII. Leurs armes furent même, dit-on, apposées en plusieurs endroits de l'église Notre-Dame.

Ce qui paraît certain, c'est que Louis XI modifia les statuts de la municipalité, qui fut dès lors composée, comme la commune de Verneuil, d'un maire, de douze pairs et de vingt-quatre conseillers, qui devaient élire le maire de trois ans en trois ans, le jour de la fête de Saint-Laurent (1). Le roi accordait au nouveau maire des lettres de confirmation, et l'élu prêtait serment. La juridiction, à peu près la même que celle du vicomte, s'étendait sur la ville, les faubourgs et toutes les paroisses de la banlieue.

Le premier maire fut Jean Le Rabinel ; son lieutenant prenait le titre de lieutenant-général. Guillaume Le Rouillé l'était en 1474. Le Rabinel, maire, était remplacé en 1478 par Jean Fouquet ; Le Rouillé, lieutenant, eut pour successeur Denis Baudet, et celui-ci Guillaume Broucet ou Brosset.

A partir de 1484 la municipalité d'Alençon fut réduite à quatre échevins et à un procureur et syndic, élus pour trois ans. C'est ce qu'on voit par le procès-verbal d'une assemblée des habitants tenue en la *cohue* d'Alençon, le 15 février 1489 (n. s.), portant adjudication à Jean Regnard, du droit de fournissement du grenier à sel, en vertu des lettres d'octroi du roi, en date du 5 février 1484 (n. s.). On y voit figurer François de Saint-Denis, Raimon Le Court, Jehan Caillard et Macé Morant, échevins, et Robert Bourgeon, procureur de la ville.

Dans la *Délibération des bourgeois d'Alençon, du 7 décembre 1525, au sujet de la contribution imposée à la ville pour la rançon des enfants de François Ier*, que j'ai publiée, on trouve Cleriadus Bouvet, Michel Moulinet, François de Saint-Denis, Guillaume Le Coustellier, sieur de Saye, échevins.

En 1549, nous trouvons comme échevins Paul Ferreur, écuyer, sieur du Mesnil-Haton, Bastien Farcy, François Chesnel et Jean Proudhomme.

L'organisation municipale subit tant de changements au XVIIe et au XVIIIe siècle qu'il faut renoncer à en donner un tableau complet. Le lieutenant-général du bailliage prétendait être en possession de présider aux assemblées de ville, générales et particulières, en qualité de maire. Plus tard les places de maire et échevins ayant été érigées en titre d'office, le lieutenant-général fut privé de cette prérogative, mais il voulut la reprendre en 1717. Lors de la suppression des offices municipaux et du consentement des habitants, par arrêt du 9 septembre 1720, il fut réintégré dans les fonctions de maire, qu'il exerça jusqu'en 1733, époque où les offices municipaux furent rétablis, et il fut nommé des maires et échevins par commission du grand sceau. En 1738, la liberté de pourvoir à ces places par voie d'élection ayant été rendue aux villes, le lieutenant-général rentra dans ses droits, mais son absence de la ville ne lui permit pas d'en jouir. La vente des offices municipaux fut rétablie en 1742 et il fut fait défense de procéder à aucune élection jusqu'au 1er juillet 1747, époque où le roi rendit la liberté d'y procéder. Les habitants d'Alençon nommèrent alors le président du Présidial pour

---

(1) Notre confrère M. L.-P. Marais, bibliothécaire à la Bibliothèque Mazarine, a bien voulu feuilleter pour nous non seulement les *Ordonnances des rois de France*, mais encore les quatre registres JJ. 194, 195, 197, 201, les seuls où il y ait des actes de 1473, et de plus les cartons K. 70, 71, 72, et les cartons d'Alençon aux Archives nationales. Il lui a été impossible d'y trouver les lettres patentes de Louis XI, portant établissement de la mairie d'Alençon, au mois d'août 1473.

maire pendant trois ans, par délibération du 13 juillet 1747. Le 31 décembre 1750, ils mirent à sa place le sieur des Loges, avocat du roi au bailliage, qui remplit ces fonctions jusqu'à la fin de 1753.

Macé des Noyers, conseiller au bailliage et ancien échevin, fut alors nommé, et à la fin de 1756 son exercice fut prorogé par ordre du roi.

C'est sous l'administration de M. Potier du Fougeray, maire en 1783, que fut construit l'Hôtel de Ville et que fut établi le service des pompes d'incendie. Le comte de la Verrerie fit les mêmes fonctions dans les circonstances difficiles qui suivirent. Il eut pour successeur Vielh, qui eut l'honneur d'être arrêté comme suspect de modérantisme en 1793, après avoir été mis à la Bastille en 1764, pour avoir publié le *Secret des finances dévoilé*.

Sous le premier Empire, la ville d'Alençon fut dignement représentée par le baron Mercier, qui releva la fabrication du point d'Alençon, encouragea le commerce, et en 1811 présenta à Napoléon les clés de la ville. En 1827, le marquis de Chambray, maire d'Alençon, reçut la dauphine à l'Hôtel de Ville et posa avec elle la première pierre de la Halle aux toiles. En 1830, le lieutenant-général Bonet fut porté à la mairie par l'acclamation populaire. En 1843, M. Chambray y reçut le duc et la duchesse de Nemours. On cite parmi ses successeurs, M. d'Avoust, conseiller général, parent et ancien aide-de-camp du prince d'Eckmühl, le comte Curial, pair de France, M. Grollier, député, le baron Thom Mercier, député, M. Eugène Lecointre, qui tint une conduite si courageuse en 1871, lors de l'occupation d'Alençon par l'armée allemande.

C'est seulement en 1854 que la partie des bâtiments construits en même temps que l'Hôtel de Ville par des particuliers, à la charge de se conformer au plan arrêté par l'architecte Delarue pour la façade, put être rachetée par la ville et que les services municipaux y furent installés.

Alençon a le droit d'être fier de son Hôtel de Ville.

* * *

Le Musée de peinture, d'histoire naturelle, d'ethnographie et d'antiquités, installé au premier étage de l'Hôtel de Ville, a été ouvert en 1857; mais son origine n'en date pas moins de la Révolution. Lors de l'établissement de l'École centrale de l'Orne, en l'an VII, une vingtaine de toiles provenant de diverses églises, couvents ou maisons particulières, furent placées dans le vestibule de la Bibliothèque municipale et ont formé le noyau du Musée de peinture actuel. Sous l'Empire et sous la Restauration, l'administration municipale ne parut pas s'en occuper et, lorsqu'en 1820, le ministre de l'Intérieur attribua à la ville d'Alençon la statue de Catherine de Nogaret, dame de Joyeuse, provenant de l'ancien Musée des Monuments français, créé par Lenoir, le maire ne sachant quel local lui assigner, ne crut pouvoir mieux faire que de confier la conservation de cette œuvre d'art à la fabrique de Notre-Dame. La dame de Joyeuse fut reléguée dans un coin de l'église, sous un tas de chaises, la figure tournée du côté du mur, et Victor Hugo passant par Alençon, en 1836, fut indigné de cet acte de vandalisme.

Alençon ne resta pourtant pas complètement en dehors du mouvement de renaissance artistique provoqué par Victor Hugo et son école. A Alençon même, un réveil se produisit sous l'impulsion de Godard, le graveur habile, de Monanteuil, élève de Girodet, de Léon de La Sicotière et de Paul Delasalle, son ami. En 1838, M. de La Sicotière, nouvellement établi comme avocat à Alençon et déjà connu, quoique très jeune encore, par plusieurs excellents travaux, fit paraître dans l'*Annuaire de l'Association normande*, un mémoire intitulé : *Sur l'établissement d'un Musée dans la ville d'Alençon*. « Depuis trois ans, dit-il, quelques voix se sont élevées pour demander l'ouverture d'un Musée à Alençon; mais ces voix n'ont pas trouvé d'écho. Aujourd'hui, le moment nous semble arrivé de mettre à exécution ce projet si longtemps ajourné. » Dans ce projet, le Musée devait comprendre quatre sections : Histoire naturelle, Peinture, Industrie, Antiquités. Il comportait en outre la création d'une Société d'agriculture, industrie et belles-lettres, pour laquelle le Musée serait à la fois une occasion et un but de réunion.

C'est seulement dans sa séance du 17 août 1839 que le Conseil municipal d'Alençon décida la création d'un Musée en cette ville. Quelques dons furent alors faits pour concourir à la formation des collections, puis tout fut abandonné. Toutefois, lors de l'Exposition qui eut lieu à Alençon en 1842, la moitié de la recette des droits d'entrée à la section des Beaux-Arts fut employée en achats de tableaux et de dessins. Enfin quinze ans plus tard, par les soins de la Commission des Beaux-Arts, dont MM. de La Sicotière et Godard faisaient partie, le Musée, dont l'ouverture était depuis si longtemps attendue, put être inauguré, le 15 juillet 1857, en présence de M. Corbière, maire d'Alençon, du baron Janin, préfet de l'Orne, du général Niol, commandant le département, de M. de Caumont, du marquis de Chennevières, de Le Harivel, et de J.-E. Léman, de M. Deville, trésorier général, membre correspondant de l'Institut, etc. Le catalogue était divisé en trois parties : la première comprenant les tableaux et dessins, appartenant au Musée, au nombre de 39 numéros; la seconde, les tableaux et dessins au nombre de 144, prêtés par des amateurs et des artistes; la troisième, la collection de dessins du marquis de Chennevières, qui en avait rédigé lui-même le catalogue.

Le Musée des Beaux-Arts a eu successivement pour conservateurs, P.-F. Godard, graveur, mort le 16 décembre 1861 ; François Hupier, conseiller de Préfecture honoraire, chevalier de la Légion d'honneur, décédé le 21 novembre 1872 ; Louis-Jean Hédin, dessinateur et peintre, décédé le 12 mars 1886; Lionel Brioux, artiste peintre, professeur à l'École municipale de dessin et à l'École normale.

Au moyen du crédit de 1,000 francs, alloué pour les dépenses du Musée, une centaine de bons tableaux sont venus grossir le fonds primitif. Les dons du Gouvernement tiennent une place importante dans ces acquisitions, car quelques-uns n'ont pas laissé d'être assez onéreux. Les frais d'encadrement du tableau colossal de Ch. Lefèvre, *Une scène du jugement dernier*, qui occupe tout un côté de la grande salle, n'ont pas coûté moins de 400 francs, en 1864.

Les principaux tableaux que renferme le Musée d'Alençon sont les suivants :

Le Mariage de la Vierge, peint par Jouvenet en 1691, donné par le P. De La Rue au collège d'Alençon où il formait la contretable de l'autel. Hauteur 4 m. 20, largeur 2 m. 73. — Ce beau tableau, auquel M. de Robillard de Beaurepaire a consacré une notice, a été gravé.

La Trinité, attribué à Ph. de Champagne, tableau de forme ronde, diamètre 1 m. 10, provenant du Val-Dieu, et l'*Assomption*, du même maître, même provenance, hauteur 2 m. 80, largeur 1 m. 87.

Le Christ portant sa croix, par Ribeira. Hauteur 1 m. 10, largeur 1 m. 57. — Donné par l'État.

Loth et ses filles, attribué au Dominiquin. — Donné par M. le comte Curial.

Le Mariage de sainte Catherine, école du Pérugin. Hauteur 0,76, largeur 0,22. — Donné par l'État.

Deux tableaux, *nature morte*, par Chardin. — Donnés par M. Leriche.

Saint Bernard offrant la communion au duc d'Aquitaine, peint par Restout en 1729. Hauteur 2 m. 60, largeur 1 m. 20. — Provenant probablement de la Trappe.

Moïse recevant les tables de la loi, peint par Jollain en 1780. Hauteur 2 m. 40, largeur 1 m. 26. — Provenant du Val-Dieu.

Portrait de Niel de Christot, évêque de Sées, par Aved, gravé par Balichon.

Daphnis et Chloé, par Raphaël Colin. — Donné par l'État.

Combat de chevaux, par Achille Giroux. — Acquisition.

Brume d'octobre, par Lansyer. — Acquisition.
Fin de la Tempête et *Falaise de Granville*, par Lansyer. — Acquisition.
Nuit à Moret, par Eugène Laveille. — Acquisition.
Adoration des anges, adoration des bergers et adoration des mages, triptyque, par G. La Touche. — Donné par l'auteur.
Jeune fille se parant de fleurs, par Wincker. — Donné par l'État.
On attend le parrain, par Émile Adam. — Donné par l'État.
Le Dépit amoureux, par Léman. — Donné par l'État.
Fleurs, deux tableaux par Mme de Saint-Albin. — Donnés par l'auteur.
Animaux, par Desportes. — Donné par l'État.
Le Viatique en Bretagne, par Duveau. — Donné par l'État.
La mort du duc d'Enghien, par J.-P. Laurens. — Donné par l'État.
Charlotte Corday, par Joseph Court. — Donné par l'État.
Nymphes et Faunes, par le même. — Acquisition.
Le Naufragé, par Géricault. — Acquisition.
Moines à l'étude, par Gide. — Donné par l'État.
Coucher du soleil, par François. — Acquisition.
Portrait du comte Charles de Lasteyrie, par Ary Scheffer. — Acquisition.
Chevaux à l'Abreuvoir, par Veyrassat. — Donné par l'État.
Lande en Bretagne, par Blin. — Acquisition.
Portrait de Charles Giroux, par Thomas. — Acquisition.
Le denier de la veuve, école hollandaise. — Donné par M. Huignard.
Moines en prières, par Muraton. — Donné par M. Huignard.
Tête de femme, aquarelle, par Grivas. — Acquisition.
Ophelia, par Gastaldi. — Donné par l'État.
Deux vues de Paris, par Henri Toussaint. — Acquisition.
Paul et Virginie, par Landon, ancien conservateur du Louvre. — Donné par l'État.
Vocation de saint François d'Assise, par Legros. — Donné par l'auteur.
Portrait de M. Dereins, par Diogène Maillard. — Acquisition.

 Le Musée d'histoire naturelle doit son origine à J.-M. Mignon, professeur de physique et de chimie à l'École centrale de l'Orne, et à P.-A. Renault, professeur d'histoire naturelle à la même école. La Collection zoologique et minéralogique notamment comprenait, en germinal an IX, deux cent soixante-dix articles envoyés par l'administration du Muséum de Paris. Le 18 octobre 1808, Louis Dubois fut nommé conservateur des cabinets de physique et d'histoire naturelle annexés à la Bibliothèque de la ville. Il paraît résulter d'un rapport adressé au préfet par Renault, le 9 avril 1813, après le départ de Dubois, que les deux cabinets furent alors livrés à des dilapidations regrettables. A cette époque cependant, les collections renfermaient encore treize cent huit articles, comme le constate le catalogue dressé par Renault. Malheureusement une grande partie de ces objets précieux furent alors perdus ou dispersés.

 Lors de l'inauguration du Musée, en 1857, la collection de géologie formée, grâce aux dons de M. Blavier, du colonel Charpentier, du comte Curial, de M. Sevestre et de M. Letellier, fut remarquée. A la fin de 1860, la série des roches et minéraux du département renfermait plus de six cents articles. Celle des roches et minéraux, en général, plus de mille articles, celle des fossiles, environ mille articles. L'histoire naturelle n'était pas moins richement représentée. On doit à M. Hupier une collection d'oiseaux du pays; à Madame Houtou de la Billardière, une précieuse collection d'insectes et de coquilles. Depuis cette époque ce Musée, grâce surtout au zèle du conservateur, M. Letellier, s'est grandement accru de beaux échantillons. Des minéraux du midi de l'Allemagne, de l'Algérie, de la Corse, de l'Aveyron ont été donnés par MM. Leriche, Lukatzewich, de Farémont, et par Madame de Francourt. La collection paléontologique a reçu des envois de M. l'abbé Lambert, de M. Goubert, d'Émile Deplanche, de M. Pelletier.

L'ethnographie est redevable à M. Deplanche de beaux spécimens des armes, des costumes, des instruments des indigènes de l'Océanie.

L'archéologie a été, jusqu'ici, moins bien partagée. On remarque dans cette série, une collection d'outils et d'armes préhistoriques, une soixantaine de vases étrusques provenant du Musée Campana, quelques poteries romaines et mérovingiennes du pays. Mais l'espace manque pour classer ces collections, et il serait urgent que la municipalité s'en occupât.

L'industrie locale est représentée au Musée par des morceaux d'anciennes dentelles et particulièrement de point d'Alençon, donnés par M. Huignard et par Madame Despierres.

Louis Duval.

HÔTEL DE LA PRÉFECTURE, À ALENÇON

L'HOTEL DE LA PRÉFECTURE DE L'ORNE

La construction de l'Hôtel de la Préfecture de l'Orne fut commencée vers 1630, par Charles Fromont, écuyer, sieur de la Besnardière et du Bu, receveur des tailles en l'élection d'Alençon. Pierre Fromont, son fils, sieur de Mieuxcé, gentilhomme du vol de la pie, vendit aux religieuses de la Visitation cet hôtel, consistant en un grand corps de logis, construit de briques et de hertré (1), en forme de pavillon, composé de trois salles entre lesquelles est le grand escalier, deux cuisines, une grande cave, deux offices, sous lesdites salles, cinq chambres et deux galletas, deux cabinets, grenier dessus avec cour devant, une écurie au bout du jardin, avec liberté de l'allée commune. Le tout tenu du roi en franche bourgeoisie, à la réserve de quelques terres faisant partie de l'enclos relevant des fiefs de Mancicas et de Ravigny, « joutant d'un côté le chemin tendant de la porte de Sées à la chapelle Saint-Blaise (2) à Damigny et, d'autre bout, l'enclos de ceux de la religion prétendue réformée ». Cette vente fut faite pour le prix de 40,000 livres, plus 4,000 livres de pot de vin, par acte passé devant Gallois, le 20 mai 1673.

Depuis longtemps les Visitandines, établies à Alençon en 1658, avaient formé le dessein d'acquérir cet immeuble qui paraissait à leur convenance, « estant planté et basti de manière à nous y loger du soir au lendemain », comme l'a écrit Madame Françoise de Ray, supérieure du monastère, dans une lettre circulaire du 11 mars 1681. Mais, ajoute-t-elle, « comme nous estions sur le point d'y entrer, la croix plantée et les clefs en main, Son Altesse Royale Madame de Guise, usant de son pouvoir et de son autorité, nous obligea de lui céder nos droits, et nous fit aussi prendre résolution de trouver quelque moyen de nous rassembler dans un mesme corps de logis ».

Élisabeth d'Orléans, veuve de Louis-Joseph de Lorraine, duc de Guise, usa alors du droit de retrait féodal que lui donnait sa qualité de duchesse d'Alençon pour acheter cet hôtel, probablement à l'instigation de Michel Colbert, intendant de la généralité. Celui-ci en prit même possession et s'y logea provisoirement. Madame de Guise y fit faire beaucoup d'augmentations (3), et vint s'y installer, avec sa petite cour, en 1676. Elle arriva à Alençon le 11 septembre. Le gouverneur, à la tête de la noblesse et de plusieurs compagnies choisies, alla à sa rencontre. Elle fut conduite, au son des cloches et au bruit de l'artillerie, à l'église Notre-Dame, où M. de Forcoal, évêque de Sées, en habits pontificaux, et accompagné de tout le clergé en chapes, l'attendait à la porte ; et après l'avoir haranguée

---

(1) Nom que l'on donne à Alençon au granit tiré de la carrière de Hertré, commune de Condé-sur-Sarthe.

(2) La chapelle de Saint-Blaise, située au haut de la rue de ce nom, fut bâtie en 1635 par Charles de Fromont, qui contribua également à la construction du couvent des Capucins, situé dans la même rue (Caserne Bonet).

(3) Elle réunit notamment à l'enclos du jardin un terrain appelé la Huguenoterie, estimé 2,000 livres. Il existait dans le parc un orme, abattu en 1704, appelé le *Huguenotier*, et dans le potager se trouvait un puits également désigné sous le nom de *Huguenotier*.

la conduisit dans le chœur, et entonna le *Te Deum*. Elle se rendit ensuite dans son hôtel, où elle fut complimentée par tous les ordres de la ville.

De l'ancien hôtel de Fromont, achevé et embelli, la princesse entreprit de faire un petit Versailles. Elle y avait sa cour où régnait une étiquette rigoureuse : toute la ville à ses pieds, les prêtres et les magistrats à sa dévotion. Elle eût voulu faire de son duché d'Alençon un fief indépendant et en nommer tous les officiers, y compris les procureurs du roi. Mais il faut ici passer la plume à Saint-Simon :

« Elle régentoit l'intendant comme un petit compagnon, et l'évêque de Sées, son diocésain, à peu près de même, qu'elle tenoit debout des heures entières, elle dans son fauteuil, sans jamais l'avoir laissé asseoir, même derrière elle en un coin. Elle étoit fort sur son rang, mais du reste savoit fort bien ce qu'elle devoit et le rendoit et étoit extrèmement bonne. »

Sa présence à Alençon nous semble avoir été, d'ailleurs, avantageuse pour cette ville, qui n'avait plus que le souvenir du temps où la bonne duchesse Marguerite y tenait sa cour et où Guillaume Le Rouillé y notait en vers le chant des *Rossignols du Parc d'Alençon*. Ce beau parc était maintenant désert, négligé, et Corneille Blessebois devait bientôt lui donner une fâcheuse célébrité par son poème des *Aventures du Parc d'Alençon*. Madame de Guise, dans un accès de dévotion, dit M. de La Sicotière, fit raser ce qui restait de ces promenades, qui payèrent ainsi bien cher leur mauvaise réputation. Elle interdit aussi aux Parisiens l'entrée de ses jardins du Palais-Royal. « Car, dit un auteur du temps (1), elle auroit bien souhaité que le public, dans ces belles allées, eût pris le plaisir et le divertissement innocents de la promenade, mais pas un rendez-vous de badineries et de commerce dangereux. »

Le même auteur nous apprend que cette princesse, en son duché d'Alençon, tenait une conduite si régulière qu'elle édifiait tous les peuples. « Elle ne pouvoit, dit-il, souffrir les femmes que l'on nommoit dans la ville bonnes à tout faire. Elle regardoit avec mépris ces porteuses de *culbutes* et *fontanges* ; ce qui faisoit dire à ces galantes que pour avoir le plus d'honneur chez leur princesse, il ne falloit avoir qu'un béguin sale et une tête pelée. Cette princesse vouloit même obtenir des principales dames de la ville de ne bâtir leurs coiffures qu'au rez-de-chaussée de leur tête. »

Le malin chroniqueur ajoute que pour avoir voulu donner des leçons de bienséance et de modestie aux dames d'Alençon, Madame de Guise « n'en fut pas en plus grande réputation parmi ces femmes galantes, qui disoient que leur duchesse d'Alençon, parmi les pierres précieuses, n'étoit qu'un *diamant d'Alençon*. »

* * *

Maintenant que nous connaissons Madame de Guise, nous allons pénétrer dans le palais qu'elle habitait à Alençon. Ce palais comprenait, outre le logis neuf et un appentis, à gauche, une salle ou antichambre où la princesse avait accoutumé de manger, décorée de sept portraits. Ses goûts nous sont révélés par ce fait que dans cette même pièce était placée une « loge à chiens ». Une autre se trouvait même dans la grande salle où elle recevait avec tant de hauteur l'intendant d'Alençon et l'évêque de Sées. On y remarquait quarante-quatre portraits et, dans le cabinet y attenant, cinquante-

(1) *Nouveaux entretiens des jeux d'esprit et de mémoire*, par M. DE CHATUNS. — Cité dans la *Revue normande et percheronne illustrée*, quatrième année, 1895 (Portraits divers de Madame de Guise).

quatre petits cadres dans lesquels il y avait des sentences écrites en lettres bleues et neuf estampes. Un autre cabinet renfermait un tableau représentant le Christ crucifié, une tête de mort et les tables de la loi. Au premier étage, une grande chambre ornée de vignettes en miniature et de quinze estampes représentant différents sièges faits par le roi et de deux petits portraits. La chambre où couchait la princesse avait comme décoration trois tableaux, l'un de l'Enfant Jésus, l'autre de la Sainte-Vierge, l'autre de sainte Thérèse. La chapelle renfermait un Christ en croix, une statue de la Sainte-Vierge et quatre petites figures en bois, plus deux petits cadres. Dans les cabinets y attenant on remarquait encore huit petites estampes et quinze sentences en papier. Dans la salle de billard se trouvaient huit cartes de géographie et des estampes représentant les victoires d'Alexandre.

La bibliothèque se composait d'environ trois cents volumes; les livres de piété y étaient en majorité; on y trouvait aussi quelques livres d'histoire in-folio, un livre de musique. Un clavecin avait été placé dans la grande salle.

Le palais comprenait en outre une bouche, un office, un garde-manger, des cuisines, une apothicairerie, un garde-meuble. Dans la serre ou orangerie, le sieur Guitel, jardinier, avait la garde de quatre-vingt-trois caisses d'orangers, dix caisses de myrtes, six caisses de grenadiers, quatre myrtes en pot, quinze vases de jasmin, deux cent cinquante-deux vases et pots de faïence dans lesquels étaient des œillets et des fleurs.

M. de Charmoy, secrétaire de ses commandements, avait un appartement dans un petit corps de logis séparé du palais. Madame la marquise de Vibraye, sa dame d'honneur, logeait à l'extrémité opposée du palais, du côté du midi, sur la cour des écuries.

Elle avait adopté comme commensal un petit turc auquel elle donna mille écus par son testament, ordonnant qu'il fût élevé en bon chrétien; elle le recommanda même particulièrement aux bontés du roi.

Madame de Guise, par ce testament, légua son palais à l'Hôtel-Dieu d'Alençon, avec tous les meubles qu'il renfermait, dont une partie avait même été remise d'avance à sœur Barbe Bailly, supérieure. On y conserve encore son portrait, celui de Gaston, duc d'Orléans, son père; celui de Marguerite de Lorraine, sa mère, et un autre portrait qu'on croit être celui du duc de Guise, son mari. Mignard avait en outre peint trois portraits de Madame de Guise; elle en légua un à M. de Ponchartrain, son exécuteur testamentaire. Les autres portraits de Madame de Guise ne sont que des copies des originaux.

*
* *

A sa mort, le 17 mars 1696, les trésoriers de France au Bureau des finances d'Alençon mirent les scellés au palais. De son côté, M. Du Perche, avocat du roi en la chambre du domaine, prit des mesures pour la conservation des titres concernant le duché d'Alençon et proposa à l'intendant de la généralité d'en faire faire l'inventaire, ce qui fut exécuté par les officiers du bailliage.

Marguerite-Louise d'Orléans, épouse de Cosme III de Médicis, grand-duc de Toscane, héritière bénéficiaire de Madame de Guise, sa sœur, ayant réclamé contre la donation faite par celle-ci de son palais d'Alençon à l'Hôtel-Dieu de la même ville, il s'ensuivit un litige qui ne fut entièrement terminé qu'au bout de plus d'un demi-siècle. Finalement l'Hôtel-Dieu n'eut que le tiers de l'immeuble.

Dans cet intervalle, les droits de la duchesse de Toscane avaient passé successivement à Anne-Marie-Louise de Guise, épouse de Jean Guillaume, électeur palatin du Rhin, morte en 1743, et à son héritier bénéficiaire et testamentaire, François-Étienne de Lorraine, élu empereur d'Allemagne en 1745. En conséquence c'est avec l'Empereur que durent être terminées les dernières difficultés relatives à cette succession.

Une ordonnance du Bureau des finances de la généralité d'Alençon, en date du 24 juillet 1748, suivie d'un arrêt du Conseil d'État du roi, en date du 17 février 1749, avait déclaré l'Hôtel de Guise réuni au domaine, pour la part qui en appartenait à la grande-duchesse. Le 7 mars suivant, Julien Bourget, curé d'Alençon, agissant au nom de l'Hôtel-Dieu, conclut une convention avec le représentant de l'Empereur par laquelle, sous le bon plaisir de Sa Majesté, il lui promet de lui céder les deux tiers à elle appartenant du même hôtel, pour la somme de 15,000 livres. Cette convention ne paraît pas avoir été ratifiée. Le roi, en effet, devint peu de temps après acquéreur des deux tiers par vente faite au nom de Sa Majesté impériale.

Le 6 avril 1751 intervint un arrêt du Conseil d'État, en vertu duquel Sa Majesté fit « cession et abandon à la communauté des habitants d'Alençon, de la maison ci-devant appelée l'Hôtel de Guise, pour servir à perpétuité de logement aux intendants ».

C'est alors seulement que l'intendant, Lallemant de Lévignen, qui jouissait de cet Hôtel à titre de bail, fut autorisé à procéder à l'adjudication des réparations devenues indispensables et montant à 22,500 livres.

Dans le devis de ces travaux on trouve quelques détails intéressants. Il y est fait mention du souterrain établi dans le passage des cuisines. A cette époque l'antichambre servait toujours de salle à manger. Le cabinet de l'intendant, de 25 pieds de long sur 18 de large, fut alors parqueté. Le cabinet de Madame l'intendante était situé au premier étage ; il avait 19 pieds de large sur 25 et demi de long.

Jullien, successeur de M. de Lévignen, fit faire de grands embellissements à l'Hôtel de l'Intendance, en 1767. On construisit un pavillon neuf, à l'extrémité de l'aile gauche du grand bâtiment en retour sur la cour, du côté de l'orangerie. On y établit une salle d'audience de 30 pieds de long sur 24 de large. Les plafonds des planchers, corridors et escaliers du pavillon, furent exécutés, partie en bourre, partie en plâtre. La décoration du salon de compagnie, corniches et chapiteaux, fut exécutée en bois sculpté, d'ordre ionique, sur le modèle de ceux de Michel-Ange, d'après les dessins de M. de Cessart, ingénieur en chef de la généralité. Les dessus de porte furent ornés de bas-reliefs relatifs aux arts et aux sciences, exécutés en plâtre d'une composition particulière. Parmi les attributs qui décorent le grand salon jaune, on remarque une épée, entourée de lauriers soutenant une couronne royale. Cet attribut, répété sur les panneaux, rappelle les armes de Jeanne d'Arc. On planta alors les deux allées de tilleuls des deux terrasses latérales.

D'autres travaux furent faits aux salons, au commencement du règne de Louis XVI, sous la direction de Delaruc, architecte de la généralité.

Un versificateur inconnu et des plus médiocres, le sieur De Leloir, avocat, dans un volume intitulé *Recueil de pièces poétiques*, imprimé à Alençon chez la veuve Augereau, en 1759, nous a laissé une description curieuse d'une fête de nuit donnée à l'Hôtel de l'Intendance :

> Au fronton du palais..... dans la lumière,
> Etoit VIVE LE ROY, LA REINE ET LE DAUPHIN......
> Tous les dehors ornés par l'art ingénieux,
> Présentoient à l'aspect un haut rempart de feux.
> Le parterre, bordé de vertes palissades,
> Qui font en deux berceaux de superbes arcades,
> Renvoïant la lumière à l'un et l'autre bord,
> La faisoit admirer du midy jusqu'au nord.
> Regnoient tout à l'entour d'emflammez piramides,
> Dont la chaleur bravoit les régions humides.
> Le jardin, terminé d'un lumineux contour,
> Servoit d'un charmant phare au pays d'alentour.
> On voyoit dans la cour un bucher dont les flammes
> Sembloient à l'Empyrée aller ravir les âmes.
> Aux côtés du portail des flambeaux arrangez
> Découvroient aux passants des tonneaux défoncez
> Où l'on puisoit du vin que chacun alloit boire
> En l'honneur du Dauphin dans ce jour de mémoire.....

L'Hôtel de l'Intendance d'Alençon passait pour « le plus superbe de la province entière, tant pour la magnificence de la terrasse que parce que son emplacement avec les vastes jardins qui en font partie, contient onze arpents de terre ou environ, au milieu d'une des principales villes du second ordre ».

*
* *

La Révolution ne changea rien à la destination de cet Hôtel. On ne pouvait en effet trouver de local plus convenable pour le siège de l'Administration départementale, et en 1800 le baron de la Magdeleine, nommé préfet de l'Orne, reprit naturellement les anciens appartements de l'intendant Jullien, qu'il occupa quinze ans.

Le 31 mai 1811, Leurs Majestés Impériales et Royales, Napoléon et Marie-Louise, arrivant de Cherbourg, firent leur entrée à Alençon, précédées de la garde d'honneur à cheval du département de l'Orne, et descendirent à l'Hôtel de la Préfecture qui avait été disposé pour les recevoir.

Ce soir là, les cent dix-sept pièces de l'Hôtel de la Préfecture se trouvèrent insuffisantes pour loger la suite nombreuse des hauts personnages, princes, ministres, chambellans et officiers de la cour, qui accompagnaient Leurs Majestés.

Le lendemain le grand salon servit de théâtre à la scène fameuse dans laquelle l'Empereur donna aux personnages officiels qui l'entouraient le spectacle de ces feintes colères où il aimait trop à faire sentir le poids de sa main. Atteint par ce coup de foudre, qu'il lui fut impossible de prévoir et d'éviter, le vieil évêque de Sées tomba terrassé et ne s'en releva pas. Après cet éclat, le visage de l'Empereur reprit sa sérénité. A midi, il reçut une députation du corps électoral, présentée par le général comte Le Veneur, député au Corps législatif, qui lui lut une adresse au nom du département. Le Conseil général, le Conseil d'arrondissement, le Conseil municipal, le clergé, les tribunaux et les principaux fonctionnaires défilèrent ensuite devant lui. Il s'entretint avec le préfet et le maire, des intérêts de la ville et du département en faveur desquels il rendit, le 6 juin, un décret où on reconnaît la grandeur de son génie.

La Préfecture de l'Orne n'a pas revu depuis pareille fête. Rappelons toutefois que le 7 septembre 1827, la dauphine visita Alençon. Elle fut reçue au bas du grand escalier par le baron Séguier, préfet de l'Orne. Au moment où elle entrait dans les appartements qui lui avaient été réservés, une magnifique corbeille renfermant les produits variés des diverses manufactures d'Alençon lui fut offerte par dix-huit demoiselles de la ville.

En 1843, le duc et la duchesse de Nemours passèrent trois jours à Alençon, et la corbeille traditionnelle leur fut remise à la Préfecture par dix-huit demoiselles accompagnées de leurs mères.

Louis Duval.

BIBLIOTHÈQUE MUNICIPALE D'ALENÇON

LA BIBLIOTHÈQUE
ET
LE MUSÉE DE SCULPTURE D'ALENÇON

La Bibliothèque d'Alençon est installée dans la partie supérieure de l'église des Jésuites, dont l'établissement dans cette ville date de 1620. Le célèbre P. Jean-Baptiste de Saint-Jure fut le premier recteur de leur collège, déclaré de fondation royale par Louis XIV, en 1651. François Foucquet, archevêque de Narbonne, fit de nombreuses donations à ce collège, et le terrain sur lequel furent élevés les bâtiments du Lycée actuel provient en partie de ses libéralités. Les PP. Delidel, d'Avrigny, André, de Larue, du Cerceau, de la Sante y ont professé; Fréron y fut admis au noviciat.

Cette église, dont le toit en forme de vaisseau renversé, symbole de la nef du salut, est d'une coupe élégante et gracieuse, fut bâtie dans les premières années du XVIIIe siècle. La forme en est belle et régulière. On a conservé dans son comble, à l'impériale, une lanterne qui sert d'observatoire et de laquelle on découvre un bel horizon terminé par les forêts d'Écouves et de Perseigne.

Les armoiries du roi et de la ville d'Alençon étaient sculptées sur le portail de la cour principale. On a rétabli celles de la ville sur les panneaux des portes actuelles de la Bibliothèque, ornées de guirlandes et de couronnes et remontant au siècle de Louis XIV.

*
* *

Lorsqu'en vertu de la loi du 2 fructidor an VI, les bâtiments de l'ancien collège des Jésuites furent destinés à l'établissement de l'École centrale de l'Orne, l'administration, sur la proposition de Louis Dubois, nommé bibliothécaire de cette école, décréta que la bibliothèque, formée des dépôts littéraires des anciens districts, serait installée dans la partie haute de l'église du collège, alors occupée par la salle de dessin. Delarue, architecte du département, fut chargé de l'appropriation du local et s'en acquitta avec un succès qui mérite nos éloges.

*
* *

Le rez-de-chaussée du même bâtiment a été affecté, depuis vingt ans environ, à l'installation d'un

Musée de sculpture dont l'éclairage est malheureusement défectueux, mais qui renferme quelques ouvrages d'une véritable valeur.

Nous croyons utile de donner l'indication sommaire des objets les plus remarquables que renferme ce Musée :

Estampages de bas-reliefs provenant des ruines de Thèbes, de Ninive, de Persépolis et de Khorsabad, donnés par M. Lottin de Laval.

Bornes sacrées représentant des bayadères célestes, provenant de la pagode de Datin-Bays, province de Kampot.

Moulage d'une Vénus cambodgienne et d'un bas-relief représentant une femme au type siamois, couverte de riches vêtements et coiffée d'un diadème. Ces objets ont été donnés par M. Adhémar Leclère.

Buste de Minerve, en marbre blanc ; buste de Sénèque ; homme portant une outre sur les épaules, provenant du Musée Campana.

Moulages du groupe d'Achille et de Thétis, du buste de Jupiter Olympien et du buste de Lucius Vérus.

Statue de Catherine de Nogaret, dame de Joyeuse, en marbre blanc.

Moulages du buste de Béatrice, duchesse de Modène, et du piédestal du monument de Henri II.

Buste du docteur Desgenettes, en marbre blanc, par David d'Angers.

Médaillon J. Laffite, par le même.

Réduction de la statue équestre de Guillaume le Conquérant et des statuettes des ducs de Normandie, par Rocher.

Buste de Malherbe, par Lefèvre.

Salle de lecture. — Vue extérieure.
D'après des photographies de M. H. Rogier.

Moulages de statues, de bas-reliefs, de bustes et de médaillons, composant une partie de l'œuvre de Le Harivel Durocher : monument de Mgr Affre, l'Immaculée Conception, saint Jean-Baptiste, Colin-Maillard, Être et paraître, le Juif-Errant ; statue de M. de Caumont ; buste de Chénedollé ;

portraits médaillons de M. le marquis de Chennevières, de Gustave Le Vavasseur. Buste d'Alexandre Dumas fils, par Étienne Leroux.

*
* *

De la salle du rez-de-chaussée on accède à la Bibliothèque par un double escalier avec palier, reconstruit et modifié à l'époque où fut installé le Musée de sculpture.

Le vestibule occupe l'emplacement du chevet de l'ancienne église ; il est décoré de deux belles colonnes de marbre noir mesurant six mètres de hauteur d'une seule pièce, et de pilastres de différents marbres et de grisailles, de sculptures et de bas-reliefs, et pavé de marbre à compartiments dans les embrasures. La large baie qui l'éclaire est

Les Évangélistes.

entourée d'un marbre noir veiné, et son plafond est orné d'une tête d'Apollon rayonnante, ainsi que la fenêtre opposée qui donne sur la rue.

Quatre bas-reliefs sur bois, représentant les évangélistes, — sculptés par Guillaume Goujon, artiste

Les Évangélistes.

argentanais du XVIIe siècle, longtemps oublié, que l'on a confondu avec Jean Goujon ou avec Germain Pilon, — dont l'exécution est remarquable, décorent l'entrée de la Bibliothèque. L'entablement est soutenu par deux colonnes en marbre rouge, d'ordre composite. Deux colonnes pareilles décorent l'autre extrémité de la Bibliothèque, éclairée par une large fenêtre, et soutiennent un entablement qui correspond exactement à celui de l'entrée. La salle a 29 mètres de long sur 10 mètres 10 centimètres de large et 14 mètres 70 centimètres de la voûte au parquet. Tout autour sont disposées vingt-six armoires en chêne, provenant du monastère du Val-Dieu, décorées de riches chambranles en menuiserie, de la plus belle exécution et terminées, à leur partie supérieure, par des traverses cintrées, enrichies d'ornements et de cartouches fleuronnés, qui reposent sur un lambris d'appui formant d'autres armoires à portes pleines. Au-dessus règne un riche entablement, d'un style composite, orné à sa frise de consoles, de feuilles d'acanthe richement fouillées, dont la distribution est coupée de métopes ornées de médaillons et de cartouches avec des guirlandes de lauriers qui s'agrafent aux consoles.

L'ensemble est plein de grandeur et d'une élégance parfaite. Une balustrade légère s'élève au-dessus des corniches formant une galerie munie d'armoires adossées au mur, couronnées de corniches et ornées de socles qui forment une espèce d'attique, terminant d'une façon heureuse la décoration de la salle, éclairée par en haut par sept grandes fenêtres placées dans la voûte.

Des deux côtés de la Bibliothèque s'ouvrent deux pièces latérales et munies de larges portes vitrées placées en face l'une de l'autre, l'une servant de salle de lecture, l'autre formant le cabinet du bibliothécaire et renfermant les livres à gravures et les manuscrits au nombre de 192. Quatre-vingts de ces manuscrits, remontant au XIe siècle, proviennent de l'abbaye de Saint-Évroult. Le catalogue a été publié par M. H. Omont, dans le *Catalogue général des manuscrits des départements*. Les livres imprimés sont au nombre de 20,000 environ. On y remarque un bon nombre d'incunables et de reliures armoriées.

Il a été créé, en 1874, une section normande qui deviendra une des plus importantes de la province, grâce au legs récent de M. L. de La Sicotière et à celui de M. de Liesville.

Catherine de Nogaret, dame de Joyeuse.
D'après une photographie de M. H. Magron.

Louis Duval.

SALLE D'AUDIENCE DU TRIBUNAL DE COMMERCE, À ALENÇON

LE TRIBUNAL DE COMMERCE D'ALENÇON

Situé dans une des rues les plus centrales de la ville, la rue du Bercail, à deux pas de la principale église, l'église Notre-Dame, le Tribunal de commerce d'Alençon est actuellement fermé par une grille en fer qui n'a pas toujours existé ; elle ne date, en effet, que de 1852 et a remplacé un vieux mur qui, paraît-il, masquait la façade de ce monument ; c'est ce que nous apprend un poète local dans une pièce de vers composée à cette même époque et dont nous ne citerons que le début, qui se rapporte à notre sujet :

> Eh quoi ! las de jouir du bonheur d'être obscur,
> Vaniteux tribunal aux formes consulaires,
> Tu fais imprudemment abattre le haut mur
> Qui masquait à nos yeux tes laideurs séculaires.
> Ce mur était hideux ! : « te crois-tu donc plus beau ? » etc. (1).

En face de la grille dont nous venons de parler, séparée de la rue par une cour de dimension médiocre, s'étend la partie principale de l'édifice qui date du XV⁰ siècle. Elle est composée de deux étages et percée de fenêtres d'inégale largeur, suivant le goût du temps. Ce corps de bâtiment est flanqué de deux ailes en saillie, terminées par des pavillons de longueur différente, qui sont surmontés de toits pointus recouverts d'ardoises. Le pavillon de gauche est, du côté de la cour, percé d'une petite porte maintenant carrée ; mais en examinant attentivement, on remarque sur la muraille, au-dessus de la porte, une arcade cintrée actuellement bouchée et replâtrée, ce qui indique qu'il devait exister autrefois un petit porche faisant le pendant de celui que l'on voit en face.

Le pavillon de droite, qui renferme la chambre des délibérations du tribunal, fait retour sur la cour et est porté par un porche de grandeur moyenne, formé de deux arcades plein cintre venant se contrebouter à angle droit ; leur retombée commune est portée par un pilier en granit ; le porche donne accès au greffe dont il est, pour ainsi dire, le vestibule.

L'aile gauche, en se plaçant en face de la grille, n'offre rien de remarquable ; l'aile droite, au contraire, de beaucoup la plus importante et aussi la plus intéressante, attire forcément le regard par son revêtement en granit appareillé, d'une architecture simple et sévère. Sa façade est percée au rez-de-chaussée de deux larges fenêtres qui sont les fenêtres du greffe, et au premier étage également de deux fenêtres, d'une hauteur peu commune et de l'effet le plus imposant : ce sont les fenêtres de la salle d'audience. Elles sont surmontées d'un fronton triangulaire en pierre du XV⁰ siècle, orné

---

(1) *Le vieux Tribunal de Commerce d'Alençon et sa grille neuve, ou les Alençonnais vengés*, poème dédié à ses concitoyens par Charles MARCHAND. Cette pièce, outre les vers cités, en contient 445 autres, ce qui donne une idée plus avantageuse de la fécondité du poète que de son talent poétique.

de trois boules également en pierre, mais qui sont bien moins anciennes que le fronton; elles ont dû être rapportées lorsqu'on a construit, sous Louis XIII, pour y installer le Bureau des finances, la salle d'audience actuelle (1).

Vue générale.
D'après une photographie de M. Martin d'Alençon.

Le toit couvrant l'aile droite est en croupe sur la rue et a son extrémité opposée pénétrée par une tour carrée qui le dépasse et dont on distingue, de la cour du tribunal, la partie supérieure. Cette tour, avec toit d'ardoises, est portée sur encorbellement, mais on ne peut en apercevoir les corbeaux que de côté, par la fenêtre d'une pièce qui sert de vestiaire aux juges; on pénètre dans cette tour par un escalier en pierre dont la porte donne sur une cour voisine, en dehors de l'enceinte du tribunal.

A l'angle de la partie centrale et de l'aile droite, on remarque une tourelle octogonale, au profil élégant, toujours du XVe siècle, terminée par un toit pyramidal assez élevé. La porte est surmontée d'un linteau en granit dans lequel est sculptée une accolade enserrant un écusson assez rudimentaire. Elle donne accès à un escalier en tour ronde, avec marches de pierre, formant

Porche du Tribunal.
D'après une photographie de M. H. Magne.

noyau et encastrées à l'autre bout dans le mur; il est éclairé par d'étroites fenêtres à châssis fixe, et c'est par cet escalier qu'on pénètre dans l'intérieur du tribunal. Au bout de l'escalier, à droite, se trouve une petite salle dite des Pas-Perdus, qui précède la grande salle d'audience.

Cette pièce, dont l'héliogravure ci-jointe peut donner une idée complète, produit par la richesse de sa décoration une impression des plus saisissantes : elle a en effet vraiment grand air avec ses magnifiques boiseries en chêne sculpté qui réunissent les trois qualités d'une œuvre d'art, la pureté du dessin, le fini des détails et l'harmonie de l'ensemble.

Elle mesure environ 10 mètres de longueur sur 7 mètres de largeur et exactement 5 m. 70 cent. d'élévation de plafond. Elle est éclairée par quatre fenêtres dont deux donnent sur la rue et montent jusqu'au plafond ; les deux autres, moins élevées, donnent sur une galerie vitrée qui est en saillie sur la cour.

Le plafond, comme la plupart des plafonds de l'époque, se compose d'une partie horizontale et de deux parties inclinées venant se reposer sur la corniche qui règne tout autour de la salle, sauf au

---

(1) La salle, telle qu'elle est, dut être construite et décorée entre 1636 et 1640, mais nous savons par ODOLANT DESNOS (*Mémoires historiques sur la ville d'Alençon*, t. II, p. 458), que ce n'est qu'en 1645 que le roi acquit la maison où siégeait le Bureau des finances.

droit de la cheminée où elle est forcément interrompue. Il est divisé en trois grands compartiments, séparés par un cordon de feuillage. Le compartiment du milieu est carré; il est décoré d'un cadre circulaire qu'enveloppe également un cordon de feuillage, et d'un autre cadre autour du premier, constitué par une moulure hardie prenant, pour rompre la monotonie du plafond, la forme de quatre demi-cercles, suivant les deux axes de la salle, et raccordé par des angles droits.

Les deux panneaux, aux extrémités du plafond, sont décorés de deux cadres ovales formés du même cordon de feuillage que le cadre circulaire du milieu. Ce cadre ovale est lui-même entouré d'un autre cadre rectangulaire à angle rentrant. Aux deux extrémités du cadre ovale se détachent sur le plafond deux petites branches entrelacées, attachées par un nœud de ruban.

Les parties inclinées sont divisées, comme le plafond, en trois compartiments, par le même cordon de feuillage qui se prolonge. Le compartiment du milieu est décoré d'un grand cadre rectangulaire formé par un cordon de feuillage d'une facture plus vigoureuse que les cordons séparatifs. Aux deux extrémités de ce cadre se détachent deux petites chutes de feuillage et de fleurs, d'une grande finesse d'exécution.

Les deux panneaux, aux extrémités de la partie inclinée du plafond, sont décorés d'une grosse moulure entourant des draperies. Ces draperies ont dû servir d'encadrement à un motif de sculpture principale, représentant, selon toute vraisemblance, les armoiries de France, qui ont été rasées au moment de la Révolution.

Les murs de la salle sont garnis d'une boiserie assez simple, décorée de panneaux encadrés de moulures. Cette boiserie est couronnée par une corniche à denticules avec frise et architrave. La frise est ornée de petits rinceaux composés de fleurs et de feuillage largement sculptés.

En face des fenêtres donnant sur la cour, se dresse la cheminée vraiment monumentale : elle mesure 2 m. 37 centimètres de largeur et est en saillie de 65 centimètres sur le nu du mur ; les pieds-droits sont décorés de deux grosses chutes de fruits et fleurs rapportées sur le fond des pieds-droits et suspendues par une torsade. Ces pieds-droits supportent une corniche à denticules couronnant le foyer de la cheminée ; dans la frise de cette corniche et au-dessus de chaque pied-droit sont deux têtes d'anges sculptées et rapportées sur la frise ; au milieu de la frise, une guirlande de fleurs.

Le manteau de la cheminée est garni d'un grand cadre à grosses moulures rehaussées d'une doucine, sculptée de feuilles d'acanthe ; ce cadre devait contenir autrefois une peinture quelconque, tableau ou portrait (probablement celui de Louis XIII, qui avait fait construire et décorer la salle) ; de chaque côté de ce cadre et dans l'axe des pieds-droits, on admire deux superbes gaines à cariatides en haut-relief représentant des corps d'hommes auxquels leurs bras repliés se rejoignant sur le sommet de la tête, impriment un mouvement du plus gracieux effet.

Entre les cariatides et le cadre, tombent deux longues chutes de fleurs et de fruits. Les cariatides supportent un riche entablement avec architrave, frise ornée de rinceaux sculptés et corniche à denticules, oves et modillons ; la corniche est surmontée d'un cartouche rejoignant le plafond et soutenu par deux anges en ronde bosse ; la sculpture des figures est largement exécutée et d'une belle facture.

En face des fenêtres donnant sur la rue, se trouve la porte qui est composée de deux vantaux ; chaque vantail est divisé en trois panneaux; les deux panneaux du haut et du bas sont carrés et simplement entourés de moulures ; celui du milieu est rectangulaire et décoré de feuilles de chêne. Les deux vantaux sont séparés par un gros cordon sculpté d'entrelacs. La porte est elle-même entourée d'un cordon d'égale importance, mais sculpté de feuilles de chêne. De chaque côté de la dite porte, on remarque deux pilastres sur lesquels sont appliquées deux consoles de profil, à volute et guirlandes de fleurs et de fruits : elles sont surmontées d'une tête de femme et supportent un petit chapiteau. Au-dessus, un ensemble décoratif couronne la porte et est constitué comme il suit : de chaque côté, deux consoles de face, dans l'axe des pilastres ci-dessus décrits, viennent supporter la corniche qui contourne la salle et qui ressaute sur ces consoles pour former saillie sur le nu du fond ; ces consoles sont décorées de feuilles d'acanthe ; l'espace entre ces consoles est garni d'un cadre ovale, de moyenne grandeur, ayant dû contenir autrefois une peinture. De chaque côté de ce cadre sont deux petites chutes de fleurs et de fruits finement sculptés ; la corniche est surmontée d'un fronton contourné en volute et agrémenté de rosaces : au-dessus et un peu en arrière, c'est-à-dire sur le nu du mur, on distingue un cartouche soutenu par deux anges et surmonté d'une corbeille de fleurs, le tout en bas-relief ; en se souvenant que l'écusson royal avait pour tenants deux anges, on peut supposer que sur ce cartouche figuraient jadis les trois fleurs de lis de la maison de France, lesquelles ont dû disparaître en 1790.

Telle est cette superbe salle dont les sculptures, dues à la main exercée d'un maître qui pourrait bien être Guillaume Goujon (1), rappellent involontairement à notre mémoire la pensée écrite naguère sur un des vitraux du palais de l'exposition artistique de Manchester : « A thing of beauty is a joy for ever, une belle chose est une joie éternelle », et l'éminent archéologue, M. de La Sicotière, dans son remarquable ouvrage, presque introuvable maintenant, *l'Orne archéologique et pittoresque* (2), ne faisait que rendre pleine justice au mérite de ces sculptures lorsqu'il en louait « le style large, riche et imposant » (3).

Il est fâcheux toutefois que ces belles boiseries aient été recouvertes, il y a environ cinquante ans, d'une épaisse couche de vernis opaque et de peinture couleur chêne qui empâte les sculptures et en supprime la finesse.

Il n'est pas moins fâcheux, qu'à la cheminée, telle qu'elle était autrefois avec son vaste foyer, où brûlaient des troncs d'arbres tout entiers, ses grands chenets si pittoresques, ainsi que sa plaque du fond ornée d'armoiries, on ait substitué de nos jours un vulgaire poêle en tôle qui la bouche complètement et qui de plus, dans cette salle qui est pur Louis XIII, constitue un véritable anachronisme.

Les autres pièces du Tribunal situées au premier étage n'ont rien de caractéristique.

Au second étage, le grenier mérite un coup d'œil à cause de sa charpente à chevrons, portant fermes : elle est à ogives et on ne peut mieux la comparer qu'à la quille d'un vaisseau renversé. Elle est du XVe siècle, par conséquent antérieure au plafond de la salle d'audience qui, comme disposition, est constitué par un faux plancher suspendu aux fermes.

Nous avons dit plus haut que la salle d'audience datait de Louis XIII : c'est en effet sous ce prince que, par édit de mai 1636, fut établi à Alençon le chef-lieu d'une Généralité formée de neuf élections dont sept appartenaient à la province de Normandie, Alençon, Argentan, Bernay, Conches, Domfront, Falaise, Lisieux, et deux à la province du Perche, Mortagne et Verneuil.

Cette création d'une nouvelle Généralité, malgré son utilité évidente, rencontra la plus vive opposition de la part des Généralités de Rouen et de Caen, plus anciennes, — toutes deux dataient de 1577, — qui voyaient ainsi restreindre leurs circonscriptions. La Cour des Aides et la Chambre

---

(1) Ce Guillaume Goujon sculptait à Argentan dans la première moitié du XVIIe siècle. C'est à lui que M. Duval, dans une curieuse notice, attribue les belles boiseries qui décorent la bibliothèque d'Alençon. C'est aussi à l'érudition si pénétrante et si sûre de M. le vicomte du Motey que nous devons de connaître que ce Goujon était natif d'Argentelles (arrondissement d'Argentan) et qu'il descendait du grand artiste qui a produit ce chef-d'œuvre de sculpture, qu'on appelle communément « le lit de justice d'Argentelles », aujourd'hui disparu.

(2) Ce volume, qui fut publié à Laigle en 1845 dans le format in-folio, contient une belle lithographie qui reproduit avec fidélité les boiseries de la salle d'audience du Tribunal de commerce. Cette reproduction est la première en date avant celle du présent ouvrage.

(3) Cette ligne est la seule que nous connaissions sur la salle d'audience du Tribunal de commerce.

des Comptes de Rouen, appuyées par le Parlement, refusèrent d'enregistrer un édit qui lésait si gravement leurs intérêts en diminuant la valeur vénale de leurs charges. Il ne fallut rien moins que la menace d'un voyage en Normandie de Louis XIII, qui se fit précéder à Rouen des gardes françaises et suisses, de quelques régiments d'infanterie et d'un certain nombre de compagnies de cavalerie, pour vaincre la résistance de ces cours et les déterminer à enregistrer l'édit dont il s'agit : cet enregistrement eut lieu, sans opposition cette fois, en mars 1637.

Le Bureau des finances d'Alençon devait tout d'abord comprendre un très grand nombre d'offices dont on espérait une somme considérable; mais comme les demandes tardaient à se produire, le roi investit provisoirement de ces fonctions M. de Thiersault, qui avait été nommé intendant d'Alençon, l'année précédente. « Jean Lecointe, Robert Blanchoin et Félix Fillezac, bourgeois de Paris, se présentèrent enfin pour acquérir ces offices et furent installés le 22 mai 1640 par quatre conseillers de la Cour des Comptes de Rouen. On voit, par l'inventaire de Jean Lecointe, qu'il avait acheté son office de trésorier général de France à Alençon 42,000 livres (1), suivant quittance du 31 décembre 1637 (2). »

Il ne nous appartient pas de décrire ici longuement l'organisation de ce que l'on appelait autrefois le Bureau des finances. M. Chéruel, pour ne citer que lui, l'a fait avec une érudition qui nous manque et il suffit d'y renvoyer le lecteur. Rappelons seulement que chaque bureau des finances était composé de deux receveurs généraux qui, lors de leur création sous Henri II, avaient porté le titre de généraux de finances (c'est de ce nom que vient le mot généralité), de deux trésoriers, d'un garde du trésor, d'un greffier et d'un huissier et que si les receveurs généraux s'occupaient de tout ce qui concernait les impôts, principalement de la taille, les trésoriers s'occupaient plus spécialement de l'administration du domaine royal.

Rappelons encore que comme juges, receveurs généraux et trésoriers prononçaient en dernier ressort sur toutes les questions relatives aux impôts et au domaine jusqu'à concurrence de 250 livres, sauf appel de leurs sentences devant le Parlement, quand la somme excédait ce chiffre.

Nous aurions voulu donner quelques détails sur les actes publics, — arrêts, ordonnances ou délibérations, — des premiers trésoriers ainsi que sur ceux de leurs successeurs ; malheureusement, leurs registres qui renfermaient des documents précieux au sujet des domaines du duché d'Alençon et de l'impôt, ainsi que les jugements qui étaient déposés au greffe de leur juridiction, furent vendus aux enchères et achetés par des fripiers moyennant 2,000 livres, les 21, 22 et 28 ventôse an II de la République ; il ne faut donc plus compter sur ce fonds, dont « les recherches les plus actives et les plus suivies n'ont pu faire découvrir le moindre vestige » (3).

Nous savons cependant, par quelques documents recueillis çà et là et puisés à différentes sources, que les trésoriers de France eurent, quelque temps après leur création, des querelles répétées et graves avec M. de Thiersault, qui voulait continuer à exercer leurs fonctions; ces querelles arrivèrent même à l'état aigu dans une curieuse affaire rapportée tout au long par Odolant Desnos (4) et finirent par amener la révocation de l'intendant, en 1643. Nous savons également qu'il survint, lors de la mort à Versailles, en 1696, d'Élisabeth d'Orléans, duchesse de Guise, qu'on appelle aussi duchesse d'Alençon, à propos de l'apposition des scellés sur les portes de son palais, des difficultés moins sérieuses mais réelles entre les trésoriers, MM. de Farcy (5), du Père, Marais, Paillard, de Villebois et le gouverneur

---

(1) Cette somme représenterait environ 168,000 francs de notre monnaie actuelle.
(2) *Les intendants d'Alençon au XVIIe siècle*, par Louis Duval, archiviste de l'Orne, p. 11.
(3) Gravelle-Désulis. *Inventaire-sommaire des Archives de l'Orne*, série C, introduction.
(4) *Mémoires historiques*, t. II, p. 450, biographie Thiersault.
(5) C'était ce de Farcy qui s'était remarié le 17 août 1673 avec Marie, l'aînée des enfants de notre grand poète Pierre Corneille, elle-même veuve de Bois-Lecomte, sieur du Buat. Il eut pour arrière-petite-fille Charlotte Corday.

de la ville, Jacques de Boullemer. Nous savons enfin qu'il fut plaidé, en avril 1749, dans la grande salle du Bureau des finances, un très intéressant procès que notre savant et spirituel ami M. Wilfrid Challemel a raconté avec détails, entre l'un des descendants des anciens gouverneurs d'Alençon, Messire Nicolas-Louis d'Argouges, chevalier de Rasnes, engagiste de la baronnie de la Ferté-Macé et la Communauté des bourgeois de la Ferté, à l'occasion de la confection d'un nouveau terrier tendant à supprimer leur droit de bourgeoisie. Ces derniers eurent gain de cause, suivant les conclusions du procureur du roi, Duchesne (1), par un arrêt fortement motivé rendu par les trésoriers suivants, jugeant au contentieux, dont il convient de retenir les noms : le chevalier d'Ozenne, président, les sieurs Duval des Cerceaux, Chevrel, Hébert de Saint-Gervais et Leconte de la Verrerie, juges.

Le Tribunal de commerce d'Alençon (2) qui succéda, dans l'édifice qu'il occupe actuellement, au bureau des finances supprimé au moment de la Révolution, fut créé par un décret de l'Assemblée nationale en date du 5 novembre 1790, et il exerçait tranquillement ses fonctions lorsqu'on vit, cinq ans après, arriver à Alençon le représentant du peuple Garnier (de Saintes) (3), envoyé dans le département de l'Orne, dit le procès-verbal que nous avons sous les yeux (4), « pour l'épuration des autorités constituées et de tous ceux qui possèdent quelques places dans ce département »; comme conséquence de ses pouvoirs, il convoqua pour le 27 nivôse an II de la République, dans l'église du Collège, les différents fonctionnaires publics, les membres de la société populaire de la commune, ainsi que les commissaires des assemblées primaires du district, et procéda aux remplacements et mesures que comportait la situation.

En laissant de côté les épurations qui ne se rapportent pas directement à notre sujet, nous constatons que le Tribunal de commerce d'Alençon ne fut pas trop maltraité : nous ne relevons en effet, parmi les juges, qu'une destitution, celle de Brisard-Dubourg, qui fut remplacé par Le Rouillé le jeune. De plus, Rosey-Henri, Malassis le jeune père, Lejeune et Laveille l'aîné, furent appelés aux fonctions de juges. Tous les juges suppléants, Lenoir-Dufresne père, Boislambert, Bellanger et Lemeunier, furent conservés. Il en fut de même du greffier Hardy et des huissiers Gouais-Lanos, Gauchelet et Langlois (5).

Depuis ces temps troublés, nous ne trouvons aucun fait bien saillant à mettre à l'actif du Tribunal de commerce : il nous rappelle, sous ce rapport, les honnêtes académies de province qui, suivant le mot de Voltaire, n'ont jamais fait parler d'elles. A travers toutes les vicissitudes de notre histoire, il a poursuivi paisiblement son existence aujourd'hui plus que centenaire, sans grand éclat peut-être, mais aussi sans défaillance, avec la réputation bien méritée d'une impartiale justice et d'une scrupuleuse probité qui resteront son honneur.

REYNOLD DESCOUTURES,
Greffier du Tribunal de commerce d'Alençon.

---

(1) Ce Duchesne n'était autre que le bisaïeul du regretté M. de La Sicotière, mort récemment sénateur de l'Orne, et dont nous avons déjà parlé. Un mariage a uni, il y a quelques années, sa fille cadette précisément avec l'un des descendants du trésorier Leconte de la Verrerie.
(2) Il avait été précédé de la juridiction consulaire qui fut créée dans cette ville par édit du mois de mars 1710.
(3) Le rôle que joua Garnier (de Saintes), soit à la Convention où il prit place parmi les plus violents montagnards, soit dans ses missions dans l'Ouest, soit même aux armées, est trop connu pour que nous en parlions longuement ici.
(4) Document imprimé en notre possession, de l'imprimerie de Malassis le jeune, à Alençon, 32 p.
(5) Un certain nombre de descendants de ces familles habitent encore actuellement Alençon.

ÉGLISE NOTRE-DAME A ALENÇON. — VUE D'ENSEMBLE.

L'ÉGLISE DE NOTRE-DAME, A ALENÇON

L'église actuelle de Notre-Dame d'Alençon a été construite à deux époques différentes. La partie antérieure, à savoir, le portail et les trois nefs, remonte au XVe siècle. Nous n'aurions pas, pour le prouver, les dates des archives de l'antique cité, que les mille détails de sa structure et de son ornementation, piles, arcs-boutants, arcs infléchis, moulures prismatiques, flore déchiquetée, dessins flamboyants, accuseraient d'une façon irrécusable la troisième période ogivale. Un document authentique nous apprend aussi que l'architecte en fut Jean Tabur, l'aîné. — Au contraire, la partie extrême, c'est-à-dire le transept et le chœur avec ses bas-côtés, ne date que de la seconde moitié du XVIIIe siècle. Elle a été bâtie par M. Perronet, alors ingénieur des Ponts et chaussées, à la suite d'un incendie, qui, dans la nuit du 2 août 1744, détruisit la construction primitive.

Quant à savoir quelle était cette construction primitive, il est d'abord certain qu'elle n'était pas semblable à celle des nefs : les désastres de la guerre de Cent ans n'avaient pas permis d'achever l'œuvre du XVe siècle ; ensuite, nous avons pour nous renseigner le procès-verbal adressé par M. Perronet à l'intendant de la Généralité d'Alençon, M. Lallemant, comte de Lévignen.

Voici quelques passages de ce procès-verbal : « Nous ajouterons en cet endroit où finissent nos observations sur le dommage causé par l'incendie..... que les quatre piliers et murs qui forment la croisée, et le chœur (excepté la voûte) sont d'une architecture romaine participant du gothique, et de plus ancienne construction que la précédente. »

Ce qui laisse supposer que la première église, de laquelle « Messire Pierre Bélard, prestre, docteur en Sorbonne et curé de Notre-Dame » écrivait en 1720, que « le bâtiment estoit autrefois très petit », appartenait, du moins en partie, à l'architecture désignée de nos jours sous le nom de romane. « Ce sont, ajoute le même Bélard, les bourgeois qui ont fait bastir la nef, telle qu'elle est aujourd'hui. » L'abbé Gauthier écrivait de son côté, en 1808, dans son *Histoire d'Alençon*, que « l'église de Notre-Dame avait été élevée sur les ruines de la chapelle du prieuré du même nom ». Mais il n'en donne aucune preuve.

« Les murs précédents, continue le procès-verbal de M. Perronet, portaient un clocher recouvert d'ardoises et élevé de 140 pieds au-dessus de ces murs..... Ce clocher avait par bas toute la largeur des 4 murs jusqu'à 9 pieds de hauteur qu'il se trouvait réduit à 22 pieds en quarré sur 8 pieds de hauteur, ce qui formait l'étage du beffroy où étoient placées les cloches. »

« Sur ce beffroy, le clocher a 8 pans et était tors jusqu'à la lanterne qui se trouvait placée 96 pieds au-dessus ; laquelle lanterne avait 7 pieds de haut formant saillie d'environ 18 pouces de la partie inférieure et portée avec courbes appliquées contre les chevrons dessus et dessous. Le reste de la flèche en prolongement de la pente de la partie inférieure était aussy octogone, mais sans être torse. »

Quelques dessins et gravures, que nous avons encore de cette flèche, laissent supposer que, bien qu'assez élancée, elle était fort peu élégante.

Enfin, pour compléter ce court aperçu historique, nous dirons que la cure de Notre-Dame, la seule qui existât dans toute la ville avant la Révolution, fut pendant longtemps à la présentation de l'abbaye de Lonlay, de laquelle abbaye auraient dépendu, depuis la fin du XIIe siècle, les antiques chapelles de Saint-Gilles et de Saint-Martin.

**

Extérieur. — La façade, précédée de son beau porche, est, sans contredit, la partie la plus remarquable de l'église de Notre-Dame.

Cette façade est percée de trois portes, correspondant aux trois nefs de l'intérieur. Bien que de dimensions moyennes, celle du milieu rappelle la porte traditionnelle des belles portes du moyen âge, avec ébrasements, trumeau et tympan au-dessus du linteau. Malheureusement, la plupart des statues et statuettes, aussi bien celle du trumeau que celles des ébrasements et des voussures, ont disparu; les culs-de-lampe et les dais restent seuls en beaucoup d'endroits. Le bas-relief du tympan, qui représentait l'arbre de Jessé, a été également brisé à coups de marteau, pendant la Révolution. Les deux portes latérales, moins larges et plus simples de décoration, se composent d'une seule baie fermée par un arc infléchi, dont les courbures sont ornées de crochets, et l'extrémité amortie par un fleuron très épanoui. Deux niches, accouplées ensemble, mais, elles aussi, privées de leurs statues, occupent et décorent, au-dessus des portes, le nu du mur, d'ailleurs assez considérable.

La partie supérieure se termine par un pignon triangulaire à rampants hérissés de crochets très accentués, et flanqué de deux sortes de tourelles polygonales, avec fenêtres, gargouilles, aiguilles légères et même arcs-boutants, le tout du plus bel effet. Au-dessous, en guise de rose, s'ouvre une large fenêtre, que l'on dirait coupée à mi-hauteur, coiffée d'un double arc infléchi.

Mais cette fenêtre et même une partie du pignon sont complètement cachées par le porche.

Ce porche, parfaitement soudé à la façade, est on ne peut plus caractéristique, et par son plan, et par son mode d'ornementation. Il est, en effet, ce qu'on pourrait appeler triangulaire; car il est composé de trois ouvertures, dont l'une, celle du milieu, est parallèle à la ligne de façade, tandis que les deux autres suivent un tracé oblique rentrant. — Ce plan, notons-le en passant, est celui de Saint-Maclou, à Rouen, dont il rappelle, du reste, l'ordonnance générale. — Inutile de dire que les ouvertures sont ogivales; mais on doit faire remarquer les guirlandes si admirablement fouillées, qui les encadrent dans tout leur pourtour.

Quant à l'ornementation, elle est des plus riches et des plus luxuriantes; trop luxuriante même, car elle occasionne un assemblage confus de lignes se coupant et s'entrecoupant, de détails s'enchevêtrant l'un dans l'autre, absolument contraire à la véritable esthétique du beau. Essayons néanmoins de la décrire.

D'abord les trois baies sont flanquées de contreforts à plusieurs retraits, relativement saillants et massifs, au moins dans leur partie inférieure, qui donnent encore un certain relief à tout l'ensemble. Ensuite, chacune d'elles est surmontée d'un gable triangulaire très aigu, dont l'intérieur, ajouré, est rempli par des dessins flamboyants d'une incomparable légèreté. Mais pourquoi leurs rampants élancés, et, partant, fort gracieux, sont-ils coupés, sans motif, par les rampes horizontales de deux balustrades superposées, dont la plus haute, au moins, n'a d'aucune façon sa raison d'être? Ces balustrades, d'ailleurs, prises à part, ne manquent pas d'élégance; surtout, celle de dessus, composée de hautes arcatures à claire-voie et à montants prismatiques réunis par de petits arcs trilobés, et couronnée de redents très fleuris, offre, certes, beaucoup de sveltesse.

De plus, au-dessus de la baie du milieu, six statues, figurant les personnages de la Transfiguration, sont appliquées avec grande hardiesse sur tous ces motifs architectoniques. Dans la partie supérieure du gable se trouve Jésus-Christ accosté, à gauche, de Moïse et, à droite, du prophète Élie; au-dessous, sur une même ligne, sont les trois apôtres, Pierre, Jacques et Jean, jetant sur leur Maître glorifié des regards d'étonnement et d'admiration; ce qui explique pourquoi saint Jean, placé au milieu, tourne le dos à la rue. Il n'est pas jusqu'à la voix sortant de la nue et disant: « *Celui-ci est mon Fils bien-aimé; écoutez-le* », qui ne soit symbolisée par le buste de Dieu le Père (auteur, en effet, de cette parole), posé au-dessus de la statue du Christ, dans l'amortissement du gable. « Ces statues, d'un bon caractère, a dit le premier historiographe de Notre-Dame, le savant M. de La Sicotière, sont largement drapées, et les figures ne manquent pas d'expression. On pourrait, toutefois, leur reprocher un peu de rondeur et de mollesse. On sent que la main de l'artiste a perdu de sa fermeté, en même temps que la foi perdait quelque chose de son empire austère et absolu sur son intelligence. »

D'après une photographie de M. E. Mayeux.

D'après de récentes découvertes, on est en droit de supposer que ces statues furent l'œuvre de sculpteurs alençonnais: toute une école « d'imagiers » aurait, en effet, existé à Alençon au XVe siècle. Il est, du moins, hors de doute que le constructeur du porche fut un Alençonnais du nom de Jean Lemoyne, aidé dans ses travaux par ses deux gendres, Jean Fleury et Benoist Hubelin.

D'un autre côté, grâce à deux contreforts d'angle, la façade est très habilement reliée aux murs latéraux de l'édifice. Ceux des bas-côtés sont eux-mêmes appuyés, dans toute leur longueur, par quatre solides contreforts, dans l'épaisseur desquels s'amorcent les arcs-boutants, qui montent butter les murs de la haute nef. Mais que ces contreforts sont en même temps élégants dans leur partie supérieure, avec leurs gargouilles saillantes, leurs légères arcatures aveugles et leurs doubles clochetons élancés! Par contre, il faut regretter pour les arcs-boutants la courbure à contre-sens et la claire-voie des aqueducs posés sur leur extrados, qui leur font perdre l'apparence de leur rigidité et de leur fonction buttante. C'est, du reste, le défaut de la plupart des arcs-boutants de cette période de décadence, qui, généralement, ne sait pas assez raisonner les différents membres de la construction.

Ajoutons, pour achever la description de l'extérieur de l'édifice, que les hauts murs, comme ceux des collatéraux, sont munis d'une balustrade à dessins flamboyants, qui dissimule agréablement les chéneaux et la naissance des toits. Somme toute, cet extérieur, malgré ses imperfections, offre un brillant modèle de ce style flamboyant, « qui rachète par l'élégance et le fini de ses détails ce qui lui manque en grandeur et en sévérité ».

*
* *

Intérieur. — Mais entrons dans l'intérieur de l'église. Le plan par terre est celui d'une croix latine. Les nefs mesurent 31 mètres de longueur et 13 mètres environ de largeur; le transept a 22 mètres de longueur sur 8 m. 60 cent. de largeur, et le chœur, avec ses bas-côtés, 13 mètres de largeur sur 17 m. 50 cent. de profondeur.

Vue prise du chœur.
D'après une photographie de M. R. Magron.

La grande nef, haute de 20 mètres sous clef, est partagée, dans le sens de son élévation, en trois parties; c'était coutume gothique : les arcades, le triforium et le clérestory. Les arcades, au nombre de cinq, sont formées par des piles pentagonales, dont les côtés sont légèrement arrondis, et les angles accentués par des moulures prismatiques profondes. Une sorte d'anneau, parcimonieusement sculpté de fleurs et de feuilles déchiquetées, les enserre en guise de chapiteau. Mais les trois moulures qui donnent sur la nef, montent d'un seul jet se confondre avec l'arc doubleau et les arêtes diagonales de la voûte. — Le triforium est plein, très étroit et d'une hauteur relativement considérable. Il se compose de six arcatures entre chaque pile, et est protégé par une balustrade, un peu lourde, à quatre-feuilles aiguës, toutes séparées par un petit balustre. — Enfin, chaque fenêtre du clérestory comprend tout l'espace d'une travée, et est divisée en six compartiments par cinq meneaux. Malheureusement, le peu de hauteur de ces fenêtres, comparée surtout à leur grande largeur, en diminue la beauté.

La partie la plus digne, à l'intérieur, de fixer l'attention, est la voûte. Chacune de ses travées, au lieu d'être seulement partagée, comme elle l'eût été aux époques précédentes, en quatre voûtains par des arêtes diagonales, est divisée en quatorze compartiments, au moyen, en plus des arêtes diagonales, de tiercerons, de liernes et d'un faisceau de moulures suivant l'axe de la nef dans toute sa longueur. De plus, les arêtes diagonales et les liernes, dans une partie de leur développement, et le cordon d'axe, dans toute son étendue, sont couverts de crochets très épanouis, et amortis par des chimères variées. Pourtant, on doit avouer que, tout en admirant la souplesse de ces entrelacements, on sent que « le tronc manque aux branches, la cause à l'effet ».

Pour les clefs, au lieu d'être pendantes selon une autre anomalie de cette période, elles sont ornées de simples écussons, dont les armoiries, comme celles des écussons des balustrades extérieures, ont été grattées en 1794; travail qui fut confié, porte une curieuse délibération de la commune du 24 juin de cette année 1794, « à des ouvriers des plus intelligents et des plus patriotes », et qui coûta 174 livres, « à cause des dangers qu'ils avaient encourus dans cet ouvrage ».

Les voûtes des collatéraux, beaucoup plus basses que celle de la grande nef, sont aussi plus simples : chaque travée n'est partagée qu'en quatre voûtains par des arêtes diagonales sans sculptures, à la manière du XIIIe et du XIVe siècle.

Faut-il, maintenant, faire la description du transept et du chœur, rebâtis, en 1744, comme il a été dit au début, par M. Perronet? On ne s'y résigne qu'à grand'peine, tant cette reconstruction est choquante et disparate, quand elle est mise en parallèle avec celle que nous venons d'étudier. Tous les murs de l'un comme de l'autre montent, massifs et uniformes, sans aucun ornement ni sculpture, jusqu'à leurs faîtes, sur lesquels s'appuient des voûtes en berceau, elles aussi complètement unies. On a bien essayé, vers 1862, de décorer de peintures et d'ors cette masse informe de pierres ; mais, nous sommes obligé de le reconnaître, sans y avoir réussi ! Du reste, la tentative était des plus ingrates. Ces peintures monochromes consistent en enroulements mal combinés, prétendus de style Louis XIII, entremêlés çà et là d'emblèmes religieux. Le centre de la pseudo-coupole de la croisée présente l'Agneau immolé ; les pendentifs sont occupés par les figures symboliques des quatre évangélistes.

Cette coupole est surmontée, à l'extérieur, d'une tour carrée de l'aspect le plus lourd et le plus disgracieux ; percée seulement sur chacune de ses faces d'un *oculus* et d'une fenêtre en grande partie murée, elle est couronnée par un dôme quadrangulaire, dont le campanile, frappé à son tour par la foudre en 1808, dut être alors démoli.

Le transept se termine, à ses deux extrémités, par un chevet plat, dans lequel s'ouvre une fenêtre en plein cintre; le chœur, au contraire, est arrondi, et éclairé par trois immenses fenêtres, sans meneaux, pareillement fermées par une demi-circonférence.

***

CHAPELLES. — Les collatéraux, toujours suivant l'usage de la troisième période ogivale, sont garnis de chapelles ; elles sont, pour chacun, au nombre de quatre. Du côté de l'Évangile, la première, en commençant par le haut, est consacrée au Sacré-Cœur ; la seconde, à saint Donat; la troisième, à Notre-Dame du Rosaire ; la quatrième est la chapelle baptismale. Du côté de l'Épître, la première, toujours en commençant par en haut, est dédiée au Saint-Cœur de Marie ; la seconde, à sainte Anne ; la troisième, à sainte Élisabeth ; la quatrième, à l'archange saint Michel.

Toutefois, ces vocables ne sont pas les primitifs. C'est ainsi que la chapelle actuelle du Saint-Cœur de Marie, concédée jadis à la corporation des boulangers, était consacrée à saint Honoré, leur patron. On sait encore par les *Mémoires* de l'abbé Bélard, qu'en 1720, trois autres chapelles étaient dédiées à saint Sébastien, à saint Laurent et à saint Nicolas.

Toutes ces chapelles, excepté celle de saint Michel et celle du baptême, ont reçu, dans ces derniers temps, des autels en pierre d'un bon caractère et dans le style du XVe siècle, avec rétable, pinacles, gables, dais, d'une décoration riche et variée. La statue du patron de chaque chapelle, également bien traitée, les domine.

Avant la restauration de 1744, les deux bras du transept devaient aussi former chapelles. Car nous trouvons dans le procès-verbal de M. Perronet, cité plus haut, que la reconstruction des deux chapelles à droite et à gauche, dites « chapelles de la Charité et du Rosaire », donna lieu à deux devis supplémentaires. Le 4 juillet 1746, « devis de 9,908 livres pour le rallongement de la nouvelle chapelle de la Charité, à droite, joignant le chœur de l'église, et pour la construction d'une arcade sous cette chapelle, qui doit servir au passage des voitures par la rue de la Poterne ». — « Devis du 18 novembre 1747, pour la reconstruction, à gauche, de la chapelle du Rosaire, montant à 10,425 livres. »

Cette chapelle primitive du Rosaire avait été construite, au commencement du XVIᵉ siècle, par Marguerite de Lorraine, duchesse d'Alençon, et surnommée pour cela « chapelle de Madame ». Une cheminée avait même été ouverte, à son usage, dans l'un des piliers. En outre, le procès-verbal du promoteur de l'évêque de Sées, rédigé aussi à la suite de l'incendie de 1744, signale « deux chapelles, qui se trouvent à gauche de la précédente, et le mausolée des princes du sang, ducs d'Alençon..... qui est à droite de ladite chapelle ». Jusqu'en 1676, ce mausolée était demeuré dans le chœur, à la place où il avait été, dans le principe, érigé. Tout en marbre et en albâtre, et composé d'un cénotaphe de un mètre de hauteur environ, sur lequel étaient couchées deux belles statues représentant le duc René et son épouse Marguerite de Lorraine, il eût été digne, à en croire M. Perronet, de figurer auprès des tombes royales de Saint-Denis.

Actuellement, les deux chevets du transept sont occupés par des autels, celui du nord supportant une *Pieta*, celui du midi, un Calvaire.

*
* *

Vitraux. — Les vitraux de Notre-Dame doivent être divisés en deux séries, tant ils sont différents de valeur et de date.

Les uns, celui de la façade et ceux de la grande nef, remontent à la première moitié du XVIᵉ siècle, de 1511 à 1543. Le costume de certains personnages et la forme des lettres des inscriptions en seraient, à défaut d'autres, des preuves manifestes. « L'ensemble de ces vitraux, a dit encore M. de La Sicotière, est d'une richesse et d'une harmonie remarquables. Quelques-uns sont d'une pureté de dessin, d'une vivacité de coloris qu'on ne saurait trop admirer. A tout prendre, ils composent une des collections les plus belles, les plus complètes et les plus entières qui soient en Normandie. »

Les autres ont été posés, ceux du chœur et du transept, en 1864 et en 1870, ceux des nefs collatérales, en 1885. Malheureusement, ces vitraux sont loin d'égaler leurs devanciers.

Mais, hâtons-nous de l'ajouter, la faute en est surtout à l'état général de décadence où est tombé depuis plusieurs siècles l'art du peintre verrier. Dans ces derniers temps, il est vrai, de grands efforts ont été faits pour l'enrayer; des essais multiples ont été tentés, de nombreux ateliers ont été créés sur tous les points de la France; toutefois les résultats n'ont pas répondu, comme on était en droit de l'attendre, à tant de bonnes volontés. Malgré des progrès incontestables, il nous reste encore bien du chemin à faire pour atteindre la perfection des verriers de la Renaissance et du moyen âge.

ÉGLISE NOTRE-DAME, À ALENÇON. — PORTAIL PRINCIPAL.

Ces appréciations générales faites, jetons un coup d'œil rapide sur ces deux séries. Certes, la première mériterait une étude détaillée et approfondie ; mais le cadre de cette monographie est trop restreint pour songer à l'entreprendre.

Le vitrail de la façade représente plusieurs sujets, dont le principal est l'arbre de Jessé. Un reste d'inscription, placé au bas, nous apprend qu'il a été donné, en 1511, par la confrérie des tanneurs, dite de la Nativité de Notre-Dame, ou de l'Angevine. Ce qui fournit l'explication de trois sujets, moins importants, traités dans de petits panneaux distincts. Dans l'un est figurée la naissance de la Sainte-Vierge ; dans le second, deux cordonniers travaillent en leur modeste échoppe, que décore une statuette de l'Amour, peinte en grisaille ; dans le troisième, des tanneurs entourent une cuve, tandis que des bourreliers façonnent une selle.

Représenter ainsi leur patron, les occupations et les attributs de leur métier, tel était, en effet, pour les corporations le moyen de signer leurs offrandes ; c'étaient là, pour ainsi dire, leurs « armes parlantes ».

Pour la disposition des vitraux de la nef, les peintres verriers n'ont eu garde d'oublier qu'en iconographie, le nord, froid et privé des rayons du soleil, devait être réservé aux sujets austères de l'Ancien Testament, tandis que le midi, resplendissant de lumière, convenait aux mystères consolants du Nouveau Testament.

Sur la première fenêtre, en montant vers l'autel, du côté de l'Évangile, on assiste à la création de l'univers, et plus particulièrement à la naissance d'Ève, que Dieu vient de former de la substance même d'Adam, pendant que celui-ci dormait. Dans le bas, on lit les premiers versets de la Genèse.

La deuxième fenêtre est comme la continuation de la première : Ève, séduite par le serpent, cueille le fruit défendu et l'offre à Adam ; puis un ange les chasse du paradis, d'où ils sortent en jetant un dernier regard sur leur bonheur perdu. Plus loin, on aperçoit Ève avec ses deux fils, et, sur le côté, Abel immolé par Caïn. Une longue inscription, tracée sur le bord inférieur, rappelle encore quelques versets de la Genèse.

Ce beau vitrail a mérité d'être reproduit par M. de Lasteyrie, dans son grand ouvrage sur la peinture sur verre.

La troisième verrière figure le sacrifice d'Abraham, avec ses détails habituels. Sur la lame du long couteau, levé pour frapper Isaac, se développe, d'une façon fort originale, le texte de l'Écriture : « *non extendas* ». Dans le haut, des anges tiennent en main des instruments de musique ; dans le bas, deux autres anges supportent un cartouche sur lequel sont inscrits le nom de Dieu en caractères hébraïques, et plusieurs sentences religieuses.

Le passage de la mer Rouge occupe le quatrième vitrail. Les Hébreux l'ont déjà traversée et une partie des Égyptiens, lancés à leur poursuite, sont submergés. A la partie supérieure, Moïse est représenté dans les missions diverses de sa vie : berger, il dénoue sa chaussure avant d'approcher du buisson ardent ; soldat, il tient une épée ; prophète, il a dans la main le serpent d'airain ; législateur, il porte les tables de la loi. Au bas, deux inscriptions se lisent encore parfaitement, dont l'une surtout est précieuse ; elle indique le nom du donateur et l'année du vitrail : M FELIX BRYE ABBE DE S EVROVLT ET PRIEVR DE CEANS A DONNE CETTE PRESENTE LAN 1536.

Le sujet de la dernière fenêtre est le miracle du serpent d'airain. Par sa coloration très brillante, ce vitrail se rapproche beaucoup des deux premiers.

Les verrières du côté de l'Épitre ont trait à la vie de la Sainte-Vierge. Plus heureux pour celles-ci que pour celles du côté de l'Évangile, nous savons qu'elles sont l'œuvre de Pierre Fourmentin, d'Alençon, et de Berthin Duval, du Mans.

La première nous montre la Présentation au temple. Ainsi du reste que la suivante, elle est d'un effet ravissant, autant par son très pur dessin et l'habile groupement des personnages que par son vif coloris. Mais, comme ornementation, il convient de signaler, chose bizarre, une statuette de Pallas, placée sur le chapiteau d'une des colonnes décoratives, un médaillon, à l'entour duquel on lit : JULIA AUG IX SORIDONIA, et des guirlandes d'amours et de fleurs.

La seconde représente le mariage de la Sainte-Vierge avec saint Joseph. Quelques médaillons, d'un travail très délicat, offrent en outre, les uns, de saints personnages, les autres, des héroïnes de l'antiquité, JULIA peut-être et CORNELIA.

Le sujet de la troisième, non moins artistement traité, est la Descente de Croix. Marie soutient sur ses genoux le corps inanimé de son divin Fils, aux pieds duquel est agenouillée sainte Madeleine. Autour d'elle, plusieurs personnages, et parmi eux probablement les donateurs, contemplent le suprême épisode de la Passion ; au-dessus, dominant toute la scène, s'élèvent, sur un ciel sombre, la croix de Jésus et celles des deux larrons, portant encore leurs victimes.

Le quatrième vitrail, d'une composition plus simple, et inférieur aux autres, figure, à droite, l'Annonciation, et, à gauche, l'entrevue de Marie et d'Élisabeth. Les dessins flamboyants de la partie supérieure de cette fenêtre, comme ceux de la suivante, sont remplis d'anges, jouant de différents instruments de musique.

Dans la dernière fenêtre, récemment restaurée par suite de l'incendie de 1744 dont elle avait eu beaucoup à souffrir, on voit la mort de la Sainte-Vierge. Sur le côté, un personnage, à genoux au milieu d'un charmant paysage, regarde la Bienheureuse Vierge Marie s'élevant au ciel, portée sur des nuages.

Mais à propos de ces magnifiques vitraux, n'est-il pas utile de signaler, une fois de plus, la tendance funeste de la Renaissance à tout paganiser, même dans les églises ? Pourquoi, en effet, ces statues païennes, ces Julia et Cornelia ? Pourquoi ces Amours, ce mélange du sacré et du profane ? On se surprend, malgré soi, à regretter les conceptions, peut-être moins habilement rendues, mais, en retour, exclusivement religieuses, des époques précédentes.

Passons maintenant aux vitraux de la seconde série ; une indication sommaire suffira.

Sur chacune des deux premières fenêtres du bas des collatéraux, on s'est contenté de peindre deux anges, tenant à la main un phylactère. On lit sur l'un : « *Domus mea, domus orationis* » ; sur l'autre : « *Non est hic aliud, nisi domus Dei et porta cœli.* »

Pour la seconde, du côté de l'Évangile, le peintre verrier a pris, comme sujet, saint Latuin baptisant ses premiers néophytes sagiens, sur les bords de l'Orne.

Pour la troisième, la Sainte-Vierge donnant le rosaire à saint Dominique et à sainte Catherine de Sienne.

Pour la quatrième, saint Louis rendant la justice sous le chêne de Vincennes.

Pour la cinquième, l'apparition du Sacré-Cœur à la Bienheureuse Marguerite-Marie.

Du côté de l'Évangile, il a choisi pour la seconde l'apparition de l'archange saint Michel à Jeanne d'Arc ; la jeune guerrière est accostée de Dunois et du duc d'Alençon, tous deux ses fidèles et préférés chevaliers.

Pour la troisième, la Sainte Famille, imitée de Raphaël.

Pour la quatrième, l'éducation de Marie par sainte Anne.

Pour la cinquième, la crucifixion de Notre-Seigneur, au moment de l' « *Ecce mater tua* ».

Mais, en regardant ces nouvelles verrières, une pensée de critique vous obsède encore : pourquoi avoir eu la malencontreuse idée de remplir les deux panneaux de côté et les dessins flamboyants de ces fenêtres du XVe siècle, d'anges dénudés et d'arabesques de la Renaissance ?

Les vitraux du chœur sont, cependant encore, sous tout rapport, loin de les valoir ; ceux du transept, au contraire, sont d'une composition mieux entendue et de couleurs plus chaudes. Les sujets qu'ils traitent ont été, tous, empruntés encore à la vie de la Très Sainte-Vierge. Il n'était que juste, d'ailleurs, que, dans une église érigée sous son glorieux vocable, son image apparût de tous côtés aux yeux des fidèles.

Dans le transept, celui de gauche figure la dernière communion de Marie sur son lit funèbre ; celui de droite, sa bienheureuse mort. Les trois du chœur représentent, celui du milieu, son Assomption ; celui de droite, la promulgation du dogme de son Immaculée Conception ; celui de gauche nous montre Marie refuge des pécheurs.

* ***
*

Autel. — Chaire. — Orgue. — L'on ne saurait terminer cette monographie sans faire mention du maître-autel, de la chaire et de l'orgue.

Le maître-autel, avec ses quatre colonnes, en beau marbre jaspé, soutenant sur leur entablement une sorte de baldaquin elliptique, rappelle les formes de l'architecture pseudo-romaine de la Renaissance. Le tombeau, de marbre pareil, a ses gradins surmontés d'une statue de la Sainte-Vierge, les bras étendus et portée sur des nuages ; elle semble vouloir s'élever vers le ciel. — Cet autel est un don de M. Lallemant de Lévignen, frère de Monseigneur Lallemant, à cette date évêque de Séez.

« Sous cet autel, écrivait en 1845 M. de La Sicotière, dans son « *Département de l'Orne archéologique et pittoresque* », est creusé un petit caveau de 2 mètres de hauteur sur 2 m. 33 cent. de largeur, voûté en ogive, et renfermant, mêlés à des décombres et à des fragments de cercueil pourris, les ossements du duc René, mort en 1492, du duc Charles, mort en 1524, et du petit prince de Vianne, fils de la reine de Navarre, mort à cinq mois, en 1530. Les cercueils en plomb furent enlevés, pendant la Révolution, pour faire des balles ; et les cadavres, qui s'étaient desséchés sans se corrompre à cause du baume avec lequel on les avait préparés et dont ils avaient pris la couleur, furent jetés sur le sol, où nous en avons recueilli quelques fragments, vers 1836. »

La chaire, toute en pierre, et à quatre pans, porte le millésime de 1536. A parler franc, cette chaire, fréquemment vantée plus qu'il ne convient, n'a rien de très remarquable au point de vue artistique. Son plus grand mérite, ce nous semble, est d'avoir été faite par un condamné à mort, qui, pour prix de son travail, aurait, paraît-il, obtenu sa grâce. Il ne s'y trouve ni beaucoup d'invention, ni grande habileté de main. A la vérité, la peinture, dont on a recouvert, bien à tort, ses parties lisses, et la dorure qui empâte toutes les sculptures, empêchent peut-être de l'apprécier à son juste mérite. Dans tous les cas, les pilastres, qui séparent ses pans, sont trop courts pour leur largeur, et les bas-reliefs, dont ils sont ornés, sont sans caractère et n'ont entre eux aucune corrélation : l'un représente le roi David ; l'autre, un livre, la Bible ; le troisième, une allégorie quelconque ; le quatrième, saint Paul ; et tous ces personnages semblent vous inviter à lire des passages de la Sainte Écriture inscrits, plus ou moins heureusement, sur des cartouches placés au-dessus de leur tête. L'abat-voix qui, lui, n'a même pas le mérite d'être en pierre, laisse encore plus à désirer.

En revanche, l'orgue est fort intéressant. Commencé en 1537, d'après un acte notarié récemment découvert, il n'a été fini et inauguré qu'en 1540. Voici du reste deux passages de cet acte précieux, qui nous indique le nom des facteurs, et nous donne la description du buffet :

« Furent Tous maistres Gratien de Cailly et Symon Le Vasseur organistes et faiseurs d'orgues lesquels par alleu et marché par eulx faict avecqz les trésoriers bourgeois de ce lieu d'Alençon se submirent et obligèrent faire parfaire et accomplir unes orgues en lesglise de Notre-Dame du dit lieu d'Alençon bonnes et suffisantes. »

Puis après avoir détaillé la quantité et le genre des jeux, « jeux de flûtes, de nazard, de rossignol, de voix humaine, de herpe », qui devront le composer, ainsi que la matière des tuyaux, « plomb et estain », et le nombre des soufflets, « six », il ajoute :

« Et entant que la menuiserie elle sera pour le corps dorgues depuys lassiette du sommier jusques au hault De la forme du pourtraict des orgues dArgentan Mais en oultre y seront Les quatre tourelles a rond et a pendz a cul de lampe pendant Et les lanternes de dessus jouant celles des orgues dArgentan ou de celles pourtraictes au pourtraict baillé par les sieurs organistes aux sieurs trésoriers et bourgeoys au choix diceulx bourgeoys Lesquelles lanternes seront de telle grandeur que le cas requerra Pour lesquelles orgues faire et fournir de toutes matières et toutes choses generallement quelconques. Et les rendre toutes prestes faites de telles painctures de argent et azur qu'il plaira aux sieurs bourgeoys. »

Or, ce projet a été exécuté de tout point, de la manière la plus satisfaisante; et l'on ne sait lequel admirer davantage, ou de la légèreté de l'ensemble, ou du fini des détails. Ce serait vraiment le cas d'employer, s'il n'était devenu si banal, le mot « dentelle », pour qualifier, notamment, les sculptures des tourelles.

Mais l'instrument primitif dut naturellement subir de nombreuses modifications, à mesure que la facture d'orgue progressa; on pourrait presque dire qu'il n'en reste que le buffet. C'est ainsi, sans parler des claviers, que les sommiers, trop étroits, ont été remplacés par de plus larges, et les tuyaux de 3, 6 et 12 pieds par d'autres de 4, 8, 16 et 32 pieds. La dernière réparation date de 1873.

Plusieurs parties du buffet lui-même ont été refaites au XVIIe siècle. La balustrade, ainsi que les boiseries masquant les sommiers, remontent seulement à l'année 1652. Ceci résulte d'inscriptions sculptées sur la façade; inscriptions qui, certainement, ne peuvent se rapporter à la construction générale de l'orgue.

Telle est l'église-maitresse d'Alençon. Si le chœur et le transept avaient été, après l'incendie de 1744, reconstruits dans le style des nefs, elle serait, sans conteste, un des beaux monuments de la période ogivale tertiaire.

L'abbé Mallet.

L'ÉGLISE DE SAINT-LÉONARD, A ALENÇON

L'église de Saint-Léonard d'Alençon est bâtie à l'extrémité occidentale de la ville, presque à la campagne ; elle est le siège d'un doyenné qui étend sa juridiction sur seize paroisses rurales, formant le canton ouest d'Alençon.

L'origine de cette église est obscure, ainsi que celle de l'église principale dédiée à la Sainte-Vierge et connue sous le nom vulgaire de Notre-Dame. Il est probable que ces deux églises ont été fondées dans le même temps : on les trouve mentionnées toutes deux dans une charte épiscopale qui date de l'an 1180 ou à peu près. Alençon, lui-même, est une ville relativement récente ; c'est dans une charte de l'an 1000 qu'il en est question pour la première fois.

En 1180, l'église de Saint-Léonard paraît avoir été paroissiale ; mais, en 1243, la paroisse fut supprimée et réunie à celle de Notre-Dame. Saint-Léonard resta chapelle vicariale jusqu'à la Révolution de 1789.

Dans l'intervalle, l'église avait été rebâtie plusieurs fois ; l'édifice actuel fut commencé en 1489 ; le style est parfaitement en rapport avec la date : c'est du gothique flamboyant. On voit par les fenêtres qui restent de cette époque qu'il avait été parfaitement exécuté.

Cette construction fut entreprise sur l'ordre du duc René d'Alençon, prince du sang des Valois, alors souverain du pays. Il avait épousé la bonne et sainte Marguerite de Lorraine, fille de Ferry de Vaudémont-Lorraine et petite-fille, par sa mère, du bon roi René d'Anjou et de Provence, dont on vient de découvrir la sépulture à Angers ; cette pieuse princesse, qui a été sur le point d'être placée sur les autels, fit plus encore que son mari pour la construction de Saint-Léonard, qu'elle choisit désormais pour son église de prédilection ; elle aimait le recueillement, et, d'ailleurs, cette église était la plus voisine du donjon ducal. Dans la chapelle qu'occupaient ces nobles personnages se trouvait une cheminée, qu'on a eu dans notre siècle la malheureuse idée de murer, mais dont l'ouverture, terminée en arc surbaissé, est encore parfaitement visible sur la muraille ; les vieillards se souviennent de l'avoir vue dans toute son intégrité. Le cœur du duc René, emporté plus tard à l'hospice de Mortagne, a séjourné quelque temps dans une autre chapelle qui sert aujourd'hui de vestibule à la sacristie. La capsule qui le renfermait était recouverte d'une dalle sur laquelle on avait sculpté la forme d'un cœur. La pierre existe toujours dans le dallage du vestibule. Nous avons vu de nos yeux la forme du cœur, encore très sensible : aujourd'hui elle est tellement effacée qu'elle est complètement méconnaissable.

De l'édifice bâti par René et Marguerite, il ne reste plus guère que les murailles ; les fenêtres avaient subi quelques altérations : toutes, sauf deux, sont réparées et entièrement semblables aux fenêtres primitives. Quant à la voûte, trop large pour la faible courbure des ogives, elle s'écroula avec fracas le jour de Pâques de l'an 1645. Heureusement, l'accident arriva vers midi : les paroissiens prenaient leur repas, l'église était déserte; on n'eut à déplorer aucun accident de personnes. Il ne se trouva aucun homme assez zélé pour essayer de réparer cette catastrophe; peut-être aussi l'église, alors simplement vicariale, manquait-elle de ressources; on éleva, au moins de frais possible, une pauvre voûte en bardeau, et ce prétendu provisoire dura deux siècles; ce fut seulement vers 1840, que l'église, désormais paroissiale et décanale, reçut une voûte digne de sa belle architecture. Cette voûte, aux ogives sveltes et élancées, excite l'admiration des visiteurs, et fait la gloire du doyen d'alors, M. l'abbé Adolphe Jamot, qui accomplissait ainsi la pensée de son vénérable prédécesseur, M. l'abbé Despierres, mort quelques années auparavant. C'est de cette époque à peu près que date le couronnement du toit, dont on apprécie les clochetons élégants récemment ajoutés et dont quelques-uns attendent encore le ciseau du sculpteur. On peut critiquer seulement le couronnement de l'abside, composé de larges frontons triangulaires faits sans aucun art et surmontés d'un misérable clocher en ardoise, qui ne produit aucun effet. Le portail aussi demanderait à être totalement reconstruit.

Vue d'ensemble.
D'après une photographie de M. H. Magnes.

Si l'extérieur est commun et irrégulier, comme nous venons de le dire, il n'en est pas de même de l'intérieur, richement orné depuis quelques années par les soins de quatre curés consécutifs : MM. Jamot, Hurel, Fromentin et Clérice, dont la gestion s'étend depuis 1836 jusqu'à nos jours. Outre la voûte de M. Jamot, dont nous avons parlé, on distingue le grand autel, en bois, de style flamboyant, comme l'église elle-même, vrai chef-d'œuvre sorti des ateliers de MM. Blottière et Rebourcier, du Mans. Le curé actuel, M. l'abbé Clérice, a eu l'heureuse idée de le faire décorer, il y a peu d'années, par un peintre de Caen, M. Louis Chifflet, qui, à un chef-d'œuvre de sculpture, a ajouté un chef-d'œuvre de décoration. Loin de nuire à la pureté des lignes si délicates de M. Blottière, la peinture et la dorure de M. Chifflet les font ressortir d'une manière beaucoup plus vive qu'auparavant : on en jouit de toutes les parties de l'édifice. Une dame comparait un jour cet autel à un riche et colossal reliquaire : l'appréciation était juste, et même la bonne dame oubliait un instant qu'un autel, devant toujours renfermer des reliques, est un reliquaire véritable. La chaire, sans avoir le mérite de l'autel, est pourtant aussi une œuvre d'art.

L'édifice primitif possédait une certaine quantité de vitraux qui devaient avoir un certain prix ; mais les ravages sacrilèges des protestants pendant les guerres de religion, et ensuite les colonnes mobiles de 1793, avaient détruit presque complètement ces ornements primitifs. Cependant quelques fragments existaient encore ; après la Révolution, lorsque la paix fut rétablie, on les replaça un peu au hasard, sans même prendre trop de soin de réunir les fragments qui se convenaient les uns aux autres. Il y avait pourtant là des figures de saints et de prophètes qui ne manquaient ni d'expression, ni de cachet : les tons surtout, étaient magnifiques. Un seul vitrail, celui de la chapelle des fonts baptismaux, était conservé dans toute sa partie supérieure et faisait regretter la perte du reste. Il représentait la victoire de Marie Immaculée sur la Bête de l'Apocalypse. L'idée de remplacer entièrement ces vitraux date du milieu de notre siècle. M. Fromentin fit placer les deux premières verrières à droite et à gauche de l'autel majeur; M. Clérice en a fait placer huit autres; deux manquent encore, mais sont en projet; douze fenêtres en grisailles, ornées des images des douze apôtres, forment la seconde galerie, séparée de la première par un beau *triforium* qui produit un excellent effet. Tous ces vitraux, un seul excepté, celui de saint Joseph, ont été confectionnés par la maison Lavergne : la moitié à peu près sont de Claudius; le reste est de son fils Noël, enlevé récemment aux arts par la mort. Tout le monde en admire le dessin; le guide Joanne a jugé à propos de les mentionner, ainsi que l'autel majeur, parmi les beautés d'Alençon. Nous avons cependant entendu des connaisseurs leur adresser deux reproches : le défaut de ton et le manque de majesté dans les personnages. Il y a peut-être dans le premier reproche quelque chose de vrai, bien que quelques-uns soient très beaux, même pour le coloris; quant à la majesté des personnages, nous remarquons une erreur dans l'appréciation de certains artistes. Pour eux, l'exagération des traits qui distingue les vitraux du moyen âge est un genre dont on ne peut pas s'écarter sans tomber dans le commun. Il nous semble, dussent s'abattre toutes les férules des antiquaires sur la main qui écrit ces lignes, que l'exagération des traits n'est pas sans venir quelquefois de ce qu'aux XIIe et XIIIe siècles on ne connaissait pas la perfection de dessin qui distingue l'art grec et que nous rapporta la Renaissance. On idéalisait plus qu'on ne dessinait. Ajoutons que les vitraux, étant souvent placés à une certaine hauteur, devaient être exagérés pour paraître quelque chose à ceux qui les voyaient d'en bas; mais à Saint-Léonard d'Alençon, les vitraux sont placés à peu près à hauteur d'homme, et nous croyons que les deux Lavergne, père et fils, ont fait preuve d'intelligence en peignant leurs vitraux comme des tableaux ordinaires. M. Duhamel Marette, auteur du vitrail de saint Joseph, n'a pas compris la chose autrement, et nous a reproduit un tableau d'Albrecht Durer, digne des œuvres des Lavergne; avec moins d'imagination et de correction de dessin, son vitrail se distingue par un coloris magnifique.

Citons encore une Trinité de Perrodin, peintre de mérite, mort il y a peu d'années. C'est un des rares tableaux de ce genre où le Saint-Esprit soit représenté sous la forme humaine. Ce tableau, placé au sommet de l'abside, au-dessus de l'autel majeur, termine fort bien la perspective qui s'offre d'abord aux yeux du visiteur.

Tous ces ornements modernes, ajoutés à l'édifice du XVe siècle, font de Saint-Léonard d'Alençon une église très gracieuse, digne de fixer l'attention du chrétien et du touriste.

L'abbé L. Hommey.

LE CHATEAU D'ACHÉ

Quand, sur le bord de la route de Paris, à trois kilomètres d'Alençon et dans l'ancienne paroisse de Congé, réunie à Valframbert, l'archéologue aperçoit, dominant la cime des grands arbres, les clochetons élancés de l'élégant château d'Aché, il rend hommage, sans doute, au talent du moderne constructeur, mais il évoque surtout de grands souvenirs.

C'est là que, par une nuit noire de septembre 1449, le duc Jean II d'Alençon, venu d'Essay avec une petite armée, pour reconquérir sa capitale, rencontra l'échevin Moinet. Le hardi patriote venait annoncer au prince que les Alençonnais allaient lui ouvrir les portes de leur ville, occupée depuis 1417 par l'Angleterre. Le duc lui répondit : « Est-ce de bonne foi », et l'endroit précis de la rencontre porte encore le nom d'Épine de Bonne Foi.

C'est là que, dans les temps les plus reculés, s'éleva un modeste manoir, berceau d'une race célèbre par sa traditionnelle valeur. Les sires d'Aché, braves guerriers s'il en fût, portaient héréditairement le surnom de *Galois* ou *le Galois*. Guillaume d'Aché, chevalier, qui vivait au milieu du XIe siècle et avait épousé Jeanne Tesson, combattit à Hastings et fut écuyer des seigneurs d'Alençon.

Ses fils, le Galois, sire d'Aché, époux d'Hélène de Nonant, et Eudes, écuyers de Robert Courte-Heuse, duc de Normandie, le suivirent en Orient lors de la première croisade.

Jean, sire d'Aché, dit le Grand Galois, gentilhomme de Pierre II, duc d'Alençon, accompagna ce prince en Angleterre en 1363 et rendit son nom célèbre par ses exploits contre les Anglais. Il transigea, à cette date, avec Jean, comte de Harcourt, son cousin.

La maison d'Aché se divisa alors en deux branches. Pendant qu'une héritière des Mauvoisin apportait Serquigny à Eudes d'Aché et que sa descendance, encore représentée de nos jours en ligne féminine par les Le Conte de Nonant et les du Bouillonney, contractait des alliances princières avec les Courtenay et les comtes de Dreux, Jean, sire d'Aché, dit le Petit Galois, resté au berceau de sa famille, était écuyer du duc d'Alençon. Il fut un des chevaliers choisis, avec François Mallart et André des Faverils, pour accompagner Jean II à Bruges, en 1442, lorsque ce prince s'y rendit pour recevoir le collier de la Toison d'or.

Au XVIe siècle, les d'Aché, d'Alençon, s'allient aux Saint-Denis, Mélincourt, Bailleul du Renouard et continuent leurs services militaires. Le personnage le plus en vue, à cette époque, fut noble et puissant seigneur Galois d'Aché, chevalier, seigneur du lieu, Larré, Congé, Brezolles et Sougé, époux de Marie de Saint-Denis.

Sa postérité tomba en quenouille au XVIIe siècle, et la dernière dame d'Aché épousa messire Thomas Morel de la Carbonnière, auquel elle apporta Aché et Escures. Il fut l'auteur des Morel d'Aché et des Morel d'Escures.

Au début de notre siècle, la branche des Morel d'Aché n'était plus représentée que par une fille qui épousa M. Chagrin de Brullemail, député de l'Orne sous la Restauration.

M. de Brullemail appartenait à une excellente famille de notre région ; il laissa un fils, Alfred de Brullemail, marié à Mademoiselle du Temple de Rougemont. Ce dernier reconstruisit, en 1866, le château d'Aché. Son gendre, M. R. de Beauregard, le possède aujourd'hui.

On voit que depuis l'an mil environ, la terre d'Aché n'a pas cessé d'appartenir à la descendance de ses seigneurs primitifs, *les grands Galois*.

Vicomte DU MOTEY.

CHÂTEAU DE LONRAY

LONRAY

Le parc et le haras de Lonray sont aujourd'hui les principaux titres de gloire d'un ancien marquisat possédé par les Matignon, par Seignelay et par le maréchal de Montmorency-Luxembourg. Le parc, traversé par la Briante et entouré de murs et de fossés, a une étendue de 180 hectares.

L'allée extérieure de marronniers qui conduit à la grille d'honneur est l'ouvrage d'un des derniers possesseurs de Lonray, M. le comte de Séraincourt. Dans le parc, « les arbres séculaires ont été respectés. Des allées ombreuses circulent au milieu des taillis et des futaies et un troupeau de daims erre presque libre dans un enclos de deux hectares. Des fenêtres du château, l'œil se repose sur une large pelouse encadrée d'arbres magnifiques. Grandeur, simplicité, calme et majestueuse variété sans effort ni recherche, le parc de Lonray réunit tout ce qui charme à la première vue, tout ce qui retient à la seconde » (1).

Situé dans une position remarquable, à l'entrée de la forêt d'Écouves, en face de la butte Chaumont, la plus élevée des collines de Normandie, Lonray a été habité dès l'époque de la pierre polie. Au mois de janvier 1892, à 350 mètres d'un ruisseau, dans une pâture dite de la Croix-Houdiard, qui doit son nom à une vieille croix en granit, rongée par le temps, presque informe, plantée au carrefour voisin, on a trouvé cinq haches en pierre polie de grandeur et de formes différentes. M. Letellier, qui le premier a signalé cette découverte, a cherché vainement dans le voisinage quelques vestiges de sépulture antique, élévation de terrain, blocs de pierre, etc. Il n'a remarqué que la vieille croix dont on vient de parler. Mais nous croyons pouvoir affirmer que des monuments mégalithiques ont jadis existé sur le territoire de Lonray. On en trouve la preuve dans un acte de vente d'une pièce de terre sise à Lonray, le 27 mars 1456, dans lequel il est dit que ce champ joignait « d'un bout le ruissel tendant de Pierre-Plate à Pierre-Libout » (2). N'est-on pas ici en présence d'un dolmen et d'un menhir détruits ? D'autres dépôts de haches en pierre polie et en bronze ont été signalés aux environs.

Lonray, d'ailleurs, comme l'a fait remarquer M. de La Sicotière, est placé dans la direction de la voie romaine qui, venant de Rouen à Sées, se dirigeait vers Jublains, tandis qu'une autre branche passait de l'autre côté d'Alençon et conduisait au Mans.

Des monnaies romaines ont été trouvées à plusieurs reprises, près du Pont-Percé, dans la plaine qui sépare Lonray de Colombiers et sur la propriété des Vignes. M. de Caumont, dans son *Cours d'antiquités monumentales*, a même signalé un aqueduc de construction romaine sur le territoire de cette dernière commune.

Le premier seigneur de Lonray dont le nom nous soit connu est Haimeri *de Lonreio*, qui fut témoin, en 1091, d'une donation faite à Saint-Martin de Sées par Robert Bigot et Emma, sa femme.

---

(1) Léon de La Sicotière. *Notes pour servir à l'histoire des jardins.*
(2) Tabellionnage d'Alençon.

Le second est Garin de Lonray (Guarinus de Lonreio) qui, en 1147, du consentement de Riou, sa femme, fit don à la même abbaye des deux tiers de la dime de Lonray. L'acte en fut fait au château d'Alençon, en présence de Guillaume, comte de Ponthieu. Garin de Lonray fut témoin de la fondation de la Chartreuse du Val-Dieu en 1170.

Lonray passa ensuite dans la maison de Neuilly, puis dans celle de Silly, par le mariage de Jeanne de Neuilly avec N. de Silly dont elle eut deux fils, Gautier et Garin de Silly.

Jacques II et Jean II de Silly paraissent avoir conservé pendant l'occupation anglaise leur terre de Lonray, plein fief de haubert auquel était attaché le patronage de l'église paroissiale et deux chapelles,

Vue générale du Château de Lonray.
D'après une photographie de M. E. Magron.

plus le droit de prendre dans la forêt du bois de chauffage et du bois à *maisonner* et à *meirainer*.

François de Silly, seigneur de Lonray, fut bailli et gouverneur de Caen et mourut à Pavie, en 1525. Il fut inhumé dans l'église paroissiale où un magnifique tombeau, détruit en 1793, lui fut érigé. L'aînée de ses filles, Anne, mariée à Jacques Goyon de Matignon, maître des eaux et forêts du duché d'Alençon, eut Lonray dans son lot.

De ce mariage sortit Jacques II de Matignon, maréchal de France, qui fut un des premiers hommes de guerre de son temps. Par son caractère conciliant, il empêcha beaucoup de désordres à Alençon, où les protestants, après avoir commis des excès abominables en 1562, se virent, à leur tour, menacés de représailles lors de la Saint-Barthélemy. Il fut un des premiers, après la mort de Henri III, à engager Henri IV à se faire catholique, et il remplit les fonctions de connétable à son sacre.

Charles de Matignon, son fils, obtint aussi le brevet de maréchal, mais n'en eut que l'honneur. Il fit ériger Lonray en marquisat en 1644.

Léonor de Matignon, évêque de Coutances, sacré à Alençon, plus tard évêque et comte de Lisieux, ne contribua pas peu à l'embellissement de Lonray. Peintres et sculpteurs y furent employés. Parmi ces derniers nous relevons le nom de Gilles Durieu, sculpteur, qui s'était même établi à Lonray. Les salons furent décorés de tableaux des plus grands maîtres, dont le catalogue nous a été conservé. On peut citer notamment une *Descente de Croix* et une *Résurrection*, du Carrache ; une *Madeleine communiée par deux anges*, de Dominiquin ; une *Tête de Christ*, du Corrège ; *Notre-Seigneur dans le jardin des Oliviers*, de Paul Véronèse ; *Enfant couché avec un vieillard*, de Lorenzo Lotto ; *Notre-*

Seigneur parlant au peuple, de Sébast. Bourdon; *Moïse marchant sur la couronne de Pharaon*, d'après le Poussin; *l'Adonis, la Vierge*, de l'Albane; *la Vierge, l'Enfant-Jésus, saint Joseph et autres figures*, du Parmesan; *la Madeleine*, du P. Antonio; *Paysages*, de Paul Bril, de Sébast. Bourdon et de Michel Corneille.

Henri de Matignon, neveu et héritier testamentaire de l'évêque de Lisieux, étant mort en 1682, le marquisat de Lonray passa à Catherine-Thérèse, sa fille, qui en 1678 avait été mariée au marquis de Seignelay, surintendant de la marine, fils du grand Colbert. Par un autre mariage, Lonray entra dans la maison de Montmorency-Luxembourg. En 1786 et années suivantes, le duc de Montmorency, fils du maréchal, le vendit au fils d'un de ses plus modestes vassaux, Thomas Mercier, négociant, marchand de point d'Alençon. Après lui, Jacques Mercier, son fils, joua un rôle très important à Alençon au commencement du siècle. Il fut créé baron par Napoléon Iᵉʳ, fut maire d'Alençon et député de l'Orne pendant de longues années. Mais on lui reproche d'avoir rasé l'ancien château et d'avoir distribué le parc d'une façon assez mesquine. Ruiné à son tour, le baron Mercier dut vendre Lonray au comte de Séraincourt, qui rebâtit en partie le château construit par son prédécesseur, donna au parc l'aspect que nous lui connaissons et établit sur cet important domaine une exploitation agricole de premier ordre.

Haras de Lonray.
D'après une photographie de M. Paul Robert.

M. Armand Donon continua l'œuvre du comte de Séraincourt et créa le haras de Lonray, en 1863. Dans le principe, par suite d'un traité avec le comte de Morny, les poulains nés à Lonray passaient à l'âge de dix-huit mois dans l'écurie de ce dernier et couraient sous ses couleurs. Mais au bout de quelques années, M. Donon put conserver tous les produits de son haras, dont la réputation ne tarda pas à être européenne. Ce fut dès lors sous le nom et sous couleurs de son fils M. Pierre Donon, que les chevaux de Lonray parurent sur le turf. C'est *Péripétie*, par *Sting*, qui fut une des premières gloires de Lonray et qui gagna en 1869 le prix de Diane. Puis vinrent *Perplexe*, *Le Destrier* et son fils *Stuart*, vainqueurs du Derby et du Grand-Prix de Paris, en 1888, *Alphonsine*, *Escogriffe* et toute une lignée d'excellents chevaux, malheureusement disséminée, en 1891, à la vente du haras formé par M. Donon.

A la fin de 1892, M. le comte Le Marois, devenu propriétaire de Lonray, y ramena son stud, composé de deux étalons, *Châlet* et *Julius-Cæsar* et de vingt-cinq poulinières. Ce nouveau haras promet à Lonray de nouveaux succès. Le local, en effet, est éminemment propice à l'élevage des chevaux : terrain légèrement ondulé, prairies d'excellente qualité, sources abondantes, voisinage de la forêt d'Écouves, qui du côté du nord forme un abri de cent à deux cents mètres d'altitude et dont l'effet est des plus pittoresques. Le haras, construit dans le style normand, est adossé à une haute futaie. Les autres constructions sont dispersées dans les différentes prairies.   Louis Duval.

L'ÉGLISE DE LA ROCHE-MABILE

Qu'elle dut être gracieuse cette petite ville de la Roche-Mabile, assise au bord de la plaine, avec son monastère et son église, défendue par son château et sa forêt d'Écouves, enserrée dans les boucles de sa rivière, le Sarthon. Mais aujourd'hui le voyageur la chercherait en vain, parmi les pauvres maisons, qui servent de logis à quelques centaines de paysans. Ses forgerons et ses cloutiers, dont l'industrie fut si florissante, ont éteint depuis longtemps les derniers feux de leurs forges. De sa splendeur d'autrefois, rien n'a survécu, que son église, si misérable, mais qui garde encore, sous sa naïve architecture, je ne sais quelle trace du grand art roman. L'abbaye est tombée quand ses religieux venus de Saint-Martin de Sées, puis de Cîteaux, se sont éloignés. L'église seule est debout, unique document lapidaire qui demeure, avec le monceau de moellons du château. Le manuscrit de Boislambert, qui esquisse l'histoire de la cité, est fort sujet à caution et les deux travaux importants sur la Roche, ceux de M. de La Sicotière et de M. Florentin Loriot, ne lui ont accordé qu'une très relative créance. Celui-là a apporté, dans un substantiel article, son abondante érudition ; celui-ci a su joindre l'enthousiasme évocateur du poète inspiré à la sagacité d'une critique scrupuleuse.

Étudions donc, nous aussi, cette église. Posée au bord du chemin, en face de la plaine, elle présente la forme d'une croix latine, avec sa nef, son chœur terminé par une abside ronde, déviée à droite, et ses deux transepts d'inégale longueur. Elle est surmontée, au croisillon, d'une courte tour carrée, couronnée d'un toit pyramidal, couvert d'ardoises. Les murs extérieurs offrent un curieux spécimen de l'appareil en feuilles de fougères, l'*opus spicatum*, indice d'une origine très primitive et qu'on peut rapporter hardiment au XIe siècle, sinon à une époque antérieure. Les contreforts de granit, peu saillants, et les rares fenêtres à lancette viennent corroborer cette affirmation. Un intéressant bas-relief est taillé sur le linteau d'une de ces étroites fenêtres ; il représente deux personnages grossièrement dessinés, l'un debout, l'autre assis et séparés par une masse informe, comme la table d'un dolmen. M. de La Sicotière, qui attribue ce morceau au XII° siècle, n'hésite pas à y voir Adam et Ève. Ces opinions me semblent cependant douteuses et j'ai tout lieu de croire que cette sculpture appartient à l'époque primitive de l'Église. Deux portes latérales murées présentent un tympan roman. Au-dessus du portail d'entrée, dans une niche, se voit une statue de saint Pierre, patron de l'Église, dont la tête, surmontée de la tiare byzantine, est singulièrement expressive ; il est vêtu d'une chasuble, que les mousses séculaires avaient dorée. Un maladroit charpentier du pays a voulu rajeunir la statue en la grattant : il l'a défigurée.

L'intérieur de l'église n'est pas sans intérêt. Peu remanié, il traduit assez exactement son époque romane, bien qu'il ne présente que peu de motifs architecturaux, les matériaux employés, le granit et le grès étant fort durs. La nef et le chœur sont les parties les plus anciennes ; ils ne sont percés que d'un petit nombre de fenêtres, par lesquelles filtre un jour crépusculaire. La voûte en cul-de-four de l'abside pourrait être postérieure, ainsi que celle du croisillon, sous la tour, qui s'appuie sur des chapiteaux romans, sobres de relief, et dont les motifs semblent attester le XII° siècle ; ils sont ornés de dessins géométriques, et, sur certains, c'est à peine si la volute gothique commence à s'esquisser. La voûte du croisillon mérite une mention : c'est une voûte d'arête, limitée par quatre arcatures, dont trois sont timidement ogivales et la dernière en cintre surhaussé, rappelant le fer à cheval mauresque. Elle est sans doute plus récente que les chapiteaux utilisés pour recevoir ses portées. Les transepts offrent peu de caractère. Dans celui de droite, les restes d'une fresque à laquelle il est difficile d'assigner une origine, ont subi l'outrage de restaurations villageoises qui les ont défigurés. On y voit des anges, le sacrifice d'Abraham et les tourments de l'enfer. A gauche, un autel Louis XIV délabré, dont les dorures attestent une splendeur lointaine, décore tristement cet intérieur. Près de lui, sur un corbeau, une petite statue de pierre attire l'attention ; elle représente une femme dans une cuve, qui porte la main à son front, sainte Venisse, au dire des gens du pays, qui professent pour elle une grande vénération, et qui pourrait fort bien être sainte Véronique, comme le pense M. Loriot.

D'autres statues ornaient l'église, mais les modernes fidèles ont trouvé qu'elles feraient piteuse figure près des beaux saints peinturlurés, venus tout droit de la rue Saint-Sulpice ; on les a donc expulsées de l'église et elles gisent aujourd'hui parmi les orties, dans un coin du cimetière. C'est là que j'ai pu les voir, en les dressant, non sans peine, le long d'un mur. Elles sont encore quatre ou cinq du XIV° ou du XV° siècle, que les intempéries finissent de mutiler. On y reconnaît une sainte Anne et un évêque, vêtu d'un manteau à franges brodées et retenu par une agrafe avec pierreries, mais qu'un seul hiver finira par réduire en poudre, car je ne sais si, sur mes prières, le curé de la paroisse a consenti à leur offrir l'hospitalité dans un coin de la nef.

Elles méritaient bien cependant quelques égards, ces pauvres statues qui, durant des siècles, ont écouté les confidences, joyeuses ou tristes, de longues générations. Elles seules pourraient nous dire ce que sont devenus tous ces hommes.

> Ces voyageurs sont arrivés,
> Sont-ils perdus, sont-ils sauvés ?
> Il demeure une inquiétude
> Derrière eux, dans la solitude (1).....

HENRI ONFROY.

(1) Le *Chemin creux*, par FLORENTIS LORIOT.

LES RUINES DU CHATEAU DE LA ROCHE-MABILE

ET

LA BUTTE DE CHAUMONT [1]

Aux confins des Marches Normandes, pour la défense de notre vieux sol contre l'envahisseur, qu'il vint d'Anjou, du Maine ou du Perche, se dressait, vers l'an 1070, par la volonté d'une femme, une citadelle inexpugnable. Une aiguille rocheuse, surgie du milieu de la plaine, servit de soubassement au donjon, flanqué bientôt d'une triple enceinte. Le château de la Roche-Mabile était debout, prêt à repousser l'ennemi comme à protéger la cité, qui commençait de naître, tandis que s'élevaient ses premières assises. Et pendant de longs siècles, seigneurs et manants, religieux et bourgeois vécurent, à la Roche, d'une vie propre, exempts de coutumes, affranchis de redevances, isolés dans la plaine où serpentait le clair Sarthon, dont les eaux réfléchissaient les murailles féodales.

Telle fut l'œuvre pour laquelle Mabile de Bellême, fille de Hugues, sire de Montmorency, « cette femme uniquement livrée au monde » (2) avait été choisie par notre grand Guillaume, conquérant de l'Angleterre. A la suite de Mabile, les Talvas, les Montgommery, les Châtellerault, les d'Harcourt, les d'Avaugour, les Chateaubriand, les seigneurs d'Échauffour, de l'Aigle, de Thouars et de Vassé, enfin les Courtemanche laissèrent, avec chaque siècle, l'empreinte, souvent glorieuse, de leur passage. Mais la Roche eut aussi ses jours d'humiliation, lorsque Philippe-Auguste, sous Emeric, exigea que ses murailles fussent démantelées quand tel serait le bon plaisir du roi, car alors « barons s'étaient affaiblis et enveillis et lui avait crû en force et en sagesse (3) ». Mais que ses remparts fussent battus, que son sol fût livré à l'Anglais Fitz Hugues, ou que son plan se transformât avec les âges, le château, la ville et le monastère se retrouvaient toujours vivants, comme les bois qui les entouraient de leurs vivantes frondaisons.

Aujourd'hui, seuls, le poëte et l'archéologue tentent d'escalader les flancs de la butte, pour découvrir, sous le lierre, le chèvrefeuille et la viorne, la trace de son image. Moins orgueilleux que ses frères de Chamboy, de Brionne et de Domfront, le château de Mabile eut un sort moins durable. Son emplacement fut modifié. D'abord hérissant le sommet du roc, il descendit dans la plaine ; mais le temps a confondu, en un même chaos, les deux enceintes. Des pans de murailles informes gisent

---

(1) Consulter sur la Roche-Mabile : Orderic Vital. ; J.-A. de Boislambert : *Abrégés historiques et chronologiques d'Alençon et de ses environs, etc.* (manuscrit) ; Odolant Desnos : *Mémoires historiques sur Alençon et ses seigneurs*; de La Sicotière : *L'Orne pittoresque*; Florentin Loriot : *Une église champêtre*, qui est une superbe page d'archéologie comme sait la comprendre un poète ; quelques vues de M. Henri Magron, qui a fait de la photographie un art de premier ordre. — Qu'il me soit permis de lui exprimer ici tous mes remerciements pour la collaboration si précieuse qu'il m'a prêtée en choisissant avec tant d'habileté les plus beaux sites de la Roche.

(2) Orderic Vital.

(3) Chronique manuscrite citée par de La Sicotière.

parmi les blocs de rochers et l'œil reconnaît à peine la configuration de l'édifice. Le plan du donjon, carré, comme la plupart des donjons antérieurs au XIIIe siècle et dont les murs avaient trois mètres d'épaisseur, se devine encore au sommet, ainsi que l'excavation, à demi recouverte par les végétations, qui fut une citerne. A un niveau inférieur du cône rocheux, subsistent les fragments d'une première enceinte, semi-circulaire, comme les théâtres antiques. Plus bas encore, sur un développement de plus de trois cents pieds, se voit la seconde enceinte, qui forme un deuxième anneau enserrant la partie supérieure de l'édifice. C'est à peine si un pan de mur, à la base du monticule, révèle la direction de l'enceinte extérieure, écroulée parmi les ronces et les hautes herbes. Des chapelles, qui s'élevaient autour du château, il ne subsiste rien.

Un souterrain, qui devait prendre naissance dans les profondeurs du donjon, offrait une issue dans la campagne, mais ses parois se sont effondrées, et seuls quelques villageois savent indiquer, en étendant la main vers la plaine, la direction qu'il suivait.

Il y a dix ans à peine, on découvrait, en écartant les vignons sauvages, le tailloir et les volutes de deux chapiteaux, uniques débris d'une chapelle. Je ne les ai plus retrouvés. Le sieur Hamouy, aubergiste au bourg de la Roche, qui sert au voyageur, avec un pichet de cidre doux, une miche de pain et du fromage blanc, m'a confié, avec des clignements d'yeux, sous des paupières lourdes, qu'il

Ruines du château de la Roche-Mabile.
D'après une photographie de M. H. Magron.

avait apporté chez lui les deux chapiteaux pour les vendre cent sous à quelque collectionneur lapidaire. Ainsi, plus rien pour attester le travail de l'homme ne devait demeurer du château de la vaillante Mabile. N'était la trace de méconnaissables murailles, le cône rocheux qui fut jadis un imprenable château, serait aussi mort que la butte de Chaumont, qui s'élève à huit cents mètres de celui-ci, pour fermer vers l'est la vallée du Sarthon.

La butte de Chaumont semble de loin, dans la plaine unie, un prodigieux tumulus, où dormirait quelque géant. Au pied, sont les champs, séparés par des fossés et des haies vives. Son aspect est désolé et rugueux, comme la peau d'un pachyderme. Elle domine la ligne de la forêt, qui moutonne et baigne une partie de sa base. Ses versants ont conservé plusieurs fragments de murailles orientées très diversement. Des éboulements de pierres sèches, des ondulations de terrain et des tranchées indiquent les travaux de plusieurs lignes de défenses. Un ingénieux archéologue, M. Galeron, a cru y voir les débris d'une forteresse de la féodalité primitive. L'hypothèse ne me semble pas aussi invraisemblable que l'affirme M. de La Sicotière, qui préfère admettre l'existence d'un ermitage, dont ces murailles seraient les ruines.

Il reste pourtant certain que les retranchements, construits à la hâte, en pierre sèche, et qui occupent une étendue considérable, remontent aux premiers Normands. Mais l'histoire, qui ne sait nous dire ce que signifient ces travaux, n'a pas conservé davantage la mémoire des hommes qui bâtissaient ainsi.

La légende seule garde encore quelque intérêt à cette colline, en perpétuant le souvenir d'un effroyable drame qui dut s'y dérouler. La butte de Chaumont se termine à l'ouest par une corniche de rochers, connue dans le pays sous le nom de *Saut à la Dame*. La tradition rapporte que Guillaume Talvas, jaloux sans doute de sa maîtresse (une Mabile aussi, fille d'un comte des Marches), ou trahi par elle, la précipita du sommet de ces rochers. Là, s'est arrêtée la légende, la vieille légende fidèle,

La butte de Chaumont.
D'après une photographie de M. H. Mayeux.

dont se sont emparés de faux historiens, de la Viconterie et Lavallée, qui, pour la rendre plus palpitante, l'ont racontée de façon mélodramatique et ridicule.

Ainsi s'exprime Lavallée pour dépeindre Talvas : « La nature l'avait modelé sur le tigre, c'est-à-dire qu'une enveloppe enchanteresse renfermait une âme formée du limon des enfers. Il est facile de feindre la douceur, avec l'écorce de la beauté. Le scélérat se montra charmant aux yeux de la malheureuse Mabile, fille d'un comte *Desmarches*. Insensiblement, en lui filant des heures de soie, il amena l'instant de la félicité, mais il voulut que cet instant portât le cachet de son caractère. »

Voici donc tout ce qui subsiste du château de la Roche et de la butte de Chaumont, qui s'élevait en face de lui : quelques pierres et une légende presque éteinte. La gelée de chaque hiver arrache les derniers pans des derniers murs de la citadelle. Les végétations n'ont pas fini de recouvrir ses vestiges et laissent encore à la pierre, qui s'effrite, l'impression douloureuse d'une grandeur disparue, mais que la ronce finira bientôt d'ensevelir pour jamais.

Henri Onfroy.

SAINT-CÉNERI. — LE PONT ET L'ÉGLISE

SAINT-CÉNERI-LE-GÉREI

Saint-Céneri est une de ces localités privilégiées qui ont une physionomie à part et que recommandent tout à la fois de grands souvenirs religieux et historiques, des monuments d'un réel intérêt et des sites merveilleux, au charme desquels il est difficile de rester insensible.

C'est ce qu'au retour d'une excursion faite en 1842, M. Paul Delasalle exprimait en ces termes :

« En arrivant à Saint-Céneri du côté d'Alençon, on trouve sur le bord du chemin un tertre féodal, peut-être un tumulus gaulois, du sommet arrondi duquel on découvre un charmant paysage. Les ruines du château se cachent à peu de distance sous les lilas nains qui les parent au printemps de leurs grappes parfumées. Au-dessous se groupent confusément les toits enfumés du village. La Sarthe, resserrée entre deux collines abruptes, décrit une sorte de fer à cheval dont le centre est occupé par une belle prairie; au milieu de cette prairie s'élève une petite chapelle ogivale au profil élégant; les collines tantôt couvertes de bois, tantôt hérissées de rochers, offrent à peine quelques rares sillons cultivés à la bêche, et seule, sur un rocher dominant tout le paysage, une jolie église romane semble se pencher sur les flots murmurants pour y mirer sa vieille et coquette beauté.

« De précieux souvenirs ajoutent à l'intérêt du site et font de Saint-Céneri un lieu de pèlerinage obligé pour l'antiquaire comme pour l'artiste. Ils peuplent cette solitude jadis bruyante. La rivière qui coule doucement sous les saules, redit à l'oreille du voyageur couché sous leur ombre les chants pieux qu'elle a entendus, les grands coups d'épée dont ses bords ont retenti, les cadavres qu'elle a roulés dans ses eaux. »

Cette description, dans une note assez romantique, rend bien l'impression première que l'on éprouve. Une église, un château-fort avec un long cortège de légendes pieuses ou guerrières, et pour cadre une magnifique campagne, voilà en effet tout Saint-Céneri, que nous allons maintenant essayer de faire plus complètement connaître.

Commençons d'abord par la légende religieuse. Cerenic ou Cenceric, le saint qui a donné son nom à la commune, faisait partie de la légion des moines italiens, hardis pionniers de l'Évangile et de la civilisation que l'on vit apparaître, vers le VII° siècle, sur beaucoup de points au milieu des forêts de la Gaule, pour arracher les populations avoisinantes à la barbarie, en créant des foyers d'activité, de prière et d'édification chrétienne. Comme son frère Ceneréde, Ceneric appartenait à une famille patricienne de Spolète ; l'un et l'autre semblaient destinés aux plus hautes dignités ecclésiastiques, lorsque poussés par l'esprit de Dieu, sans se laisser séduire par les perspectives d'avenir qui s'ouvraient devant eux, ils quittèrent Rome, et, le bâton du pèlerin à la main, se dirigèrent vers les solitudes les plus inaccessibles. Ils s'arrêtèrent d'abord au pays des Cenomans, aux environs de Sablé, sur le sommet d'une montagne d'où la vue pouvait s'étendre sur une grande étendue de pays. Mais leur arrivée ne passa pas inaperçue et bientôt, attirées par le bruit de la sainteté des deux frères, les populations affluèrent en foule auprès de leur modeste ermitage. Décidément le pays était trop habité. Il sembla à Ceneric qu'en changeant de milieu il n'avait pas quitté le monde ; laissant donc Ceneréde à Sablé, il se mit à la recherche d'une solitude plus sauvage et plus propice au recueillement et à la méditation. C'est ainsi qu'accompagné d'un jeune mendiant nommé Flavard, qu'il avait recueilli et dont il avait fait son disciple, il arriva aux bords de la Sarthe, sur les confins de la Neustrie et du Maine, dans une région déserte, d'un aspect tout à la fois abrupte et séduisant. La protection de Dieu se manifesta immédiatement par des prodiges éclatants. Une source jaillit du rocher pour que le saint homme et son serviteur pussent étancher leur soif et, comme autrefois la Mer Rouge, la Sarthe suspendit un instant le cours de ses eaux pour leur permettre de traverser son lit à pied sec et de passer sur l'autre bord. La nouveauté de ce spectacle effraya même tellement Flavard, qu'il laissa tomber dans l'eau un précieux livre de prières. Il est vrai que, quelques années après, ce missel, d'après le récit des chroniqueurs, fut rapporté à Ceneric dans un état de siccité et d'intégrité absolues, comme si jamais il n'eût séjourné dans la rivière. L'histoire raconte encore que Ceneric évangélisa toute la contrée, renversa un certain nombre de pierres auxquelles le peuple rendait un culte sacrilège, bâtit un oratoire et réunit auprès de lui cent quarante moines. Cet apôtre de l'Évangile, qui par humilité resta toujours simple diacre, mourut, plein de jours, après avoir annoncé le moment de sa fin et fut enterré par ses frères au milieu de l'ecclésiole qu'il avait élevée.

Elle était située sur l'emplacement que l'église occupe aujourd'hui et dut être détruite au X° siècle, lors des invasions normandes. C'est d'ailleurs à cette date que les restes du saint furent exhumés et transférés à Château-Thierry, pour être ainsi à l'abri des profanations des Barbares. L'édifice que nous avons sous les yeux date évidemment du XII° siècle et ne rappelle en rien l'oratoire primitif auquel il s'est substitué. C'est ainsi, pour nous borner à deux exemples, que les églises romanes du Mont-Saint-Michel et de Saint-Pair, près Granville, ont remplacé de modestes oratoires, beaucoup plus anciens, dont on a retrouvé les fondations. Des investigations du même genre pourraient, à Saint-Céneri, avoir les mêmes résultats, en nous fournissant des renseignements certains sur les dimensions et la forme de la construction primitive. Quant aux reliques du saint ermite, elles sont toujours à Château-Thierry, à l'exception d'un bras conservé aujourd'hui à Saint-Martin-de-Sées.

S'il ne peut prétendre à une origine mérovingienne, l'édifice actuel n'en mérite pas moins toute notre attention. Il a été décrit avec grand soin par M. de La Sicotière.

« L'église de Saint-Céneri, lisons-nous dans un rapport resté malheureusement inédit, est une des plus curieuses des environs d'Alençon. Assise sur le roc vif, au bord d'un escarpement taillé à pic et fort élevé, elle se mire dans les eaux rapides et murmurantes de la Sarthe..... Elle appartenait au style roman le plus pur. Une porte ronde des plus simples, appuyée de deux contreforts plats, une nef longue sans latéraux, éclairée par des fenêtres très étroites en forme de meurtrières; une tour carrée, percée sur chaque face de deux longues baies à plein cintre, construite en granit, appareillée, ornée de colonnettes élégantes et de modillons non sculptés, terminée par un toit en bâtière, c'est-à-dire incliné de deux côtés seulement et présentant deux pignons à ses extrémités;

Vue de l'intérieur et de l'extérieur de l'église.
D'après des photographies de M. R. Mercier.

quatre gros piliers fort simples supportant des arcades romanes et formant ce qu'on appelle, en terme d'architecte, la croisée ou l'espace carré résultant de l'intersection de la grande nef et des transepts, au-dessus de laquelle s'élève la tour; deux croisillons de longueur égale, flanqués dans le sens du chœur de deux petites absides rondes, assez semblables à l'extérieur des mottes de four; un chœur terminé carrément par un grand mur de pignon, dans lequel s'ouvre une troisième abside ronde, un peu plus grande que les deux autres; dans la construction des murs, des traces d'appareil régulier, tantôt en petites pierres carrées qui rappellent les constructions des époques mérovingienne et romaine, tantôt en couches alternativement inclinées de droite à gauche et de gauche à droite, disposition si fréquente dans les constructions du XIe et du XIIe siècle : tout cet ensemble n'offrait assurément rien de bien extraordinaire, mais il ne manquait ni d'élégance dans sa simplicité, ni surtout d'harmonie. Il surprenait et charmait l'antiquaire, peu accoutumé à rencontrer dans ce pays de si purs monuments du vieux style roman. Pour les gens de goût, archéologie à part, il avait le mérite de rappeler dans toute sa sévérité le caractère, l'art, la foi d'une époque lointaine, de contraster par son immutabilité, avec les ruines du vieux château, avec les changements de la civilisation et de la nature. »

Cet état de choses satisfaisant et harmonieux ne devait pas être conservé. Pour le malheur de la vieille église, un préfet de l'Orne, M. Séguier, s'intéressa à elle, et, comme il se piquait de goût et de littérature, il voulut accommoder le monument à la mode du jour en le dotant d'un portail pseudo-gothique et en éclairant sa nef, jugée trop obscure, au moyen d'effroyables fenêtres en anse de panier... si bien que l'on brisa violemment l'unité de style qui faisait le grand mérite de l'église de Saint-Céneri, en substituant, dans une partie de l'édifice, à des ouvertures du roman le plus pur, une porte et des fenêtres d'un genre hybride et de l'effet le plus disgracieux. Dans cette malencontreuse transformation le préfet fut aidé par l'ingénieur ordinaire du département, M. Jules Cambacérès, auteur d'ouvrages estimés, et qui devint plus tard directeur du service des chemins vicinaux au ministère de l'Intérieur. Et c'est ainsi, comme on l'a dit avant nous, que, grâce à la collaboration de ces deux hauts fonctionnaires, ce qui était bien devint médiocre et ce qui était médiocre devint affreux. La faute en était d'ailleurs moins aux hommes qu'à l'époque, dont le goût en matière de restauration de monuments était absolument détestable. Estimons-nous heureux que l'œuvre de réédification n'ait compris que le portail et le bas de la nef, en épargnant les parties en somme les plus remarquables de l'église, le clocher, la croisée, le chœur et les trois absides.

Une découverte des plus importantes devait venir augmenter bientôt l'intérêt qui s'attachait à ce monument. On savait depuis longtemps que l'église de Saint-Céneri avait été recouverte de peintures murales; M. Paul Delasalle, qui la visita en 1836, écrivait à ce propos les lignes suivantes :

« A l'intérieur, le chœur et les transepts, décorés de lierres grimpants, offrent des traces de fresques grossières. On a peint sur la voûte, derrière l'autel, un Christ aux formes byzantines, placé entre un ange et un oiseau symbolique qu'enveloppent de confuses arabesques. »

En 1856 la situation n'avait pas changé. On ne voyait toujours au fond du chœur que le grand Christ byzantin aux contours indécis, signalé par Paul Delasalle, lorsqu'au mois de juin M. le curé Retours, reconnut dans l'abside et dans le chœur l'existence de toute une série de peintures qui lui parurent avoir un mérite incontestable. Bien qu'on ait beaucoup disserté à ce propos, il nous paraît assez indifférent de savoir dans quelles circonstances eut lieu cette découverte; le point à retenir, c'est que les fresques furent rendues partiellement à la lumière à la date que nous venons d'indiquer et que le fait fut porté immédiatement par M. le curé de Saint-Céneri à la connaissance de M. de La Sicotière. Grâce à l'intervention éclairée de celui-ci et à son influence personnelle, le Conseil général s'intéressa à ces vieilles peintures et vota une subvention qui permit de nettoyer les fresques de l'abside et du chœur

Église et bas-côté.

et de les restaurer d'une manière à peu près satisfaisante. Ce travail d'une nature assez délicate fut confié à M. Chadeigne, artiste peintre à Alençon. Il est regrettable, d'une part que l'on n'ait pas, à cette époque, dégagé toutes les surfaces couvertes originairement de peintures, et surtout qu'avant de commencer la restauration, on n'ait pas relevé, sur un calque grandeur d'exécution, les fresques telles qu'elles apparurent, avec leurs détériorations et leurs parties manquantes, lorsqu'elles furent débarrassées des couches épaisses de badigeon qui leur avaient été successivement appliquées.

SAINT-CENERI-LE-GEREI. — LA CHAPELLE

Ce relevé, en indiquant avec une complète certitude la partie authentiquement ancienne de la décoration murale, eût été infiniment précieux pour l'interprétation critique de ces peintures, en même temps qu'il eût mis l'artiste restaurateur à l'abri de reproches souvent injustes et presque toujours exagérés. Fort heureusement on peut, dans une certaine mesure, suppléer à l'absence de ce document en se reportant à la description que fit M. de La Sicotière au moment de la découverte et avant tout travail de restauration.

Le système décoratif appliqué à l'abside du chœur et qui frappe tout d'abord lorsque l'on entre dans l'église, est conçu avec une certaine largeur. Le Christ, nimbé, assis sur un trône, tenant le globe d'une main et bénissant de l'autre à la manière latine, occupe la voûte tout entière. Il est entouré d'un cercle ovoïde flanqué extérieurement de la représentation symbolique des quatre évangélistes sous leurs attributs ordinaires : l'aigle, l'ange, le bœuf et le lion. L'aigle a ses ailes naturelles, les autres figures sont également ailées, mais leurs ailes se terminent par des plumes de paon; toutes tiennent le livre fermé de sceaux. Ce sujet, qui a été reproduit à l'infini par la sculpture et la peinture au XIIe et au XIIIe siècle, est ainsi décrit par M. de La Sicotière :

« A la voûte, vision symbolique d'Ézéchiel, au milieu le Christ bénissant. Cette figure avait prodigieusement souffert. Les mains seules et les pieds étaient conservés. M. Chadeigne a dû repeindre le visage. La tunique est blanche, et le manteau de dessous rouge, avec bordure jaune tachée de rouge. A l'entour, les quatre figures symboliques : le lion, l'aigle, le bœuf et l'ange. On avait recouvert toutes ces figures d'un épais badigeon sur lequel, au siècle dernier, on s'avisa de peindre quelques têtes d'anges, cravatés d'ailes, pour entourer le Christ. »

Dans la même abside, au-dessous de la représentation qui précède, se déroulent, en manière de frise, quatre scènes empruntées à la vie de saint Ceneric.

Dans la première le saint, debout devant un cercueil ouvert, la main droite levée et un livre dans la main gauche, paraît s'entretenir avec six personnages aux attitudes variées. On y a vu saint Ceneric prêchant à ses compagnons les enseignements salutaires de la mort; nous serions porté, pour notre compte, à reconnaître dans ce colloque funèbre la prédication miraculeuse racontée par tous les hagiographes, dans laquelle le solitaire annonça à ses religieux le jour et l'heure de son décès.

La seconde n'offre aucune difficulté. Les chevaux effarés suspendus dans le vide, que nous y apercevons, nous représentent évidemment ceux qui, par *révérence pour le lieu saint*, ne voulurent pas brouter l'herbe du cimetière, brisèrent leurs entraves et se précipitèrent dans la Sarthe. « Ils rappellent qu'un jour de fête patronale deux impies ayant insolemment attaché leurs chevaux à la porte de la basilique, les virent se précipiter au bas du rocher sur lequel est bâtie l'église (1). »

Le miracle est raconté avec un grand charme de naïveté dans une *Vie de Saint Céneri confesseur*, dont on peut lire le texte latin dans un manuscrit provenant de l'abbaye de Saint-Évroult, qui fait partie aujourd'hui de la bibliothèque d'Alençon :

« Post hæc vero, anni circulo evoluto, advenit Sancti Serenici solemnitas; quumque, more solito, ad hunc popularis confluerent multitudo, plurcsque, cum religionis metu sanctum studerent venerari locum, affuerunt inter reliquos, sicut lolium inter frumentum, duo viri rebelles, moribus incompositis, levitate que instabiles, qui, loci religione postposita, ante ipsius basilicæ ostia, herbas atrii suos equos depascere dimiserunt. Qui protinus insolito furore agitati quamvis ferrea fuerunt compede nixi,

---

(1) *Excursion archéologique à Saint-Céneri-le-Gérei*, par l'abbé Alb. Desvaux, p. 16. — Blin, *Vie des saints du diocèse de Sées*, t. 1, p. 453.

ab alto tamen montis vertice per saxorum prona labentes in profunda fluminis sunt præcipitati atque, Beati Serenici meritis, ad alterius ripæ crepidinem pervenerunt. Quod miraculum multitudo qui aderat vulgi in sui sancti meritis potentiam cœpit laudare Christi (1). »

La même *Vie de Saint Céneri* nous donne encore l'explication très claire de la troisième scène. Nous y lisons, en effet, que le serviteur de Dieu, par les mérites du Christ tout-puissant, guérissait les malades et les infirmes qui s'adressaient à lui :

« Multos etiam variis langoribus addictos ac corporis tabe pressos, per orationum suffragia reddidit illœsos. » L'artiste s'est emparé de ce texte et l'a traduit de la manière suivante : le saint tenant à la main un bâton avec pomme et gland, élève la main droite vers le ciel comme pour implorer la protection divine. Au-dessus de sa tête, dans un fragment d'inscription, on lit : *S. Ceneric...* En avant se tiennent, debout et tête nue, deux personnes dans une attitude suppliante. L'une d'elles, dont les jambes sont difformes, s'appuie péniblement sur des béquilles; l'autre, se soutenant à peine à l'aide d'un bâton, porte la main à sa poitrine et paraît éprouver d'intolérables douleurs; un moine placé entre elles les présente et explique leurs demandes. Que ce troisième personnage soit un moine, comme nous le pensons, ou un hydropique comme le soutient M. l'abbé Retours, par des raisons qui nous échappent, il ne saurait y avoir aucune incertitude sur la signification de cette peinture, qui représente bien une scène de guérisons miraculeuses.

Le quatrième compartiment reproduit encore l'image de saint Ceneric. Il est debout avec le même costume et semble adresser la parole à quatre religieux placés devant lui. Est-ce une prédication ? Ne serait-ce pas plutôt la reproduction d'un trait de la vie de notre saint ? Nous pencherions pour cette dernière hypothèse; mais, en l'absence d'autres indications, il est difficile de rien préciser à cet égard.

Le pignon du chœur, dans la partie au-dessus de l'ouverture de l'abside, est consacré à la Vierge Marie. A droite du spectateur, la Vierge, qui vient de mourir, est étendue sur un drap blanc et portée par sept anges dont les ailes d'or se terminent par des plumes de paon; du côté gauche, en avant, six apôtres entourent le tombeau dans lequel le corps de Marie doit être déposé; six autres paraissent marcher vers le lieu des funérailles. Les attitudes des apôtres sont assez diversifiées : quelques-uns ont les mains jointes, d'autres portent un livre, saint Pierre est reconnaissable à sa clef. Cette cérémonie du portement de la Vierge au tombeau, telle qu'elle a été tracée par le peintre anonyme de Saint-Céneri, diffère assez peu du récit que nous rencontrons dans la légende, dans les livres apocryphes, ainsi que dans *La vie des trois Maries* de la Bibliothèque bleue.

« Après ce miracle, les apôtres achevèrent leur chemin de la vallée de Josaphat, chantant comme ils faisaient auparavant avec les anges du paradis. Toute la noble compagnie les suivait. Tant cheminèrent en louant Dieu qu'ils vinrent en la vallée de Josaphat près de Jhérusalem et quand ils y furent arrivés ils virent un sépulcre de pierre tout neuf. Nul ne savoit que ce sépulcre y fut par quoy je crois que Jhesus Christ l'y avoit fait mettre car il était entaillé bien subtilement, luisant comme marbre, et ressemblant audit sépulcre de Jhésus Christ (2). »

La zone de peintures que nous venons de décrire, se complète par la scène du couronnement, qui se développe immédiatement au-dessus, occupant la partie supérieure du pignon jusqu'à la voûte. La Vierge debout, vêtue d'un manteau bleu sur une robe à teintes rousses, s'avance, couronne en tête, les mains levées vers son Fils. Jésus-Christ en costume royal, assis sur un trône, étend les bras du côté

(1) *Vita sancti Serenici confessoris.* Ms. de la Bibliothèque d'Alençon.
(2) *La vie des trois Maries*, corrigée nouvellement par un vénérable docteur en théologie. Troyes, sans date, p. 165.

de sa mère. Deux grands anges aux longues ailes tiennent en main des chandeliers, deux autres soutiennent en l'air une couronne. C'est bien là la traduction picturale du verset : *Veni et coronaberis*, et il nous paraît impossible de comprendre comment on a pu y voir l'inhumation de saint Ceneric et sa réception dans le ciel.

Dès 1857, M. de La Sicotière faisait d'ailleurs justice de cette opinion erronée en ces termes :
« Dans la partie du pignon qui surmonte l'abside, le couronnement de la Vierge; sa tête est entourée d'un nimbe et porte une couronne royale. Le Christ qui la reçoit, en porte une semblable. Au-dessus deux anges soutiennent encore une couronne; aux côtés, deux autres portent des cierges. Le tour de leurs ailes est jaune, le bas garni de plumes de paon dont les yeux sont largement ouverts et très visiblement marqués comme sur celles des autres anges que nous allons rencontrer.

« A droite et à gauche de cette scène on en voit deux autres distinctes, quoique encadrées toutes les trois dans la même bordure.

« A gauche, la Vierge est mise dans un tombeau par les apôtres nimbés, entre lesquels on distingue saint Pierre à la grosse clef dont il est porteur. Le tombeau a l'air d'une auge quadrangulaire en pierre assez semblable à celles dont on se servait aux XIe et XIIe siècles.

« A droite, la Vierge, étendue sur une sorte de linceul ou de drap, est enlevée par les anges. Ces trois tableaux ont été restaurés. »

S'il était nécessaire, nous ajouterions que pour démontrer l'exactitude de cette interprétation, il suffit de comparer les peintures de Saint-Céneri aux sculptures si nombreuses dans lesquelles les artistes du moyen âge, sur le tympan des portes et sur les rétables des églises, ont traité le même sujet.

L'évidence est telle que les discussions ont cessé et qu'il y a aujourd'hui unanimité d'opinions sur ce point.

« L'abbé Retours, écrivait récemment M. Desvaux, explique ces trois scènes d'une tout autre manière que ne le font MM. de La Sicotière et de Beaurepaire. Il ne s'agit, pour lui, en aucune façon de la Sainte-Vierge : c'est l'apothéose de saint Ceneric, opinion qui doit chercher un autre appui que le témoignage des yeux et dont il semble avoir gardé le monopole (1). »

Toujours sur le pignon, mais beaucoup plus bas, à droite et à gauche de l'ouverture de l'abside, se remarquent d'autres représentations qui, malgré leur caractère incomplet, ne doivent pas être négligées et nous paraissent avoir une réelle importance. Disons tout d'abord qu'il n'y a pas lieu de tenir compte d'une Salutation angélique et d'une Visitation, qui sont des additions modernes, exécutées par le peintre chargé de la restauration. Cette élimination opérée, les seuls parties anciennes se réduisent à deux, dont nous allons maintenant nous occuper.

« La première partie de ces peintures, écrivions-nous au mois de septembre 1865, nous montre un pape ayant la tiare en tête et tenant dans les mains l'image de sainte Véronique. Les armes du chef de l'Église sont à droite et l'écusson fleurdelysé de France est à gauche. Une inscription en grande partie effacée laisse encore lire...

...BAN.. P. P. V.

Ce qui doit s'interpréter ainsi : URBANUS. PAPA. V.

« Du reste, les armoiries sont bien celles d'Urbain V et viennent ainsi confirmer l'exactitude de la

---

(1) *Excursion archéologique à Saint-Céneri-le-Gérei*, p. 18.

restitution des lettres manquantes. Ce pape appartenait en effet à la famille française des Grimoard, dont les héraldistes blasonnent ainsi l'écusson : *De gueules à trois pointes retraites d'or*. Les armoiries reproduites sur le mur du pignon du chœur de Saint-Céneri ne diffèrent que par le nombre des *pointes retraites*, qui se trouvent portées à six; mais cette irrégularité est sans importance et, en présence de toutes les particularités que nous avons relevées, il est impossible de ne pas reconnaître que nous avons là le nom, les armes et l'effigie du pape Urbain.

« La seconde peinture qui fait face à la première concerne la représentation, fort endommagée, d'un individu revêtu du costume ecclésiastique. Il est à genoux, les yeux tournés vers une main nimbée; au-dessous on lit :

Peinture murale du chœur.

PARCE MI DÑE
P. ALNETI. P

« Quelques personnes ont cru lire PARCE MI DÑE QUIA PECCANI : *Ayez pitié de moi, Seigneur, parce que j'ai péché*, et elles ont vu dans cette figure et dans cette main nimbée juxtaposées une sorte de représentation de la confession sacramentelle. Ce sentiment ne nous paraît pas admissible. Il est en désaccord manifeste avec les idées du temps et avec la manière de faire des peintres de cette époque. Il suffit, du reste, d'étudier avec attention cette peinture et de la comparer à une foule de scènes analogues traitées par les peintres et les tailleurs d'images des XIIIe et XIVe siècles, pour en saisir immédiatement la vraie signification. Le personnage à genoux P. ALNETI. P, *Pierre Launay ou Delaunay prêtre*, qui implore la miséricorde divine : PARCE MI DÑE, n'est autre que l'ecclésiastique qui fit exécuter ou restaurer les peintures murales de l'église de Saint-Céneri. Il est représenté dans l'attitude suppliante qu'occupent encore sur la plupart des vitraux, des rétables et des triptyques de nos cathédrales, les donateurs à la générosité desquels ces œuvres d'art étaient dues. Quant à l'image d'Urbain V, placée en face et à la même hauteur, elle indique nettement que c'est sous le pontificat de ce pape, qui avait vraisemblablement accordé des indulgences à ceux qui visiteraient ce sanctuaire, que les peintures murales ont été exécutées. »

Il y a plus de trente ans que nous exprimions cette opinion; depuis, nos idées ne se sont pas modifiées. Ces lambeaux d'inscription dont le texte a été rétabli par notre éminent compatriote, M. Léopold Delisle, permettent de fixer la date de l'exécution ou de l'achèvement de ces fresques entre l'année 1362, date de l'élévation d'Urbain V au trône papal et l'année 1370, époque de sa mort. La chose est démontrée d'une façon certaine pour la représentation du pape, avec l'image de sainte

Véronique, ainsi que pour le personnage à genoux dans lequel nous voyons un donateur. Or, il est assez difficile d'établir une différence entre le style de ces deux groupes de figures et le reste de la décoration. Dans tous les cas, nous croyons que, si quelques parties de ces fresques devaient être considérées comme plus anciennes, elles ne remonteraient certainement pas au delà du XIIIe siècle.

Jusqu'ici nous avons pu interpréter d'une manière à peu près satisfaisante les sujets qui se sont offerts à nos regards. Il n'en sera pas de même pour le reste de la décoration murale et, à l'exception d'une seule scène dont le sens se laisse encore deviner, tout le reste est confusion et incertitude. Voici au surplus, sans autre préambule, ce que l'on peut apercevoir :

Peintures murales.
D'après une photographie de M. H. Magron.

A gauche du spectateur, en commençant par la partie du mur du chœur la plus rapprochée de la nef, se déploie une procession en tête de laquelle marchent trois prélats, reconnaissables à leurs crosses et à leurs mitres ; malheureusement, le but vers lequel se dirigeait cette foule a été enlevé par suite de l'élargissement d'une fenêtre, et la signification de la scène est impossible à indiquer.....

Même incertitude pour le sujet qui couvre le mur de l'autre côté de la fenêtre. On aperçoit une femme nimbée, de grande taille, sous le manteau de laquelle se pressent des individus de stature plus petite, très diversifiés d'aspect et de costumes. L'artiste a-t-il voulu figurer l'humanité tout entière se réfugiant sous la protection de la Mère de Dieu, ou tout simplement, comme l'a pensé M. l'abbé Desvaux, sainte Ursule et les onze mille vierges ? C'est un point qu'eût certainement élucidé une longue inscription soutenue par deux anges, dont il ne reste malheureusement plus que quelques lettres. Toutefois, en étudiant cette curieuse peinture dans l'excellente photogravure que nous donnons ici, il est impossible de ne pas remarquer que les personnes abritées sous le manteau protecteur sont représentées mains jointes, dans l'attitude de la supplication et qu'il s'y trouve autant d'hommes que de femmes. Ce détail caractéristique ne permet plus de voir dans ce sujet sainte Ursule et les onze mille vierges, comme le supposait M. l'abbé Desvaux. Tout indique, au contraire, qu'il faut voir dans cette scène une sorte de traduction par le pinceau de l'invocation : *Sub tuum præsidium confugimus sancta Dei genitrix* : Sainte Mère de Dieu nous nous réfugions sous ta protection. Près de ce groupe un homme, malgré tous les efforts qu'il fait pour se retenir, paraît glisser sur une pente rapide au bas de laquelle l'attendent deux bêtes immondes prêtes à le dévorer.

En regard de ces scènes plus ou moins tronquées et détériorées, le mur qui leur fait face nous en offre deux d'une conservation à peu près satisfaisante. L'une d'elles, dont la signification est facile à déterminer, n'est autre que le *pèsement des âmes*, sujet familier aux peintres et aux sculpteurs du moyen âge et qu'ils ont reproduit à l'infini. Il est traité ici avec une exubérance réaliste qui le rajeunit et que l'on rencontre rarement ailleurs. Saint-Michel, indiqué par le phylactère *S. Micael*, est armé des redoutables balances. Comme tous les esprits bienheureux que nous avons rencontrés dans ces fresques, il a des ailes terminées par des plumes de paon. A droite se tient saint Laurent, et à gauche deux diables à pattes crochues, articulées comme de fantastiques araignées. Ces monstres, que n'eût pas désavoués Callot, s'efforcent de faire pencher la balance de leur côté; mais le plateau s'incline vers saint Laurent qui se saisit de l'âme, figurée sous les traits d'un nouveau-né, dont le sort vient d'être ainsi irrévocablement fixé.

Au-dessus du *pèsement des âmes*, un vaisseau à voile, surchargé de passagers, est aux prises avec une furieuse tempête. Un religieux rame avec énergie, un autre porte un coup d'aviron à un animal effrayant qu'il repousse et qui se débat dans d'affreuses convulsions.

Ajoutons, pour être plus complet, qu'un peu plus loin plusieurs personnes se prosternent devant une figure à peu près disparue, que deux anges à l'entrée du chœur tiennent une croix de consécration, et qu'entre les deux piliers du clocher on distingue, dans un enfoncement, un évêque ayant près de lui deux enfants : c'est saint Nicolas ressuscitant les enfants égorgés et mis dans le saloir par le boucher.

La palette de l'artiste qui a tracé toutes ces scènes est assez pauvre ; les seules couleurs employées sont le bleu, le jaune plus ou moins clair, le noir, le roux. La peinture est à teintes plates sans dégradations et sans ombres, les contours des figures et des vêtements sont indiqués par un trait le plus habituellement roux. Malgré la simplicité des procédés employés et les détériorations que tant de remaniements successifs lui ont fait subir, toute cette décoration murale conserve encore un certain charme d'inspiration naïve et originale.

Au centre du chœur, une plaque d'ardoise indique l'emplacement du tombeau de saint Ceneric, découvert en 1857. Mais, ainsi que nous l'avons déjà dit, la sépulture est vide et ne renferme plus le dépôt qui lui avait été confié.

Sur une éminence, à l'opposé de l'église, avait été bâti un château-fort dont les ruines évoquent des souvenirs qui, pour être d'un autre ordre, n'en offrent pas moins un très vif intérêt, souvenirs de bienfaisance et d'infortunes romanesques, souvenirs de patriotisme et de gloire.

Ce n'est pas ici le lieu de refaire, après MM. de La Sicotière, Louis Duval et Robert Triger, l'histoire du château de Saint-Céneri. Les annales de la célèbre forteresse, qui prennent une réelle importance au temps des guerres anglaises, se confondent avec celles du Maine et de la Normandie. Il y a pourtant quelques traits saillants que nous nous reprocherions de ne pas rappeler. C'est à l'époque des ducs de Normandie que nous rencontrons pour la première fois mention d'un château à Saint-Céneri. Pour s'assurer la possession d'un poste auquel on reconnaissait, au point de vue stratégique, une grande valeur, le duc Rollon y établit comme châtelain héréditaire, un Breton nommé Abon, qui fut la tige des seigneurs qui restèrent en possession de ce domaine jusqu'au XIIIe siècle. A celui-ci succéda son fils Girald le Gros, lequel eut lui-même pour fils Giroie, personnage historique et légendaire, qui défendit, de la manière la plus brillante et la plus efficace, Guillaume de Bellême contre le comte du Mans, Herbert. Ce victorieux fit le plus noble usage de sa fortune, il bâtit beaucoup d'églises et laissa son nom à Saint-Céneri, qui, en souvenir de lui, s'appelle encore Saint-Céneri-le-Gérei.

SAINT-CÉNERI-LE-GÉREI — LE PONT DU MOULIN

Ses descendants furent de puissants seigneurs qui jouèrent leur rôle dans ce monde féodal dont les annales sont un long et fastidieux tissu de rapines, d'abominables violences, de mutilations, d'empoisonnements et de trahisons. Comme les Giroie étaient au nombre des fondateurs et des bienfaiteurs insignes de l'abbaye de Saint-Évroult, ils ont eu leurs faits et gestes scrupuleusement enregistrés dans l'histoire d'Orderic Vital.

Au milieu de cette mêlée confuse de faits et de personnages, on distingue certaines physionomies qui ne manquent ni de relief ni de caractère : Guillaume Giroie, pèlerin, voyageur, batailleur intrépide que Talvas attira dans un piège, mutila odieusement et jeta tout sanglant dans une tour du château d'Alençon, connue sous le nom de *Tour du chevalier Giroie*; Robert Giroie, qui mourut empoisonné après avoir mangé des pommes qu'il avait prises des mains de sa femme ; Ernald Giroie, empoisonné par un de ses serviteurs, à l'instigation de Mabile ; enfin un autre Robert Giroie, rétabli dans sa châtellenie par Robert Courte-Heuse, et qui avec des fortunes diverses en resta possesseur pendant près de trente-six ans.

A partir du XIIe siècle, il n'est plus question des Giroie. Cette grande famille féodale n'a plus de représentants.

En ce qui concerne Saint-Céneri, l'histoire n'a plus à mentionner que des faits insignifiants, et peu à peu l'obscurité enveloppe la vieille forteresse. Elle reparaît à la lumière, mais cette fois d'une manière éclatante, au commencement du XIVe siècle.

« Aux Xe, XIe et XIIe siècles, remarque fort exactement M. Delasalle, l'histoire de Saint-Céneri n'est autre chose que l'histoire d'une famille, celle des Giroie ; au XVe, elle se personnifie dans un homme, Ambroise de Lore ou de Loré (1). »

Restes du château-fort.

Ambroise de Loré, l'un des meilleurs capitaines au service de Charles VII, était né au Grand-Oisseau, paroisse de la province du Maine. Le pays frontière de cette région vers la Normandie, fut le théâtre de ses exploits guerriers et lui valut la réputation la plus brillante.

En 1417, Jean Armange et Henri de Villebranche, gentilshommes de sa compagnie, s'emparèrent de Saint-Céneri, qui était à peu près sans défense, et s'y établirent assez solidement pour repousser les attaques dont ils furent incessamment l'objet. De cette enceinte fortifiée Ambroise de Loré, qui en avait été nommé châtelain pour le roi, dominait le pays et semait l'inquiétude et l'effroi parmi les bandes appartenant au parti anglais. C'est de là qu'à la Saint-Michel 1432, ce chef audacieux se dirigea sur Caen, faisant une pointe hardie de plus de 24 lieues en pays ennemi et s'empara du numéraire et des marchandises apportés pour la grande foire qui se tenait, à cette époque de l'année, aux abords de l'église Saint-Nicolas. Le butin fut énorme, le nombre des prisonniers dépassa 4,000. Malheureusement ce fait d'armes, suivi de beaucoup d'autres, exaspéra le comte d'Arundel, qui voulut mettre fin à ces attaques incessantes.

(1) *Orne archéologique et pittoresque*, p. 20.

Après avoir résisté victorieusement à plusieurs assauts, Saint-Céneri cette fois fut régulièrement investi par des forces considérables munies de nombreuses pièces d'artillerie. Les assiégés étaient à peine trois cents. L'armée aux ordres du comte d'Arundel, de Falstaff, de Scales et de Witby, atteignait le chiffre de 15,000 hommes. La résistance fut longue et acharnée. Armange et Saint-Aubin, avec plusieurs de leurs compagnons, se firent tuer sur les remparts. Le reste de la garnison se rendit et sortit de la place avec les honneurs de la guerre. Après le départ de ses derniers défenseurs, le château fut immédiatement démoli (1).

« Ce château, écrit M. Duval, avait la forme d'un parallélogramme irrégulier dont l'entrée était tournée vers le sud. Des fossés profonds avaient été creusés du côté du nord, qui était le point faible de la place. Des pans de murs dont la solidité a résisté à l'action des temps et des hommes, un puits très bien construit, des tours plantées sur les bords des précipices, les fondations encore visibles des anciennes fortifications, le donjon de forme carrée dominant le monticule, voilà ce qui reste d'un ouvrage militaire qui pendant des siècles fut le boulevard de la Normandie en aval de la Sarthe. »

Il y a quelques années, des fouilles furent faites sur cet emplacement. Elles ne donnèrent que des résultats insignifiants ; elles déterminèrent seulement le lieu où s'élevait autrefois la chapelle seigneuriale. Dans le compte rendu d'une excursion faite en 1894 par l'Association normande, nous lisons ce qui suit :

« Saint-Céneri reste le pèlerinage préféré des Alençonnais et des Alençonnaises ; c'est le but ordinaire des parties de campagne, la villégiature d'un jour des gens heureux. Au printemps, que de groupes joyeux j'ai vus en revenir chargés de lilas.

« Les lilas fleurissent toujours sur l'emplacement de l'ancien château, mais on ne peut plus les couper. Une maussade clôture en fil de fer s'oppose aux incursions des passants et un écriteau leur notifie que pour grimper sur une éminence que tant de jolis pieds ont gravie autre-

(1) *Orne archéologique et pittoresque*, p. 21.

fois en toute indépendance, il faut au préalable verser à la gardienne du lieu la somme de dix centimes par voyageur; un autre versement de pareille somme est nécessaire pour avoir le droit de jeter les yeux à l'intérieur d'une misérable bicoque où ont été déposés, l'écriteau le dit, *les ossements des combattants des anciennes guerres*. Oh! la vulgaire réclame et comme elle vient mal à propos couper les ailes aux caprices de l'imagination et aux inspirations de la libre fantaisie! »

Les souvenirs militaires sont bien effacés et les noms des Giroie et des vaillants capitaines qui ont si longtemps tenu tête aux Anglais n'éveillent plus d'écho; le nom du moine italien qui vint le premier se fixer dans cette solitude survit seul aujourd'hui. Les fresques que nous avons fait connaître racontent quelques traits de sa vie; le chœur de l'église conserve l'emplacement de son tombeau, et l'on retrouve la trace de son passage dans toute la campagne des environs. A deux pas de l'église, le champ de la Monnerie nous indique le lieu où s'élevait le monastère de ses religieux. Au milieu de la prairie qui descend par une pente douce vers la Sarthe, a été construite une chapelle. Son architecture, de date relativement récente, n'offre rien de remarquable; aux deux côtés de l'autel sont deux statues grossières, celle de saint Ceneric, celle de saint Mammès, qui étaient autrefois l'objet de la dévotion populaire. En avant de l'autel et émergeant du sol, se trouve un bloc de pierre sur lequel saint Ceneric, d'après les Actes de sa vie rédigés par un moine anonyme du IX⁰ siècle, avait l'habitude de s'étendre pour prendre son repos. Ce *grabat de pierre*, dans lequel quelques-uns voient les restes d'un monument druidique renversé par le solitaire, est encore aujourd'hui entouré d'une vénération particulière. Deux autres blocs de pierre que recouvrent presque entièrement les eaux de la Sarthe, sont aussi désignés sous le nom de pierres de saint Ceneric; enfin plus loin, sur le territoire de Saint-Léonard-des-Bois, on peut visiter la fontaine qui jaillit miraculeusement du sol au commandement du religieux. Elle est réparée à frais communs par les deux paroisses, et l'on attribue à son eau des vertus merveilleuses.

Au cours de ces pérégrinations, l'esprit cependant ne peut se soustraire à de tristes réflexions.

« La chapelle, écrit M. l'abbé Desvaux, d'aspect et de proportions gracieuses, qu'il semblerait facile d'entretenir telle que le demanderaient les religieux souvenirs qu'elle rappelle, est dans un état de délabrement et d'abandon pénible à constater pour les visiteurs chrétiens. Là, comme dans l'église paroissiale, aucun témoignage extérieur ne vient assurer que le culte de saint Céneri est resté vivant dans le pays qu'il a illustré (1). »

Saint-Céneri est considéré comme le Barbizon de l'Orne. Chaque année on voit s'y installer une véritable colonie de peintres ; les paysagistes en quête de beaux sites et d'aspects pittoresques y abondent ; et l'on peut dire qu'ils sont servis à souhait. Parmi les artistes qui y sont venus chercher leurs inspirations, M. Louis Duval, dans la *Revue Normande et Percheronne*, a cité : « M. Léon Cogniet, attiré par son cher Auguste Richard, Corot, Courbet, Harpignies, les coryphées de l'école paysagiste..... Après Oudinot, Richard, Louis Hédin, est venu Paul Sain qui a immortalisé le moulin du père Baptiste, René Veillion, Mary Renard, Lionel Brioux, Delbanve, Florentin Loriot, Charles Martel, Pioger, toute une école qui, sans l'épuiser, trouve sur cette terre fertile une riche moisson de toiles, d'aquarelles, de dessins à la plume, à la mine de plomb, au fusain (2). »

La petite chapelle.
D'après une photographie de M. H. Magron.

On parle toujours des *fameuses omelettes* de Madame Poulard à propos du Mont-Saint-Michel, pourquoi ne dirions-nous pas qu'on mange à Saint-Céneri d'excellentes fritures de truites, que les canetons qui barbottent dans les eaux limpides de la Sarthe sont délicieux et que nous y avons bu, indépendamment du cidre du pays dont la saveur rustique est très appréciée des amateurs, un petit vin blanc d'Anjou, frais, léger et pétillant. N'étant pas versé dans les procédés délicats de la vinification, nous ne saurions dire si le poiré, comme le soutenaient les mauvaises langues, entrait dans sa composition. Ce sont là propos en l'air qui ne tirent pas à conséquence. Ce que nous pouvons affirmer, c'est que le vin était égayant et fort agréable.

De la bourgade à laquelle on accède par un pont d'aspect pittoresque, rendu avec tant de charme par la photographie de M. Magron, jusqu'à Saint-Léonard, la promenade à travers les prairies sur le bord des bois est un véritable enchantement. Plus riante au départ, la nature est plus sauvage au point d'arrivée ; mais le long de la route quel doux tapis de bruyères roses, quelles belles collines dans leur diversité de formes, quelles charmantes échappées de vue sur la rivière ou sous les grands arbres ! On passe d'une rive à l'autre non pas par un pont, fi donc ! mais par le *chapelet*, sorte de gué primitif formé d'énormes blocs de granit jetés en travers de la Sarthe. Comme les intervalles qui les séparent ne sont pas très considérables, on peut, en sautant d'une pierre sur l'autre, traverser sans trop de difficulté la rivière quand on est jeune, qu'on a le pied solide et que les eaux ne sont pas trop élevées.

L'église Saint-Léonard, terme du voyage et qui rappelle le souvenir d'un autre pionnier de

---

(1) *Excursion archéologique à Saint-Céneri*, par l'abbé Alb. Desvaux, p. 25.
(2) Saint-Céneri-le-Gérei. *Revue Normande et Percheronne*, 1892, p. 183.

l'Évangile, vaut bien quelques lignes de description. Elle présentait autrefois des détails romans intéressants ; mais depuis qu'elle a été remise à neuf, il est absolument impossible de distinguer l'ancien du moderne. Par suite, la meilleure partie de sa valeur archéologique a disparu. Mais, hélas ! nous ne sommes pas au bout de nos regrets. Il y avait autrefois à Saint-Léonard une riche contretable en bois couverte de scènes à personnages finement sculptés. M. de La Sicotière avait pris la peine de la signaler et de la décrire; peine perdue, les contretables ne sont plus en faveur, celle de Saint-Léonard a été enlevée. L'aventure des groupes sculptés que l'on venait y admirer est encore plus étrange. Ils constituaient une sorte de trilogie comprenant la Mort de la Vierge, son Assomption, son Couronnement dans le ciel. La scène des derniers moments de la Vierge est traitée avec un réalisme naïf qui a bien son prix ; on y voit la Vierge étendue sur son lit et entourée des apôtres. Leur attitude ne manque ni de variété ni de naturel. Saint Jean porte la moustache et la mouche, tous les autres apôtres ont la barbe longue. Par une idée bizarre, saint Pierre est revêtu des ornements sacerdotaux en usage au XVIIe siècle ; il a l'aube serrée à la taille par un cordon, l'étole croisée. Il tient à la main le goupillon ; il fait évidemment l'office de célébrant. Auprès du lit, un ecclésiastique en surplis est à genoux ; sa barbe est taillée en pointe, ses mains sont jointes dans l'attitude de la prière, il a le grand col rabattu. D'après les usages du temps, il est visible que nous avons là la représentation du donateur. M. l'abbé Moulard, qui a publié des recherches historiques sur Saint-Léonard-des-Bois, nous apprend que ce donateur n'était autre que Messire Brandelys Laigneau, curé de Saint-Léonard en 1626.

Le curé Laigneau avait abrité ce groupe dans une sorte d'enfoncement pratiqué dans le mur du chœur, assignant ainsi à cette sculpture une place d'honneur. Le restaurateur moderne a placé le médaillon représentant les trois personnes de la Trinité, se préparant à couronner la Vierge, au-dessus de la porte d'entrée de l'église ; le bas-relief figurant l'Assomption, a été appliqué sur le mur de la nef près de la chaire, et quant au groupe plus important du Trépassement de Marie, il a été relégué sous un autel latéral, où les personnes non prévenues n'iront jamais le chercher !

Près de l'église de Saint-Léonard, s'élève une chapelle de *Notre-Dame de Pitié*, qui n'offre aucun intérêt archéologique.

Tout autour de la bourgade, nous avons pu encore jeter les yeux sur ces collines, ces rochers, ces vallées ombreuses et profondes qui inspiraient à Le Courvaisier une admiration mêlée de quelque effroi. Dans ces parages, la nature a conservé sa beauté sereine, son aspect pittoresque et sauvage. Plus heureuse que les monuments, elle n'a eu à souffrir ni des injures du temps, ni du vandalisme des hommes.

Eugène de Beaurepaire.

L'ÉGLISE DE SAINT-DENIS-SUR-SARTHON

Le village de Saint-Denis-sur-Sarthon occupait d'abord le sommet de la colline qui le domine aujourd'hui ; peu à peu il s'est étendu vers la plaine pour rejoindre la grande voie de communication qui le relie au reste du pays. L'église demeure là-haut pour marquer la place de l'ancienne agglomération, et l'isolement escarpé où elle se dresse paraît gros de signification aux yeux de M. de La Sicotière : « elle est solidement arc-boutée sur la pente du tertre, en signe qu'elle n'est point une chose qui se meut et qu'elle n'en descendra pas pour suivre les hommes... (1) »

D'après une photographie de M. H. Magron.

Saint-Denis-sur-Sarthon n'a pas d'histoire : c'est à peine si ce nom figure deux ou trois fois dans les *Rotuli Normanniæ*. L'église qui, seule avec quelques ruines insignifiantes, atteste l'antiquité du bourg, ne se rattache à aucun grand souvenir, et c'est seulement par quelques détails d'exécution qu'elle mérite de figurer dans ce recueil.

L'architecture proprement dite, qui trahit la transition du style roman au style gothique, n'offre guère qu'une particularité digne de remarque, la longueur inusitée de ses transepts, séparés des prolongements de la nef par deux piliers, ce qui leur donne l'apparence de bas-côtés.

Le clocher carré, avec deux pignons surmontés d'antéfixes, porte sur chaque face cinq modillons en têtes grimaçantes sous lesquelles s'ouvrent quatre baies comprenant deux ouvertures ogivales surhaussées, surmontées d'une rose et encadrées par un tore qui fait l'office d'arcade principale.

« Voilà, dit M. de La Sicotière, qui a minutieusement décrit cette singulière décoration, voilà réunis, mais à l'état de simple juxtaposition et participant encore du roman par leur massivité, tous les éléments des fenêtres de notre grande architecture du XIIIe siècle. »

(1) DE LA SICOTIÈRE. *L'Orne pittoresque.*

L'intérêt de l'édifice est dans cette espèce d'anticipation du style à venir, dans l'apparition, avant l'heure, des traits caractéristiques que le développement de ce style devait mettre plus tard au jour. Certains monuments valent ainsi la visite de l'archéologue, par un simple détail qui lui sert d'indice pour imaginer une théorie, pour expliquer des transformations ou des innovations restées, sans cela, mystérieuses.

Saint-Denis-sur-Sarthon ne peut prétendre à une autre gloire. Le touriste parcourra cependant avec plaisir l'intérieur de l'église, où l'arrêteront deux curieux chapiteaux formés de quatre têtes accolées, et quelques restes de vitraux du XVIe siècle, avec des images de donateurs d'un réalisme assez piquant, qui sont sûrement de l'école normande.

LÉOPOLD MABILLEAU.

LE CHATEAU DE LA TOUCHE

La Touche et Vervaines ont longtemps appartenu aux seigneurs de Saint-Denis-sur-Sarthon, famille protestante.

En 1644 vivait Thomas de Saint-Denis, chevalier, sieur de Lancisière, qui, de son mariage avec Suzanne de Bérenger, eut pour fils Jean-Antoine, chevalier, sieur de la Touche; Jacques, chevalier, sieur de Vervaines, et Louis, chevalier, sieur de Pacé.

La seigneurie de Saint-Denis fut ensuite possédée par Pierre du Neveu, écuyer, ci-devant lieutenant des gardes de Monseigneur Léonor de Matignon, seigneur de Lonray, évêque et comte de Lisieux. Ce seigneur de fraiche date eut, en 1721, maille à partir avec les sieurs du Mesnil, sur une question de préséance. Le 12 juin, le premier jour de l'octave de la Fête-Dieu, à la procession qui se fit en Saint-Denis-sur-Sarthon, les sieurs du Mesnil accompagnèrent le Saint-Sacrement depuis l'église jusque dans la chapelle établie, sous le titre de Notre-Dame, au château de la Touche. M. du Neveu, qui voulait avoir le pas sur eux, fit ses efforts pour en sortir le premier, et dit aux sieurs du Mesnil qu'ils n'étaient point seigneurs en ce lieu-là et qu'ils devaient y marcher après lui.

La Révolution mit tout le monde d'accord, et la Touche devint, sous l'Empire, la propriété du général comte Bonet. Ce château appartient aujourd'hui à M. Laporte et Madame Laporte, sa petite-fille.

Louis Duval.

LE CHATEAU DES NOËS

Dans le canton du Mesle-sur-Sarthe, au milieu des herbages de la riche vallée de la Sarthe, bordée par les forêts de Perseigne et de Bourse, se trouve le château des Noës, bâti sous la Restauration par le marquis de Reverseaux, près d'un vieux manoir dont l'emplacement est encore indiqué par la chaussée d'un ancien étang.

Les Noës appartiennent actuellement au marquis de Marescot, petit-fils de M. de Reverseaux.

Louis Duval.

LES CHATEAUX DE CHAUVIGNY ET DE LISLE

La commune de Saint-Germain-du-Corbeis, près Alençon, tire son nom d'un ancien fief appelé Corbie. Il fut divisé entre filles, et la partie *ainée*, un demi-fief de haubert, s'appela Chauvigny. Le surplus paraît avoir formé les fiefs de la Tirelière, de la Grande-Barre et de la Petite-Barre (1).

En 1280, Guillaume de Chauvigny payait au chapitre de la cathédrale du Mans trente sous manceaux de rente pour ses vignes de Montsort (2). On sait qu'au moyen âge, la culture de la vigne prit une grande importance en Normandie. La mauvaise qualité de ces vins, la facilité d'en importer de meilleurs, l'usage de plus en plus répandu du cidre, la destruction des vignes par les hivers rigoureux de 1684 et de 1709, une fiscalité ruineuse, firent abandonner la vigne dans nos pays (3).

En 1404, Berthault Alaire, écuyer, était seigneur du *fieu* de Chauvigny (4); ses biens furent confisqués peu après la conquête de la Normandie par les Anglais, mais ils lui furent restitués, sauf ceux qui auraient pu être aliénés, par lettres du roi Henri VI, en date, à Rouen, du 26 avril 1423 (5).

Trente ans plus tard, Chauvigny passa, par un mariage, à la famille Desloges (6), qui le conserva jusque vers la fin du XVIe siècle. Le 10 mars 1557, noble homme Jean Desloges en rendit aveu au roi, à cause de son châtel d'Alençon. *Auquel demi-fief il a*, dit-il, *plusieurs libertés et privilèges..... Item les regards de mariage que l'on appelle gâteaux, de tous ceux qui tiennent aucuns héritages au dit demi-fief, quand ils se marient, en quelques lieux que les mariages soient faits, selon l'usage du dit fief, et en défaut de payer le dit gâteau huit jours après les noces faites, encourent en quinze sols tournois d'amende et sept sols six deniers tournois pour le dit gâteau.....* (7). Jean Desloges reconnaît par ce même aveu devoir quinze jours de garde à la seconde porte du château d'Alençon.

En juillet 1592, le roi Henri IV, pour récompenser de ses services René de Saint-Denis, gouverneur de la ville et bailliage d'Alençon, l'un de ses plus fidèles lieutenants, réunit et incorpora à la terre de Hertré (8), dont il portait le nom, les fiefs de Forges, Feugerets, Chauvigny, la Tirelière, le Noyer, qu'il possédait également, et les érigea en baronnie sous le nom de Hertré, pour relever à une seule foi et hommage du château d'Alençon (9).

---

(1) O. Desnos. *Mémoires historiques sur Alençon*, t. II, p. 503.
(2) *Liber albus Capituli*, p. 430.
(3) L'abbé Cochet. *Anciens vignobles de Normandie*. — L. Delisle. *Études sur la classe agricole en Normandie*, p. 418.
(4) *Chartrier de Lisle.*
(5) *Archives de l'Orne.*
(6) *Archives nationales.* Cot. 245, p. 275.
(7) *Archives de l'Orne*, série A, registre, Domaine d'Alençon.
(8) Hertré, commune de Condé-sur-Sarthe, près Alençon. Vavassorie relevant de la baronnie d'Hauterives.
(9) *Archives de la Seine-Inférieure.* Cour des Comptes de Normandie.

Les fiefs de Chauvigny et de la Tirelière ne restèrent pas longtemps dans la maison de Saint-Denis. Le 13 mai 1600, Odet, fils de René, les vendit à noble Guillaume Cochon, sieur de Morantes, président en l'élection d'Alençon; mais il fut stipulé qu'ils relèveraient désormais de la baronnie de Hertré (1).

Guillaume Cochon obtint, en 1617, des lettres patentes qui l'autorisèrent à changer son nom en celui de Chauvigny (2). Il laissa deux filles, Marguerite et Madeleine, de son mariage avec Jeanne du Bouchet, fille du seigneur de Maléfre (3).

Marguerite de Chauvigny épousa, en 1618, Georges des Moulins, écuyer, sieur de la Queutière (4), maître des eaux et forêts et vi-bailly au bailliage et duché d'Alençon; sa sœur se maria, en 1622, avec Charles de Gruel, chevalier, seigneur de la Peltrie, d'une noble famille du Perche, qui fut tué au siège de La Rochelle, en juillet 1628.

Veuve à vingt-cinq ans, ayant perdu le seul enfant issu de son union, elle résolut de se consacrer à Dieu dans les missions de la Nouvelle France, mais elle rencontra une vive opposition, d'abord chez son père qui voulait l'obliger à se remarier, ensuite chez son beau-frère qui essaya, sans succès, de la faire interdire comme prodigue.

Elle triompha de l'un et de l'autre avec l'aide de M. de Bernières, seigneur de Louvigny, trésorier de France à Caen, bien connu pour sa bienfaisance et ses vertus. Le 1er août 1639, elle aborda au Canada, accompagnée de plusieurs Ursulines de la maison de Tours, sous la direction de Marie de l'Incarnation, celle qu'au témoignage de Bossuet on appelait *la Thérèse de nos jours* ou *du Nouveau-Monde* (5).

Après une vie consacrée tout entière aux œuvres pieuses et charitables, Madame de la Peltrie mourut à Québec le 7 novembre 1671.

Avant son départ, elle avait partagé avec sa sœur la succession de leurs parents (16 avril 1638). Madame des Moulins eut les fiefs de Chauvigny, Baumé, la Tirelière, les moulins de Gueramé et de Saint-Germain, les terres de Lisle, Baumé, la Bouesnière, etc. (6). L'histoire de Chauvigny se confond maintenant avec celle de Lisle.

Georges des Moulins appartenait à une famille noble des environs de Domfront. Il laissa de son mariage avec Marguerite de Chauvigny, entre autres enfants, François des Moulins, chevalier, seigneur de Lisle, Chauvigny, Baumé et La Barre, maréchal des camps et armées du roi, commandant dans la ville et citadelle de Marseille, où il mourut en 1662, à l'âge de quarante ans. Son cœur fut rapporté dans l'église des Capucins d'Alençon (7).

Il épousa, le 17 mars 1654, Marie de la Marck, veuve de François de Godet, chevalier, seigneur des Marais, Avoise, baron de Hertré, tué au combat du faubourg Saint-Antoine, le 2 juillet 1652 (8).

Elle était fille naturelle, légitimée, de Louis de la Marck, marquis de Mauny, chevalier des ordres du roi, premier écuyer d'Anne d'Autriche, gouverneur de Caen. Elle descendait par conséquent de

---

(1) *Tabellionnage d'Alençon.*
(2) O. Desnos. *Mém. hist. sur Alençon*, t. II, p. 486.
(3) Maléfre, château près d'Alençon.
(4) La Queutière, commune de Saint-Bomer-les-Forges (Orne).
(5) Gaulier. *Vie de Madame de la Peltrie. Bull. de la Soc. hist. de l'Orne*, t. X, p. 396. — D. Claude-Martin. *Vie de Marie de l'Incarnation.* — Richaudeau. *Vie et lettres de Marie de l'Incarnation.*
(6) *Chartrier de Lisle.*
(7) O. Desnos a publié son épitaphe. *Mém. hist. sur Alençon*, t. I, p. 64.
(8) La famille de Godet portait *de gueules aux trois gobelets d'argent 2 et 1.*

Louis de Brézé et de Diane de Poitiers, de Charles VII et d'Agnès Sorel. Sa mère, Élisabeth Salviati, dame de Talcy, était alliée aux Médicis.

Marguerite de Chauvigny avait apporté la richesse aux des Moulins ; Marie de la Marck, tant par elle que par son fils du premier lit, Paul Godet des Marais, évêque de Chartres (1692-1709), l'ami du duc de Bourgogne et le confesseur de Madame de Maintenon, leur donna l'influence et les relations qui contribuèrent puissamment à leur fortune.

Louis-François des Moulins, fils de François des Moulins et de Marie de la Marck, né vers 1659, mort le 5 mai 1728, eut une magnifique carrière militaire. Déjà M. Eugène de Beaurepaire a fait connaitre *le Comte de Lisle* (c'est le titre qu'il prit d'abord) *et ses correspondants* (1). Nous donnons ici un extrait des lettres patentes portant érection en sa faveur du marquisat de Lisle. Elles renferment ses états de services jusqu'en 1716 (2) :

« Il sert l'État depuis quarante ans. Il commença en l'année 1676 dans la colonelle du régiment des gardes, d'où il fut détaché pour l'attaque du chemin couvert de Valenciennes et entra des premiers pêle-mêle avec les ennemis dans la place qui fut prise d'assaut, dont notre cousin le maréchal de la Feuillade rendit compte à la cour, aussi bien que de sa conduite au siège des ville et citadelle de Cambray, ce qui fit qu'en l'année 1678, il fut gratifié d'une compagnie dans le régiment de Normandie et servit au siège de Luxembourg, où il fut détaché pour l'attaque de la contregarde et poursuivit les ennemis jusque dans le fossé de la ville, ce qui engagea notre cousin, le maréchal de Créquy, à le distinguer en l'envoyant en otage dans la ville lors de la capitulation.

« A la guerre de 1688, il fut tiré du régiment de Normandie pour estre lieutenant-colonel de celuy de Limoges et servit au siège de Mons, après lequel il fut commandé sur les lignes de la Hayne, où il fut honoré du régiment d'infanterie de Barrois et ensuitte envoyé à l'armée de Piedmont, commandée par nostre cousin le mareschal de Catinat, et eut l'honneur de combattre à la tête de son régiment à la bataille de Marsaille et d'en rapporter sept drapeaux des ennemis.

« Cette action de valleur fut reconnue par nostre dit cousin le mareschal de Catinat qui luy fit commander une brigade à Savillian où estoient les vivres de l'armée, ce qui luy donna occasion de combattre avec une partie de la garnison une troupe de 1,800 hommes sous les ordres du marquis de Parelle, lieutenant-général des troupes de Savoye, qui vouloit s'opposer aux convois qui se faisaient de Savillian à l'armée. Le dit sieur de Lisle eut le bonheur de défaire la plus grande partie de cette troupe et de brûler le reste des fuyards réfugiés dans une maison. Sur le compte qui en fut rendu, le dit sieur exposant fut gratifié d'une pension de 1,500 livres et fut ensuite détaché pour l'armée de Catalogne sous les ordres de nostre très cher et bien amé cousin le duc de Vendosme et servit au siège de Barcelonne, où il eut l'honneur de commander par distinction la brigade de la marine, et après envoyé à Manrese pour disposer le siège de Cordoue.

« La paix fut conclue en 1700 et le sieur de Lisle honoré de l'ordre militaire de Saint-Louis. En 1702, la guerre fut renouvelée et il fut fait brigadier d'armée et servit en celle de Flandre utilement à la deffense du chasteau d'Huy, et y soutint un assaut. Ensuite duquel il fut envoyé au siège du fort de Kehl et au passage de l'armée en Bavière, et après renvoyé à l'armée de Flandre.

« Il passa en Espagne où il fut employé au siège de Nissa, à ceux de Castel-David, de Portalegro et particulièrement à celui de Castel-Blanco, où il commanda en chef. Au retour de ces sièges il fut fait mareschal des camps et armées et son fils commandant du régiment de La Fère, vacant par la

(1) *Bulletin de la Société des Antiquaires de Normandie*, t. XV.
(2) *Archives de la Seine-Inférieure*. Cour des Comptes de Normandie.

mort du comte des Marais, tué au siège de Verceil en Italie, neveu du dit sieur de Lisle, qui fut rappellé d'Espagne pour se faire faire l'opération de la pierre.

« Dès qu'il fut guery, sa pension fut augmentée de 1,500 livres et fut nommé pour l'armée d'Allemagne commandée par nostre cousin le mareschal de Villars, qui le détacha après la bataille de Ramillies avec vingt bataillons pour fortifier l'armée de Flandre, où il a servi jusqu'en 1709, que sa santé ne luy permettant plus de monter à cheval, il fut envoyé commander à Arras et chargé de la défense de la ville et citadelle en cas de siège.

« A la dernière paix, il a été honoré du commandement des ville, citadelle et forts de Lille, où il est actuellement.....

« A ces causes et autres à ce nous mouvans, voulant favorablement traiter le dit sieur de Lisle..... par ces présentes signées de nostre main unissons et incorporons en un mesme fief la dite baronnie de Hertré, les fiefs et seigneuries en dépendant, ceux de Chauvigny, de Baumé qui compose la terre de Lisle qui relève de Chauvigny, le fief de la Tirelière relevant de la dite baronnie et le fief de la Petite Barre qui relève de nous, leurs circonstances et dépendances, lesquels baronnie et fiefs ainsy unis en un mesme fief, nous avons érigé et par ces présentes érigeons en titre et dignité de marquisat sous la dénomination de Lisle, lequel marquisat nous voulons et entendons relever de nous et de nostre couronne à cause de nostre chasteau d'Alençon à une seule foy et hommage.....

« Donné à Paris au mois de novembre l'an de grâce 1716 et de nostre regne le deuxieme, signé Louis et sur le reply, par le Roy, le duc d'Orléans régent présent, signé Phelipeaux. »

La famille des Moulins de Lisle portait *d'azur à trois coquilles d'or et une cigale d'argent en cimier*. Le marquis de Lisle fut nommé lieutenant-général des armées du roi le 1er février 1719 (1) et promu commandeur de l'ordre de Saint-Louis.

Il avait épousé, le 8 avril 1687, dans l'église Saint-Léonard, Louise-Catherine de Bougis, fille de feu Nicolas de Bougis, sieur de la Vallée, trésorier de France au Bureau des finances d'Alençon, et de Catherine de Bruslay (2).

Leur fils Louis des Moulins, deuxième marquis de Lisle, né vers 1689, fut aussi un vaillant soldat. Capitaine dans le régiment de Barrois (15 décembre 1702), commandant du régiment de la Fère infanterie (5 août 1704), brigadier (2 juillet 1710) après le siège de Douai où il s'était distingué à la défense de la place, mestre de camp du régiment de la Fère et capitaine de la seconde compagnie (15 mai 1722), maréchal de camp (23 décembre 1731), il fut nommé, le 14 juin 1734, inspecteur général de l'infanterie tant française qu'étrangère. Cette place valait 8,000 livres de rente (3).

Il n'eut pas le temps d'en jouir. Il fut tué le 29 juin à la bataille de Parme. Cette victoire, qui fut très glorieuse pour l'armée française, commandée par les maréchaux de Coigny et de Broglie, fut chèrement achetée. Les pertes en officiers surtout furent considérables (4).

Il s'était marié deux fois. De sa première femme, Marie-Marguerite de Lèles, il eut une fille qui épousa le comte d'Orsay; de la seconde, Anne Libert, deux fils et une fille (5).

L'aîné, Louis-Marie des Moulins, fut le troisième marquis de Lisle. Comme son père et son aïeul, il embrassa la carrière militaire, mais il n'y eut pas les mêmes succès. Il servit comme capitaine de

---

(1) *Chartrier de Lisle.*
(2) *État civil d'Alençon.*
(3) *Chartrier de Lisle.*
(4) *Mercure de France*, juillet 1734.
(5) La Chesnaye des Bois. *Dictionnaire de la noblesse*, t. X. p. 542.

cavalerie dans les régiments de Beaucaire et de Marcieu et, le 2 juin 1757, il fut nommé chevalier de Saint-Louis (1).

Il mourut au château de Lisle le 3 octobre 1789, à l'âge de 64 ans, et il fut inhumé dans le cimetière de Saint-Germain-du-Corbeïs (2).

Comme il ne laissait pas d'enfants de ses deux mariages, ses biens passèrent à son frère puîné, Aimé-Louis des Moulins, abbé de Lisle, archidiacre et vicaire-général de Nevers, abbé de Foucaude (3), prieur de Notre-Dame d'Alençon. Ces différents bénéfices lui produisaient net environ 11,700 livres.

Le rôle de l'abbé de Lisle fut très effacé pendant la Révolution; il prêta les différents serments qu'on lui demanda (4), il livra à la municipalité de Saint-Germain les titres féodaux des différents fiefs composant le marquisat de Lisle, qui furent brûlés sur la place publique le 11 août 1793 (5). Grâce à sa prudence, il paraît avoir vécu tranquillement à Nevers. Il mourut à Paris.

Il laissait comme héritière la comtesse de Vendœuvre, née de Launay d'Esterville. La fille de celle-ci, la comtesse d'Osseville, vendit, le 10 septembre 1819, le château et une partie de la terre de Lisle à M. Lecointre, dont le petit-fils les possède aujourd'hui. Le surplus des terres avait été aliéné antérieurement.

L'ancien château de Lisle formait un bizarre assemblage de bâtiments de toutes les époques. Il a été détruit vers 1760, à l'exception de deux tours renfermant l'une la chapelle, l'autre le colombier.

Dès 1699, les des Moulins avaient construit de vastes communs formant deux bâtiments parallèles; en 1760, ils les complétèrent par l'addition de deux pavillons et ils en aménagèrent la plus grande partie à l'usage d'habitation. C'est ce qu'on appelle le château de Lisle.

Il est situé dans une jolie position, sur le bord de la Sarthe, au milieu de prairies ombragées d'arbres séculaires. Il a conservé quelques-uns de ses anciens meubles du XVIIIe siècle, et il renferme dans la bibliothèque une collection assez importante d'ouvrages sur le Maine et sur la Normandie.

L'ancien château de Chauvigny, qui s'élevait dans un vaste parc gracieusement dessiné, a été complètement incendié le 15 décembre 1873. Le comte Curial l'a fait avantageusement remplacer par une élégante construction. On remarque à l'intérieur de belles tapisseries de l'ancienne fabrique de Paris, avant les Gobelins.

EUGÈNE LECOINTRE.

(1) *Chartrier de Lisle.*
(2) *État civil de Saint-Germain.*
(3) Abbaye de Foucaude, diocèse de Saint-Pons.
(4) *Archives de l'Orne*; renseignement communiqué par M. Duval.
(5) Archives de la mairie de Saint-Germain-du-Corbeïs.

BOITRON

La butte de Boitron qui domine au loin la plaine, entre Sées et Essay, est un point stratégique remarquable. Vus de la route de Sées, ses flancs, déchirés par l'extraction des pierres, présentent l'aspect d'une plaie saignante qui forme un contraste brusque avec la sombre verdure du rideau de sapins dont elle est enveloppée.

Autour de la butte règnent deux chemins de ronde, protégés par des murs dont quelques fragments offrent encore des traces d'appareil à feuilles de fougères. On y remarque une excavation nommée le *Trou d'Enfer*, qui a dû servir de citerne.

Les fouilles que M. de Corcelle y a fait exécuter ont mis au jour une quantité considérable de carreaux ou pointes de flèches, et en outre trois enceintes établies sur l'esplanade que forme le sommet de la butte. On y a remarqué des tuiles à rebords et des fragments de poterie rouge et brune remontant à une époque reculée. On donne encore aux débris de cette ancienne forteresse le nom de *Château des Talvas*.

La terre de Boitron fut érigée en comté en 1722, en faveur d'Eustache d'Osmond, aide-de-camp du duc de Vendôme, qui s'était signalé pendant la campagne d'Espagne.

L'église de Boitron, qui remonte à l'époque romane, mérite elle-même l'attention de l'archéologue. On peut y remarquer, entre autres, de curieuses statues en bois du XVI⁰ siècle.

Louis Duval.

Tour du Moulin de Boitron.
D'après une photographie de M. H. Magron.

LE CHATEAU ET L'ÉGLISE D'ESSAY

Essay, qui n'est, aujourd'hui, qu'un bourg de 700 âmes, a eu, jadis, ses jours de célébrité. « Ville d'Essay, bourg de Sées », disaient même, non sans quelques grains de forfanterie, ses bons habitants.

Plusieurs auteurs sont allés jusqu'à prétendre qu'il avait été la capitale des « *Essui* », mentionnés par César dans sa « *Guerre des Gaules* » ; mais des études plus approfondies semblent démontrer que cet honneur appartient à l'antique cité de Sées. Du moins, l'importance d'Essay est-elle incontestable à partir du XIe siècle ; et, si ses monuments n'existent plus qu'à l'état de souvenirs, ces souvenirs sont encore assez vivaces pour le prouver abondamment. De son ancienne léproserie, il n'y a plus trace ; de sa vieille abbaye, il ne reste qu'une partie des murs d'enceinte et la maison de l'abbesse : encore celle-ci est-elle très délabrée ; de son château, flanqué autrefois de hautes tours et protégé, au nord, par des étangs, on n'aperçoit plus, par ci, par là, que quelques pans de murailles en ruine. Seule, son église, quoique souvent remaniée, est demeurée debout.

Il ne subsiste plus de son château, disons-nous, que des débris ; en revanche, l'histoire de ce château est pleine d'intérêt, d'autant plus qu'elle est intimement liée à celle de la châtellenie entière.

Ses premiers seigneurs furent les comtes d'Alençon, descendants de Guillaume Talvas de Bellesme, qui en aurait été, croit-on généralement, le constructeur. Mais cette famille s'étant éteinte avec Robert II, le roi Philippe-Auguste, moyennant quelques transactions au profit des héritiers indirects, réunit à la Couronne le comté d'Alençon et, avec lui, la châtellenie d'Essay, dont elle faisait partie. C'est pour cette raison que nous y voyons, quelques années plus tard, un des fils de saint Louis, Pierre Ier, auquel son père avait donné ce comté en apanage. Aussi, ne faut-il pas s'étonner que le pieux roi y ait passé quelques jours et, en particulier, qu'il y ait couché la nuit du 8 juillet 1269. Nous savons même qu'une lettre envoyée par lui à Thibault, comte de Champagne, en faveur de Jehan de Nanteuil, nouvellement élu évêque de Troyes, fut datée du château d'Essay.

Après avoir successivement passé entre les mains de Charles Ier, de Louis, de Charles II et de Charles III, le comté d'Alençon se trouvait, en 1346, entre celles de Pierre II, surnommé le Bon et le Noble, frère du précédent et neveu du roi Philippe VI, dit le Valois. Ce Pierre II résida, au moins par intervalles, dans son domaine d'Essay ; car trois de ses enfants y naquirent : un garçon, Jean II (1), qui mérita le surnom de Sage et pour lequel le titre de comte fut changé en celui de duc, et deux filles, Jeanne et Marie. Du reste, sans parler de la beauté de son site, le domaine d'Essay devait avoir, grâce au voisinage des forêts de Bourse et de Montmirel, très propices aux plaisirs de la chasse, beaucoup d'attraits pour de grands seigneurs.

Mais aux plaisirs succédèrent bientôt les plus vives alarmes : les Anglais, en effet, avaient

(1) Jean II fut, plus tard, l'intrépide compagnon de Jeanne d'Arc, qui l'appelait « *son beau duc* ».

envahi la Normandie. Pierre II, en prince prévoyant, fit augmenter les fortifications de son château et entourer la ville de murs et de fossés. Pourtant, malgré ces précautions, Essay, ainsi du reste que toutes les places de la Normandie, si l'on en excepte le Mont-Saint-Michel, finit par tomber, en 1417, au pouvoir des Anglais.

Toutefois, durant l'année 1449, grâce à un vigoureux coup de main organisé par Macé Mallart, Jean II put, à la tête de quelques gentilshommes, reprendre le château et la ville entière. Le duc, pour récompenser Mallart, le nomma capitaine d'Essay, dignité que ses descendants conservèrent jusqu'au règne de Henri IV.

Si l'on veut, d'ailleurs, se rendre compte de l'importance d'Essay à cette époque, il suffit de lire ce passage fort significatif d'une requête présentée, en 1552, par son capitaine d'alors, François Mallart, au roi Henri II : « Il y a dans ce lieu, ville et château, forteresse, prisons fermées, prétoire, marchez publiques, assemblées et affluence de peuple et de toutes autres choses appartenant à l'administration de la justice, avec toute abondance de commodités requises et nécessaires. » De plus, la châtellenie compta jusqu'à cinquante fiefs et arrière-fiefs environ sous sa dépendance.

Pendant les guerres de la Ligue, les habitants d'Essay osèrent combattre, et combattre avec acharnement, pour la défense de la foi catholique en France, que, comme tant d'autres, ils croyaient menacée par l'avènement au trône d'un prince protestant. Du reste, après leur défaite définitive par Hertré et Antoine de Saint-Simon, baron de Courtomer, Henri IV, devenu catholique,

Ruines de la chapelle du château.
D'après une photographie de M. H. Magron.

sut reconnaître la loyale générosité de leurs sentiments, en réintégrant Jean Mallart, leur vaillant chef, dans son ancienne charge de capitaine d'Essay. Il est vrai que, sur les insinuations du duc de Montpensier, alors gouverneur de Normandie, leur château fut condamné à être rasé. Les ordres avaient même déjà reçu un commencement d'exécution, lorsque le roi, à la requête de Jean Mallart, ordonna de surseoir aux travaux de démolition : « Défenses et inhibitions, était-il dit dans l'arrêt du Parlement du 10 mai 1594, sont faictes aux habitants d'Alençon et tous aultres de passer oultre à la démolition par eulx prétendue faire dudict chasteau et ville d'Essai. »

Néanmoins, cette démolition était reprise et consommée en 1616, par les ordres de Marie de Médicis, veuve de Henri IV et duchesse douairière d'Alençon, qui, à la place, fit bâtir une prison avec ses débris.

Cependant, la chapelle en fut respectée, et, actuellement encore, « on l'aperçoit de loin à travers les grands arbres, élégante dans sa misère, coquettement posée sur l'esplanade et dominant la ville ». Malheureusement, elle a été sécularisée et convertie en grange. Mais, telle qu'elle est, elle mérite grandement l'attention, surtout à cause de son chevet, maçonné en *opus spicatum* sur une hauteur de plus de 3 mètres, ainsi que la partie inférieure de son mur méridional : ce qui nous fixe absolument sur sa haute antiquité, et même sur celle du château, dans l'enceinte duquel elle était englobée. En outre, sa porte et ses fenêtres ogivales, surmontées d'arcs infléchis avec crochets épanouis, prouvent que, sur les substructions d'une chapelle romane primitive, on a élevé, au commencement du XV° siècle, une nouvelle construction.

Après la mort de Marie de Médicis, la châtellenie d'Essay devint la propriété de Louis de Marillac, maréchal de France ; puis, celle de Louis de Rochechouart, témoin une inscription placée dans le chœur de l'église, qui mentionne une fondation faite par lui, le 23 juin 1694, en faveur de l'instruction religieuse des enfants de la paroisse.

En 1716, les charges de gouverneur, de lieutenant du roi et de major de la ville d'Essay furent octroyées, par un arrêt du Conseil, au sieur Coutard, seigneur de Montchevrel, qui les transféra, lui-même, avec ses domaines, à Oursin de Digoville. Enfin, au moment de la Révolution, elles appartenaient à M. de Touvoie.

C'est à partir de cette époque que commença la déchéance d'Essay. Du reste, un édit de Louis XV, du mois de novembre 1745, qui avait supprimé les assises de son bailliage, existant depuis le XIII° siècle, si l'on s'en rapporte à un jugement de l'Échiquier de Normandie, de l'année 1244, avait porté un premier coup à sa prospérité. Un second, daté de 1771, celui-là transportant à Sées toutes les affaires administratives, acheva de la compromettre totalement.

Mais arrivons à l'histoire de l'église et des œuvres pieuses, écloses successivement à son ombre ; pour être moins mouvementée, elle ne laisse pas d'avoir aussi son intérêt.

L'église ne présente rien de remarquable au point de vue architectonique. Ses murs, contrebuttés par plusieurs contreforts unis et de peu d'épaisseur, offrent à leur base quelques vestiges d'*opus spicatum*. La porte est en plein cintre, et flanquée, à droite et à gauche, de colonnettes, dont les chapiteaux sont ornés de têtes de monstres, accostées de deux étoiles placées sur chacun des pieds-droits. La tour qui la surmonte, comme si elle avait, au moyen âge, servi, suivant l'usage de cette époque, de défense militaire, est très massive et percée seulement de quelques fenêtres en forme de meurtrières, dont l'une est fermée par un petit arc ogival trilobé. Elle a pour couronnement un toit quadrangulaire, très aigu, décoré de lucarnes garnies de pinacles à choux frisés et d'épis en plomb ; à cette tour est accolée une tourelle de même forme, mais moins élevée, abritant son escalier. Un petit porche, en bois, de l'époque gothique, abrite la porte du nord.

Vue d'ensemble de l'Église d'Essay.
D'après une photographie de M. R. Magnin.

A l'intérieur, elle se compose d'une nef unique, éclairée par des fenêtres en plein cintre, de construction récente, sans aucun caractère. Le chœur, moins large, comme dans beaucoup d'églises rurales, est revêtu de boiseries au-dessus des stalles, et terminé par un chevet plat, auquel est adossé un autel, en bois, du XVII° siècle, avec colonnes torses, entablement, couronnement et tableaux, d'un assez bel aspect. Deux autres petits autels sont placés obliquement, encore suivant l'usage souvent adopté dans nos églises de campagne, à l'extrémité supérieure de la nef, pour dissimuler sa trop grande largeur par rapport à celle du chœur. Quant à la voûte, elle est en bardeaux, avec tirants et poinçons chanfreinés, également en bois, qu'on a eu le bon esprit de peindre en couleur sombre.

La première œuvre pie, établie à Essay, fut une léproserie que, dès le commencement du XII° siècle, ses habitants organisèrent eux-mêmes, au sud-est de la ville, à sept ou huit cents mètres de son enceinte. La lèpre, on le sait, faisait partout, à cette époque, tant de ravages, qu'il était devenu nécessaire de multiplier ces sortes d'établissements. — Il en existait notamment, pour ne parler que de notre contrée, à Alençon, à Sées, à Mortagne, à Mauves, à Bellesme. — La chapelle de la léproserie d'Essay, dédiée à saint Lazare (on disait, dans le pays, saint Ladre), n'a été démolie que vers 1780.

Pourtant, le nombre des lépreux ayant peu à peu diminué, on crut plus utile de fonder un hôpital, ouvert, celui-là, à toutes les maladies. Cet hôpital, construit non loin de l'église, eut cependant une chapelle, qui, en souvenir du séjour de Louis IX à Essay, fut placée sous le vocable de saint Louis. On en voyait encore, il y a quelque vingt ans, la façade, donnant sur la rue.

Au commencement du XVI° siècle, Charles IV, duc d'Alençon, et Marguerite de Blois, reine de Navarre, sa femme, effrayés du débordement des mauvaises mœurs, résolurent d'établir à Essay une maison « pour y recevoir, porte la bulle de Léon X, du 22 décembre 1519, les femmes de débauche qui, touchées de leurs désordres, chercheraient un asile pour faire pénitence ». Sur leur demande, Jacques de Silly, évêque de Sées, consentit à concéder, pour cette œuvre de rénovation sociale et religieuse, les bâtiments de l'hospice avec ses dépendances, mais à la condition que les malades seraient hospitalisés dans un autre local : local qui, vraisemblablement, fut construit en face, de l'autre côté de la rue. Vingt religieuses, sorties de la maison des filles repentantes de la Madeleine de Paris, appartenant à l'ordre de Saint-Augustin, vinrent prendre la direction de ce nouvel établissement. De leur côté, les pieux fondateurs pourvurent toujours largement à ses besoins, ainsi que le constatent les comptes du Domaine. Nous savons, en particulier, qu'ils lui donnèrent, durant l'année 1561, la terre de Cropus, sise en Saint-Basile. Par ailleurs, les meilleures familles du pays, les d'Espernon, les Villiers, les Loge, les Montesson, les Bonvoust, les Caget, les de Pizeux, lui fournirent bientôt d'excellentes recrues.

Mais, pour des causes trop longues à énumérer ici, ce « refuge » changea une troisième fois de destination. Grâce à la sage direction de Madame de la Chétardie, venue, à la fin de 1638, de l'abbaye de Jouarre, où elle était maîtresse des novices, il devint lui-même abbaye royale.

Toujours de plus en plus florissante, cette abbaye dut être, à plusieurs reprises, agrandie, et il ne fallut rien moins que le vandalisme révolutionnaire pour la faire disparaître.

Parmi les dignes abbesses qui la dirigèrent pendant plus d'un siècle et demi, on doit signaler, à part, Françoise de la Chétardie, que « son esprit, ses talents et son éminente vertu rendirent de tout point recommandable », et qui, sur la demande même de Madame de Guise, duchesse d'Alençon, reçut, le 24 août 1684, la bénédiction abbatiale des mains du grand Bossuet, alors en villégiature à la Trappe, où il était venu visiter son intime ami de Rancé, réformateur de ce célèbre monastère.

En résumé, le bourg d'Essay, qui, durant plusieurs siècles, tint assises de justice pour toute la contrée, qui eut l'honneur de recevoir dans ses murs saint Louis et Bossuet, qui sut, à une époque profondément troublée, revendiquer vaillamment ses droits au catholicisme, qui enfin posséda, pendant de longues années, une abbaye toujours fervente et prospère, peut être fier de son passé. Beaucoup de villes plus importantes envieraient, à juste titre, de pareilles gloires.

L'abbé MALLET.

LE CHATEAU DE BEAUFOSSÉ

Beaufossé, caché dans un des replis de la Vésonne, paraît tirer son nom du camp voisin, environné de fossés encore très apparents qu'on aperçoit au pied de la butte de Boitron. Le premier sire de Beaufossé que nous connaissions s'était signalé dans les escarmouches par lesquelles les gentilshommes attachés à la cause française inquiétèrent continuellement les Anglais pendant tout le temps qu'ils furent maîtres de la Normandie. C'est à ce titre qu'en 1433, Allain de Beaufossé, « brigand, ennemi et adversaire du Roy », fut pris et amené à Argentan, où il fut reconnu par notables personnes et exécuté. Richard Scales, capitaine anglais de la garnison d'Argentan, reçut à cette occasion une récompense, en vertu d'un mandement adressé par le bailli d'Alençon au vicomte d'Argentan (1).

Beaufossé appartint ensuite aux Puisaye, qui possédèrent ce domaine jusqu'à la Révolution. Guillaume-Louis-Alexandre de Puisaye dit Beaufossé, que sa parenté avec le fameux comte de Puisaye avait fait inscrire sur la liste des proscrits, fut mis en détention à Caen, puis à la prison du Temple, et échappa ainsi peut-être à un sort plus rigoureux.

Beaufossé renferme plusieurs œuvres d'art remarquables, notamment un magnifique portrait de La Fayette et une fresque représentant Œdipe et le sphynx, qui provient de la Maison d'Or de Néron. Recueillie dans l'ancienne villa Altieri, acquise par Mgr de Mérode, cette fresque fut offerte par Mgr Xavier de Mérode, ancien ministre des armes de Sa Sainteté Pie IX, à M. F. de Corcelle, en souvenir des services qu'il avait rendus au Pape dans le cours de ses ambassades à Rome.

Louis Duval.

(1) *Archives de Joursanvault*, n° 3398.

LE CHATEAU D'AUNAY-LES-BOIS

Le château d'Aunay domine de ses robustes constructions tout un horizon grandiose de bois et de prairies, borné au midi par les collines de la forêt de Perscigne.

Il a successivement occupé trois emplacements.

Placé par les conquérants normands au plus bas de la prairie, sur une motte isolée, environnée d'une seconde enceinte où se groupèrent les bâtiments d'exploitation, entouré de larges palissades et de fossés, couvert par les étangs, il a été une seconde fois rebâti sur un second tertre factice à mi-chemin de la côte, à 80 mètres à peine de son emplacement actuel. Dès ces époques lointaines, il est le centre d'une importante seigneurie, fief de haubert relevant du château d'Essay, comprenant, outre la paroisse d'Aunay, la majeure partie de celle de Marchemaisons (dont le clocher et le bourg) et, par ses fiefs immédiats du Vaurenoult, de la Béchetière, de Sonnel et de Cornilly, des portions considérables des paroisses de Boitron et de Bursard. Jusqu'à la Révolution la terre du Bois-Roussel, appartenant maintenant au comte Rœderer, à Bursard, en releva.

A la fin du XI° siècle apparait dans le cartulaire de Saint-Martin de Sées, Guillaume d'Aunay. En 1094, il ratifie comme seigneur féodal le don fait à l'abbaye, de l'église de Marchemaisons. Nous le retrouvons en 1097 aux côtés de l'évêque Serlon. En 1105, il tient avec Robert de Bellesme, comte d'Alençon, les pleds sur la colline fortifiée de Boitron et se qualifie l'un de ses barons. En 1110, il parait une dernière fois comme témoin de Saint-Martin.

Vers le milieu du XII° siècle, Arnoul, l'un de ses petits-fils, se retire après avoir perdu son épouse au monastère de Saint-Martin, avec son fils encore en bas âge. Ils y prennent l'habit et après avoir donné leur nom au Vaurenoult, qui conserve les traces de deux manoirs successifs, l'un au bord des eaux, l'autre sur la hauteur, ils font à l'abbaye des dons considérables, maintes fois confirmés par leurs arrière-neveux.

Jusqu'à la fin du XIV° siècle la descendance immédiate de Guillaume conserve la terre d'Aunay et ses dépendances féodales. Le dernier du nom, Jean d'Aunay, meurt vers 1380, laissant sa fille et son héritage à Jean de Bonvoust qui lui succède.

Vouée aux armes, la maison de Bonvoust se signale dans les guerres anglaises par une constante fidélité aux princes français. Jean III, fait prisonnier en 1424 à la bataille de Verneuil, est contraint de se racheter.

Vers 1495, Pierre, fils d'Hélie, fait bâtir le manoir voisin de Cornilly, fief ordinairement donné en mariage aux aînés de la maison.

René de Bonvoust, page du cardinal de Lorraine, embrasse avec ardeur le parti des Guise. Les hordes qui ravagent le pays en 1562, sous la conduite de Coligny, s'abattent sur Aunay, saccagent le château de fond en comble et pillent les archives. La vie tout entière de René se passa au milieu des luttes de ces époques néfastes. Guerroyant tantôt à la suite du duc d'Alençon, tantôt à la suite des princes lorrains, il se distingue dans la résistance de Poitiers, où il était renfermé avec les ducs de Guise et de Mayenne, et meurt gentilhomme de la chambre du roi et chevalier de ses ordres. Le chartrier d'Aunay conserve encore une partie de sa correspondance avec le duc d'Elbœuf, Charles de Lorraine.

C'est à lui que l'on doit la reconstruction en partie, après les désastres de 1562, du château actuel d'Annay, vaste donjon, presque carré sur chaque face, flanqué de quatre étroits pavillons coiffés de lanternons et dominé par une haute toiture dont les bois gigantesques furent fournis par la forêt voisine de Bourse, où la seigneurie avait le droit de prendre les matériaux nécessaires à ses édifices. De larges assises de pierre de taille et de brique rompaient primitivement de distance en distance la lourdeur des murailles, épaisses de 1 m. 40. Un colombier monumental, décoré d'une colonnade engagée, s'éleva en même temps vers le midi. De larges fossés continuaient à entourer la maison forte, qui ajoura ses tourelles de meurtrières destinées à éviter toute surprise.

Les travaux n'étaient pas terminés, lorsqu'il mourut, à quarante-six ans, le 9 janvier 1589, dans toute la force de l'âge, sur le chemin des honneurs et de la fortune.

Son fils, Jean IV, marié à une fille de la puissante maison de Gruel, donna naissance aux trois branches d'Aunay, de Prulay et du Plessis, qui toutes trois s'éteignirent presque ensemble aux abords de la Révolution.

Les travaux intérieurs ne furent terminés qu'au XVIIIe siècle. Encore les deux tours de l'ouest dont les soubassements seuls avaient été commencés, ne furent-elles achevées que vers 1830.

Claude, successeur de Jean IV, recueillit le fruit des travaux de ses pères. Par lettres royales du mois de septembre 1647, la seigneurie fut érigée en baronnie. Une seconde érection en fut faite en 1733 en faveur de François-Jean-Louis, qui fit terminer les intérieurs du château, élever la grande cheminée monumentale de la salle d'entrée (peut-être le rétable de l'église aux armes d'Aunay, rendues frustes pendant la Révolution, et d'un style analogue), et orna le grand salon de merveilleuses boiseries en plein chêne de la meilleure époque de la Régence. Il reconstitua le chartrier et laissa sa terre en grande prospérité à Flore, qui fit remanier la façade du nord et commencer de vastes communs.

Enfin, en 1767, la baronie accrue d'importantes acquisitions à Bures, où les Bonvoust allaient se créer une nouvelle seigneurie, fut érigée par Louis XV en marquisat sous le nom de Bonvoust. Quelques années plus tard, la Révolution éclatait, le jeune comte de Bonvoust mourait à vingt ans. Ses père et mère se réfugiaient à Rouen où ils succombaient avant la fin des mauvais jours. Trois orphelines rentrèrent seules au vieux château. L'aînée, mariée en 1773 à M. de Loisel, laissa une fille unique qui épousa M. de Mésenge, dont la descendance s'est éteinte dans la maison de Romanet de Beaune, aujourd'hui en possession de la terre d'Aunay.

Louis Duval.

LE CHATEAU DE GASPRÉE

Le manoir de Gasprée se recommande à l'attention des touristes par sa construction sur pilotis au milieu d'une pièce d'eau et par ses fameux carrosses du XVII° siècle, véritables monuments d'un autre âge, que les châtelains ont eu le bon esprit de conserver, bien que depuis longtemps le manoir soit inhabité.

Gasprée se trouvait sur la route de Sées à Moulins-la-Marche. On y garde le souvenir du passage de saint Benoit Labre, qui y aurait reçu l'hospitalité. Si l'on en juge par le cahier des doléances et remontrances de la paroisse de Gasprée en 1789 (1), cette route devait être en fort mauvais état, et les carrosses, contemporains du grand roi, à la construction massive et solide, en rendent eux-mêmes témoignage.

Le plus ancien seigneur de Gasprée, dont l'histoire ait conservé le souvenir, est Osmond de Gasprée, très noble et très brillant chevalier, dit Orderic Vital (2), tué le 1er septembre 1088, au siège de Ballon et transporté à l'abbaye de Saint-Évroult par le moine Ernault, par les soins duquel il fut inhumé sous le porche, devant les portes de l'église.

Quelques années plus tard on rencontre Richard de Gasprée, fils de Gérold. C'était un beau jeune homme faisant les fonctions de page près de l'évêque de Sées, Girard 1er, qui pour rétablir la paix entre deux de ses plus puissants diocésains, Robert de Bellême et Hugues de Grantménil, en guerre l'un contre l'autre, s'était rendu, quoique malade, à l'abbaye de Saint-Pierre-sur-Dives et de là près du château de Courcy, assiégé par Bellême. Cette démarche, faite dans un but de conciliation, ne reçut pas l'accueil qu'elle méritait. Non seulement Bellême refusa d'écouter ces conseils pacifiques, mais comme le page du prélat, Richard de Gasprée, s'était permis, à la manière des jeunes gens de son âge (il n'avait pas encore de barbe au menton et pouvait passer pour un simple clerc), de faire caracoler son palefroi dans son camp, il le fit descendre de cheval, le fit jeter en prison et se saisit de sa monture.

Orderic Vital ajoute que ce qui détermina Robert de Bellême à cet acte de violence, c'est que les parents du jeune homme avaient eu de vifs débats avec lui et qu'il cherchait l'occasion de s'en venger.

L'évêque de Sées, informé de l'affaire, manda à Robert de Bellême que s'il ne lui rendait pas sur-le-champ son clerc, il jetterait l'interdit sur toute son armée. Richard de Gasprée, à la suite de cette sommation, fut rendu à la liberté. Quant à l'évêque, dont la maladie s'était aggravée, il fut ramené à Sées, où il mourut le 23 janvier, et fut inhumé dans sa cathédrale (3).

Presque à la même date (1096), Herbert de Gasprée, avec plusieurs autres seigneurs du pays,

---

(1) *Cahiers de doléances des villes, bourgs et paroisses du bailliage d'Alençon*, p. 173.
(2) « *Pulcherrimus miles et honorabilis* ». Ord. Vital, III, 297.
(3) *Ibid.*, p. 365.

fut témoin de la reconnaissance faite devant l'Échiquier de Normandie d'un accord conclu entre les religieux de Saint-Martin de Sées et Guillaume de Sévilly, au sujet du moulin du Val (1).

La terre de Gasprée passa plus tard aux du Merle. On voit par une bulle du pape Innocent III, du 25 mai 1199, que le chapitre de Sées y possédait deux gerbes de dîme sur le fief de Hugues de Francheville (2). En 1243, Guillaume du Merle, auquel certains documents conservés dans le chartrier de la famille du Merle, donnent le titre de ce grand vavasseur héréditaire en Normandie, paraît avoir cédé à Geoffroi de Mayet, évêque de Sées, ses droits sur le patronage de l'église Saint-Sulpice de Gasprée (3). Foulques du Merle, son fils, n'en eut pas moins deux procès avec Foulques d'Annou, successeur de Geoffroi de Mayet, au sujet de la dîme de Gasprée et du patronage de la cure. Il avait prétendu, en effet, attacher cette dîme aux prébendes établies dans la collégiale de Merlerault et il s'en suivit un procès en 1271, au témoignage de M. l'abbé Rombault, qui ne nous fait pas connaître quelle en fut l'issue (4). Une discussion plus grave s'éleva entre l'évêque de Sées et le seigneur de Gasprée deux ans plus tard. Elle fut terminée par une sentence arbitrale rendue dans l'assise royale tenue à Bonsmoulins, au mois de mai 1273. Le seigneur revendiquait le patronage de la cure. Des jurés furent nommés pour examiner les prétentions des parties, à savoir Guy de Gacé, choisi par l'évêque, Guillaume de Courcy, choisi par le seigneur, et Jean de Criquebœuf, bailli de Verneuil (5). Le

D'après une photographie de M. H. Magron.

seigneur de Gasprée obtint en partie gain de cause, puisque les arbitres conclurent au partage de la cure en deux portions, la première à la présentation du seigneur, la seconde à celle de l'évêque. Suivant d'autres documents la première portion était sous le nom de Saint-Sauveur, et la seconde sous celui de Saint-Sulpice (6). Il y eut également deux presbytères dont l'un était situé dans la cour même du château de Gasprée.

Un nom illustre apparaît dans la liste de ces seigneurs, dont les tombes même ont disparu. Foulques du Merle, le même, dit-on, qui, comme on l'a vu, avait eu des contestations avec l'évêque de Sées, au sujet des dîmes et du patronage de Gasprée, fut créé maréchal de France par Philippe le Bel, en récompense des services qu'il avait rendus à la couronne en s'opposant, en 1295, à une descente des Anglais en Picardie, en 1303 à une révolte des Flamands. Trois ans après, en 1306, il obtint la concession de la

---

(1) *Livre blanc de Saint-Martin de Sées*, n° XVI. (*Archives de l'Orne*, H. 938.)
(2) *Gallia Christiana*, t. XI, intr. col. 170, A.
(3) *Les du Merle au XIII° siècle*, par M. l'abbé Rombault. (*Bulletin de la Société historique et archéologique de l'Orne*, t. XIII, p. 462.)
(4) *La collégiale de Saint-Nicolas du Merlerault*. Ibid., t. V, p. 272.
(5) M. Léopold Delisle, dans le *Cartulaire Normand*, n° 814, a consacré une notice à ce bailli, qui exerça ses fonctions à Verneuil, de 1263 à 1275.
(6) Calimas. *Mémoires pour servir à l'histoire du diocèse de Sées*, article Gasprée. Le Pouillé de 1789 n'indique cependant qu'un seul patron pour les deux cures de cette église.

baronnie de Briouze et de la seigneurie de Bellou-en-Houlme. Après avoir guerroyé encore pendant dix ans en Flandre et dans le Dauphiné, Foulques du Merle mourut vers la fin de 1314 (1).

Après sa mort, un partage de ses fiefs, tombés en quenouille, paraît avoir été opéré. C'est ainsi que le 1er août 1451, Michel d'Estouteville (2), fils de Louis d'Estouteville, grand bouteiller de France, qui avait épousé une fille de Nicolas Paynel, marié à l'une des héritières des du Merle, reçut l'aveu de Foulques du Merle pour le fief du Bois-Barbot (3). Jean du Merle, seigneur du Bois-Barbot et des Planches, épousa, en 1474, Marie Leconte, dame de Blancbuisson, issue de Jean Le Gris. Il rendit aveu pour le même fief à Jacques d'Estouteville, son cousin, le 12 octobre 1484 (4). Nous croyons également utile de mentionner une autre alliance, celle d'Olivier de Beauvoisien, bailli d'Alençon sous Charles VIII, qui avait épousé Marie Le Gris, dame de Gasprée.

D'après une photographie de M. H. Magron.

Un autre démembrement du fief eut lieu en 1503, par suite de la vente faite par le sieur d'Estouteville, seigneur du Merlerault, à Robert des Mottes, écuyer, de la moitié du patronage de l'église de Gasprée, dont l'autre moitié appartenait à l'évêque de Sées (5).

Une alliance porta alors la terre de Gasprée dans la famille de Silly, par le mariage de Renée de Beauvoisien, veuve de Charles d'Alençon, capitaine de cette ville, avec René de Silly, sieur de Vaux, bailli d'Alençon de 1524 à 1558, fils de Jacques de Silly, seigneur de Lonray, maître de l'artillerie de France, et d'Anne de Pré-en-Pail. Renée de Beauvoisien mourut le 4 octobre 1541 et fut inhumée dans l'église de Gennes. Jacqueline de Silly, sa fille, dame de Gasprée, de Sainte-Colombe et de Billion, épousa Denis d'Angennes, seigneur de la Loupe, et mourut le 2 septembre 1552 (6).

Quoique le titre de seigneur de Gasprée ait été successivement porté par plusieurs familles considérables, il n'en est pas moins certain que le fief qui donnait droit à la présentation à la première moitié de la cure appartenait en dernier lieu à des gentilshommes qui donnèrent leur nom à ce fief lui-même (7). En 1539, en effet, Robert des Mottes, écuyer, présenta à cette cure, en qualité de seigneur du fief des Mottes ; mais n'ayant laissé que trois filles, Roberde, Isabeau et Jeanne, dont l'une fut mariée au sire de Prestal, le fief fut partagé en trois et le sire de Prestal en eut un tiers. Nicolas de Prestal, écuyer, un de ses descendants, racheta les deux autres tiers, et son fils, Guillaume

(1) J. ROMBAULT. *Les du Merle au XIIIe siècle.*
(2) D'HOZIER. *Mémorial général*, t. II, p. 751.
(3) Le Bois-Barbot, commune de Gasprée.
(4) D'HOZIER. *Ibid.*, p. 727.
(5) *Mémoires des revenus du diocèse de Sées.* Ms. Bibliothèque d'Alençon.
(6) *Histoire des grands officiers de la Couronne*, t. II, p. 154, t. VIII, p. 170. — DE COURTILLOLES. *Chronologie historique des grands baillis d'Alençon.*
(7) *Mémoires des revenus du diocèse de Sées.*

de Prestal, écuyer, sieur du Tertre, vendit le tout à Philippe Labbé, sieur de la Barre, par contrats des 6 et 18 mars 1621. Philippe Labbé, sieur de la Barre et des Mottes, son fils, obtint, au mois d'avril 1643, des lettres patentes portant rétablissement du fief des Mottes dans son intégrité (1).

On voit par l'enquête qui fut faite à cette occasion, que le fief des Mottes était un fief de haubert, qui s'étendait sur les paroisses de Gasprée, Saint-Léonard-des-Parcs, Sainte-Colombe-la-Petite, la Mussoire et Saint-Germain-le-Vieux.

*
* *

La famille de Labbé était représentée, au commencement du XVIIIe siècle, par Antoine Labbé, seigneur et patron de Gasprée, qui épousa Barbe Le Vallois, à une date qui nous est inconnue. Ils eurent pour enfants : 1° Richard-Philippe Labbé, écuyer, seigneur des Mottes ; 2° Louis-Alexandre Labbé, écuyer, seigneur de Boishardrey ; 3° Antoine Labbé, écuyer, seigneur du Mesnil.

L'aîné, Richard, avait épousé noble demoiselle Élisabeth du Buat. Dans un acte de constitution de rente, du 8 octobre 1768, on lui attribue tous les titres honorifiques de la famille ; il y est qualifié de chevalier, seigneur et patron de Gasprée, des Mottes, de Boishardrey, du Bois-Barbot, seigneur suzerain de la Mussoire, haut justicier, patron et présentateur de Bazoches.

L'un de ses frères entra au service du roi, en 1771 et mourut officier de dragons.

On trouve aussi dans les archives de la famille, qu'une demoiselle Labbé des Mottes, religieuse, fut appelée à remplir les fonctions de prieure en l'abbaye des Bénédictines de Monsort d'Alençon.

Richard des Mottes eut pour fils unique, en 1754, Gabriel-Philippe-Charles-Alexandre Labbé de Bazoches, qui épousa Jacqueline-Louise Duchemin de Préménil. Il fut naturaliste distingué et mourut à l'âge de quatre-vingt-sept ans, laissant après lui une collection précieuse d'entomologie, conchyliologie, fossiles et minéraux.

Il eut trois enfants : Eugène Labbé de Bazoches et une fille, morts tous deux sans postérité. La troisième, Maximilienne Labbé de Bazoches, épousa le baron Noël-Frédéric André de la Fresnaye, ornithologiste bien connu dans le monde savant et l'un des collaborateurs au grand dictionnaire d'histoire naturelle de d'Orbigny.

De ce mariage naquit Louise-Emmanuelle André de la Fresnaye, mariée en 1838 à Léonce Boistard de Glanville, morte en 1841, laissant une fille unique, Marie-Valentine-Ysaure Boistard de Glanville, aujourd'hui veuve de Louis-Ernest Rioult, marquis de Neuville, seule descendante de la famille Labbé de Bazoches, et propriétaire actuelle de la terre de Gasprée.

*
* *

Le salon du château renfermait autrefois un meuble complet Louis XIV, en bois de noyer richement sculpté, qui a été transporté ailleurs, avec quelques tableaux de famille ; on y voit encore cependant les portraits de Barbe Le Vallois, épouse d'Antoine des Mottes, et celui d'Élisabeth du Buat.

(1) *Archives de l'Orne*, série B. Bailliage d'Alençon, année 1644.

Dans la salle à manger, un magistral buffet en bois de chêne et le portrait de Rabelais, accroché à une muraille, couverte d'une tenture représentant des rosaces imprimées en rouge, au poncif, sur une toile écrue, composent toute l'ornementation ; mais si on monte quelques marches dans l'escalier de pierre, se contournant en vis autour d'un noyau central, on arrive à la chambre principale, qui a conservé toute sa décoration primitive. Un grand lit, aussi large que long, y est encore garni d'une courte-pointe, du ciel-de-lit et des rideaux en satin bleu, brodé à la main en soies de différentes couleurs, représentant des oiseaux avec des fleurs variées, et des panneaux de tapisserie ancienne occupent, comme autrefois, tout le pourtour de cet appartement.

Les voitures du temps de Louis XIV, sous la remise du château, sont, comme on l'a déjà dit, un objet de haute curiosité qui mérite d'être particulièrement signalé aux amateurs et aux touristes.

Louis Duval.

CATHÉDRALE DE SÉES. — PORTAIL PRINCIPAL.

LA CATHÉDRALE DE SÉES

Origines de la Cathédrale. — Le lieu qu'aujourd'hui l'on appelle Sées, fut de bonne heure habité. Tout alentour et sur le territoire de la ville actuelle, on trouve en nombre considérable les haches taillées et polies, et les outils divers de l'époque néolithique, antiques témoins de la première industrie des indigènes.

L'organisation romaine en fit une cité. La présence des Romains, leur établissement politique y sont constatés dès le commencement de l'occupation par des découvertes irrécusables. Des moules de monnaie, débris d'un atelier, des médailles aux effigies de Néron, Nerva, Trajan et de leurs successeurs jusqu'à Honorius, rencontrées un peu partout et spécialement dans les substructions de la cathédrale, avec de nombreux fragments de poterie, sont la preuve d'un séjour constant du Ier au Ve siècle. Dans la notice des provinces et cités de la Gaule, rédigée sous Honorius, la cité de Sées, *Civitas Sagiorum*, figure au cinquième rang dans la liste de la seconde Lyonnaise.

En raison de son titre de cité, par suite d'une coutume très ancienne, que l'on trouve consacrée sous forme impérative dans le code Justinien dès 466, elle fut, bien avant le Ve siècle, le siège d'un évêché. Saint Latuin y vint prêcher l'Évangile à la fin du Ier siècle ou au commencement du second, d'après une tradition qui n'est pas, il est vrai, universellement admise ; car certains auteurs fixent vers le milieu du IIIe siècle ou environ, la date de son apostolat. On ne connaît pas au juste l'emplacement du premier oratoire chrétien qui abrita les fidèles.

Il est très probable que la cité de Sées fut entièrement ravagée et détruite, vers l'an 406, par la terrible invasion des Vandales et des Alains. Sur l'emplacement même de la cathédrale actuelle, on trouve, à six mètres de profondeur, sous un lit de cendres et de charbons, les débris de la civilisation romaine ; mais pas un coin de monument n'est debout, pas une inscription n'a été mise au jour. L'histoire civile est aussi effacée que l'histoire religieuse.

Construction de la première basilique des saints Gervais et Protais. — Mais les peuples pas plus que le sol ne périssent entièrement. Après les ravages de la tempête et du torrent, jaillit le renouveau de la vie. La population de Sées avait pu trouver un refuge dans les sombres fourrés de la forêt d'Écouves ou dans les camps retranchés qu'elle abritait et dont plusieurs sont bien conservés ; elle se releva rapidement. C'est alors qu'elle bâtit, par suite d'un fait historique très connu, sa première basilique sur l'emplacement de la cathédrale actuelle.

L'an 380, saint Ambroise retrouvait à Milan, dans des circonstances dramatiques, les corps des saints Gervais et Protais. Il en fit la solennelle élévation et consacra à Dieu, sous leur patronage, la nouvelle basilique qu'il avait construite. L'événement eut un retentissement d'autant plus extraordinaire qu'à cette époque le grand évêque de Milan était une figure rayonnante. En Afrique, des églises surgissent en l'honneur des martyrs, et les miracles s'y multiplient. Les Gaules leur élèvent des basiliques, qui furent chantées par le poète Fortunat. A Paris, un quartier prend leur nom et plus de quarante localités en France ont gardé la même appellation.

Par l'ordre de saint Ambroise, une partie du sang des martyrs, « car on ne divisait pas en ce temps-là les corps », fut envoyée à saint Martin de Tours et à saint Victrice de Rouen. Celui-ci partagea ces précieuses reliques avec les églises de sa province, et en particulier avec la nôtre.

En effet, ce don précieux ne fut pas seulement le riche ornement de la première basilique, mais, préservé avec le plus grand soin selon l'usage de ces temps, il rentra solennellement dans l'église restaurée d'Azon et d'Yves de Bellême. L'an 1153, Mathieu de la Héraudière jurait sur le *sang des saints Gervais et Protais*, et sur les autres reliques de l'église de Sées, de maintenir une donation qu'il avait faite au chapitre (1).

La coïncidence des temps, la conséquence des faits, n'est-elle pas saisissante. Saint Ambroise meurt vers 398. L'an 410, l'invasion des Vandales est terminée. Il faut relever les villes, rebâtir les temples. Les emplacements sont libres, tout a été égalé au sol. L'Église, seule puissance qui ressuscite dans les Gaules, prend possession des situations maîtresses. La basilique remplacera le temple officiel du paganisme; l'habitation de l'évêque s'asseoira sur les ruines du palais du fonctionnaire romain. C'est dans ce temps que l'église de Sées reçut le sang des martyrs milanais; c'est pour le conserver qu'elle bâtit sa première cathédrale des saints Gervais et Protais.

Au milieu du VIe siècle, la basilique est en grande vénération. Saint Germain de Paris, dans l'un de ses voyages, passa par Sées. Un aveugle apprend sa présence et va se jeter à ses pieds, le priant de lui rendre la vue. Il reçoit l'ordre de passer la nuit dans la basilique des bienheureux martyrs, de se prosterner en prière entre l'autel et les *saintes reliques*. Au point du jour le saint lui fait un signe de croix sur les yeux et il est guéri.

A la fin du VIIe siècle, saint Alnobert, lui-même d'abord moine et réformateur de monastères avant de devenir évêque, reçoit dans son diocèse le bienheureux Evremond, qu'il met à la tête du monastère de Montmerrey, et auquel il donne, dans la basilique des saints Gervais et Protais, la consécration abbatiale.

Mais voici qu'après la mort de Charlemagne, qui par son testament a laissé des legs aux églises de Neustrie, s'élancent de tous les fiords du Jutland, des anses et criques de la péninsule scandinave, les hardis Normands montés sur leurs barques légères. Bientôt ils ont paru devant Sées, en vain protégée par deux forts et défendue par son évêque Hildebrand. Le torrent passe ravageant tout, les murs sont détruits, les forteresses démolies, la basilique incendiée.

Hildebrand est obligé de s'enfuir, emportant jusqu'à Paris les précieuses reliques de son église et le corps de sainte Opportune, qui va devenir l'une des patronnes de la capitale.

La Cathédrale d'Azon et d'Yves de Bellême (Xe et XIe siècles). — Azon occupait le siège de Sées à l'époque où la Normandie s'organisait sous la puissante main de ses premiers ducs. Il suivit le mouvement de son siècle et fut, lui aussi, un reconstructeur. Les murs ruinés de la ville sont une carrière à portée de la main. A la hâte, il restaure le temple, fait d'assises hétérogènes et qui n'avaient pas été taillées pour leur nouvelle destination. Ce procédé fut employé fréquemment à

(1) *Cartulaire du Chapitre*, Ms. de M. l'abbé Blin.

cette époque, à Lisieux par exemple ; ce qui explique la présence de débris et de constructions antiques dans les substructions de nos cathédrales.

La cathédrale d'Azon dura environ un siècle. Vers l'an 1048, l'évêque de Sées, Yves de Bellême, voulant déloger un parti d'aventuriers qui s'y était retranché, fit mettre le feu aux maisons voisines. Le feu gagna la toiture et la charpente de l'église, qui furent consumées. Il ne restait que les murs, qui croulèrent eux-mêmes. Au concile de Reims, le Pape reprocha vivement à l'évêque son imprudence et l'obligea à refaire la basilique.

Personne n'était mieux en mesure d'entreprendre cette grande œuvre. Yves de Bellême appartenait à une famille illustre de bâtisseurs. Son grand-père, dont il portait le nom, avait construit les premières forteresses sur la frontière de notre pays. Son père, Guillaume, avait élevé les formidables donjons de Bellême, d'Alençon et de Domfront; son neveu, Robert II de Bellême, commandait à trente-quatre forteresses, fondées la plupart par ses soins. De plus, Guillaume Ier avait bâti les églises de Saint-Léonard de Bellême, de Lonlay et de Notre-Dame-sur-l'Eau, à Domfront. Cette dernière, bien que mutilée par la démolition de la nef, reste encore l'un des types les plus remarquables du style roman.

Yves de Bellême ne pouvait donc pas être embarrassé au point de vue des connaissances de l'art et du choix des ouvriers. Seules les ressources pécuniaires lui faisaient défaut. L'évêché de Sées a toujours été d'un revenu modeste, et n'a jamais joui de ces possessions grandioses qui ont fait, d'autres sièges, des principautés temporelles. L'évêque, comptant sur l'accueil que lui réservait l'illustration de sa famille, prit le bourdon de pèlerin et alla sonner la cloche suspendue à l'entrée du pont-levis de ses compatriotes établis dans l'Italie et la Pouille. Il passa jusqu'à Constantinople et peut-être jusqu'à Jérusalem et s'en revint chargé de saintes reliques, d'or et de présents magnifiques.

Puis il se mit à l'œuvre. Les anciennes murailles furent rasées et l'on dessina les fondations sur un plan grandiose. Ce plan fut, à quelques différences près, celui de la cathédrale actuelle, qui, d'après les procès-verbaux des architectes et en particulier de M. Ruprich-Robert, s'éleva sur les substructions de l'église antérieure. Parfois une partie même des anciens murs a été conservée. Un contemporain, Guillaume de Jumièges, nous apprend que l'évêque de Sées commença « de construire une église d'une telle grandeur que ses successeurs Robert, Gérard et Serlon ne purent venir à bout de la terminer dans l'espace de quarante années ».

« L'an de l'Incarnation du Seigneur 1126, la basilique pontificale de saint Gervais, martyrisé à Milan, fut dédiée à Sées, le 12 des calendes d'avril (21 mars), par le seigneur Geoffroi, archevêque de Rouen et cinq autres prélats. Henri, roi d'Angleterre, y assista avec ses hommes, et il donna à cette église dix livres de rente annuelle pour dot. Les évêques consécrateurs furent Gérard, évêque d'Angoulême, légat du Saint-Siège, Jean de Lisieux, Jean de Sées, Geoffroi de Chartres et Ulger d'Angers. »

La beauté et la grandeur de l'édifice, la magnificence des fêtes de la consécration, avaient tellement frappé l'imagination, que l'histoire elle-même a dû disparaître longtemps devant la légende. Pour tous les chroniqueurs du diocèse de Sées jusqu'à ces derniers temps, la cathédrale d'Yves de Bellême était la même que nous voyons aujourd'hui.

L'évêque consécrateur Jean de Neuville, avait aussi bâti des lieux réguliers pour son chapitre, qu'il avait réuni en communauté sous la règle de Saint-Augustin. L'un des côtés du cloître s'appuyait au mur septentrional de la nef de la cathédrale. Tout cet enclos fermé de murs était désigné sous le nom de Bourg-l'Évêque.

M. Ruprich-Robert, pendant qu'il dirigeait les travaux de restauration, a recueilli quelques chapiteaux et morceaux sculptés de la cathédrale romane et de l'ancien cloître. On y a constaté « le souvenir de l'ornementation végétale antique et de la volute corinthienne. Mais déjà, à Sées, il s'y mêle des formes géométriques, des entrelacs. Sur l'un des chapiteaux, est sculpté un animal difficile à spécifier, qui semble dévoré par un oiseau perché sur sa tête ». On peut voir encore, dans le petit musée, proche la cathédrale, où ces objets ont été déposés, beaucoup de gros chapiteaux godronnés.

On a trouvé aussi dans les substructions du chœur, une croix de consécration et une ébauche très remarquable d'une statue de la Vierge-Mère, aujourd'hui conservée au musée du Louvre (1).

Ébauche d'une statue de la Sainte-Vierge. XIIIe siècle.
D'après une photographie de M. le Dr Hommey.

La Cathédrale ogivale du XIIIe siècle. — Ce fut en 1144 que commença à Chartres le mouvement d'enthousiasme prodigieux qui a couvert la France, et spécialement la Normandie, de ces monuments admirables élevés d'après un art tout nouveau, que l'on nomme à bon droit l'*Architecture française*. Il faut lire, si l'on veut s'en faire quelque idée, les récits de Robert de Thorigny, de Hugues, archevêque de Rouen, et surtout l'*Histoire des miracles qui se sont faits par l'entremise de la Sainte-Vierge dans la première restauration de l'église de l'abbaye de Saint-Pierre-sur-Dive*, par l'abbé Haimon, abbé de ce monastère. Les pèlerinages de Lourdes peuvent seuls, à notre époque, donner une idée affaiblie de cette passion de prières, de sacrifices, de ces élans vers le surnaturel qui transportaient toutes les classes de la société sans exception. Littéralement, la foi du peuple de France soulevait des montagnes. La question n'était pas de rebâtir des églises ruinées ou incendiées. On voulait offrir à Dieu, par l'entremise de Marie, des temples dignes de lui et l'obliger ainsi à répandre avec profusion ses miséricordes et ses grâces extraordinaires.

« C'est pendant les dernières années du XIIe siècle et au commencement du XIIIe, que toutes les grandes cathédrales du domaine royal sont fondées et presque entièrement terminées sur des plans nouveaux (2). » Le diocèse était en pleine fièvre de construction religieuse. L'on bâtissait, à Sées même, l'église des Cordeliers, avec les aumônes des habitants et les libéralités de la reine Blanche, et l'évêque Geoffroi la consacrait en 1252. On remaniait, dans le nouveau style, la vieille chapelle de Notre-Dame-du-Vivier, et l'on élevait la gracieuse chapelle de la Léproserie de la Madeleine, aujourd'hui convertie en grange, et dont il reste un portail mutilé. Mortagne construisait la magnifique basilique de Toussaints.

L'an 1241, Dom Regnault, abbé de Saint-André-en-Gouffern, faisait commencer la somptueuse église de son monastère, qui était achevée en 1252; celle de Saint-Pierre-sur-Dive était aussi restaurée dans le même temps.

(1) *L'architecture normande*, par M. Ruprich-Robert, p. 226.
(2) *Dictionnaire d'architecture*, par Viollet-le-Duc, t. I, p. 140.

Chose étrange! Il est impossible de donner les dates précises de la construction de la cathédrale de Sées. Le cartulaire du chapitre offre pour le XIIIᵉ siècle une série d'actes, pour ainsi dire jour par jour; mais des travaux, des maîtres de l'œuvre, des ouvriers, il n'en est pas mention.

Il est néanmoins certain, par la seule inspection des lignes et des ornements architectoniques, que la reconstruction appartient à des époques successives. On a d'abord refait la nef, les tours et le portail, ensuite le chœur et la chapelle du chevet, consacrée à Notre-Dame; l'on a terminé un peu plus tard les transepts et les chapelles absidales.

Trois documents épigraphiques, conservés jusqu'à nous, permettent de fixer la fin des travaux à quelques années près. Ce sont trois inscriptions conservées dans les verrières.

La première se lit dans la chapelle ouverte à l'est du croisillon de gauche. Un évêque y est représenté entre les saints Gervais et Protais, avec cette légende : *Joannes de Berneriis*. Suivant l'usage de ce temps, la présence de son image dans la verrière indique qu'il en fut le donateur. Or nous savons par son épitaphe, que nous a conservée Dom Marin Prouverre, qu'il mourut le 15 avril 1294, après avoir occupé le siège de Sées durant seize années. Cette épitaphe confirme aussi le rôle qu'il eut dans la restauration de son église, en lui donnant le titre de *gratiosus edificator ecclesiæ sagiensis*.

Les deux autres légendes, inscrites sur les verrières des chapelles absidales, désignent un même personnage. L'une se trouve dans la première chapelle à droite, dite primitivement de Sainte-Madeleine. Dans l'une des vitres est représenté un personnage ecclésiastique, revêtu d'une chape de couleur avec galons d'or, qui tient dans sa main droite une rosace enfermant un quintefeuille. Au-dessus de sa tête se lit cette légende, en caractères majuscules sur deux lignes :

DECAN' DE ARGĒT(?)
(?)MI : DE

Dans une autre vitre de la chapelle de Saint-Godegrand, dite primitivement de Saint-Jean-Baptiste, on retrouve le même personnage, tenant cette fois dans sa main une vitre votive tout entière. Au-dessus de sa tête se lit encore la même légende :

DECAN' (?)E ARḠ
TĤ : AMI : DE

Ce qu'il faut lire :

Decan us de Argenth an
Ami (cus) De(i).

Ce doyen d'Argentan, surnommé *Ami de Dieu*, appartient à la seconde moitié du XIIIᵉ siècle. L'an 1257, il était honoré, dans le concile provincial de Rouen, de la charge d'inquisiteur pour le diocèse de Sées. Il a pu vivre jusque vers la fin du siècle. Ces trois documents établissent donc que les travaux de la cathédrale furent terminés dans la seconde moitié du XIIIᵉ siècle. Ils concordent d'ailleurs avec les conclusions que Viollet-le-Duc, le maître le plus expert en fait de style ogival, a déduites des caractères de la construction. C'est à l'année 1260 environ qu'il fixe la reconstruction du chœur de la cathédrale de Sées, et à la fin du XIIIᵉ siècle l'achèvement des chapelles absidales et du transept.

A défaut de documents écrits, le plus sage est de se ranger pareillement à son avis pour la reconstruction des nefs et du portail. Dans plusieurs articles de son *Dictionnaire*, où il étudie particulièrement certains détails, il fixe la date des travaux de ces portions de l'édifice aux premières années du XIII° siècle « et les fait remonter vers l'époque de 1230 ».

Il est encore possible aujourd'hui, grâce aux différences de plan et à la discordance des assises et des motifs d'ornementation, de se rendre compte de la marche des travaux. Il fut résolu que l'on conserverait, pour continuer les fonctions de l'office divin, l'ancien chœur avec ses transepts. On coupa donc l'édifice en deux et l'on entreprit la construction de la nouvelle nef et des bas-côtés jusqu'aux tours et au portail.

On reprit ensuite, sans interruption dans les travaux, la reconstruction du chœur et de la chapelle de la Vierge. Enfin, vers la fin du XIII° siècle, de 1260 à 1280 ou environ, on refit les parties hautes du chœur, les transepts et les chapelles absidales. M. L. Régnier, dans une étude sur la cathédrale de Sées, dit que cette partie de l'édifice fut démolie et restaurée « à la suite d'un violent incendie ». C'est possible, mais le savant auteur a omis de nous indiquer à quelle source il avait puisé la connaissance de ce fait.

Le plan adopté par les maîtres de l'œuvre « a la forme d'une croix latine. La longueur totale de la cathédrale était de 83 m. 60, la largeur de la nef est de 9 m. 10 et de 21 m. 55, y compris les collatéraux. Les bas-côtés diffèrent de largeur entre eux; celui du sud a 3 m. 85, celui du nord 3 m. 53. La hauteur jusqu'à la clef est de 24 mètres pour la nef principale; celle des bas-côtés est de 12 mètres (1) ». Par suite de l'addition d'une travée à la chapelle de la Vierge, la longueur totale est aujourd'hui, en hors-d'œuvre, de 105 mètres.

DESCRIPTION DE LA CATHÉDRALE. — LE PORCHE. — LES TOURS. — Construite sur le penchant du vaste plateau calcaire qui forme la plaine de Sées, et sur la rive droite de l'Orne, la cathédrale de Sées est admirablement située. Centre religieux du pays, elle élève le symbole sacré, la Croix, aux regards de la contrée tout entière. Si de ses flèches, comme foyer, avec un rayon de sept à huit lieues, l'on trace une vaste circonférence, ce sera l'horizon qu'on embrasse de la galerie supérieure de ses tours, sauf vers le sud-ouest où la vue est plus limitée par les hauteurs de la forêt d'Écouves. Elle apparaît, a dit un Sagien, M. Bergounioux, « comme un navire à l'ancre sur une mer doucement agitée, avec ses clochers en flèche, de loin pareils à une mâture dégréée ».

La façade principale se dégage en pleine lumière sur la place du Parquet, et s'avance au rez-de-chaussée par un porche élégant ouvert par trois arcades ogivales; celle du milieu, plus haute et plus large; les deux autres, qui l'accostent, plus basses et plus étroites. Avant les mutilations qu'il a subies, ce porche était une merveille d'élégance. Les archivoltes retombent sur des colonnes au galbe svelte et élégant, terminées par des chapiteaux décorés de crochets d'un puissant relief, et dans les gorges des moulures le sculpteur a fait grimper des ceps de vigne aux feuilles vigoureuses, qui s'échappent librement de la tige et ne s'appuient que sur leurs extrémités soudées ensemble. Des grappes de raisin pendent çà et là, becquetées par des oiseaux.

En avant se projetaient quatre contreforts de 1 m. 57 de saillie, qui contrebutaient le porche et les tours. Au-dessus des arcades latérales, des murs remplissaient les triangles des ogives et s'arasaient au-dessus des clefs de voûte par un bandeau sous lequel s'abritait une frise aux riches feuillages. Sur ce mur, un peu en retraite, montait une légère cloison, à surface plane, qu'ajouraient au sommet des trèfles évidés, et au-devant de laquelle cinq niches, de chaque côté, portées sur de légères

(1) *Rapport*, etc., par RUPRICH-ROBERT.

colonnettes et voûtées par des tambours trilobés, abritaient des statues plus grandes que nature. Cette galerie, à la rencontre de l'arcade centrale, arrêtée dans son développement rectiligne, suivait la courbure ascendante de l'archivolte. Des pieds-droits s'élevaient sur l'extrados, portant les dais sous lesquels étaient neuf autres statues. Quatre niches semblables avec leurs statues, couronnant les contreforts, unissaient les trois parties de cette magnifique décoration.

Derrière le porche, les tours, au plan rectangulaire, montaient verticalement sur piles d'angle, sans mur plein, largement ouvertes dès le rez-de-chaussée, assises à cheval sur la première travée des nefs.

Les faces du premier et du deuxième étage étaient divisées en quatre arcatures par des colonnettes qui filaient d'un jet jusqu'à la galerie supérieure des tours. Les arcatures du milieu, un peu plus larges, s'ajouraient par de grandes baies, subdivisées par des meneaux. Depuis longtemps on a muré celles du premier étage. Des pilastres avec contreforts contrebutaient les angles.

Mais aux deux angles extérieurs des tours, vers l'est, deux tourelles, sur plan octogonal, renfermaient les escaliers à vis débouchant sur les combles et les chéneaux. Légèrement engagées, elles n'affaiblissaient en rien la résistance. Ornées, au droit des fenêtres, de gracieuses arcatures, descendant verticalement jusqu'au sol, avec quelques faibles ressauts, elles faisaient encore fonction, outre leur utilité spéciale, d'un gracieux contrefort. Au dernier étage des tours, elles passaient de dehors en dedans. Assises en encorbellement, sur les colonnettes qui recevaient les retombées des voûtes de la tour, elles portaient jusqu'à la galerie supérieure l'escalier qui y conduisait. De ces tourelles, celle du nord seule est conservée; celle du midi a été détruite, et l'on a refait, au XVIe siècle, une tourelle plus en saillie et sur un plan plus large.

Cependant, au sommet des tours, grâce à un trompillon appareillé dans chaque angle, les assises supérieures passaient du plan rectangulaire au plan octogonal, pour recevoir la naissance des flèches. Celles-ci, cantonnées de quatre pinacles, destinés à charger les angles, s'allégeaient à leur naissance, en face des quatre points cardinaux, par des lucarnes ogivales surmontées d'un gable triangulaire, aux rampants ornés de crochets, amorti par un gracieux fleuron. La flèche du nord, plus élevée, s'ajourait par cinq rangs de quintefeuilles. Au-dessus, à quelques assises de la pointe, des lucarneaux semblent défier les plus audacieux d'aller, à 75 mètres de hauteur, considérer l'un des plus curieux panoramas que l'on puisse contempler. Le couronnement recevait la tige de la croix de fer aux bras fleuronnés, aujourd'hui remplacée par une massive croix de fonte. Le long des angles, des crochets se profilent sur leurs tiges puissantes et corrigent la dureté des arêtes.

La flèche du midi était moins élevée, moins ornée que sa voisine, et sans ajours au-dessus des lucarnes. Les savants maîtres de l'œuvre au XIIIe siècle avaient leurs raisons d'aimer la diversité des flèches. Sous quelqu'angle qu'on les regardât, leurs lignes et leurs surfaces ne se confondaient pas; toujours elles se faisaient valoir mutuellement par leurs légers contrastes et l'œil jouissait de deux beaux spectacles au lieu d'un seul.

Ajoutez à cela la magie de la lumière sur la surface de ces pierres d'excellente qualité, saines et sans érosion, auxquelles le temps a donné seulement sa patine d'un gris violacé. Sous les rayons du soleil levant la vieille cathédrale se pare de blancheur; le soir, vous la diriez voilée de gazes légères violettes ou purpurines. D'autres aiment à la contempler un soir d'hiver, à la pâle et tremblante lumière de la lune, après qu'une journée glacée a jeté sur ses toits un manteau de neige, accroché sur toutes les saillies des flocons aux reflets diamantés.

Entre les tours, deux étages d'arcatures achevaient la décoration du portail. Cinq baies ogivales, s'amoindrissant en hauteur et en largeur du milieu vers les bords, forment clôture sous le premier arc doubleau de la grande nef. Les deux baies des angles sont aveugles ; les trois du milieu, subdivisées par des meneaux, sont vitrées et jettent, le soir, dans la longueur du vaisseau, les reflets changeants du soleil à son déclin.

La dernière galerie, plus riche de construction que la précédente, est aussi formée de cinq arcatures dont les archivoltes portent sur de gracieux faisceaux de colonnettes. Chaque arcature est géminée, et sur le milieu des colonnettes de cette subdivision, cinq grandes statues s'abritaient sous les dais de feuillages qui naissaient sur les côtés du fût un peu au-dessous des chapiteaux. C'est là qu'il faut placer les statues des rois et des reines dont le souvenir légendaire s'est conservé à Sées. Il n'en reste que deux tronçons.

Dans les petits tympans, entre les ogives inscrites, des anges éployaient leurs ailes et invitaient le chrétien à laisser monter sa pensée de la terre jusqu'aux cieux. Des gables triangulaires couronnent l'extrados des arcades. Ce genre de construction est très rare et ne se rencontre guère que dans la cathédrale de Sées.

La Nef, les Transepts, le Chœur. — Les fenêtres de la nef et des bas-côtés s'ouvrent par de grandes arcades se courbant au nu du mur et retombant sur des colonnettes appuyées aux rebords du glacis des fenêtres ; des tores en ornent les ébrasements ; des meneaux les divisent en deux, trois ou quatre baies lancéolées, garnies d'armatures de fer où se fixent les panneaux des verrières. Les fenêtres des bas-côtés sont seulement géminées et présentent dans le tympan plein, entre les arcs inscrits, de belles rosaces de feuillages. Les fenêtres vont grandissant vers le chœur ; très sensiblement ogivales près des tours, elles s'arrondissent à la fin en plein cintre.

Arcatures du côté nord sous l'ancien cloître.
D'après une photographie de M. l'abbé Dumas.

A-t-on voulu insinuer que la lumière croit pour le chrétien à mesure qu'il avance vers l'autel ? Est-ce un procédé de perspective pour augmenter aux yeux la longueur de l'édifice ? Est-ce pur caprice ? Qui le dira ?

La balustrade du comble supérieur, formée de quatrefeuilles découpés, dessine une riche et gracieuse couronne tout autour du sommet du monument. Cinq contreforts divisent les fenêtres et reçoivent les arcs-boutants qui contrebuttent la poussée des voûtes. Ils ont été surchargés et refaits dans les restaurations successives, et surmontés de pinacles qui ne sont pas du style de la construction primitive. Il reste, au nord, la partie supérieure de deux anciens, qui se retraitent et s'amortissent par des pignons triangulaires. Les contreforts du nord n'étaient que de larges pilastres parce qu'ils étaient épaulés, au rez-de-chaussée, par le cloître, dont on voit encore quelques arcatures ; ceux du midi avaient une saillie considérable.

A partir des transepts, l'architecture change. L'art ogival a progressé et acquis toute sa perfection. L'élévation est plus hardie, les ouvertures vitrées prennent tout l'espace entre les contreforts et les formerets des voûtes. La porte du transept septentrional, n'étant pas destinée dans le principe à être vue du dehors, et livrant seulement passage dans la sacristie, était par là même fort simple. Au-dessus s'élèvent la galerie vitrée et la magnifique rose, un peu enfoncée sous une arcade surbaissée, qui forme arc de décharge et la préserve de toute déformation. Le pignon triangulaire, flanqué de deux clochetons en léger encorbellement sur les angles, aux rampants fleuronnés, porte à son sommet, sur un acrotère, la gigantesque statue de saint Latuin, le premier évêque de ce diocèse. Pensée délicate et heureuse, d'immortaliser ainsi son apostolat et de représenter son image et le souvenir de ses vertus aux regards des petits-fils de ceux qu'il évangélisa!

Vue de l'abside.
D'après une photographie de M. l'abbé Barré.

Un bas-côté prolonge à l'est le transept et forme une grande chapelle rectangulaire. Contre cette chapelle, joignant le mur du chœur, s'élève une tourelle d'escalier qui dessert les galeries et les chéneaux.

Les chapelles absidales fournissent un exemple des procédés employés par les architectes pour rendre leurs constructions de plus en plus légères. « Cherchant sans cesse, dit Viollet-le-Duc, les moyens de diminuer le cube des matériaux en conservant la stabilité de leur bâtisse par des charges verticales, ils n'élevèrent souvent alors leurs contreforts que jusqu'au point de la poussée des voûtes; et sur ces piles engagées, ils montèrent des pinacles détachés de la construction, n'ayant plus d'autre effet que de charger la portion butante des piles. » Les contreforts de la chapelle de la Vierge antérieurement reconstruite appartiennent au style ogival primitif.

Le transept du midi présente un remarquable portail, caché en grande partie aujourd'hui sous une galerie provisoire qui conduit à la sacristie. La porte, divisée par un trumeau, est surmontée de la statue de Marie, sur un élégant piédestal, tenant son divin Fils debout, qui, les bras ouverts, semble appeler les hommes à lui. Au-dessus du linteau, le tympan s'abrite sous de riches voussures où courent les rameaux de vigne vierge que borde sur le nu du mur une guirlande de crochets. Il se divise longitudinalement en trois panneaux de scènes historiées qui retracent la vie, les douleurs, la gloire de la Vierge-Mère.

En bas, en commençant à main droite, la jeune Vierge reçoit les leçons de sainte Anne, sa mère; l'ange annonce à l'épouse de Joseph l'Incarnation du Verbe; puis on assiste à sa tendre visite chez sa cousine Élisabeth. La jeune mère donne le jour, dans la pauvre grotte, à son divin Fils. Par un trait sublime d'inspiration chrétienne qui révèle toute la grandeur du mystère, elle fléchit un genou, et tient sur l'autre, debout entre ses bras, l'Enfant-Dieu qu'elle adore en même temps que saint Joseph. En arrière, un ange aux ailes éployées semble abriter cette touchante scène, pendant que le bœuf, à gauche, allonge curieusement son gros mufle. Puis se succèdent les scènes de la Présentation au Temple et de la Fuite en Égypte.

Le panneau du milieu, séparé du précédent par une tablette de pierre, bordée en avant d'une fine guipure aux festons trilobés, est consacré à la Descente de Croix. La Mère des douleurs, assise,

Tympan de la porte du transept méridional.
D'après une photographie de M. l'abbé Barret.

soutient à ses pieds le corps de son Crucifié, dont la tête et l'un des bras reposent sur ses genoux. Ses yeux s'élèvent vers le ciel avec l'expression d'une indicible désolation. Aux côtés deux anges; l'un porte un vase de parfums, l'autre tient la main gauche du Christ. Ils essuient avec des manipules les larmes de leurs yeux. A leur suite saint Jean et une sainte femme, peut-être Marie-Madeleine, mais debout, les mains jointes, entièrement voilée. Vers les extrémités trois anges admirablement groupés portent les instruments de la

Passion, et aux coins, sous l'arcade, deux autres anges sont prosternés en adorateurs.

Tout en haut, le Roi du Ciel pose une couronne fleurdelisée sur la tête de sa Mère, qui s'incline légèrement devant lui. L'exquise grandeur du sentiment chrétien avait compris que Jésus n'aurait pas consenti à laisser sa mère abaissée à ses pieds. Deux anges à genoux garnissent les côtés de l'arcade. L'un adore, l'autre balance un encensoir. Deux arbres, montant sous l'archivolte, rappellent que les mystères de la vie et de la mort s'allient à leur histoire.

Il est difficile de rencontrer des scènes chrétiennes mieux rendues par la délicatesse et le fini de la sculpture. OEuvre de restauration, elle a été inspirée et dirigée par M. Ruprich-Robert.

Au-dessus s'étend, dans son cadre rectangulaire, la dentelle des galeries et de la rosace. Le mur pignon s'élève en second plan, sur un arc de décharge intérieur. Les angles sont chargés de deux clochetons « à huit pans, formés de pieds-droits monolithes; quelques-uns des tambours de leurs flèches sont également monolithes et en font ainsi une construction des plus durables ».

LE GRAND PORTAIL. — Nous voici revenu en face du porche. Pénétrons-y par la grande entrée. Ouvert latéralement dans le principe par de grandes arcades aujourd'hui murées, il protège par une travée de voûtes ogivales les ébrasements des portes.

Le grand portail, composé de cinq ogives concentriques, fuit sur une profondeur de 3 m. 75. Les côtés sont divisés en deux étages. Le premier, formant soubassement, est décoré par des arcatures sur plan triangulaire. Au-dessus, six colonnes en délit forment, à droite et à gauche, les côtés de niches monumentales. Le mur de fond, en retraite, portait les auréoles, et donnait naissance à de riches dais, décorés de pinacles et de crochets. Les chapiteaux des colonnes se relient, sur un même plan, avec une frise aux feuilles épanouies, qui borde la naissance des archivoltes. Celles-ci ne présentent en saillie continue que de légers tores, entre lesquels le ciseau des tailleurs-imagiers avait sculpté les séries de figurines qui garnissaient les voussures. Aujourd'hui l'on ne voit plus qu'une

CATHÉDRALE DE SÉES. — VUE GÉNÉRALE

vulgaire gorge en mortier; mais l'œil de l'archéologue devine encore, sous les bosselures qui la relèvent, la magnifique œuvre des artistes du XIIIe siècle.

Au fond, la grande porte s'ouvre par deux vantaux séparés par un trumeau. En guise de linteau, deux arcs trilobés s'arrondissent et retombent sur les chapiteaux des pilastres. Au-dessus de la frise qui les surmonte s'étend un vaste tympan.

Dans la base du trumeau s'engage un piédestal à trois pans coupés, orné en avant de deux colonnettes couronnées par de petits arcs. Une statue de Marie, la Reine du temple ogival, tenant son Fils sur ses bras, rappelait aux chrétiens pénétrant dans le saint lieu qu'elle est la *Porte du Ciel*. La statue a été outrageusement brisée et jetée à val des rues, comme d'ailleurs les débris de toutes celles qui subsistaient encore, durant la Révolution.

A Sées, comme à Rouen, à Chartres, à Paris, à Reims, les tailleurs-imagiers avaient orné le tympan de bas-reliefs où leur ciseau traduisait, dans la pierre, une légende qui leur était particulièrement chère. On peut lire dans les *Annales* de Didron (t. II, p. 112) ce naïf récit de la Mort et de l'Assomption de Marie.

Grand portail.

D'après une photographie de M. H. Magron.

Avec l'appui de ce document, étudions maintenant les débris de notre bas-relief. En bas, l'on distingue une double scène. A gauche du spectateur, une sorte d'estrade rectangulaire, ornée sur le devant de quatrefeuilles, représente un lit sur lequel est couchée la Vierge qui va mourir. Saint Pierre et saint Jean se tiennent à la tête et aux pieds, couverts, par-dessus leurs longues tuniques aux plis tuyautés, du pallium. Ces deux apôtres seuls étaient en ronde bosse. Il ne reste que la partie inférieure du corps. Les autres apôtres sont rangés dans la ruelle du lit, tellement serrés les uns contre les autres, que le ciseau du sculpteur a pu les réunir tous. De deux ou trois, les portions moyennes du corps sont restées visibles et à peu près intactes; un seul a conservé la moitié du visage. L'expression est simple et naturelle, empreinte d'une grande tristesse. La tête et les yeux abaissés regardent la bienheureuse mourante. De son bras gauche, il ramène un pan de son manteau à la hauteur de l'œil droit, pour essuyer ses larmes. Les auréoles garnissent le fond du mur.

A droite, un bahut en pierre, semblable à celui de l'autre côté, représente le sarcophage de Marie. Deux personnages aux pieds nus, sont encore à chaque bout. Sept anges se tiennent en arrière. Vêtus de longues tuniques qui flottent librement sur la ceinture, ils ont les bras nus à partir du coude, et semblent soulever le corps inanimé de la glorieuse Vierge que, dans un instant, l'arrivée de Jésus va remettre en possession de son âme triomphante.

Les attaches des ailes sont encore très visibles sur le fond du mur, et ces anges aussi sont nimbés. Rien dans ces sculptures ne se ressent de la raideur byzantine; les attitudes sont aussi variées que naturelles, les plis des vêtements tombent avec aisance et avec grâce. Le bras nu des anges s'arrondit mollement; on sent que l'artiste a voulu leur donner l'expression de l'immortelle jeunesse. En un mot ces débris, précieux bien qu'informes, ne rendent que plus vifs nos regrets irréparables de la destruction de ces pages magnifiques, qui étaient peut-être l'un des chefs-d'œuvre de la sculpture du XIIIe siècle.

Au-dessus de ces deux scènes, Jésus et Marie étaient assis côte à côte sur un banc continu, légèrement tournés l'un vers l'autre. Jésus, dont la position est très reconnaissable au nimbe crucigère qui encadrait la tête, avait fait asseoir sa divine Mère à sa droite et venait de « l'habiller de clarté ». Tout en haut étaient deux angelots dont les mains rapprochées semblent avoir soutenu un encensoir ou quelque objet semblable. Aux côtés de Jésus et Marie, deux anges agenouillés faisaient fonctions d'adorateurs ou de thuriféraires. Mais là encore, en raison même de ce que la représen-

Porte latérale du grand portail.
D'après une photographie de M. R. Magron.

tation était plus sainte, la rage impie des destructeurs s'est acharnée davantage. A part les auréoles et quelques parties du banc, il ne reste que les arrachements de la pierre. Derrière les statues, le fond était tendu par une sorte de riche réseau de dentelle, présentant, dans un quadrillé, des fleurettes évidées à quatre pétales en losange dégageant un ovaire central.

Il est permis de croire, d'après l'usage suivi partout ailleurs, que, dans les dix niches des arcatures latérales, s'abritaient les statues grandioses « des illustres personnages qui ont figuré ou prophétisé la naissance de Jésus-Christ, sa passion, sa mort, sa résurrection, son sacerdoce éternel ».

Les voussures étaient, d'après les mêmes usages, peuplées, les unes par les chœurs des anges, les autres par l'*Arbre de Jessé*, donnant la succession « des ancêtres de Marie selon la chair et de ses ancêtres selon l'esprit, c'est-à-dire des prophètes qui l'ont annoncée » (1).

L'ornementation des portes latérales était exclusivement végétale et champêtre. La porte de droite, mieux conservée, fait encore l'admiration des visiteurs. On la compare avec certaines parties semblables de la cathédrale de Lisieux, et l'on s'étonne de rencontrer, dans ce coin de Normandie, une sorte d'imitation des fines et délicates ciselures des monuments arabes.

Toute cette magnifique décoration des portails, arcatures, voussures, statues, bas-reliefs, guirlandes et fonds, se parait encore de couleurs éclatantes. Ce qui en reste laisse supposer que les fonds étaient généralement en brun rouge sur lesquels les feuillages s'enlevaient en vigoureuses verdures; les statues se drapaient sous d'éclatants vêtements, et sur le plat des auréoles on aperçoit encore des dessins semblables à des pétales godronnés qui rayonnent autour du centre.

L'INTÉRIEUR DE LA CATHÉDRALE. — Entrons maintenant à l'intérieur, après avoir jeté un regard

(1) *Monographie de la cathédrale de Chartres*, par M. l'abbé BULTEAU, t. II, p. 90.

sur ces vieux vantaux de la grand porte, recouverts « de six rangées d'arcatures clouées sur les frises qu'elles maintiennent planes. Les colonnettes, leurs chapiteaux et bagues sont faits au tour. Les rangs d'arcature sont évidés dans une planche. Toute cette décoration était peinte, ainsi que le fond, de vives couleurs » (1).

« La nef se compose de sept travées, y compris la travée entre les tours, à présent mutilée et bouchée en partie par le tambour. Les arcades et les voûtes sont supportées par de grosses colonnes cylindriques, à base circulaire, comme il arrive au XIIe siècle, dans quelques monuments normands ; les ogives s'élargissent graduellement jusqu'à devenir plein cintre vers le transept. C'est la seule chose du reste qui rappelle une époque de transition, car tous les détails de l'ornementation portent l'empreinte du XIIIe siècle » (2). Les chapiteaux à tailloir circulaire sont formés de deux rangs de crochets, ou de feuilles épanouies en se rapprochant de l'entrée. Les colonnes sont cantonnées, en avant, d'une colonnette montant de fond qui va recevoir la retombée des nervures des grandes voûtes.

Les tympans des grands arcs sont ornés de deux trèfles et d'une rose à six lobes découpés, qui était ajourée et communiquait à de petits passages établis dans les reins des voûtes des bas-côtés. C'est une « disposition unique ». Quel en était le but ? Mystère ! En tous cas ces sculptures, avec la petite frise continue de quatrefeuilles qui court au-dessus, rompent le nu froid et uniforme du mur, et donnent à cette partie de notre cathédrale quelque chose d'élégant et de gracieux.

« La galerie du triforium, composée de trois arcades principales en tiers-point, est supportée par deux points d'appui, ornés de colonnettes accouplées, à chapiteaux très fouillés ; chaque ogive en contient deux autres supportées de la même façon. » Une balustrade à hauteur d'appui règne au bas du triforium et permet de circuler sans danger dans l'étroit passage

Vue de la nef prise du chœur.
D'après une photographie de M. H. Magron.

Vue du triforium.
D'après une photographie de M. l'abbé Barret.

(1) *Dict. d'archit.*, t. IX, p. 350.
(2) *Rapport*, etc., de M. RUPRICH-ROBERT.

ménagé dans l'épaisseur du mur. « Les fenêtres prennent presque toute la largeur des travées, et sont garnies par deux et quelquefois trois divisions en lancettes avec colonnettes et chapiteaux » (1). Un second passage de circulation règne au niveau des grandes fenêtres. Le tailloir circulaire de la colonnette montant de fond n'a pas semblé aux constructeurs du XIII⁰ siècle présenter une surface assez large pour recevoir les sommiers des arcs ogives et doubleaux des grandes voûtes. Ils ont imaginé, par un procédé dont on trouve d'autres exemples, d'élever au-dessus trois petits cônes renversés qui reçoivent ces nervures d'aplomb et dans le sens de leur direction.

« Dans les collatéraux, les retombées des voûtes sont supportées par cinq colonnettes ou nervures réunies, couronnées par de jolis chapiteaux, à tailloir carré, arrondi ou à pans coupés. » Les fenêtres à deux divisions à lancettes ressemblent d'ailleurs à celles de la nef ; un passage de circulation règne

Encorbellements soutenant les colonnettes des piliers de l'entrée du chœur.

D'après des photographies de M. l'abbé Bornet.

pareillement tout le long, à la base de ces fenêtres. Au-dessous, les murs sont garnis d'élégantes arcatures, dont les colonnettes reposent sur un banc continu. Les travées et les voûtes de la nef de notre cathédrale sont citées parmi les types les plus remarquables de construction qu'ait produits l'art ogival.

En haut de la nef s'élevait autrefois un *jubé* monumental. « Assis sur une voulte par onze petits pilliers du côté de la nef et quatre autres pilliers vers le chœur, avec un mur de refend et un degré de 25 marches, il comprend toute la largeur de la dite église. » Dès l'année 1700 il menace ruine, ne tient plus que par des armatures de fer et il faut l'étayer de nouveau. « Les balustrades ont aussi travaillé. Il manque six figures dans les niches du jubé, où l'image de Saint-Michel est fort endommagée et mutilée » (2). Il fut entièrement démoli en 1743.

LE CHŒUR. — Aux angles du carré qui partage les transepts et forme l'entrée du chœur, dont le sol est plus élevé de trois marches que celui de la nef, s'élèvent quatre piles puissantes qui portaient sur leurs vigoureuses archivoltes les murs de la pyramide centrale. Les côtés de ces piles sont ornés de faisceaux de colonnettes montant de fond, sauf sur les faces des deux premiers piliers, à droite et à gauche en entrant. Là, elles sont supportées, à

(1) *Rapport, etc.*, de M. RUPRICH-ROBERT.
(2) *Procès-verbal d'expertise*.

environ trois mètres du sol, par un bizarre encorbellement dont il existe peu d'exemples. Des bustes, des têtes d'hommes sortant de la masse du pilier, reçoivent la base des colonnettes. Au-dessous, trois frises vont, par une gradation progressive, regagner le nu du mur. La frise inférieure est ornée de petits animaux fantastiques vus de profil; les deux autres au-dessus présentent des bouquets de feuilles. On comptait sept de ces têtes sur le pilier droit, une dizaine sur le pilier gauche. Ç'a été une grande surprise, quand on a découvert tout récemment cette originale décoration, en partie mutilée, sous les plaques de marbre dont Mgr d'Argentré avait revêtu, à la fin du siècle dernier, la base des colonnes. La restauration en est aujourd'hui terminée.

Vue du chœur.
D'après une photographie de M. H. Magron.

Au-dessus de ce carré, la voûte présente, au lieu de clef de voûte, une lunette entourée par une couronne de feuillages. C'est par là qu'on montait les petites cloches logées dans la pyramide centrale. Ainsi les chanoines avaient une sonnerie dans le chœur même et sous leur main, pour indiquer les différents exercices de la communauté. A cause de sa grande portée, cette voûte est soutenue dans le sens de sa longueur par deux liernes.

Tout à fait au centre de la croix, est dressé l'autel majeur en marbre blanc, avec gradins circu-

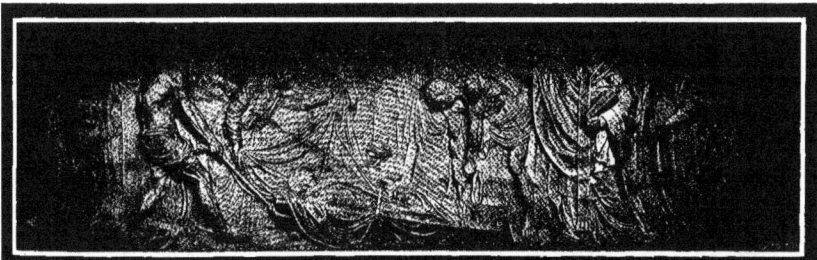

Bas-relief en marbre de l'autel majeur.
D'après une photographie de M. H. Magron.

laires. C'est une œuvre d'art remarquable, de style Louis XVI, exécutée par les ordres de Mgr d'Argentré, et qu'on a bien fait de conserver parce qu'elle indique et résume une époque. Le souci exclusif de l'uniformité du style dans la restauration de nos cathédrales, aboutirait à un véritable vandalisme, en faisant disparaître tous les souvenirs de leur histoire. On doit garder à sa place tout ce qui est vraiment œuvre d'art. Le tabernacle, refait à nouveau, est abrité par une arcade portée de chaque côté par quatre colonnettes en marbre, aux bases et aux chapiteaux corinthiens en cuivre ciselé et doré. Au-dessus rayonne une immense gloire aussi en cuivre doré. Le long de la frise du gradin supérieur, sur les côtés, dans les cannelures des consoles qui soutiennent les angles, se déroulent des rinceaux de feuillages et de fleurs, s'attachent de riches guirlandes en cuivre merveilleusement ciselé et doré.

Buste en marbre.
D'après une photographie de M. l'abbé Duval.

L'autel est à double face. En avant, un bas-relief en bronze doré représente l'ensevelissement du Christ ; en arrière, un autre bas-relief en marbre de Carrare reproduit la scène de l'invention des corps des saints Gervais et Protais. Ce dernier surtout « est un chef-d'œuvre de grâce et de délicatesse. Les détails sont du fini le plus précieux, les figures belles, les personnages nombreux. La tête de Protais, détachée du tronc, repose sur les genoux ; celle de Gervais, qui mourut sous les coups de fouet, est d'une admirable sérénité » (1). Cette œuvre est signée : *Dumont s.* 1784. Un très beau buste du Christ en marbre, du XVII⁰ siècle, mérite aussi d'être remarqué.

Louis-Charles Duplessis d'Argentré, évêque de Limoges, frère de l'évêque de Sées, consacra solennellement les deux tables de l'autel, le 1ᵉʳ dimanche d'octobre 1786 ; et, à cette occasion, la cathédrale et tout le diocèse furent placés sous le patronage de la Sainte-Vierge.

Vue du chœur.
D'après une photographie de M. H. Degron.

Le chœur de la cathédrale de Sées, terminé sur plan circulaire, compte neuf travées d'arcades. Huit colonnes cylindriques d'un galbe élégant, cantonnées de colonnettes, soutiennent les arcades. Les chapiteaux sont ornés de deux rangs de feuillages. Au fond du rond-point celui de gauche fait exception, et présente deux rangs de têtes aux expressions les plus variées, s'avançant comme des fleurons. L'une des colonnettes du chœur, joignant le collatéral droit, offre une décoration semblable. On y peut voir un souvenir des procédés de l'époque romane.

La partie supérieure du chœur a été magistralement décrite par Viollet-le-Duc. « L'exemple le plus complet et le plus développé peut-être du triforium se reliant absolument à la fenêtre supérieure se trouve à Sées, dans le chœur de la cathédrale, dont la construction date de 1270 environ. Au point de vue de la théorie, le chœur de Sées dépasserait même en valeur celui de l'église abbatiale de Saint-Ouen de Rouen (XIV⁰ siècle), s'il eût été fondé sur un bon sol, et si les matériaux eussent été convenablement choisis et d'une résistance proportionnée aux charges qu'ils ont à porter. »

(1) *La cathédrale de Sées*, par M. DE LA SICOTIÈRE.

« Une seule dalle fait appui des fenêtres, recouvre la galerie du triforium et sert de chemin de ronde extérieur au-dessus de cette galerie. Comme à Saint-Denis, comme dans le chœur de la cathédrale d'Amiens, la claire-voie vitrée extérieure du triforium n'est pas semblable à la claire-voie intérieure; les arcatures étant différentes, l'œil les sépare assez naturellement et les intersections des courbes produisent des combinaisons variées et riches.

« Comme à la cathédrale d'Amiens, tous les espaces laissés entre les piliers, sous les voûtes, sont remplis par des fenêtres décorées de vitraux, de telle sorte que ces travées présentent une surface considérable de peinture translucide de l'effet le plus brillant. »

En effet, les verrières du XIIIe siècle, aujourd'hui restaurées, sont d'une harmonie de couleurs merveilleuse. Les trois panneaux du milieu représentent des personnages en pied, surmontés de riches dais; le reste est en mosaïques de couleurs.

Vitrail du chevet du chœur.
D'après une photographie de M. l'abbé Barret.

On y distingue plusieurs images de la Sainte-Vierge, des apôtres, de saints évêques, et quelques donateurs avec des inscriptions en partie brisées. L'une laisse lire le nom très bien conservé de *Mestre Osmont*.

TRANSEPTS ET CHAPELLES ABSIDALES. — Les parties supérieures des transepts sont semblables, pour le style et la disposition des galeries et verrières, aux étages correspondants du chœur. Au-dessous du triforium le nu des murs est tapissé de fines nervures qui simulent de hautes arcatures. Mais la puissance de relief qu'on remarque dans les bas-côtés de la nef disparaît; l'on n'a plus que des « filigranes de pierre ».

Dans le mur oriental du transept méridional, s'enfonce une chapelle peu profonde, dernier et curieux reste, dit Viollet-le-Duc, des chapelles romanes des transepts normands. Elle est dédiée à Notre-Dame de Pitié. Un groupe remarquable, en pierre, couronne l'autel; des bas-reliefs sont sculptés sur le devant du haut gradin, qui forme rétable. A l'opposé, sur une colonnette adossée au mur, est une antique statue en marbre de la Vierge-Mère, qu'on fait remonter au XIIIe siècle, et qui est toujours vénérée par la piété des Sagiens.

Vitrail du chœur.
D'après une photographie de M. l'abbé Barret.

Au fond de ce transept s'épanouit une magnifique rose, construite d'après le principe ordinaire du rayonnement. Douze grands rayons appuient leurs bases sur un œil central, s'étrésillonnent par d'autres petits rayons, et, aux deux tiers de leur longueur, se développent, comme autant de tiges puissantes, en trèfles et en quatrefeuilles, formant une véritable dentelle de pierre, entre les mailles de laquelle scintillent les couleurs les plus brillantes de la palette des peintres verriers.

La rose du nord est d'un dessin plus original et moins commun. Trois couples de grandes cordes, presque des diamètres, pivotent autour d'un œil central et se rejoignent, au contact de la grande circonférence, par une petite ogive. Le reste de la superficie est alors divisé en six grands triangles égaux. A leur base, des rosaces à six redents cantonnées de trèfles servent à étrésillonner tout le système ; les écoinçons sont ajourés et sous-tendus à leur tour par de petites rosaces et par des trèfles. Cette rose et la galerie, au-dessous, sont enfermées dans un cadre rectangulaire, dont les montants verticaux présentent une décoration alternée de crochets et de têtes sculptées.

Au-dessous de la galerie est une tribune protégée par une balustrade, qui établissait autrefois une communication directe entre la cathédrale et le dortoir des chanoines réguliers, pour les offices de la nuit.

Le mur qui soutient cette tribune est orné d'arcatures. Au milieu s'ouvre une porte monumentale, flanquée de contreforts avec pinacles fleuris, surmontée d'un gable fleuronné. Le tympan est historié. En haut, siège le Souverain Juge, accosté de deux anges, accompagné de Marie et de saint Jean, en intercesseurs. En bas, sont figurés la mission et les prémices de l'apostolat de saint Latuin.

Statue de la Sainte-Vierge. Fin XIII⁰ siècle.
D'après une photographie de M. l'abbé Barret.

A l'est de ce transept s'ouvre la grande chapelle rectangulaire, qui lui fait un bas-côté. Contre le fond, à gauche, est un autel dédié à saint Latuin ; des bas-reliefs sculptés sur le devant du haut gradin qui forme rétable, achèvent les scènes de sa légende. Sous l'autel, derrière une grille en fer, est enfermée la châsse moderne du saint, renfermant la relique qui nous a été donnée, en 1858, par les habitants d'Anet, du diocèse de Chartres, et dont la translation fut l'occasion de magnifiques démonstrations de piété et de fêtes solennelles. Les verrières de cette chapelle, qui datent du XIII⁰ siècle, sont très remarquables et dignes de toute l'attention de l'archéologue.

Au delà du chœur, cinq chapelles rayonnantes forment un diadème au sommet de la croix. Dans la chapelle du chevet dédiée à la Sainte-Vierge, il faut remarquer les arcatures qui courent le long des murs sous les fenêtres. Le puissant relief des colonnettes, chapiteaux et ogives à redents trilobés, la richesse des rosaces de feuillages, qui s'épanouissent au centre des tympans, nous reportent à la première manière du style ogival, vers 1250. Les claires-voies et les voûtes de cette chapelle, la construction tout entière des autres chapelles absidales appartiennent à la fin du XIII⁰ siècle. On y a découvert, le 14 mai 1893, le sarcophage de l'évêque Serlon, mort le 27 octobre 1122.

La progression de l'art gothique le poussait à ajourer de plus en plus ses bâtisses et à en faire de véritables cages vitrées entre les contreforts et les voûtes. « Les architectes, dit Viollet-le-Duc, voulurent voir dans l'arcature d'appui la continuation de la fenêtre, comme une allège de celle-ci. Ils firent passer les meneaux des fenêtres à travers la tablette d'appui et l'arcature vint se confondre avec eux. Dès lors la fenêtre semblait descendre jusqu'au banc inférieur, les dernières traces du mur roman disparaissaient ainsi et le système ogival s'établissait dans toute sa rigueur. »

Dans ces chapelles, des piscines doubles sont disposées du côté de l'épître. Les plus curieuses sont celles de la chapelle de la Vierge, ouvertes dans la largeur de deux arcatures.

Les vitraux, en majeure partie du XIIIe siècle, ont été habilement restaurés. Ceux des trois

Vitrail de la chapelle Saint-Nicolas.
D'après une photographie de M. l'abbé Buret.

fenêtres de fond de la chapelle de la Vierge, complètement neufs, sont dus à la généreuse piété de Mgr Trégaro. Mais au lieu de faire une œuvre d'art moderne, en s'inspirant des proportions et du coloris des vitraux anciens, on a voulu faire des pastiches peu réussis, et où ne manquent pas les anachronismes. Il n'y a rien d'étonnant à ce que le meilleur artiste soit impuissant à réussir des œuvres aussi illogiques.

L'ancienne chapelle Saint-Jean-Baptiste, conserve une vieille image de ce saint. On y voit aussi, comme en témoignent les légendes, *la verrière*

Vitrail de la chapelle Saint-Jean-Baptiste.
D'après une photographie de M. l'abbé Buret.

des drapiers, et celle d'Ami-de-Dieu, le doyen d'Argentan. L'une des verrières de cette chapelle et l'une de celles de la chapelle Saint-Nicolas furent refaites après le terrible incendie de 1375. Celle de Saint-Nicolas fut donnée par un chapelain de la cathédrale, prêtre du diocèse de Troyes, compatriote et secrétaire de l'évêque de Sées, Guillaume de Rances. Il s'est fait représenter à genoux aux pieds du saint évêque avec cette inscription :

(????) ondi : pbr trecen
capellan' : i : pnti Ecle : Sigilif Sagien
(?) t op' : fecit fieri in honore : bi Nicolay
a (?) no : dni mileo : ccc° txxv (??)

Il reste aussi quelques beaux morceaux dans les chapelles de la Vierge, de Saint-Augustin et de Sainte-Madeleine.

Autour du chœur, des transepts et des chapelles absidales, toute la flore ornementale si exubérante, si gracieuse du XIIIe siècle, feuilles de vigne, de figuier, d'érable, de chêne, de houx, de lierre, de fougère, de fraisier, de mauve, etc., s'épanouit dans les multiples corbeilles des chapiteaux. Les tailleurs-imagiers ont partout accroché leurs figurines. A la naissance des gables, au rebord des archivoltes, des bustes ou des têtes humaines, des animaux fantastiques appellent vos regards. Dans les galeries, des personnages aux postures bizarres, arc-boutés d'un côté à l'autre, renforcent l'entrée et la sortie des passages. Les clefs de voûtes sont de riches roses de feuillages qui ont été rehaussées de couleur et d'or, ainsi que les portions avoisinantes des nervures. Des anciennes sculptures une partie a été conservée; les nouvelles ont été refaites par l'habile ciseau de MM. Piquenot et Chesnel ou sous leur direction.

VICISSITUDES HISTORIQUES DE LA CATHÉDRALE. — Après que la magnifique cathédrale de Sées eut été terminée, sa conservation et son entretien furent confiés à un *maître de l'œuvre* et à un *maître de forge*, dont les fonctions, suivant l'usage du temps, devinrent des offices fieffés. Le maître de l'œuvre avait pour « ses gages une somme de quarante livres », le maître de forge « devait avoir pour sa paye dix livres ». Un *Intestateur* tenait registre des revenus. En 1337, le maître de forge achetait deux portions de rente pour le trésor; durant les années 1433 et 1439, le maître de l'œuvre s'appelait Jean Audis.

La cathédrale ne garda pas longtemps sa virginale et brillante jeunesse. La guerre de Cent ans lui fut fatale. Avec l'enclos du chapitre, transformée en forteresse, elle sert de refuge, subit les assauts, les pillages et incendies. En 1375, le feu dévore toutes les charpentes, fond le plomb des toitures, qui coule sur les voûtes et le long des parois des murs, où l'on en retrouve encore des lingots. Il n'est rien « demouré que les deux clochiers de pierre, les voustes et la maçonnerie » (1). Enfin, l'an 1450, l'on a chanté le *Te Deum* de la délivrance au retour d'une procession solennelle, qui sera continuée jusqu'à la Révolution. L'évêque de Pérouse s'empressa de restaurer sa pauvre cathédrale. En fait de ressources, il ne reste rien; le trésor amassé par ses prédécesseurs, qui montait « soit en numéraire, soit en vases d'argent, à plus de dix mille livres tournois », est devenu la proie des envahisseurs, ainsi que les livres, calices, joyaux, ornements, sans en excepter la mitre et le bâton pastoral. On a pu, à grand'peine, racheter quelques épaves. Pourtant les besoins sont immenses. « Les voûtes du chœur menacent ruine », celles de la croisée ne sont pas en meilleur état, surtout du côté du nord. Le gros clocher est ébranlé, lézardé du haut en bas. « Les ouvriers n'ont pas osé y suspendre la cloche nouvelle qu'ils viennent de fondre. »

L'évêque est aussi pauvre que sa cathédrale; son manoir épiscopal est pareillement pillé et à refaire. Dans cette extrémité, il sollicite les aumônes de ses diocésains et fonde la *Confrérie des Saints Gervais et Protais*. Il commence les réparations et meurt bientôt après (1454). Robert Cornegrue poursuit son œuvre; mais les grands travaux de consolidation furent dus surtout aux soins d'un illustre évêque de Sées, Jacques de Silly. Un événement extraordinaire et douloureux ne fit qu'exciter son zèle. A l'occasion du Jubilé de 1516, un dimanche de juin, l'affluence était si grande à Sées, qu'on dressa des échafauds sous le porche pour l'office divin et la prédication. Pendant la messe, quelques assistants s'imaginent voir trembler les clochers, crient qu'ils tombent, répandent la panique dans la foule, qui se précipite à val des rues pour se sauver. Plusieurs personnes sont écrasées.

Jacques de Silly étaya la tour du nord par un massif contrefort. Il mura les ouvertures latérales du porche et la base des tours, et boucha ainsi la première travée des bas-côtés. Un pilier planté dans l'axe de la grande nef allait épauler par deux arcades les parties hautes des tours. Il fit aussi restaurer la rose du nord, où l'on a retrouvé ses armes.

Durant le cours des épouvantables guerres de religion, la cathédrale est de nouveau ravagée et pillée à deux reprises différentes (1563, 1568), par les bandes de Coligny. Au milieu de l'église, on allume un brasier dans lequel on jette une partie des titres du chartrier, dont on a forcé les portes, et la châsse de saint Gérard. Des tombeaux sont brisés, beaucoup de statues et sculptures mutilées, le plomb des toitures enlevé et les couvertures détruites.

Cependant l'évêque Pierre Duval continue les restaurations. Il élève au-devant de la tour du

(1) *Essai historique sur la Cathédrale de Sées*, par MM. MARAIS et BAUDOUIN, p. 106.

midi un autre contrefort non moins massif que le premier. C'est aussi vers ce temps qu'on a dû bâtir la nouvelle tourelle d'escalier au flanc de la même tour. Les évêques suivants passent leur temps en procédures, pour rejeter sur les héritiers de l'évêque défunt l'obligation et la dépense des réparations nécessaires. Messire Camus de Pontcarré fait quelques travaux que continue son successeur, Rouxel de Médavy. Celui-ci eut la déplorable idée de faire abattre la pyramide de pierre qui couronnait le centre de la croisée pour la remplacer par un dôme en charpente (1659).

La cathédrale se délabrait de plus en plus. Par les verrières défoncées, par les voûtes lézardées (celles du chœur étaient tombées depuis longtemps et remplacées par un plafond en menuiserie), l'eau pénétrait de toutes parts, inondait les prêtres à l'autel, les chanoines dans leurs stalles, le peuple dans la nef. Ce n'était même plus un abri et l'on y courait risque de la vie; des pierres se détachaient et tombaient sur le sol. Mgr Lallemant prend le parti extrême d'interdire sa cathédrale par mandement du 11 février 1740. Il obtient ainsi que les héritiers de Mgr Turgot fassent les réparations les plus urgentes, ce à quoi ils ont été condamnés.

Mgr Néel de Christot ne cessa de travailler durant son long épiscopat (1740-1775) à l'embellissement de sa cathédrale. Il renouvela les autels du chœur, le ferma tout autour par de belles grilles de fer, fit aussi poser la grille du grand portail qui est conservée (1769), restaura le petit clocher, et employa continuellement des ouvriers « à réparer le pavé, les vitres, les murs, les charpentes et les couvertures, au point que tout le plomb a été retouché et presque remis à neuf ».

L'orgue qu'on voit au fond de la nef, fut construit aux frais du chapitre.

Mgr d'Argentré chargea l'architecte Brousseau des travaux de construction et de réparation. C'est celui-ci qui a défiguré le bas-côté septentrional par cette affreuse chapelle grecque qu'on voit encore. Il substitua aussi une aiguille en charpente à l'ancien dôme.

La Révolution acheva de ruiner les statues qui décoraient la cathédrale, la dépouilla de ses biens et ornements, envoya à la monnaie ses cloches, vases sacrés, reliquaires et argenterie.

Restauration actuelle de la Cathédrale. — La restauration de notre cathédrale, commencée avec le siècle, durera plus longtemps. Le 6 juin 1811, Napoléon Ier signait un décret qui ordonnait cette restauration. Le plan et les devis de l'architecte Delarue prévoyaient une dépense de 150,000 francs. Les travaux ne commencèrent qu'en 1817, sous la direction de M. Alavoine, architecte à Paris. L'allocation fut de 60,000 francs et de 30,000 francs pour les années suivantes. En 1823, la flèche du nord était reconstruite ; en 1836, la flèche du midi était également refaite sur le modèle de l'autre. De 1827 à 1836, MM. Delarue fils et Dedaux succédèrent à M. Alavoine dans la direction des travaux. Le portail et le côté nord de la nef furent renforcés jusqu'à la hauteur du chéneau du rez-de-chaussée par des murs de soutènement massifs et lourds, « de 4 à 5 mètres d'épaisseur et parfaitement inutiles puisqu'ils ne passent pas sous les anciens murs et sont placés entre les points d'appui ». Les colonnettes, chapiteaux, couronnements des pinacles, crochets des flèches sont coulés en fonte, et assemblés dans la pierre, procédé qui n'est ni artistique, ni même durable, car l'oxydation du fer fera éclater la pierre. Le chiffre des dépenses jusqu'en 1832 a été de 272,661 francs.

M. Dedaux entreprit ensuite la reconstruction des six contreforts et arcs-boutants de la nef, vers le midi ; les fenêtres furent réparées, les pinacles furent refaits sans tenir compte du style primitif. La Commission des édifices religieux eut à signaler plusieurs vices de construction. C'était un peu tard, quand le mal était fait. De 1844 à 1850, on avait dépensé 196,137 francs.

De 1850 à 1852, M. Ruprich-Robert a restauré le transept sud. « Les trois côtés de ce transept, dont les murs ont plus de deux mètres d'épaisseur et 25 de hauteur, furent repris en sous-œuvre. Le style ogival avait alors reconquis la faveur de l'opinion; Viollet-le-Duc en avait renouvelé la science. Les restaurations vont se poursuivre désormais avec un respect religieux, une reproduction mathématique du style primitif. Les magnifiques sculptures de la porte étaient exécutées par M. Arnaud, statuaire, et les verrières des fenêtres et de la rose étaient refaites, sous la direction de M. Steinheil, par MM. Coffetier et Leprévost, peintres verriers. Ce fut une nouvelle dépense de 150,330 francs.

« Un nouveau projet du même architecte, comprenant la restauration du transept nord, fut approuvé en 1870. Les travaux n'étaient achevés qu'en 1879. Le mur ouest a été conservé en entier, mais repris en sous-œuvre. Les deux murs nord et est ont été démolis et remontés, en se servant des matériaux utilisables. » Mgr Rousselet avait posé la première pierre de ce nouveau transept le 6 octobre 1872; pendant tout le reste de son épiscopat, activement secondé par M. l'abbé Lebreton, son vicaire général, il n'a pas cessé de poursuivre l'achèvement des travaux en même temps que la décoration intérieure de sa cathédrale. Une magnifique sonnerie (hélas, réléguée dans la cour sous un hangar), une chaire monumentale, la réfection du grand orgue, les verrières du collatéral gauche de la nef sont les monuments de ce zèle persévérant. Pour en conserver le souvenir, le tombeau du vénérable prélat a été élevé contre le mur occidental du transept nord, et sa statue agenouillée reproduit avec exactitude sa physionomie grave et majestueuse.

La restauration du chœur et de la chapelle de la Vierge passait en adjudication le 25 avril 1879. Là, tout était à refaire, le chœur ne tenait plus debout que par un prodige d'équilibre, les piliers étaient déjetés, les ogives déformées, les galeries brisées, les arcs-boutants, chaînés, échafaudés, ne soutenaient plus rien. On descendit avec précaution les verrières, et l'on commença par démolir le chœur. Les nouvelles fondations furent posées à une profondeur moyenne de sept mètres, sur lesquelles on refit la maçonnerie, puis la charpente du chœur. En 1880, en réparant le dallage de la nef et des bas-côtés, on trouva sous une dalle l'ouverture d'un puits, dans lequel un ouvrier faillit disparaître. On répara ce puits, et l'on éleva au-dessus une margelle romane, d'environ un mètre de hauteur, qui n'a aucune raison d'être en cet endroit et qui encombre le passage.

La chapelle de la Vierge fut reconstruite en 1882 et 1883; les deux chapelles absidales du sud, commencées en 1885, n'ont été terminées qu'en 1889, à cause de l'insuffisance des crédits votés chaque année. Le chœur était fermé depuis bientôt vingt ans. Mgr Trégaro, successeur de Mgr Rousselet, eut la pensée de provoquer une souscription diocésaine, afin d'obtenir ainsi du gouvernement un chiffre de crédits plus élevé. Cette combinaison fut agréée, et la liste des offrandes atteignit une centaine de mille francs. L'archiprêtre de la cathédrale, M. le chanoine Dumaine, publiait à cette occasion, *La cathédrale de Sées, coup d'œil sur son histoire et ses beautés*, brochure ornée de belles héliogravures.

Les travaux depuis lors ont marché rapidement, entrepris et conduits, sous la direction de M. Petitgrand, successeur de M. Ruprich-Robert, par un très habile et très expert appareilleur, M. Doncet. A cette heure, la conservation du chœur et de l'abside de la cathédrale de Sées, est assurée pour plusieurs siècles, et Mgr Trégaro comptera parmi les gloires les plus durables de son épiscopat d'en avoir hâté l'achèvement. Puissions-nous voir ensuite restaurer le côté nord de la nef, le porche et les tours! Puissions-nous entendre la belle sonnerie saluer du haut de son beffroi cette entière résurrection de notre vieille basilique!

P. BARRET,
Curé de N.-D. de la Place de Sées.

PALAIS ÉPISCOPAL, A SÉES

LE PALAIS ÉPISCOPAL DE SÉES

En remontant jusqu'à leur origine le cours de nos traditions locales, la maison de l'évêque de l'église primitive, le manoir du moyen âge, le palais épiscopal contemporain nous apparaissent toujours fixés au même lieu contigu à la cathédrale, qui est le cœur d'un vaste système de constructions.

Avant l'invasion normande et jusqu'à la fin du XVIe siècle, l'habitation de l'évêque ne paraît pas nettement séparée de celles des chanoines. Un érudit prévôt du chapitre de Sées, nommé Jean Phélibée, fait remonter à Charlemagne l'usage établi d'entourer les églises cathédrales d'habitations communes et de cloîtres, pour le logement des prêtres et des clercs attachés au service religieux. Charlemagne, par cette ordonnance, n'avait fait que régulariser un usage presque général précédemment établi.

Ainsi, dans nos traditions sagiennes, nous avons conservé le souvenir vénéré de saint Passif, qui gouverna cette église dans la première moitié du VIe siècle. Il établit une communauté de clercs réguliers pour le service de sa cathédrale et du diocèse, et lui-même menait avec eux la vie commune. Or, on peut regarder comme certain qu'à cette époque la primitive basilique des saints Gervais et Protais s'élevait sur l'emplacement actuel.

En l'année 1131, Jean de Neuville, le prélat consécrateur de la basilique romane, rétablissait la régularité pour son chapitre, au sein duquel il s'engageait, lui et ses successeurs, à prendre les principaux dignitaires de son administration ecclésiastique, et notamment ses archidiacres. Il relevait et complétait l'enclos régulier, qui, y compris la cathédrale, était enfermé de remparts et mis à l'abri d'un coup de main. L'évêque lui-même menait la vie commune avec ses chanoines.

Dès lors le régime de son habitation est celui des abbés des monastères. Il préside les exercices de la communauté, mange au réfectoire; peut-être a-t-il même sa cellule dans le dortoir. C'est au nord, adossés à ce côté et au transept de la cathédrale, que s'étendent avec le cloître ces bâtiments. Mais déjà, au delà du chevet de l'église, vers l'est et en inclinant au midi, l'évêque a sans doute une habitation spéciale où il peut recevoir ses hôtes et, à coup sûr, les services de son administration diocésaine, greffe, officialité, auditoire et prison.

De toutes ces constructions des XIe et XIIe siècles, aucune ne subsiste dans son entier, sauf une cave ou salle basse remarquable, voûtée sur épine de colonnes, sous la maison attenante au presbytère actuel de la cathédrale.

Du cloître, il reste quelques spécimens, conservés au musée, de chapiteaux romans. Des corps de bâtiments ont été entièrement détruits, les autres sont mutilés, remaniés, transformés. Mais en maint endroit, on peut remarquer encore, à la base des murs, l'appareil en feuilles de fougère, et au-dessus, dans le mur de la maison qui longe le côté nord de la cathédrale, les baies bouchées des fenêtres ogivales. Les ruines d'une vieille chapelle romano-ogivale, de l'époque de transition, sont encore debout près du transept nord et vont disparaître demain. Enfin, dans les logements appropriés actuellement pour le service de la gendarmerie, l'on retrouva, avec de curieux porches, une vaste salle basse, au rez-de-chaussée, voûtée sur épine de colonnes, mais bien défigurée par les cloisons et des murs de refend. Au delà, toujours vers le nord, est un puits monumental bien conservé.

Au-dessous de ces murs massifs, de ces bâtisses amoncelées, il est question d'aqueducs qui sillonnent la place, de souterrains qui s'enfoncent du côté des champs; un peu en côté, vis-à-vis la façade de la cathédrale, les maisons qui bordent la place du Parquet s'élèvent sur un double étage de caves voûtées. Le vieux Sécs est presque tout entier souterrain et reste aussi presque tout entier à découvrir.

Les évêques ne gardèrent pas longtemps la vie commune; la faveur des princes fit monter sur le siège pontifical des prélats peu habitués à l'austérité des cloîtres, qui voulurent avoir leur logement séparé et leur vie privée. Dès lors les constructions se multiplièrent vers l'est de la cathédrale. Durant la désastreuse guerre de Cent ans, le manoir épiscopal, abandonné souvent par les évêques restés fidèles au roi, devint l'habitation des capitaines et soldats anglais, qui, en se retirant, n'y laissèrent que des ruines.

L'évêque Jean de Pérouse en commença la reconstruction. Elle fut continuée et terminée sous les épiscopats suivants.

Le style du manoir épiscopal était celui de toutes ces maisons dont se couvrit le sol de la France après l'heureuse et définitive expulsion des Anglais. Une tourelle contenant l'escalier à vis conduisait aux deux étages de pièces et chambres souvent en enfilade, éclairées par de larges fenêtres aux chanfreins moulurés, garnies de meneaux de pierre formant croisée; les toits aigus à double pente, coupés au-dessus des fenêtres par d'élégantes lucarnes, s'ornaient le long des pignons, de rampants de pierre, et le larmier s'appuyait sur une saillante moulure faisant corniche.

Il n'en reste qu'une sorte de petit pavillon, dans l'angle oriental du jardin de l'évêché, terminé sous l'épiscopat de Jacques de Silly, l'évêque réformateur.

On y lit cette inscription gravée en caractères gothiques :

En l'an mil cinq cens dix-sept
Fut ce logis icy parfait.

En 1701, Mgr Louis d'Aquin se faisait céder par le chapitre, moyennant une rente de 120 livres, « des maisons et jardins qui composent aujourd'hui la meilleure partie des jardins de l'évêché ».

Un peu plus tard, Mgr Turgot, grand et puissant seigneur, et brillamment apparenté, mais d'ailleurs, au dire de Saint-Simon, « très bon et honnête homme », ami des lettres et des arts, voulut transformer les habitations épiscopales de son siège de Sées et les embellir selon le goût de l'époque. Le manoir épiscopal de Fleuré fut en grande partie rebâti et orné par ses soins; on y retrouvait partout ses armoiries, spécialement sur ces belles plaques de cheminées coulées en fonte, dont on était si curieux alors. On y distinguait les chambres du Dauphin, de la Reine, avec leurs portraits; dans la description de chaque pièce, il est question de toiles et de tableaux.

A Sées, il fit refaire le greffe et l'officialité, et ajouta de nombreuses améliorations à l'habitation spéciale de l'évêque. En 1776, la cheminée de la salle à manger conservait encore une plaque à ses armes. La grande bibliothèque ouverte sur le midi, lambrissée, parquetée, garnie de placards en soubassement et de rayons, offrant au milieu de sa façade une large cheminée de marbre, dont les architectes Le Brument et Brousseau faisaient l'inventaire en 1776, était-elle celle qui avait renfermé la bibliothèque du RR. Dominique-Barnabé Turgot de Saint-Clair, évêque de Sées, qui fut vendue à Paris le vendredi 17 mars 1730 et jours suivants, d'après le catalogue imprimé à Paris, chez Gabriel Martin, rue Jacob, à l'Étoile? Nous savons du moins quelle en était la composition et la richesse, grâce à cette rareté bibliographique dont M. le comte de Contades nous a révélé l'existence et le contenu.

La chapelle épiscopale, dédiée sous le patronage de saint Romain, était un édifice ogival de 12 m. 50 de longueur sur 6 m. 30 de largeur, voûté sur nervures au-dessus de l'autel, lambrissé, en berceau sur la nef. Geoffroi de Mayet l'avait fait construire vers l'an 1250. Autour de cette chapelle pendaient « vingt-neuf tableaux représentant divers évêques de ce siège depuis l'an 400 jusqu'à 1070, dont onze ont le titre de saint ». Que sont-ils devenus? Il ne reste plus rien de cette collection dans l'évêché actuel. On remarquait également dans les autres pièces un certain nombre de toiles, entre autres un portrait de Louis XV, un portrait du cardinal de Fleury, celui d'un maréchal de France, des sujets religieux et des paysages dont la disparition est aussi complète, aussi inexpliquée et regrettable.

Le chartrier de l'ancien évêché, renfermé dans une salle lambrissée et plafonnée sur nervures gothiques, carrelée de petits pavés carrés, « contenait cinq grandes armoires en bois de chêne, divisées en cases par tablettes et refends pour contenir les titres de cet évêché. Elles ont sept pieds de hauteur sur six pieds cinq pouces de largeur, ouvrant à deux battants. Elles paraissent avoir été faites nouvellement (1776), pour remplacer les anciennes dont trois sont encore dans le dit chartrier ». Hélas! nous verrons que de ces trésors accumulés, il ne reste aujourd'hui qu'une bien faible partie.

Mgr Duplessis d'Argentré, précepteur de trois rois, premier aumônier de Monsieur, habitué à vivre parmi les splendeurs des palais de Louis XIV, trouva que le manoir de Sées était bien vieux et démodé et ne valait pas la dépense des réparations portées au devis des experts. Ce palais, « mal placé en ses principales parties, et d'ailleurs dans un état de délabrement, d'une mauvaise construction et d'une distribution incommode », il trouve expédient de le reconstruire à neuf. Très décidé à en faire « le sacrifice », il se fait expressément autoriser à cette fin, dans le procès-verbal d'expertise (1777, 15 octobre), par M. de Tontuit, représentant la succession de son prédécesseur.

Sa répulsion pour ces vieux bâtiments est si prononcée que, lors de ses premiers voyages à Sées, il ne consent pas même à y loger provisoirement; il préfère demeurer en son séminaire.

Aussitôt, sur ses ordres, l'architecte de son frère l'évêque de Limoges, M. Brousseau se met à l'œuvre; ou plutôt il approprie le dessin du palais épiscopal de Limoges, qu'il s'agit de reproduire, aux exigences de l'emplacement de l'évêché de Sées. Une armée d'ouvriers s'attaque aux vieux corps de bâtiments et le démolit de fond en comble. Dès la fin de l'année 1778, les travaux sont en pleine activité; quatre ans après l'on achevait la chapelle et la galerie couverte qui fait communiquer l'évêché avec la cathédrale.

L'espace ne manquait pas : l'architecte put donc, à son aise, développer ses plans, qui s'inspirent toujours des lignes solennelles et grandioses du style Louis XIV. Les constructions ferment les trois côtés d'une cour d'honneur, qui s'ouvre au midi par une grille monumentale en fer, en forme de fer-à-cheval, portée sur un soubassement de granit, ouverte en son milieu par deux magnifiques vantaux, surmontés d'un fronton qui encadre les armoiries du prélat constructeur.

Au fond de la cour, se dessine le grand corps de bâtiment à deux étages, avec ses trente-neuf fenêtres ou portes de façade. Le milieu offre une légère saillie surmontée d'un fronton triangulaire ; et à gauche deux ailes flanquent les côtés. Elles se prolongent jusqu'à la grille par deux corps de bâtiments à un seul étage, destinés aux services divers de l'évêché. Les hautes fenêtres du premier étage s'ouvrent sur un gracieux balcon à balustres de pierre.

L'escalier, à paliers étagés, est situé dans l'aile droite. Il part d'un large vestibule par une série de gradins jusqu'à un premier palier, au milieu duquel s'ouvre l'entrée de la chapelle épiscopale. Il se bifurque ensuite et monte par deux rampes parallèles au premier étage. De là, on entre dans une grande salle d'attente.

La porte à droite s'ouvre sur le premier salon dit « la Galerie des Évêques », parce que dans une suite de médaillons ovales, disposés le long des parois, il présente la série des portraits de tous nos évêques connus depuis saint Latuin jusqu'à Mgr Trégaro, le vaillant évêque qui dirige en ce moment l'église de Sées. Cette galerie fut exécutée par les soins de Mgr d'Argentré qui en confia l'exécution à un peintre nommé Mille.

M. de La Sicotière, dont la perte récente est si vivement regrettée par tous ses amis, par tous les esprits curieux des recherches historiques, si fâcheuse pour *La Normandie monumentale* elle-même qu'il a aidée de sa vieille expérience et à laquelle il avait promis encore son concours littéraire, disait dans sa *Notice sur la Cathédrale de Sées* : « Malheureusement ces portraits n'offrent d'authenticité que depuis le commencement du XVIIe siècle, ils sont d'ailleurs d'une exécution très médiocre et le mérite de la ressemblance est le seul que l'on puisse chercher dans ceux des évêques dont la tradition ou la gravure nous ont gardé les traits. » Cette question de l'iconographie des évêques de Sées a été l'une des dernières études de cet esprit si curieux et infatigable. Il publiait en mars 1894 une petite brochure intitulée : *Notes sur l'Iconographie des évêques de Sées* ; et quelques jours seulement avant sa mort, il nous entretenait, dans une réunion de la Société historique de l'Orne, de ses recherches persévérantes sur ce problème, à la solution duquel il désirait apporter de nouveaux éléments.

Parcourant la galerie des portraits, M. de La Sicotière ajoutait : « Les noms de quelques-uns réveillent de précieux souvenirs. Voilà saint Latuin, saint Loyer, saint Godegrand qui ont rempli le diocèse du bruit de leurs miracles et de leurs bonnes œuvres ; Serlon, ce prélat audacieux, devant lequel s'humilia la toute-puissance des ducs de Normandie et des rois d'Angleterre ; Jean de Pérouse et Jacques de Silly, bienfaiteurs de la cathédrale ; de Morenne, panégyriste et versificateur ; Bertaut, poète ingénieux. Puis voilà les hommes qui, à une époque plus rapprochée de la nôtre, ont bien mérité de leur diocèse : Turgot qui porta bien un beau nom, Néel de Christot, d'Argentré qui combla la ville de Sées de bienfaits, qui projetait pour elle une sorte de résurrection et qui mourut sur la terre étrangère. Peu de diocèses sans doute, peuvent se glorifier d'une suite d'évêques plus recommandables par leur savoir, leur piété, leur vertu. »

Du salon des évêques, l'on passe dans le grand salon, appelé à l'origine *Salon des Princes*, parce qu'il était orné des portraits de Louis XVI, de Monsieur, comte de Provence, depuis Louis XVIII et du comte d'Artois, depuis Charles X. « Monsieur était d'ailleurs comte d'Alençon ; aussi avait-il, ouvrant sur ce salon et donnant sur le parterre, qui rappelle par son plan celui de l'évêché de Meaux, consacré par les promenades de Bossuet, un très bel appartement qu'il devait habiter quand il viendrait visiter son apanage. » Les orages de la Révolution dissipèrent ces rêves dorés de princière hospitalité.

Ces deux pièces sont entièrement lambrissées de magnifiques boiseries Louis XVI. Naturellement, les toiles ont disparu. Elles n'étaient pas de celles qu'on laissait en place il y a cent ans.

A la suite du grand salon, se trouvent les appartements particuliers de l'évêque. Du cabinet d'études qui est au fond, « le regard étonné franchit successivement toutes les pièces, dont les portes se correspondent de manière à former galerie, et pénètre au fond d'une autre galerie, construite en 1783, pour conduire du palais à la cathédrale. C'est un coup d'œil admirable et de l'effet le plus imposant. La longueur de la galerie de la cathédrale à l'extrémité du palais est de 93 mètres.

« Au deuxième étage, dans l'aile gauche du palais, se trouvait l'appartement de M. de Limoges. M. d'Argentré l'avait fait préparer pour son frère et disposer de manière à ce qu'il pût jouir de la campagne. » En effet, à l'est et au nord, l'œil peut se promener sur de larges et lointains horizons. Fut-il jamais terminé? A-t-il quelquefois été occupé? Une ou deux fois tout au plus. Aujourd'hui, triste et vide, il semble porter le deuil des illusions qu'il rappelle.

La chapelle du palais épiscopal, construite dans le genre de la chapelle de la Cour à Bruxelles, est fort jolie. Pendant la Révolution, les bas-reliefs sur lesquels on crut voir quelques attributs de l'épiscopat furent brisés, ainsi que les vitres ornées des armoiries de M. d'Argentré. Un très beau tableau de l'école française s'encadre au rétable de l'autel.

Les dessins et les ornements ont été inspirés de l'art grec. Cette chapelle n'a même pas été terminée, et attend encore la voûte à caissons qui devait compléter l'édifice.

La bibliothèque de l'évêché, très bien installée dans une grande salle de l'aile gauche, joignant les appartements de l'évêque, est surtout riche en belles éditions du XVIIIe siècle. On y remarque aussi un certain nombre d'anciens manuscrits dont plusieurs remontent aux XIe et XIIe siècles, et proviennent, soit de l'ancien fonds de l'évêché, soit de l'abbaye de Saint-Martin de Sées. Elle renferme, à côté de copies de l'Ancien et du Nouveau Testament, des œuvres des Pères, des documents liturgiques, des vies des Saints, un volume de la théologie de saint Thomas, un traité de géométrie et mécanique (fin du XIe siècle), etc.

Les archives, vaste dépôt des anciens droits et usages que l'explosion révolutionnaire voulait surtout détruire, ont beaucoup plus souffert que les livres. Les plus beaux parchemins, bulles, privilèges des rois et princes furent, en grande partie, envoyés aux arsenaux militaires pour être employés à la confection des gargousses. Une autre partie, regardée désormais comme inutile et sans emploi, a péri; ce qui reste est en majeure partie conservé dans les archives du Secrétariat de l'évêché, dont les bureaux sont situés au-dessous des appartements épiscopaux. L'ouvrier de l'histoire du pays et diocèse de Sées y trouvera, avec un certain nombre de pièces détachées classées dans des cartons, une suite remarquable des registres des insinuations depuis le milieu du XVe siècle, et surtout un pouillé, rédigé au siècle dernier, d'après les documents antérieurs, très riche d'analyses et de notes, qui est une mine précieuse de renseignements sur les paroisses du diocèse et les nobles familles qui les ont successivement habitées.

P. BARRET,
Curé de N.-D. de la Place de Sées.

L'ABBAYE DE SAINT-MARTIN DE SÉES

GRAND SÉMINAIRE

Le touriste qui, du haut de la galerie supérieure de la cathédrale de Sées, examine à vol d'oiseau les différents quartiers de la ville, ne peut manquer d'admirer, vers le sud-est, un grand enclos au milieu duquel s'élèvent de vastes corps de bâtiments, dont les blanches murailles resplendissent sous les rayons du soleil, au milieu des massifs de verdure qui les entourent.

Ce fut la magnifique abbaye de Saint-Martin, heureusement transformée de nos jours en Grand Séminaire.

Le vieil historien de cette maison, Dom Carrouget, dont le manuscrit est l'un de nos trésors bibliographiques, en parlait vers le milieu du XVIIe siècle, avec un sentiment très légitime d'admiration :

« La situation de l'abbaye de Saint-Martin de Sées est très commode, belle et agréable, en un pays découvert, ni trop élevé ni trop bas, mais comme une belle plaine jouissant d'un air bien tempéré et fort salubre. L'enclos de cette maison est fort spacieux, contenant en son circuit environ sept cent-six toises quatre pieds, ou bien, en tout vingt-cinq arpents de terre. Il y a six belles grandes cours, un grand enclos nommé les Garennes, fort bien planté de jeunes plants par les travaux du frère Isaye Hue, depuis l'establissement de la Congrégation de Saint-Maur. En outre le verger et le jardin de la Fontaine, les grands jardins à herbes potagères, où sont aussy plantées par les soins du susdit religieux de belles treilles de vignes, partie de raisin noir, partie de muscat, c'est le plus qui s'en trouve dans le pays bien loin à la ronde. »

Il faut ajouter à cette description quatre pièces d'eau alimentées par des sources, dont l'une surtout, dite *Fontaine de Saint-Benoît*, fournit une eau abondante, limpide et agréable.

I. — On a écrit que les premiers fondateurs de monastères étaient des paysagistes. La règle s'est vérifiée à Sées. De bonne heure, dès le VIe siècle, d'après nos traditions locales, un monastère fut bâti sur cet emplacement. On croit qu'il dut sa première existence à l'une de ces nombreuses fondations dont saint Évroult couvrit le sol du diocèse. Les eaux vives, des terrains favorables à la culture, durent fixer l'attention de ces moines bénédictins, infatigables défricheurs, merveilleux colons qui ont fertilisé une partie du sol de l'Europe.

De leurs trois siècles de vie religieuse et de labeurs, il n'est resté qu'un vague souvenir. Bâtiments, livres, diplômes et noms ont disparu sous les flots des invasions normandes; les champs seuls ont pu garder quelques traces de leurs travaux.

Dans la première ferveur de leur conversion, les Normands n'eurent rien plus à cœur que de relever et de doter richement les églises et les monastères qu'ils avaient détruits. Ducs et seigneurs rivalisèrent de zèle et ajoutèrent aux anciennes de nouvelles fondations. L'antique abbaye de Saint-Martin, à deux pas de la cathédrale, ne pouvait rester ensevelie dans un éternel oubli. Au milieu du XI⁰ siècle, un prélat magnifique, érudit et zélé, occupait le siège de Sées. Yves de Bellême, oncle par alliance de Roger de Montgommery, qui avait épousé sa nièce Mabile, leur inspira la pensée de restaurer l'antique monastère dont l'emplacement était situé sur leurs domaines.

Il fut facile de persuader Roger, l'un des plus braves et des plus audacieux chevaliers normands :

> Rogier de Montgomori
> Vint poignant, la lance beissie.
> Onc ne laissa por la coignie
> K'il avait sus el col levée,
> Ki mult estoit lonc enhanstée,
> Ke il Engleiz si ne férist,
> K'a la terre platir le fist
> Dunc s'écria : Férez, Françeiz !

Mais hors de la bataille, il devenait, d'après son contemporain Orderic, « l'homme sage et modéré ami de l'équité, faisant sa compagnie préférée des esprits savants et vertueux. L'un de ses conseillers clercs était Odolère, le généreux père de notre chroniqueur normand Orderic Vital ».

L'évêque et le comte s'entendent donc avec le bienheureux Thierry de Mathonville, abbé et restaurateur du monastère jadis fondé par saint Évroult dans les bois d'Ouche. L'abbé arrive à Sées avec quelques religieux. De tous côtés on rivalise d'ardeur ; les lieux réguliers sont construits, le nombre des moines s'accroît, et l'an 1060 voit consacrer la fondation de la nouvelle abbaye.

La charte en est dressée, cette année-là, sous le règne de Henri I⁰ʳ, roi de France, sous le principat de Guillaume, duc de Normandie, qui plus tard, devenu par la grâce de Dieu roi des Anglais, a confirmé cette donation, et sous le pontificat d'Yves, qui assistait à la réalisation de ses pieux désirs. Le comte Roger et Mabile sa femme ont donné, en pure aumône, à titre de fondateurs, le domaine que possédait leur aïeul, Guillaume I⁰ʳ de Bellême, près de la ville de Sées ; et, dans le quartier Saint-Martin, la dîme de toute la paroisse ; la terre de Menilgaut, ermitage perdu dans un vallon sauvage de la forêt d'Écouves, où les moines bâtiront un prieuré ; le bois de *Martel Vauloge*, aussi dans la forêt d'Écouves, l'église d'Aunou, le moulin de Macé, des terres, des revenus sur le moulin d'Alençon, et la terre de Saint-Paul, dans le Maine, au delà de la Sarthe, avec son moulin. Là encore, les moines ne tarderont pas à avoir un prieuré, qui fut florissant.

Les fondateurs ajoutaient de nombreux privilèges et exemptions dans les forêts d'Écouves, de Gouffern, de Bourse et de Blavou ; la seigneurie du bourg qui se formait autour de l'abbaye et dans le quartier de la rue Mansaise, le patronage des églises de Sées, sauf la paroisse de la Cathédrale, la dîme des moulins d'Essay et de Mesle-sur-Sarthe, etc. Deux foires étaient établies à Sées, aux deux fêtes de Saint-Martin, pour le plus grand profit de l'abbaye.

Dès la même année 1060, le seigneur de Sai près Argentan, Robert, surnommé Picot, et quelques autres seigneurs du voisinage, donnaient à Saint-Martin de Sées des terres, dîmes et patronages d'églises à Sai, Urou et Juvigny.

Les domaines et la puissance de l'abbaye sagienne croissaient rapidement. Le bienheureux Thierry, qui n'avait pas la paix dans son cloître de Saint-Évroult, faisait du couvent de Sées son séjour de prédilection; il y développait avec la régularité religieuse, le goût de l'étude, le zèle pour la copie des manuscrits, dont il donnait l'exemple et savait propager l'ardeur.

La terrible Mabile elle-même, de la dure souche des Talvas, fut gagnée par la séduction de ses vertus et de sa patience. Ses caprices et ses violences qui ne s'arrêtaient pas devant la clôture de Saint-Évroult, se calmaient à la porte de Saint-Martin. Elle voulut même présenter le premier fils qu'elle eut de son union avec Roger de Montgommery, au bienheureux Thierry, à l'abbé Roger et aux autres moines de Saint-Martin, afin que recevant le baptême de leurs mains, ils en devinssent en quelque sorte les parrains. L'enfant, appelé Robert, ne profita guère de leurs leçons, et fut le digne héritier des instincts et des violences de sa mère. Son renom de barbarie est devenu légendaire du temps même des chroniqueurs contemporains.

Les moines de Sées, sur les conseils du bienheureux Thierry, avaient élu pour abbé Robert, moine de Troarn, dont l'un des frères, Drogon, était déjà abbé du Tréport. Un troisième nommé Renaud, fut attiré par l'abbé Robert au couvent de Saint-Martin. Tel était alors l'entraînement vers les cloîtres. Ils étaient, en même temps que les sanctuaires de la vie religieuse, les centres de la civilisation, des lettres et des arts, et tout concourait à pousser de ce côté les esprits d'élite.

Cependant Roger de Montgommery, vicomte d'Exmes, chargé par Guillaume, durant l'expédition d'Angleterre, de l'administration d'une partie du duché, était allé rejoindre l'heureux Conquérant, et avait reçu de lui, sur les dépouilles des vaincus, d'importants domaines qui le rendirent l'un des plus puissants comtes de l'Angleterre. Il possédait Chichester, Arundel et le comté de Shrewsbury.

Dans sa nouvelle fortune, son cœur ne changea point à l'égard des moines de Saint-Martin. A peine installé dans son comté, l'un de ses premiers soins fut d'appeler près de lui une colonie de moines de Sées, à la tête desquels fut mis Foucroi, et il leur donna les terres et les ressources nécessaires pour bâtir une abbaye, dans la ville même de Shrewsbury.

Arrivé au terme de sa longue et glorieuse carrière, le comte Roger voulut y mourir sous l'humble habit de moine bénédictin (27 juillet 1094).

Ses fils marchaient sur ses traces. Roger, surnommé le Poitevin, appelait près de lui un nouvel essaim de moines sagiens, qui, grâce à son patronage et à ses libéralités, fondaient, en 1094, le prieuré de Lancastre, au diocèse d'York. Ce fut un riche et puissant établissement; il resta uni à l'abbaye mère jusqu'à l'époque du Protestantisme.

Arnoul, le quatrième des fils de Roger de Montgommery, leur donnait le prieuré de Pembrock. Un peu plus tard, en 1150, l'évêque de la ville de Chichester, ancienne possession de notre comte, unissait à Saint-Martin de Sées la collégiale de Saint-Nicolas d'Arundel, pour la transformer en prieuré conventuel.

Quelques années auparavant (1130), à l'occasion des croisades des seigneurs percherons et normands contre les Musulmans d'Espagne, l'évêque de Tarragone concédait à Saint-Martin de Sées l'église de Sainte-Croix de Tudèle, pour y établir un prieuré. Ils possédaient à la même date le prieuré de Saint-Georges de Digny, au diocèse de Chartres, et recevaient de Guillaume de Ponthieu (1151) la collégiale de la Roche-Mabile transformée aussi à leur profit en prieuré.

Ainsi la nouvelle abbaye de Sées multipliait au loin ses colonies, ce qui prouve la fécondité et l'énergie du foyer maternel. Il est temps d'y revenir. La seconde femme que Roger de Montgommery épousa après la mort de Mabile, paraît avoir été par sa piété et sa paisible existence l'heureux contraste de sa devancière. Adélaïde du Puiset n'eut rien plus à cœur que de combler de ses faveurs et largesses le monastère de Saint-Martin. Elle lui donna un calice d'or orné de pierreries, des ornements brodés d'or, une croix d'or avec pierreries servant de reliquaire à une parcelle de la Vraie Croix; et, pour le mieux enrichir, elle se dépouilla d'une partie de ses propres joyaux. Elle y ajouta candélabres, encensoirs et vingt-sept marcs d'argent, dont on acheta plusieurs portions de terre. Elle assura un fonds de vingt livres mansaises de rente pour la dépense annuelle du vestiaire des moines. Ce fut justice de l'inscrire au martyrologe avec le titre d'insigne bienfaitrice.

En même temps, sous la sage direction de l'abbé Robert, toutes les constructions du monastère étaient achevées, l'église était bâtie dans ce style roman grave et sévère de la fin du XIe siècle, qui convenait si parfaitement à l'austérité et au silence de la vie religieuse; si solide en même temps, que, malgré la longueur du temps et la violence des guerres, elle a subsisté en partie jusqu'à nous.

Il ne reste de ces bâtisses qu'une portion de mur avec baie ogivale donnant accès dans la bibliothèque, et la portion de mur d'enceinte à appareil en feuilles de fougères très caractérisé qui joint l'angle nord de la façade de l'église paroissiale de Notre-Dame de la Place.

Des membres des plus illustres familles de la contrée venaient dès le début accroître le nombre des religieux. Il faut mettre au premier rang ce Raoul, fils de Sifroi d'Écures près Sées, puissante famille signalée par ses largesses en faveur de l'abbaye. Après dix ans passés dans le noviciat et les humbles offices de son couvent, il reçut, à la mort de Robert, la succession de la charge abbatiale, aux applaudissements « des évêques, des moines, des barons, du peuple de toute la province », et en remplit pendant seize ans les fonctions. Puis obligé de fuir avec son évêque Serlon les persécutions de Robert de Bellême, il passe en Angleterre (1103), est élu archevêque de Rochester et par l'ascendant de sa réputation, de son éloquence et de ses mérites fait cesser, quelque temps après, le veuvage de l'église de Cantorbéry. Sifroi, son frère, devint abbé de Glastonbury et évêque de Chichester. Un autre moine de Sées, Jean, gouverna l'église de Man; Foucroi et Godefroi furent successivement abbés de Shrewsbury. Ce Foucroi est devenu célèbre par l'apostrophe véhémente qu'il adressa au brutal Guillaume le Roux, pour condamner sa tyrannie. Jean d'Essai devenait prieur de Pembrock; Arnoul, prieur de Sées, était choisi pour gouverner les moines de Troarn; et un autre, nommé Fouques, mourait abbé de Sainte-Marie-de-Grestan. Cette énumération incomplète et aride fera voir suffisamment quel était le renom et l'influence de la nouvelle abbaye.

II. — Durant le XIIIe siècle, la communauté, mise un moment en péril par les usures des Juifs, contre lesquels l'abbé Henry de Bracqueville fit une constitution sévère, poursuivit son mouvement ascensionnel. Le pape Innocent, par sa bulle datée de 1268, lui confirmait la jouissance de tous ses biens, droits et privilèges. L'abbé Jean Saintier donnait, au mois de mai 1256, l'hospitalité au roi saint Louis, qui, après avoir édifié les religieux par l'exemple de ses vertus, leur laissait en outre de riches souvenirs de sa munificence; il leur donna aussi des lettres de confirmation de leurs biens. Le prieuré du Gast achevait de s'organiser; ceux de Courtomer et de Saint-Patern, près Alençon, du Val et de Brieux, s'étaient ajoutés à la liste déjà longue des possessions du monastère. Il atteignit alors l'apogée de sa prospérité. Avec ses douze prieurés et les cinquante-deux paroisses qui dépendaient de l'abbaye et dont elle avait le patronage, il méritait d'être « le chef-lieu d'une baronnie qui est une des plus belles de Normandie, consistant en églises, lieux réguliers, maisons, terres et autres aysances tenues noblement, à court et usage de baronnie franche, qui ne relève d'aucun seigneur qui la puisse obliger à quelques devoirs seigneuriaux, redevable seulement au roi, comme duc d'Alençon, d'un hommage simple. Sa juridiction est fort grande, s'estendant sur environ soixante-trois paroisses. De surplus appartiennent à la dite abbaye dix-sept fiefs nobles ».

La désastreuse guerre de Cent ans vint arrêter les accroissements continus depuis la fondation.

L'occupation ennemie, le pillage, la ruine et l'incendie changèrent en gémissements de deuil les cantiques joyeux d'antan. En vain l'abbaye s'était environnée de fossés; le chœur de l'église et ses chapelles, crénelés et hourdés, ressemblaient plutôt à une forteresse qu'à un lieu de prières; ces précautions même tournèrent à son désavantage, et les envahisseurs trouvèrent commode de s'installer dans une place forte, qu'ils trouvaient toute préparée.

Dès l'année 1359, la désolation y était déjà grande. Charles V, lieutenant du royaume pendant la captivité du roi Jean, accorde aux moines des lettres patentes pour sauvegarder leurs droits et possessions, vu que leurs titres et papiers avaient été brûlés pendant les guerres. En 1362, les Anglais s'y étaient fortifiés. Le connétable de Fiennes et du Guesclin viennent les y attaquer de concert. On était au commencement de mars. Quatre cents anglais, accourus de l'abbaye de Silly et d'autres places du voisinage, trouvent moyen de s'introduire par une poterne, à la faveur d'un épais brouillard, et renforcent et réconfortent la garnison. Celle-ci fait même une sortie à l'improviste, et les Français surpris sont en grand danger. Mais du Guesclin, avec quelques-uns de ses chevaliers les plus braves, s'arme à la hâte et commence à repousser vivement les Anglais. Ils sont bientôt refoulés jusque dans la place, et, découragés, rendent l'abbaye de Saint-Martin « moyennant la liberté et la vie sauve ». L'église, les lieux réguliers, les fermes de l'abbaye, ont été presque ruinés et brûlés; mais il faut avant tout relever les murs d'enceinte; et les vassaux dépendants de l'abbaye sont obligés par le duc d'Alençon, Jean Ier, d'y faire le guet (1411).

Voici revenir en effet l'invasion plus furieuse que jamais; le valeureux duc d'Alençon est tué à Azincourt; son corps est apporté à l'abbaye de Saint-Martin et y est enseveli dans une chapelle. Une pierre sculptée aux armes d'Alençon indique sa sépulture; plus tard on suspendit au-dessus les armes qu'il portait au combat.

Aussitôt après, les Anglais sont rentrés en force, et les moines doivent passer soumission. En 1433, un brave seigneur d'Aunou, Raoul de Jupilles, leur enleva cette forteresse par un audacieux coup de main; mais, écrasé par un retour offensif des envahisseurs, il se fait tuer sur la brèche des murailles qu'il est trop faible pour garder.

Enfin l'Anglais a été définitivement chassé de Normandie en 1450; et le monastère put prendre part avec une satisfaction particulière au chant du *Te Deum*, qui termina la joyeuse *Fête de la Délivrance*. Les ducs d'Alençon et les religieux s'efforcent de concert à réparer les ruines; les titres et les propriétés se reconstituent; le pape Sixte IV donne une bulle pour obliger les pillards à restitution; la fameuse Marguerite, duchesse d'Alençon, s'empresse, elle aussi, d'accorder des témoignages de sa faveur et de sa générosité. Les bâtiments du monastère sont relevés; l'abbé Pierre bâtit le cloître et restaure le réfectoire et le dortoir.

La discipline religieuse, la vie régulière avaient souffert comme l'édifice matériel. Pour les rétablir également, le cardinal de Luxembourg unit l'abbaye à la congrégation de Chézal-Benoît (1511). Sous sa puissante protection, l'ordre renaît pour un temps; les nouveaux abbés paraissent avec honneur à la cour de l'Échiquier des ducs d'Alençon et y reçoivent la première place après le chancelier qui en était président. Cela ne dura guère; des brouillons, mécontents de la réforme, troublent le monastère, y forment des cabales et des partis, fatiguent les cours de Parlement de leurs revendications, résistent à toutes les voies de persuasion, et se font soupçonner, au sein même de l'abbaye qu'ils rendent inhabitable, de ne pas reculer devant le crime pour satisfaire leurs rancunes passionnées.

Ces désordres appelaient le châtiment. Les protestants s'en chargèrent. En 1562, l'amiral Coligny envahit et pilla l'abbaye, et les moines, réduits à la dernière misère, furent obligés de se retirer où ils purent. Six ans après, nouveau et plus terrible désastre. « Gabriel de Lorges, comte de Montgommery, revint fondre sur l'abbaye qu'il mit à sac et à feu, sans épargner l'église dont la nef fut entièrement détruite, le clocher renversé et les cloches fondues. Des chaises du chœur il fit un bûcher dans le chœur même, où il brûla tout ce qu'il put trouver de combustible. » Deux religieux furent tellement maltraités qu'ils en moururent.

Les moines ont une vertu spéciale, l'amour de leur couvent, que rien ne décourage jamais. Ils ne se lassent pas de rebâtir. Dès l'année 1570, l'abbé Dom Jean du Pont répare les ruines du monastère et de l'église, et refond les cloches ; ses successeurs, Godefroi le Gras et Michel Jodio, restaurent le clocher et le mobilier intérieur de l'église. Entre autres travaux d'art, ce dernier fit faire les bas-reliefs placés aujourd'hui dans l'église Notre-Dame de la Place, sur lesquels j'aurai l'occasion de revenir. La paix renaissait, l'ordre se rétablissait ; mais voilà que le parasitisme de la commende menace à présent de tout dévorer. Le chevalier d'Angoulême, fils naturel d'Henri II, singulier titre pour une dignité ecclésiastique, est nommé abbé commendataire ; le sieur de Say, son chargé d'affaires, traite l'abbaye comme l'avaient fait Anglais et protestants. Henri IV recommença en faveur du baron de Renty ; ce ne fut pourtant qu'un orage passager. Les moines de Sées trouvèrent moyen de faire reconnaître leur privilège d'avoir un abbé régulier. Un religieux d'un courage et d'une fermeté extraordinaires, l'abbé André le Moul, fut la providence de l'abbaye en ces rencontres difficiles.

III. — On arrivait au temps du cardinal de Richelieu, dont l'esprit vigoureux et la main puissante tentèrent de reformer la discipline ecclésiastique et religieuse en France.

C'est, à côté de son immense œuvre politique, un essai qui n'a peut-être pas été assez remarqué. L'an 1636, l'abbaye de Saint-Martin de Sées était unie à la réforme de Saint-Maur. Des religieux de cette congrégation y étaient envoyés sous la direction de Dom André Bétoulard. Les anciens religieux de la maison ratifièrent l'union et le reconnurent pour abbé.

Cela n'alla pas cependant sans quelques difficultés. Mais les premiers abbés de la réforme, outre l'appui du cardinal, de Louis XIII et de sa mère, très favorables à la nouvelle congrégation de Saint-Maur, trouvèrent à Sées deux protecteurs influents et dévoués : M. de la Vallée Bougis, président des trésoriers de France en la généralité d'Alençon, et M. de Bonnevent, lieutenant particulier au siège d'Essay, qui les soutinrent dans toutes leurs épreuves et les aidèrent à en triompher. M. d'Anfreville, président au Parlement de Rouen, les appuyait de son côté près de cette cour.

A l'entrée des réformateurs, les revenus ordinaires de l'abbaye n'étaient, paraît-il, que de 22,000 livres par an, dévorés et au delà par des pensions, charges et impositions. Il fallut, dans les commencements, emprunter jusqu'à 62,000 livres, pour faire face à ces obligations et aux dépenses nécessaires. Mais bientôt, grâce à une sage administration, à l'extinction des pensions, l'amortissement se fit et les revenus rentrèrent au bénéfice des religieux. Ce fut une résurrection pour le vieux monastère. Il comptait, au milieu du XVIIe siècle, vingt-cinq religieux de chœur, trois frères convers et deux commis. L'amour des lettres et des sciences historiques, qui distingua si brillamment alors les Bénédictins de Saint-Maur, en fit l'un de ses tranquilles asiles. Une école de philosophie et de théologie y fut même établie durant quelque temps pour les jeunes novices de la congrégation, qui y rencontrèrent des professeurs érudits et distingués.

Plusieurs des bénédictins de Saint-Martin, ou qui se rattachent à ce monastère par un lien d'origine, ont laissé un nom connu dans les lettres. Obligé d'en finir avec cette notice déjà trop longue, je ne puis qu'énumérer simplement l'abbé Faron de Chalus, Dom Jacques du Frische, Dom

Toustain et Tassin, Quatremaire, Jacques Hommey, Simon Bougis, Bessin, Berthereau, [...] Asselin, Boudier, Dom d'Agneaux et Cosnard, auteur d'un manuscrit intitulé : *Antiquités de Sées*.

IV. — Leur haute culture intellectuelle inspira aux bénédictins la pensée de renouveler [...] antiques monastères. On en était alors à l'admiration enthousiaste des grands bâtiments [...] Louis XIV; tout ce qu'on avait fait auparavant était jugé gothique et barbare. Un certain nombre de couvents furent donc réédifiés d'après une conception uniforme, légèrement modifiée selon [...] exigences des différents emplacements. A Sées, où l'on avait le champ libre, le plan put être exécuté dans toute sa majestueuse ampleur.

Un portique, composé d'une grande porte cintrée accompagnée de deux petites, flanqué [...] deux pavillons, donne entrée sur une magnifique cour d'honneur, au fond de laquelle se dessine [...] face au midi, les élégants bâtiments de l'abbatiale. Une galerie la prolongeait vers le nord et all[...] rejoindre le chœur de l'antique chapelle, qui ne fut pas comprise dans la reconstruction.

Le corps principal du monastère, en retour d'équerre avec la chapelle, s'allongeait du sud [...] nord et présentait alternativement aux rayons [...] soleil, à son aurore ou à son déclin, sa doub[...] façade ouverte au rez-de-chaussée comme aux de[...] étages par trois rangées de vingt-cinq fenêtres [...] celles du bas plus larges, sont cintrées, et les aut[...] rectangulaires. Deux pavillons en légère sail[...] renflent les extrémités, et donnent à l'aspect gén[...] ral, avec une gracieuse variété de lignes, pl[...] d'ampleur et de puissance. Sur le milieu de la toi[...] ture, un dôme en charpente largement ouvert so[...] sa calotte de plomb, loge la cloche de la com[...] munauté et les timbres de l'horloge, et perm[...] aux regards curieux de jouir du merveilleux pano[...] rama de la plaine de Sées. Cette grande bâtis[...] simple, très sobrement ornementée, fait éprouv[...] une sensation de force et de grandeur. Elle gagn[...] à être vue de quelque distance plutôt qu'exami[...] née de près.

Cloître de l'ancienne abbaye Saint-Martin de Sées.
D'après une photographie de M. l'abbé Bazer.

A l'intérieur, il faut remarquer l'immens[...] salle, voûtée sur épines de colonnes et de pilas[...] tres doriques, qui servait de cloître et de promen[...] noir. Dans le pavillon du midi, se trouve u[...] escalier monumental en pierre, montant jusqu'a[...] deuxième étage. Pris d'un côté dans les parois des murs, il semble, par ailleurs, se développer dan[...] le vide; on se défend difficilement d'un sentiment d'effroi, lorsqu'on le voit chargé d'un certai[...] nombre de personnes. En réalité, il est soutenu en dessous par des portions d'arcs, habilement band[...] des angles du mur à la rampe intérieure. La grille en fer forgé qui surmonte cette rampe est ju[...] beau travail de ferronnerie du siècle dernier ; de grands vantaux, pareillement en fer forgé, ferme[...] l'entrée des dortoirs, et laissent voir encore dans leur fronton les armes pacifiques des bénédicti[...]

Des fenêtres du côté de l'ouest, on a la vue des jardins qui s'étagent jusqu'à la rivière de l'Orn[...]

et, un peu plus au nord, de la magnifique prairie qui fut à l'origine un vaste étang. Des fenêtres de l'est, le regard se repose sur un parc grandiose dessiné par de nombreuses allées plantées de tilleuls, qui, toujours vigoureux, se couvrent au printemps d'un luxuriant feuillage. Du côté des jardins, d'anciennes constructions servent de communs. Le portique, probablement terminé en dernier lieu, porte la date de 1704.

V. — Cette ascension brillante de la réforme monastique, dont cette restauration marque l'apogée, ne tarda pas à s'arrêter et à pencher vers son déclin. Les divisions religieuses du XVIII° siècle, le relâchement des mœurs, les tracasseries des Parlements contre les ordres monastiques, vinrent coup sur coup amoindrir, corrompre et dessécher les sources de la vie religieuse. La commende, cette plaie parasitaire des monastères, y ajouta par surcroît son influence destructive. En 1763, le roi donnait l'abbaye à Louis-Étienne de Foy, chanoine de Meaux. Le vaste monastère devient désert, sept à huit religieux, qui restent à la fin du siècle, y rappellent ces ombres qui errent à travers les demeures abandonnées. En 1786, la mense abbatiale est réunie à l'évêché de Sées; la bulle et les lettres patentes en ont été obtenues, il ne manque plus que l'enregistrement au Parlement de Rouen, et l'envoi en pos-

Grand escalier de l'ancienne abbaye Saint-Martin de Sées.

session, quand survient la Révolution qui détruit radicalement toute propriété religieuse en France. Les biens sont confisqués, les dépôts littéraires livrés au pillage; on prend cependant quelques précautions pour sauver les livres et les anciens manuscrits qui excitaient à un moindre degré la fureur révolutionnaire.

Le prétendu évêque constitutionnel, Lefessier, en fait entrer quelques-uns dans la bibliothèque de l'évêché, en partie conservée par ses soins; d'autres ont trouvé asile à la bibliothèque publique d'Alençon.

Enfin le monastère lui-même est condamné à la destruction. « L'arrêté, dit M. de La Sicotière, était rendu, quand le hasard conduisit à Sées Richard Lenoir, le grand industriel, qui s'en allait par la France semant des manufactures et récoltant des millions. Lenoir vit l'abbaye; d'un coup d'œil il comprit l'immense parti que l'on pouvait en tirer pour l'industrie. Il pria, conjura, menaça même, obtint un sursis et l'abbaye fut sauvée. » Immédiatement il y installe une filature. Un canal dérive une partie des eaux de l'Orne et vient, en suivant la grande avenue, imprimer le mouvement à une roue hydraulique installée au milieu de l'ancien cloître. Le bruit des métiers succède au chant des psalmodies divines. La filature, un moment prospère, est entraînée dans la ruine de Richard Lenoir. En 1834, « la belle abbaye se trouvait encore une fois menacée. On spéculait déjà sur la vente des matériaux. Mgr Saussol, évêque de Sées, cédant aux conseils judicieux de quelques personnes, parmi lesquelles nous aimons à citer MM. Blanchetière, curé de Remalard, Mercier, curé d'Alençon, et Hommey, ancien notaire à Alençon, en fit l'acquisition pour y placer son séminaire diocésain; dernier sacrifice d'un homme qui n'avait jamais été riche que de ses aumônes ». Une souscription diocésaine permit de couvrir rapidement le prix d'achat. L'abbaye fut aménagée d'une façon convenable à sa nouvelle destination; une chapelle dans le style un peu précieux de la Renaissance remplaçait les ruines de l'antique église du XI° siècle; on y doit remarquer particulièrement, au point de vue artistique, cent vingt-deux stalles en chêne sculpté et historié, qui peuvent compter parmi les œuvres les plus réussies de M. Blottière, du Mans, ce digne héritier des menuisiers-imagiers du moyen âge.

Au terme de cette longue et rapide exploration à travers l'histoire treize fois séculaire du vieux monastère, une conclusion se dégage : la prédestination de certains lieux à une affectation religieuse. Malgré tant de révolutions et de changements, l'encens de la prière, à peine chassé et balayé pour un temps par quelques courts orages, s'élève toujours vers le ciel du sol sanctifié par les premiers moines colonisateurs. Ils paraissent y avoir creusé une source de supplications que rien ne peut tarir. Puisse, Dieu aidant, ce magnifique Grand Séminaire, si propice à la formation des vocations ecclésiastiques, avoir dans sa nouvelle destination, un avenir aussi long que son passé, et plus paisible encore, et plus fécond !

P. BARRET,
Curé de N.-D. de la Place de Sées.

L'ÉGLISE NOTRE-DAME DE LA PLACE

ANCIENNES ÉGLISES ET CHAPELLES DE SÉES

Sous son badigeon moderne, en dépit de ses larges fenêtres terminées en anse de panier, l'église Notre-Dame de la Place reste l'une des plus vieilles constructions de Sées. A l'angle nord de sa façade, dans les soubassements des murailles, l'on aperçoit de très visibles portions de murs en appareil à feuilles de fougères, si caractéristique de l'époque du XIe siècle.

Restaurée avant l'abbaye de Saint-Martin, elle compte au nombre des églises qui lui furent données en patronage. Placée dans un faubourg de la cité, sur le bord d'une ancienne voie, entourée d'antiques sépultures, elle paraît remonter aux premières origines du christianisme à Sées; mais ces traditions lointaines ont péri, et la légende même est muette.

Son plan, qui n'a pas été modifié, offre une large nef d'heureuses proportions et se termine par un chœur fermé en hémicycle en légère retraite sur la nef, à laquelle il se relie par l'arc triomphal roman. On a accolé sur le flanc méridional, près le chœur, une tour carrée que surmonte une petite pyramide en charpente; les fenêtres du chœur furent élargies en 1760; au commencement du siècle, l'on a replâtré la nef; des pilastres et une corniche grecs donnent à la vieille église romane un faux air XVIIIe siècle.

Centre d'une pauvre et modique paroisse, son histoire est celle de la pauvreté : obscure et à peu près nulle.

En 1212, on y tenait les séances des assises royales, en présence de Silvestre, évêque de Sées et de Barthélemi Drogon, bailli du roi. En 1215, devant les paroissiens, Guillaume, évêque de Sées, y confirmait la donation que Nicolas de Larré, l'héritier de l'antique maison d'Escures, avait faite en faveur de Saint-Martin de Sées.

Dès 1189, la cure de Notre-Dame de la Place était unie à la sacristie de l'abbaye de Saint-Martin, et les moines y entretenaient un vicaire auquel ils allouaient tout juste la portion congrue. Ce vicaire était « obligé de venir au chapitre et de prester le serment de fidélité aux religieux qui, par ce moyen, trouvoient une plus grande facilité à conserver leurs droits ».

Pour ses services, le pauvre prêtre recevait 40 sols angevins à la fête de Noël, autant à celle de saint Jean-Baptiste; 20 sols à celle de saint Remy; de plus, il était admis dix fois par an, dans les fêtes solennelles, à la table des moines, « pour le dédommager sans doute, dit M. de La Sicotière, des chétifs repas qu'il ferait le reste de l'année avec une aussi modeste rétribution ».

Dès 1350 les vicaires avaient déjà notablement amélioré leur situation; à la fin du XVIIe siècle, la paroisse avait un curé en titre.

L'un de ces vicaires administrateurs, Noël Bachelot, qui devint doyen de Sées le 17 janvier 1[...] s'est fait un nom, dans la littérature religieuse, par plusieurs travaux recommandables. Son suc[...] seur, de la même famille, François Bachelot, succombait, à la fin de mai 1608, à la peste épouvanta[...] qui ravagea la ville. Cinq de ses successeurs, de la fin de mai au 14 janvier 1609, mourai[...] coup sur coup, victimes du devoir professionnel. Mgr Daquin, qui voulut rester aussi à son po[...] pour encourager son clergé et ses ouailles, fut pareillement le martyr du dévouement pastoral.

Un autre curé, Nicolas Hardrey, recommandable à la fois par ses vertus et son savoir, fonda[...] en 1717, une école de filles.

L'église est le siège d'une ancienne confrérie de Charité dont les statuts furent approuvés en 1[...] et 1772.

Aujourd'hui, une série de bas-reliefs en bois, représentant les mystères de la vie de Not[...] Seigneur, y attire quelques visiteurs.

On y voit, écrivait en 1879 M. le chanoine Marais, en douze tableaux, l'histoire de Jésus-Chr[...] depuis l'Annonciation jusqu'à la Résurrection. Chaque tableau, large de 65 centimètres, est sép[...]

Bas-relief de l'église Notre-Dame de la Place.
D'après une photographie de M. R. Magron.

du suivant par un pilastre auquel est adossé un apôtre debout sur une console, tenant à la mai[...] l'attribut qui le distingue.

« Cette œuvre, imparfaite dans bien des détails, est cependant remarquable dans son ensemble[...] Sans doute, le galbe des membres, la souplesse des muscles, le modelé des figures, la pose de[...] personnages laissent souvent à désirer ; le sculpteur n'a pas toujours suivi les meilleures tradition[...] de l'iconographie chrétienne ; mais l'œil aime à considérer l'ordonnance des tableaux, le groupement[...] des personnages, la naïveté de certaines scènes. »

Primitivement les douze tableaux, réunis en deux longs cadres rectangulaires, formaient les deu[...] côtés du rétable du maître-autel de l'abbaye de Saint-Martin. Ils furent exécutés vers 1580, a[...] moment de la restauration de l'église, après les ravages des protestants. On lit, en effet, dans l'histoi[...] manuscrite de Dom Carrouget le passage suivant :

« Le Révérend Michel Jodio fit faire la contre-table où sont représentés avec beaucoup d'artifi[...] la Naissance, la Vie et la Passion de Notre-Seigneur.

« Pierre Pissot (dit le tiran d'Alençon) et Pierre Hardouyn d'Andely-sur-Seine firent voir par ce[...] ouvrage qu'ils étaient très habiles en leur art ; et François Dionis, assisté de ses deux fils Julie[...] et Michel, natifs de la ville de Fresnay du Maine, ayant donné du pinceau une nouvelle beauté à tant d[...] personnages qui y sont représentés, se firent admirer de ceux qui venaient rendre leurs adoration[...] en ce saint temple. »

Dans la scène de la Nativité, un abbé bénédictin, accompagné de deux religieux, adore le divin Enfant ; on peut sans témérité penser que le menuisier imagier a représenté l'abbé Jodio et deux de ses religieux.

Ce Pierre Pissot appartenait à cette corporation des menuisiers imagiers d'Alençon, qui fut si florissante aux XVIe et XVIIe siècles, et dont nous connaissons aujourd'hui la plupart des membres, grâce aux patientes recherches d'une Alençonnaise, Madame Desperrierres.

Transportés dans l'église de la Place, vers 1791, après la dispersion des religieux, par les soins de l'abbé Crosnier, curé de la paroisse, ces bas-reliefs attirèrent en 1845 l'attention de M. de La Sicotière et de l'École d'archéologie normande, alors si ardente et zélée sous l'impulsion de M. de Caumont.

Les cadres en chêne tenaient bon ; mais les bas-reliefs, fouillés dans des planches épaisses de noyer, avaient beaucoup souffert. Certaines parties étaient vermoulues, nombre de statuettes plus ou moins mutilées. M. de La Sicotière sut intéresser à la conservation de ces souvenirs de notre art provincial, notre éminent compatriote, M. le marquis de Chennevières, directeur des Beaux-Arts. Par ses soins, un crédit fut ouvert, et M. Laruc, chef de l'école artisanique de Sées, fut chargé de la restauration. On a dissimulé les attaches et raccords sous une nouvelle couche de peinture, qui empâte les lignes, et où l'on a employé à l'excès le vermillon et les bronzes aux tons violents et criards. Malgré tout, le mouvement des scènes, la naïveté des groupements ne laissent pas d'intéresser les visiteurs.

D'autres bas-reliefs, d'une époque plus récente, et qui doivent provenir aussi de l'ancienne abbaye, ont été encastrés par les soins de M. l'abbé Maunoury, ancien curé de la Place, sur le pourtour de la tribune, au fond de l'église. Ils représentent, en légère saillie, des apôtres ou des saints isolés. Le modelé, l'expression des figures, les gracieux plis des draperies attestent qu'ils furent l'œuvre de ciseaux exercés.

Anciennes églises et chapelles de Sées. — Sées comptait autrefois trois autres églises paroissiales, Saint-Ouen, Saint-Germain et Saint-Pierre. Il ne reste que cette dernière, placée au centre de la ville ; les autres ont été supprimées depuis la Révolution. L'imposante communauté de la Miséricorde occupe aujourd'hui l'emplacement de Saint-Ouen.

Quant à l'église actuelle de Saint-Pierre, amas disparate de constructions successives, ce fut d'abord un petit édifice de style roman, pour le service du château-fort bâti par les seigneurs de Bellême dans cette portion de la ville, sur la rive gauche de l'Orne, qu'ils avaient conservée après avoir cédé la rive droite à l'évêque.

Quelques rangs de maçonnerie en appareil alterné prouvent que dans les remaniements postérieurs l'on a conservé partie des murs du XIe siècle. C'est tout ce que l'archéologue a de curieux à constater. L'évêque Gervais de Belleau en fit une nouvelle bénédiction, l'an 1361, sans doute après une restauration. Au pied de la vieille motte qui joint l'église, et sur laquelle on avait élevé le donjon du XIe siècle, on a trouvé des monnaies, des sépultures, des vases, des débris d'armes.

La chapelle de Notre-Dame du Vivier, annexe vicariale de la paroisse Saint-Gervais, présentait plus d'intérêt. Le côté nord est un mur épais et aveugle d'époque romane ; le côté du midi, percé de larges baies ogivales à meneaux et rosaces, est du XIIIe siècle. Quelques débris de chapiteaux de même époque, qui recevaient les nervures de la voûte, sont encore apparents à l'intérieur.

Aujourd'hui les ouvertures sont bouchées, les voûtes effondrées, la toiture enlevée ; l'enclos des murs sert d'abattoir ; les cris des victimes ont remplacé les psalmodies. Les habitants de Sées, s'il reste encore quelques descendants des anciennes familles, ont complètement oublié que les ossements nombreux de leurs ancêtres reposent sous les dalles que rougit chaque semaine le sang des animaux.

Cette chapelle a été le siège d'une très ancienne confrérie de la Charité.

En plus de ces édifices religieux destinés au service paroissial, Sées offrait encore la grande église des Cordeliers, bâtie au XIIIe siècle. Totalement détruite, sauf quelques pans inférieurs du mur septentrional, on peut à peine reconnaître aujourd'hui son existence. Elle avait été bâtie avec économie et presque entièrement en blocage.

La chapelle de l'Hospice de Sées, fondé dans les premières années du XIIIe siècle par la charité de deux bourgeois de la ville, enrichi depuis par de royales et princières protections et de permanentes libéralités, a eu un sort plus heureux. L'établissement pour lequel elle avait été faite l'a sauvée. Frappante leçon des choses. La richesse périt; la pauvreté demeure !

Sous son décor actuel de style grec, on a peine à reconnaître le XIIIe siècle. Mais il existe bien conservé pourtant. On avait rêvé de bâtir une église d'un plan grandiose. Des colonnes, semblables par le galbe et les crochets des chapiteaux à celles du portique de la cathédrale, recevaient les retombées de larges arcatures ouvertes sur des bas-côtés imaginaires, qui n'ont jamais été construits. Les arcatures sont bouchées et les colonnes engagées dans le mur de remplissage. Dans le chœur, on signale une série de panneaux peints, essais imparfaits mais déjà marqués cependant au coin du génie si personnel de l'illustre ingénieur et chimiste Nicolas-Jacques Conté, né dans le voisinage, à Saint-Céneri près Sées, et auquel l'hospice donna quelque temps asile, durant les premières années de sa jeunesse. De larges et massives arcades ogivales jetées sur le ruisseau de Crémerel et supportant les étages d'anciennes constructions sont aussi des monuments bien conservés de la construction primitive.

Enfin, à deux kilomètres de Sées, au midi, s'élevait une importante léproserie appelée *La Madeleine*. Une partie des constructions, appropriées aux besoins du fermier qui l'habite aujourd'hui, est encore debout avec la chapelle, où les malheureux bannis de la société humaine trouvaient du moins la société du Dieu de charité. Elle a gardé un portail gothique qui, malgré ses mutilations, ne laisse pas d'être un gracieux spécimen de l'art du XIIIe siècle, époque remarquable entre toutes par la science, la richesse et la logique de ses combinaisons.

P. BARRET,
Curé de N.-D. de la Place de Sées.

CLÉRAI

Cet humble village, dépouillé aujourd'hui de son titre de paroisse et réuni à Belfonds, qui s'abrite à la lisière de la forêt d'Écouves, et dont la vieille église apparaît déserte et solitaire au bord d'un herbage, a un long passé d'illustres souvenirs religieux et féodaux.

Le premier apôtre du diocèse, saint Latuin, y a cherché, raconte la tradition, un refuge contre les persécutions, et son corps vénéré y fut enseveli sur l'emplacement qu'occupe aujourd'hui l'église dédiée sous son patronage.

L'église de Clérai.
D'après une photographie de M. E. Najeau.

Tout auprès, la fontaine de Saint-Latuin continue, comme aux anciens jours, d'attirer de pauvres pèlerins, qui viennent y demander le soulagement à leurs misères ; plusieurs lieux-dits, dans le voisinage, rappellent les mêmes souvenirs sous la forme populaire de Saint-Lain.

Au sortir de l'invasion normande, un puissant seigneur en fit le siège d'une baronnie considérable. Le premier qui soit connu d'une façon précise est Guillaume de Clérai ; il vivait de 1050 à 1100, ou environ. Voisin de la puissante famille d'Écures, avec laquelle il semble avoir eu des liens de parenté, se rattachant d'après certains auteurs au sang des ducs de Normandie, il vit d'un mauvais œil l'établissement de l'abbaye de Saint-Martin de Sées, et longtemps troubla les religieux par ses exactions. Sur la fin, il vint à résipiscence, fit sa paix avec l'abbé, lui confirma la paisible jouissance de ses biens, y ajouta ses aumônes, et termina ses jours sous la bure bénédictine. On voit par la liste de ses donations que la mouvance de son fief s'étendait sur les paroisses de Montmerré, Saint-Hilaire, La Ferrière-Béchet, Brai, Bellefonds, Saint-Christophe-le-Jajolet, et jusqu'à Argentan où il possédait des dîmes.

Cette puissante et féconde famille a, par une exception rare et glorieuse, subsisté jusqu'à nos jours. En 1666, elle comptait encore quatre branches différentes, qui toutes portaient les mêmes armes : *d'azur au lion rampant de gueules armé de sable à la bordure de même.*

La branche aînée s'éteignit vers la fin du XVIe siècle. Un Gilles de Clérai, qui, en 1529, essaya de ressaisir le patronage de l'église, donné par ses ancêtres à l'abbaye de Saint-Martin, paraît en avoir été le dernier représentant. La seigneurie de Clérai passa ensuite par alliance dans la famille de Neuville, et fut érigée en marquisat, vers 1728, en faveur de Pierre de Neuville. Il n'eut qu'une fille qui épousa Henri-François, marquis de Rabodanges. Leur fils, Jean-Henri de Rabodanges, mourut sans enfants ; ses deux sœurs se partagèrent les propriétés. Marie-Anne-Perrette-Henriette de Rabodanges, veuve de Philippe-Louis Thibault de la Carte de la Ferté-Senectère, vendit Clérai le 22 juin 1810. Ce beau domaine est aujourd'hui la propriété de M. Eugène Lecointre, d'Alençon.

Le manoir de Clérai.
D'après une photographie de M. B. Mayeur.

« Les vassaux de Clérai, dit l'*Orne pittoresque*, étaient tenus d'amener au château, avec huit bœufs blancs, la bûche du feu de Noël, et de faire taire les grenouilles pendant les couches de Madame la Marquise. Le don d'un journal de terrain, au réage du Moulin-à-Vent, récompensait d'ordinaire le zèle qu'ils déployaient dans cette dernière circonstance. »

L'église de Clérai a conservé, de la construction ancienne, une double arcature ouvrant sur la chapelle, et portée sur une colonne avec chapiteau à crochets, du début du XIIIe siècle. Elle a été remaniée à différentes reprises. La tour est carrée et massive (1).

Les fidèles de Sées et des environs se font toujours un devoir d'y venir rendre leurs hommages à leur premier évêque. La fontaine a été restaurée il y a quelques années, par les soins de M. l'abbé Rault, ancien supérieur du Grand Séminaire, et ornée d'une statue du saint.

Le château des marquis de Clérai, habité aujourd'hui par le fermier, a été décrit dans l'*Orne pittoresque*. « Il date du commencement du XVIIe siècle ou même du XVIe. Il se compose d'un corps principal et de deux ailes qui font saillie sur les deux façades. Il est ceint de larges douves d'eau vive, qui le séparent d'une vaste cour tout entourée par des bâtiments d'exploitation. Une tour assez élevée, couronnée par une espèce de lanterne en ardoises, est en dehors de l'enceinte. Des meurtrières sont ménagées à différents étages. Malgré la simplicité de son architecture, qui n'a admis aucun ornement, le château de Clérai, avec sa masse imposante, avec ses toits élancés que surmontent de jolis épis, avec la belle prairie et la large pièce d'eau qui le précèdent, offre encore, vu du côté de l'église, un aspect très pittoresque. » On trouve à l'intérieur de belles plaques de cheminée aux armes des derniers seigneurs.

P. BARRET,
Curé de N.-D. de la Place de Sées.

---

(1) Sur des dalles tumulaires, à moitié usées, on lit encore les noms de Marguerite de Caumont la Force, et de Marie Claude Turgot, seigneur des Tourailles, décédé au mois d'août 1725.

AUNOU-SUR-ORNE

MÉDAVI — FRESNAUX — SAINT-CÉNERI PRÈS SÉES

AUNOU

A quatre kilomètres de Sées, vers l'Est, aux sources de l'Orne, un petit village nommé Aunou s'allonge sur le bord d'une ancienne voie romaine; on a conservé, je ne sais d'après quels titres, le souvenir du passage de Philippe Ier, roi de France, qui allait assiéger Exmes.

L'église, dédiée sous le patronage de sainte Eulalie, existait dès le XIe siècle; elle figure, en 1060, dans la charte de fondation de l'abbaye de Saint-Martin de Sées, parmi celles que le vicomte d'Exmes, Roger de Montgommery, donna au nouveau monastère, d'où il faut conclure qu'il en était alors seigneur principal.

Plus tard, la cure, par décret de Silvestre, évêque de Sées, était réunie à l'abbaye qui la faisait desservir par un vicaire à portion congrue. Les religieux avaient par là même le droit de dîme sur la paroisse; et l'an 1212, aux assises de l'Échiquier tenues dans l'église Notre-Dame de la Place, Raoul de Sesnelle était obligé de céder la dîme de son fief qu'il avait voulu garder entre ses mains. Ils durent aussi posséder dès le principe la magnifique propriété de Martigni, et ne cessèrent pas d'y accroître leur domaine. Saint Louis, en 1267, leur octroyait des lettres d'amortissement pour de nouvelles acquisitions en partie situées à Aunou. Le fils du roi, le comte Pierre d'Alençon, les confirmait en 1281.

Je n'ai pas retrouvé les noms des premiers propriétaires du fief principal d'Aunou, appelé *La Cour d'Aunou*. Au XVe siècle, il avait pour titulaire Raoul de Jupilles, brave chevalier français, d'une vieille famille du Maine, qui, en 1493,

L'église d'Aunou.
D'après une photographie de M. H. Meyer.

arracha par surprise l'abbaye de Saint-Martin de Sées aux Anglais, et se fit tuer quelques jours après sur la brèche, en défendant sa conquête.

En 1460, ses héritiers vendaient la terre d'Aunou et ses dépendances au chapitre de Sées, et, le 9 avril, le duc d'Alençon octroyait ses lettres d'amortissement « à faculté d'un obit annuel le jour

Saint-Crespin, et la réservation de justice souveraine, et foy et hommage simple à rendre à mondit sieur par le prieur dudit chapitre ».

Le chapitre a conservé jusqu'à la Révolution cette seigneurie qui, lors de la sécularisation, fut attribuée à la dignité de prévôt. Il fit placer ses armes dans l'une des fenêtres de l'église ; on les voit encore sous forme d'un médaillon présentant les images des saints Gervais et Protais.

Cette terre avait titre de baronnie, et son revenu était estimé, en 1790, à la somme de 2,000 livres.

Confisquée à la Révolution, vendue comme bien national, elle était possédée au commencement du siècle par M. Pichon-Prémêlé, maire de Sées, qui en fit une exploitation modèle, et y reçut, le 17 juillet 1857, la visite des membres de l'Association normande.

L'ancienne habitation féodale a complètement disparu ; il ne reste que des constructions modernes sans intérêt pour l'archéologue.

Dans l'église d'Aunou, l'on conserve un bas-relief représentant l'Annonciation, la Naissance de

Bas-relief de l'église d'Aunou.
D'après une photographie de M. R. Magon.

Jésus et l'Adoration des Mages, une *Piéta* et un groupe de sainte Anne et de la jeune Vierge. En outre, une statue de sainte Barbe et une de saint Jacques, ont été transportées dans l'église de Belfonds.

Toutes ces œuvres sont dues à ces artistes du XVIe siècle, sous le ciseau desquels la pierre semblait prendre la docilité de la cire. Elles viennent de la chapelle du manoir de Médavi.

Dans le bas-relief, tout n'est pas irréprochable sans doute. Quelques têtes sont trop fortes à proportion du corps, mais il est impossible de n'être pas charmé de l'ordonnance gracieuse et naïve des compositions, de l'expression pieuse des figures. Le lecteur en jugera mieux par la reproduction insérée dans ce texte que par la description la plus détaillée. Dans l'Annonciation, tous les personnages, le donateur, l'ange, la Vierge, sont à genoux dans l'attitude d'une modestie touchante ; au-dessus le Père Éternel, vu de mi-corps, envoie l'esprit de vie qui va opérer l'ineffable miracle ; au fond, se profilent le lit et le buffet garni des pauvres ustensiles du ménage. Le donateur est à genoux, à main gauche.

La scène de la Nativité, au centre, est admirablement groupée. Sous une espèce de hangar, supportant sur deux troncs d'arbres un appentis en chaume, l'Enfant-Dieu gît par terre, adoré par Marie et Joseph, pendant que les bergers de Bethléem, qui arrivent, se pressent en arrière. Au fond, dans une lointaine perspective, apparaissent les maisons de la ville et la colline des bergers. Dans la troisième scène, la Vierge-Mère présente son divin Fils à l'adoration des trois mages. La donatrice, la femme du sieur Moynet, fait pendant à son mari, et adore, les mains jointes. Tous deux sont agenouillés sur un prie-Dieu qui portait, sur l'un des côtés, un écu à leurs armes. L'égalité jalouse les a grattées.

Le groupe de la *Piéta* est un morceau remarquable d'art religieux. La divine Mère soutient sur ses genoux le corps du Crucifié et le contemple, les mains jointes, les yeux presque fermés, avec l'expression d'une douleur immense, mais à la fois calme et soumise. Les bords de son voile, qui l'enveloppe comme un ample manteau, sont ornés de délicates broderies; le bras tombant du Christ vient se perdre dans les derniers plis. Il est difficile de se défendre, en présence de cette belle œuvre, d'un sentiment de douleur mêlé d'admiration. Le divin resplendit encore dans cette désolation indicible.

Le groupe de sainte Anne et de la jeune Marie présente les mêmes caractères de facture, de simple et religieuse expression. On peut en dire autant du saint Jacques conservé dans l'église de Belfonds. La statue de sainte Barbe est plus maniérée et, si l'on veut me passer l'expression, traitée avec plus de coquetterie. Le sculpteur s'est inspiré de la mode et du costume du temps, et, à ce point de vue, l'œuvre de l'artiste est à la fois un document religieux et archéologique.

N.-D. de Pitié, à Aunou.

Nous ne quitterons pas l'église d'Aunou sans faire quelques remarques. Bâtie à l'époque romane, elle fut remaniée dès le XIIIᵉ siècle, au moins pour le chœur. Les longues meurtrières à plein cintre furent remplacées par de larges fenêtres ogivales, à double baie séparée par un meneau simplement épanneté, sans base ni chapiteau. Ce genre très simple et très économique ne laisse pas de produire un effet satisfaisant. Un vitrail du XIIIᵉ siècle représente le martyre de sainte Eulalie; la bordure en est faite d'un semé de lis de France et de châteaux de Castille, qui rappelle la mère de saint Louis et son époque. Dans des quatre-feuilles, au sommet des fenêtres, sont des armoiries plusieurs fois répétées, avec quelques variantes, probablement des anciens seigneurs d'Aunou. Le tableau qui fait le fond du grand rétable, à la mode du XVIIᵉ siècle, est signé : *Dufresne, Alenconii*, 1699.

MÉDAVI

A la limite méridionale de la paroisse d'Aunou, tout près des ruines de l'église de Saint-Céneri, existait un autre fief considérable appelé Médavi.

Les premières origines en sont obscures; mais le Guyot de Médavi, vassal de l'évêque de Sées pour un fief de haubert qui, l'an 1217, était mis à la merci du roi pour n'avoir pas répondu à l'appel du ban, devait être le titulaire de ce fief.

Aux XVe et XVIe siècles, il appartint à cette famille Moynet, qui s'honore d'avoir fourni plusieurs vicomtes d'Argentan. En 1641, Jean de Ronnai ; en 1632, Charles de Guernon en étaient les seigneurs. Au commencement du XVIIIe siècle, ce fief était passé à l'une des branches de l'illustre famille d'Osmont, qui le conserva jusqu'à la Révolution. C'est aujourd'hui la propriété de Madame de Coulonges ; elle la fait exploiter par un fermier.

Cette belle résidence, entourée de plantureux herbages, et dont quelques allées d'énormes marronniers séculaires rappellent seuls l'antique honneur féodal, possédait une chapelle remarquable.

Elle fut fondée, dit le Pouillé de Sées, par Jean Moynet, écuyer, seigneur des fiefs nobles de Neauphe et de Médavi, et bénite par l'évêque de Sées, Pierre Du Val, en octobre 1531, sous le patronage de sainte Barbe.

On signalait encore, il y a cinquante ans, la délicatesse de ses meneaux prismatiques, la richesse d'une piscine aux délicats feuillages. Les derniers pans de murs, calcinés par l'incendie qui avait dévoré la toiture, ont disparu en 1880. La Révolution avait occasionné la dilapidation du mobilier ; mais le bon sens des paysans sauva, malgré le vandalisme fanatique de l'époque, les sculptures les plus remarquables ; nous les avons retrouvées dans les églises d'Aunou et de Belfonds.

L'HOPITAL DE FRESNAUX

Au nord, à un kilomètre environ de l'église d'Aunou, non loin d'un vieux chemin gaulois qui s'appelle encore le *Chemin Chartrain*, on aperçoit les restes remarquables d'un antique établissement de Templiers, beaucoup trop négligé par les archéologues.

Chapelle des Templiers, à Fresnaux.
D'après une photographie de M. l'abbé Rond.

L'histoire s'en réduit à peu de chose. Les quelques renseignements connus jusqu'ici se trouvent dans le travail publié par M. Lechaudé d'Anisy, au tome VII des *Mémoires de la Société des Antiquaires de Normandie*. Il faut y ajouter quelques notes puisées aux archives de l'Orne et publiées dans l'Annuaire de 1892 par l'archiviste, M. Duval.

Après la terrible exécution des Templiers, cet établissement fut réuni comme les autres à l'ordre de Saint-Jean de Jérusalem, et devint l'une des dépendances de la commanderie de Villedieu-les-Poêles. En 1377, frère Nicolle Thomas en était commandeur ; en 1789, le titulaire était M. le chevalier de Boniface.

Les bâtiments et domaines, d'une contenance de 210 acres, affermés à la somme de 1,000 livres, formaient un fief relevant du roi, avec droits de moyenne et basse justice.

La chapelle de l'Hôpital de Fresnaux, sous l'invocation de saint Marc et de saint Barthélemy, exempte de la juridiction de l'ordinaire, était chargée de deux messes par semaine, acquittées par les Cordeliers de Sées, moyennant une rente annuelle de 50 livres.

Là, comme ailleurs, l'institution a péri dans l'abîme révolutionnaire ; mais une partie des constructions primitives, en particulier la chapelle et un ancien corps d'habitation, sont restées comme les témoins d'une époque et d'un ordre de choses disparus.

La chapelle est du style de la fin du XII° siècle, époque de transition du roman au gothique. Elle mérite d'autant plus d'être signalée, que les monuments de cette espèce se rencontrent en petit nombre. Elle offrait une simple nef quadrangulaire à quatre travées, flanquée de contreforts d'angle, soutenue, sur chaque côté, par quatre autres contreforts de faible saillie. Depuis la désaffectation de la chapelle, on les a maladroitement rabattus au ras des murailles, ce qui a fait boucler les murs. De simples fenêtres à ogive, de moyenne dimension, éclairaient la nef. Le pignon occidental était percé, au premier étage, par une longue baie à plein cintre, celui de l'est s'éclairait par une large fenêtre à deux lancettes, séparées par un meneau surmonté d'un oculus. Je ne voudrais pas affirmer que cette dernière n'a pas été refaite à une époque un peu postérieure. Les portes et les ouvertures du bas sont simplement cintrées, sans sculpture ni ornementation.

Mais il ne faut pas oublier de remarquer, sous le larmier de la couverture, une corniche très originale, sculptée de façon à présenter une longue ligne de dents de scie.

L'intérieur, aujourd'hui transformé en cave et pressoir, coupé par des planchers, est complètement défiguré. On peut cependant reconnaître encore que cet édifice n'était pas voûté à l'origine, mais fermé seulement en haut par une charpente apparente. Des arcs doubleaux partageaient cette charpente au droit des contreforts. Formés par un gros boudin porté sur des chapiteaux à palmettes, dont l'extrémité inférieure se coudait à angle droit pour se ficher dans le mur, ils reportaient sur les contreforts le poids de la toiture. L'intérieur était décoré de peintures à fresques, au moins dans la partie orientale où se trouvait le chœur. L'un des motifs d'ornementation, dont on aperçoit encore le dessin, se composait d'un carré en losange, passant sur un carré vu de face. On obtenait ainsi une espèce de mosaïque de couleurs. Nul souvenir, aucun débris ne paraissent s'être conservés du mobilier intérieur.

Le corps de bâtiment à usage d'habitation, près de la chapelle et dans la même orientation, est bien conservé dans toute la hauteur du pignon occidental et du côté du midi. C'est une chose bien rare de retrouver debout une

Maison des Templiers, à Fresnaux.
D'après une photographie de M. l'abbé Buron.

habitation de la fin du XII° siècle. Le pignon est percé par trois rangs d'ouvertures ; au rez-de-chaussée, une porte cintrée s'ouvre au milieu, accostée de deux petites fenêtres de même style ;

à la hauteur du premier étage, une fenêtre géminée terminée par un trilobe ogival; au-dessus pour éclairer le comble, une élégante lucarne plein cintre; sur le côté méridional, le mur est percé, à la hauteur des fenêtres du rez-de-chaussée, par quatre étroites meurtrières cintrées, qui paraissent bien appartenir à la construction primitive. L'intérieur, transformé en étables avec fenil, a perdu tout caractère. De nouvelles constructions ont été accolées au pignon oriental et au côté nord.

On est bien évidemment en présence de constructions élevées par les redoutables Templiers, à l'époque de leur plus grande prospérité. Il semble que leur souvenir plane encore sur ces lieux qu'ils habitèrent. Légendes diaboliques et hantises y ont élu domicile après leur supplice, et les paysans des environs les racontent à la veillée. On vous montrera l'emplacement de la *Grange du Diable*, bâtie en une nuit par le malin. On lui avait promis pour salaire la première créature qui y entrerait; mais il fut trompé dans son espoir par la ruse d'une Normande qui lui livra une vieille chatte, au lieu de la victime humaine qu'il s'était promise. On voit aussi la place du large puits bâti à la même occasion, et que des banneaux de terre jetés en vain, n'ont pu combler. Ces souvenirs inédits méritent d'être recueillis et conservés.

SAINT-CÉNERI PRÈS SÉES

De la vieille église de Saint-Céneri près Sées, ancienne paroisse réunie à Aunou, il ne reste que quelques débris ombragés tristement par l'if traditionnel, survivant délabré et usé des ruines de l'histoire. A quelques centaines de mètres, dans la direction sud, le manoir du Chesnai rappelle tout un passé féodal. Ce fief est toujours resté depuis le XVe siècle dans l'antique famille des Gouhier; il est possédé aujourd'hui par leur héritier, M. le comte de Charencey. Les bâtiments restaurés au XVIIe siècle avec un certain luxe, comme en témoigne une belle cheminée sculptée dans la cuisine actuelle, sont à l'usage du fermier.

Cette localité remonte à une haute antiquité. On a retrouvé autour de l'église des briques, des poteries gallo-romaines, des sépultures mérovingiennes. A la date de 1884, on lisait dans le *Bulletin historique de l'Orne* : « A Saint-Céneri près Sées, sur un terrain qui appartient à M. le comte de Charencey, M. Thouin, agent-voyer inspecteur, nous signale des sépultures qui paraissent contemporaines de celles de Bures (époque mérovingienne). Les plaques de ceinturon et les fibules présentent à peu près les mêmes dessins. »

L'illustre chimiste Conté, plus connu des écoliers par ses crayons que par les immenses services dont le corps expéditionnaire d'Égypte fut redevable à son génie inventif, naquit et fut baptisé à Saint-Céneri : on montre la pauvre chaumière où il reçut le jour. La ville de Sées lui a élevé une statue de bronze qui décore la place du Parquet, en face de la cathédrale.

P. BARRET,
Curé de N.-D. de la Place de Sées.

LES VOVES — LA SOURCE DE L'ORNE

LA SOURCE DE L'ORNE

LES VOVES

L'ancienne province de Normandie comprend trois régions sensiblement distinctes par le climat, les aspects du sol, les productions de la nature et de l'industrie humaine : à l'est, de la Bresle à la Touques, le bassin de la Seine et des fleuves côtiers qui gravitent autour d'elle ; — à l'ouest, le Cotentin, qui participe déjà du caractère de l'Armorique ; — au centre, d'Isigny à Trouville, le pays des Basses-Terres, une suite de vallées convergentes au milieu desquelles l'Orne trace le sillon profond de son cours, dont les rivières voisines semblent n'être que des bras.

Ainsi conçu comme le principal organe de cette multiple expansion liquide, qui enveloppe toute la plaine, d'Honfleur à Grandcamp, le fleuve bas-normand peut passer pour le Génie nourricier de cette belle contrée ; — et le souci même de connaître la terre qu'il féconde, nous conduit à remonter son cours jusqu'à la fontaine bienfaisante d'où jaillit tant de richesse.

Au nord de la forêt d'Écouves et à l'ouest des forêts de Montperroux et de Montmirel, dans une sorte de petit cirque dont Mortrée, Bazoches et Courtomer limitent à peu près le contour extérieur, au creux du vallon tracé par un ruisseau venant de Trémont, jaillit la source à laquelle on rapporte l'origine du fleuve.

L'endroit, appelé *les Voves* (1), est empreint d'une poésie à la fois mélancolique et souriante, comme un paysage de Corot. A travers les peupliers feuillus qui font danser leurs ombres à la surface mouvante de l'étang, il semble que des nymphes aux soupirs ambigus passent et repassent dans la vapeur légère du demi-jour : le murmure de l'eau qui sourd ressemble à une plainte, mais déjà le flot, qui s'échappe en bondissant sur les cailloux, a l'élan alerte et joyeux de la vie.

Tout autour, la plaine ondule, coupée de côteaux que marbrent les taches sombres des bois, étalée çà et là en de grasses prairies où paissent les plus beaux moutons, les plus superbes vaches, les plus rapides chevaux de la province. Ici sont les fameux *champs de Pré-Salé*; là le *Haras du Pin*, où deux cents étalons s'ébattent dans un domaine de plus de mille hectares. Partout, au fond des vallées, l'eau affleure le sol et fait germer une extraordinaire végétation.

La ceinture de forêts qui enferme l'horizon se double d'une couronne d'édifices attestant la prospérité de l'homme en cette opulence de la nature : ce sont les châteaux de Courtomer, de Champeaux, de Buisson-Barville, du Pin, de Chambois, d'Aubri-en-Exmes ; les églises de Nonant, de Merlerault, de Sainte-Gauburge, de Soligny-la-Trappe, de Bazoches, d'Essay, — enfin Sées et les contreforts énormes de sa cathédrale.....

Les collines n'ont pas plus de deux cents mètres de haut, mais la richesse de la nappe liquide

(1) Commune-d'Aunou-sur-Orne, arrondissement d'Alençon, à 5 kilomètres de Sées.

qui vient émerger sur leurs flancs, est telle qu'on dirait d'un puits artésien continu s'ouvrant à tous les points de la chaîne. Au sud, coulent l'Huisne, la Sarthe, la Mayenne et leurs tributaires; au nord, l'Eure, l'Avre, la Risle et la Charentonne, puis la Touques, la Dives, l'Orne avec le cortège de ses affluents.

D'où vient ce nom d'*Orne* que prend le ruisseau d'Aunou quand il arrive à Sées ? Ce problème, peut-être illusoire, demanderait d'infinies recherches de linguistique et d'archéologie : les noms de fleuves sont les plus anciens de tous ceux que la tradition humaine traîne avec elle, à travers les changements de civilisation. On sait seulement que la substitution de la lettre *R* à la lettre *L* dans le mot, est d'origine assez récente : Ptolémée écrit *Olina*; au XIe siècle, on dit tantôt *Olnus* (1020), tantôt *Olna* (1070); puis la désinence féminine l'emporte (1) et donne plus tard Ogne, Ougne, Ousne, Houlne, et enfin *Olne*, d'où dérive la forme actuelle.

L'Orne suit d'abord la direction de l'ouest, comme si elle allait rejoindre la Sarthe et, plus loin, la Loire et l'Océan; mais, devant Sées, elle tourne brusquement au nord et descend vers la Manche.

Après avoir baigné la vieille ville épiscopale, elle reçoit successivement la *Sénevière*, à trois kilomètres de Mortrée; la *Thouanne*, en avant de Médavy, dont le vieux castel se dresse en face du magnifique château d'O; le *Don*, près d'Almenèches, où l'on va visiter la gracieuse église rebâtie par Marguerite de Navarre; l'*Ure*, en amont d'Argentan, et la *Baize*, en aval; la *Cance* et l'*Udon*, à Écouché, en vue du château de Rancs.

A quelque distance de là, dans la plaine basse où la *Maine* vient le rejoindre, la marche du fleuve devient extraordinairement lente et sinueuse : certain de ses détours (celui de Ménilglaize), a 5 kilomètres de replis pour un isthme de moins de 500 mètres; un autre (le tournant du Vieux-Mur), donne 13 kilomètres de méandres pour une distance rectiligne de 2,500 mètres (2).

Sur la portion suivante de son parcours, l'Orne sert de limite entre le département qui porte son nom et celui du Calvados, et elle y reçoit trois gros affluents, *la Baize*, *la Rouvre* et *le Noireau*. Elle a dès lors atteint la plénitude de sa force, mais l'étroite ligne de collines où elle se trouve encaissée la resserre et la précipite; de là les sites pittoresques et même grandioses, en dépit de la médiocrité des hauteurs, comme le défilé de Thury-Harcourt qui est un lieu de pèlerinage pour les touristes.

Enfin elle arrive dans la plaine de Caen, où la *Laize* et l'*Odon*, par ses deux bras, lui apportent un dernier concours, et où elle descend majestueusement à la mer, navigable jusqu'à son embouchure, malgré l'emprunt que lui fait le canal latéral qui la côtoie jusqu'à Ouistreham.

Mais ce n'est pas ce dernier service rendu au commerce bas-normand qui la caractérise : comme voie de transit, elle demeure au-dessous de la plupart des fleuves côtiers qu'emprunte la navigation. L'Orne est une artère essentiellement agricole, une source inépuisable de fertilité pour la terre qu'elle traverse; — et c'est pourquoi le délicieux paysage de Voves, où l'on voit jaillir hors de l'eau la végétation et la vie, peut vraiment servir de symbole au cours entier du fleuve qui y prend naissance.

Léopold Mabilleau.

(1) Dans le pays, les deux genres sont employés indifféremment : l'Orne est *beau* ou *belle*, suivant le caprice du langage ou de l'écriture; les géographes ont adopté la forme féminine.

(2) D'après le *Dictionnaire géographique* de Vivien de Saint-Martin.

CHÂTEAU DE CARROUGES

LE CHATEAU DE CARROUGES

Depuis un demi-siècle, ce vieux château féodal a souvent, et à juste titre, attiré l'attention des écrivains et des artistes, stimulé le talent des peintres et des dessinateurs.

La forteresse défendue par le chevalier Gaultier, que Geoffroy Plantagenet, comte d'Anjou, vint assiéger et prendre en 1036, était située sur le mamelon où s'est groupé le bourg de Carrouges.

Environ deux siècles plus tard les seigneurs descendirent au fond de la gracieuse vallée de l'Udon, et commencèrent à s'établir non loin de ce Monthard dont les sommets s'élèvent à 372 mètres au-dessus du niveau de la mer.

Le visiteur aperçoit tout d'abord l'élégant pavillon que fit bâtir le cardinal Jean Le Veneur, évêque de Lisieux. Il précède le château de cent pas et lui sert de portique. Deux tourelles encadrent le grand portail, surmonté d'un double étage de fenêtres. L'appareil en briques rouges et noires, aux dessins losangés, est chaîné de cordons de granit; les montants, linteaux et pinacles sculptés des fenêtres et lucarnes, sont également taillés dans le granit. Enfin les toits pointus, couronnés de potiches et d'épis, font de cette construction l'un des types les plus parfaits de l'art du XVIᵉ siècle.

Pavillon du Château de Carrouges.

Le château présente actuellement un plan rectangulaire, irrégulier dans les parties nord et ouest. On y accède par une seule porte dont le fronton Louis XIII fait assez triste figure. Un pont est jeté sur le fossé, et l'on ne voit plus trace de pont-levis ni de herse.

On y reconnaît trois époques. La plus ancienne se compose d'un vieux donjon carré. M. de Caix en attribue la construction au borgne Blosset. Les premières assises en granit furent posées à environ trois mètres au-dessous du sol, entourées de douves larges et profondes. Sur ces robustes fondations on éleva des murailles en briques d'environ trois mètres d'épaisseur. Les rares ouvertures sont étroites et fortement ébrasées. Les mâchicoulis qui couronnent le donjon sont assis sur de puissants corbeaux.

Des deux pièces du rez-de-chaussée l'une servait de corps de garde. On y remarque, dans l'ébrasure d'une fenêtre, la margelle du puits qui fournissait l'eau aux hommes de la garnison. La seconde, plus petite et à laquelle on arrive par un étroit couloir, devint la prison de la haute-justice de Carrouges. Une tourelle d'angle renfermait l'escalier à vis qui montait à la plate-forme, maintenant surmontée d'un toit. Il n'en reste plus que des vestiges.

La façade du nord, reliée au donjon par un bâtiment qui a remplacé la courtine, a été bâtie plus tard. Elle est flanquée de deux autres donjons qui semblent à cheval sur les angles extérieurs. C'est une construction originale, irrégulière, d'une apparence sévère. Elle n'a plus de mâchicoulis; un simple quart de rond lui sert d'entablement. On accède à l'intérieur par un large escalier colimaçonnant dans la tourelle d'angle. A l'une de ses extrémités, se trouve la chambre où Louis XI reçut l'hospitalité lorsque, en 1473, il se rendit au Mont-Saint-Michel après avoir déposé le duc d'Alençon.

Plus loin, deux vastes appartements rappellent les salles du château de Blois et des demeures seigneuriales de l'époque de la Renaissance. Au rez-de-chaussée, dans une grande pièce qui fut autrefois la *Salle d'Armes*, l'on peut admirer encore une grandiose cheminée en granit, et des solives ouvragées qui rappellent l'apogée de l'art des maîtres charpentiers.

Façades Nord et Ouest du Château de Carrouges.

Le reste de l'édifice, c'est-à-dire plus de la moitié du rectangle, a été construit d'un seul trait, suivant le même plan. Les fenêtres, les escaliers à paliers, les corbeaux et l'entablement, les lucarnes en granit qui éclairent le second étage, et les chatières qui émargent du milieu des toits sont de l'époque de Henri IV.

Dans le pavillon du midi, a été conservée, au second, une belle chambre de style Renaissance. On y remarque un lambris très ouvragé et de riches tapisseries. M. de Caix lui donne le nom de Chambre de Marie de Médicis, et prétend que cette reine y reçut l'hospitalité. L'oratoire, qui occupe l'un des angles, présente un saint Jérôme et de petits tableaux sur bois, encadrés d'arabesques et de sculptures. « Rien n'est plus délicieux », dit M. de La Sicotière.

C'est dans le salon au-dessous de cette pièce que se trouvent groupés les principaux portraits de cette précieuse collection de famille, qui doit sa conservation à la généreuse précaution de la duchesse d'Harcourt, nièce du général Le Veneur. Qu'on nous permette de citer ceux de Jean Le Veneur, tué à Azincourt, du cardinal Le Veneur, de Marie Le Veneur qui par son mariage avec le comte de Salm devint l'aïeule de la maison d'Autriche, des deux gouverneurs de Rouen, du président Hénault, de sa fille la comtesse de Jonzac, du comte de Jonzac, de Mademoiselle de Montpensier, de la reine d'Angleterre Henriette Marie de France, de Jean Le Veneur, grand pannetier de la reine Éléonore, fille de Charles-Quint et femme de François Iᵉʳ.

Dans cette même partie du château est une grande galerie, qui servit autrefois de salle de théâtre. A l'extrémité se trouve un joli salon Pompadour, qui tint lieu de foyer. Nous y avons vu deux vieilles et curieuses couleuvrines; une armure richement travaillée, sous laquelle, si l'on en croit la tradition, Jean Le Veneur périt à Azincourt ; enfin de vieux ornements d'église, entre autres une chasuble donnée par le roi Louis XI à la collégiale, à l'occasion de son passage à Carrouges.

Le château de Carrouges ainsi complété devint très important et ne ressembla à aucun de ceux de la contrée. C'est vers ce temps que l'on continua les douves et que l'on fit courir tout autour cette riche balustrade dont les artistes ont souvent admiré les proportions.

Au cours des siècles, les riches et puissants seigneurs, qui se sont succédé dans cette habitation princière, ont éprouvé le besoin d'y apporter de nombreux changements.

Dans l'immense salle à manger, on a placé, au siècle dernier, une cheminée en granit poli avec une belle ornementation dans le style de la Renaissance. La chambre Louis XI a été restaurée dans le même genre.

Tout nous porte à croire que c'est au même temps que l'on dressa la terrasse avec son superbe entourage de balustrades en pierre et de grilles en fer forgé, et que l'on voulut donner à l'une des chambres de la façade du nord, le genre décoratif de Versailles. On y voit, en effet, des caissons dorés, une peinture d'une fraîcheur remarquable qui représente deux divinités païennes, émergeant du milieu des nuages. Dans les coins, de petits amours se cachent à travers les volutes et les rinceaux.

La marquise de Verdelin, dont on connaît les relations épistolaires avec Jean-Jacques Rousseau, habitait, dans ce temps-là, le château de Carrouges.

Au commencement de ce siècle, on voulut transformer la vieille habitation féodale selon les exigences du confortable moderne. Les appartements en enfilade furent fermés, de riches tapisseries arrachées et dispersées, des boiseries brûlées, des cheminées coupées ou masquées, les grilles des fenêtres descellées et les meneaux brisés. C'était tout un curieux passé qui disparaissait.

En 1778, les douves avaient été desséchées et le vaste étang converti en prairie. Le gracieux oratoire que la piété des premiers propriétaires avait élevé sur le terre-plein en avant de la façade du nord, fut détruit pendant la Révolution; la collégiale, que le dernier des de Blosset avait fondée en 1480, de concert avec son épouse Marguerite de Derval, en faveur de six chanoines chargés perpétuellement de prier pour les membres défunts et vivants de la famille, fut supprimée.

La chapelle de la collégiale, qui était du gothique tertiaire, a été convertie en grange. On a seulement respecté le petit sanctuaire qui en dépendait. Les sculptures en sont assez bien conservées; mais les années ont fort altéré les peintures Renaissance qui en faisaient l'ornement. Cet édicule donne accès sur le cimetière où les fondateurs voulurent reposer. En 1794 des sectaires rapaces violèrent leurs tombeaux pour en retirer les plombs qu'ils y savaient enfermés. Il y eut à cette occasion une panique assez comique, que raconte M. de Caix dans l'*Almanach de l'Orne* (1867).

La terre de Carrouges eut successivement pour seigneurs les Carrouges, les Blosset et les Le Veneur. En 1385, Jean de Carrouges était chambellan du duc d'Alençon. Son duel avec Jacques Legris l'a rendu célèbre. Plusieurs historiens en ont redit les phases émouvantes. Le fils de Jean de Carrouges fut l'un des cent dix-neuf défenseurs du Mont-Saint-Michel (1423). Robert, qui lui succéda, vit ses biens confisqués par le roi d'Angleterre et donnés à Jean de Montoirré. Il eut pour gendre le borgne de Blosset, dont la valeur et les services furent très appréciés de Charles VII. Le fils de ce Blosset devint l'ami de Louis XI qu'il reçut dans son château. C'est lui qui fonda la collégiale en 1480. Sa fille épousa Philippe Le Veneur, baron de Tillières. Cette maison Le Veneur était déjà illustre. Gautier Le Veneur avait accompagné Guillaume le Conquérant en Angleterre et combattu vaillamment à Hastings. Jean Le Veneur était allé en Terre Sainte avec les premiers croisés. Jean V et Jean VI furent grands veneurs de France sous Philippe le Bel, Louis le Hutin et Philippe le Long. Jean VIII fut tué à Azincourt.

Les Le Veneur ont continué de se distinguer dans les armes, la politique et la cléricature. Jean Le Veneur, fils de Philippe et de Marie de Blosset, évêque et comte de Lisieux, fut nommé en 1526 grand aumônier de France et créé cardinal en 1533. De 1511 à 1533, le siège d'Évreux a été occupé par Ambroise Le Veneur. Sous son pontificat l'on construisit le magnifique portail qui ferme le transept nord de la cathédrale et l'on continua les travaux commencés sous Louis XI. Gabriel Le Veneur, qui gouverna le même diocèse de 1532 à 1574, termina les réparations et, le 19 mars 1547, à l'occasion de la dédicace, il fit présent à son église d'une cloche qu'il nomma Gabrielle. Elle pesait quinze mille. La famille Le Veneur ne compte pas moins de quatorze religieuses ou abbesses. Quatre Le Veneur, François, Jacques, Jean et Jacques, ont été abbés de Silly-en-Gouffern.

De 1576 à 1591, Tanneguy Le Veneur, premier comte de Tillières par lettres patentes de 1565, lieutenant-général au gouvernement de Normandie, s'interposa auprès de Catherine de Médicis et sauva quelques protestants du massacre de la Saint-Barthélemy. Son fils lui succéda dans sa fonction. Tanneguy II, troisième comte de Tillières, ambassadeur de France en Angleterre, entama les premières négociations du mariage de Henriette Marie de France avec Charles Ier et devint grand chambellan de cette reine. De Louis XIII à Louis XVI, les comtes de Tillières ont occupé dans l'armée des grades élevés.

A la fin du XVIIIe siècle, Alexis-Paul-Michel Le Veneur, lieutenant-général sous Louis XVI, s'est fait remarquer par sa bravoure et ses talents militaires. A Namur, sur son ordre, les grenadiers le hissèrent par-dessus les remparts. A Maëstrich il se conduisit en tacticien consommé. Impliqué dans la conspiration de Dumouriez, suspect pour ses origines aristocratiques et poursuivi par les accusations de Jean-Jacques Chauvin, agent national du district d'Alençon, fils de son fermier et son protégé, il fut enlevé à la direction de l'armée, jeté dans la prison d'Amiens, transféré dans celle du Luxembourg et ne dut son salut qu'à la mort de Robespierre. Il fut l'ami de Napoléon Ier qu'il reçut dans son château en 1811. Le 11 juin 1810, la terre de Carrouges avait été érigée en majorat et le général créé comte d'Empire. De 1807 à 1814, il remplit les fonctions de conseiller général et de député. Ses divers rapports et discours furent très appréciés. Il mourut le 25 mai 1833, à l'âge de 87 ans.

Les alliances de la famille Le Veneur ont été des plus honorables et des plus glorieuses. Pendant que les fils épousaient des princesses, des marquises et des comtesses, les filles entraient dans les plus illustres maisons. Ajoutons aux noms déjà cités ceux des de Montejan, de Chabot, de Montpensier, de Pompadour, de Bassompierre, d'Harcourt, d'Argouges, de Saint-Germain-Langot, de Chambray, d'Aubeterre et de Salm. En 1683, le P. Ménétrier énumérait les seize quartiers de noblesse de la maison de Carrouges

M. le comte Tanneguy Le Veneur de Tillières, arrière-petit-fils du général Le Veneur, propriétaire actuel du château de Carrouges, est le seul représentant des Le Veneur de Tillières. Il a épousé Mademoiselle de Préaulx, issue d'une vieille famille normande qui compte, elle aussi, ses illustrations et dont un ancêtre accompagna Gaultier Le Veneur à la conquête de l'Angleterre.

C. Macé,
Curé-doyen d'Athis.

DOLMEN DE JOUE-DU-BOIS
La Pierre au Loup

JOUÉ-DU-BOIS

En 1831, Galeron, qui eut la mission de faire un rapport sur les monuments de l'arrondissement d'Alençon, ne découvrit que deux menhirs dans les communes de Joué-du-Bois et du Champ-de-la-Pierre. Voici comment il s'exprime à leur sujet : « Deux rochers debout, l'un au bord de l'étang principal, l'autre sur la crête d'une colline, fixèrent particulièrement mon attention ; le premier surtout me parut avoir été élevé par la main des hommes. » Que sont devenues les pierres debout de Galeron ? Où trouver son étang principal et la crête de sa colline ? Ce n'est pas besogne facile. Le seul menhir qui existe présentement à Joué-du-Bois est à quatre cents mètres des douves du logis, sur le penchant plutôt que sur la crête du plateau où le bourg est assis. Galeron n'en parle pas.

En 1886, M. le comte Gérard de Contades, après de minutieuses recherches, a publié une brochure sur les *Mégalithes de Joué-du-Bois*.

« Le monument, disait-il, de beaucoup le plus important de

La Pierre des Outres.
D'après une photographie de M. B. Mayeur.

Joué-du-Bois, est le dolmen nommé la « Pierre-au-Loup ». Il est situé dans le taillis appelé les Vallées des Rochers. Il se compose d'une énorme table presque circulaire reposant sur trois appuis, dont deux ont actuellement la position horizontale, et un, qui doit fixer particulièrement l'attention, la position verticale. La table, d'une épaisseur variable, est soutenue dans toutes ses parties. Sa plus grande élévation, au-dessus du sol, est de 1 m. 50 ; sa longueur de 5 m. 30, sa largeur de 4 m. 70. La pierre verticale qui formait une des parois du monument, mérite d'être spécialement mentionnée. C'est elle qui établirait l'authenticité du monument, si sa disposition générale permettait à cet égard le moindre doute. La chambre qui existe sous la table a une largeur de 2 m. 66, une profondeur de 1 m. 88 et une hauteur de 0 m. 90 à son entrée. En avant de l'ouverture de la chambre, l'on remarque quatre pierres qui semblent être les vestiges d'un vestibule quasi-circulaire, d'une profondeur de 1 m. 88 et d'une largeur de 2 m. 50. La première pierre du côté de l'est, portant des traces évidentes de travail humain, est encore un signe manifeste de l'authenticité du monument. Il est entièrement composé de pierres de granit rouge prises sur place. Aucune fouille n'a été faite en ce lieu, de mémoire d'homme, et aucune légende positive n'y est attachée. »

Aux Roches d'Orgères, qui sont en face, l'on montre une grotte mystérieuse, qui servit de refuge à une divinité bienfaisante, et un simulacre de pas incrusté dans la pierre. Suivant le récit des anciens, le visiteur qui y arriverait, à la date et à l'heure de la nuit convenables, aurait deux vigoureux bœufs noirs.

Mais de la Pierre-au-Loup on ne dit et on ne sait qu'une chose : elle a été posée là par les ancêtres, et les ancêtres se sont réunis autour d'elle assez souvent pour que la tradition en ait conservé le souvenir.

Le second monument mégalithique de Joué-du-Bois est le dolmen de la Grandière, situé entre le village de ce nom et celui de la Fontenelle. Il se compose, ainsi que la « Pierre-au-Loup », d'une table reposant sur trois appuis dont deux ont actuellement la position verticale. Cette table a une longueur qui varie de 2 m. 50 à 3 m. 80 ; elle est élevée au-dessus du sol de 1 m. 90.

« Le troisième monument est le menhir du Champ-des-Outres. Il est de granit rouge et s'élève à 2 m. 80 au-dessus du sol du champ. Il est large de 2 m. 17, à l'endroit d'une brisure qui existe à peu près à moitié de sa hauteur. Ses petits côtés ont une largeur d'environ 84 centimètres.

« Après les fouilles opérées, il a été reconnu que la hauteur totale était de 3 m. 78. Il n'appartient pas à un bloc souterrain. Des cales extraites de la tranchée établissent son authenticité. »

Manoir de Joué-du-Bois.
D'après une photographie de M. R. Hagron.

Le dolmen de la Conilière, moins considérable, présente des dispositions analogues. S'il avait été découvert et étudié plus tôt, il aurait pu, comme les deux précédents, être classé parmi les monuments historiques.

A une centaine de pas du menhir des Outres, se trouve le logis de Joué-du-Bois, bâti par les soins d'Ambroise de Beaurepaire au XVe siècle ; c'est un rare modèle de l'architecture semi-militaire de cette époque. De 1514 à 1783, il a été habité par une branche de la famille Le Verrier et par les Langlois. Il n'a jamais été achevé. Les tours qui lui restent, ses fossés et ses douves témoignent de l'importance qu'il avait autrefois.

C. MACÉ,
Curé-Doyen d'Athis.

LE CHAMP DE LA PIERRE

Vers la fin du XVIe siècle, Claude de Broon fit construire sur l'emplacement de la modeste gentilhommière de Jean Le Verrier, son beau-père, un long et vaste logis.

Il n'en reste plus qu'une très minime partie, que l'on distingue à son entablement de granit, à sa tour d'escalier, maintenant noyée dans de trop hautes murailles, à ses meurtrières et à cette jolie tourelle encorbellée, qui se trouve à l'un des angles du château. La façade du midi a été refaite avant et après la Révolution. Sans contredit, la plus belle décoration de cette vieille demeure est son magnifique parc dessiné sur les plans de Le Nôtre. La Normandie en possède certainement de plus étendus ; elle n'en a guère de plus gracieux.

A gauche du château s'étend le parterre où, durant l'été, les orangers, les grenadiers et les myrtes mêlent leur parfum à celui des roses et des corbeilles de fleurs. Il est entouré d'une double ligne de charmilles et de tilleuls.

Au bas de la pelouse, au milieu d'une échappée ouverte sur deux prairies, se développe une large et imposante avenue d'environ quatre cents pas.

Vers son extrémité une portion de terrain savamment disposée, rappelle un coin du parc de Versailles. Au centre, on a bâti et dédié à la Fidélité un élégant édicule, imité de ce petit temple de Vesta que l'on admire à Rome entre le Tibre et le Palatin. On y accède par cinq larges avenues, qui divisent le bosquet en autant de triangles, où courent des sentiers en labyrinthe.

La terrasse du bord de l'eau offre une très agréable promenade. Large d'environ cinq mètres, elle suit les contours de la vaste et limpide nappe d'eau, dont les faibles flots bercent en murmurant les rêveries du promeneur. Il faut voir, a dit à son sujet le marquis de Lonlay, dans ses *Descriptions poétiques des environs de Bagnoles* :

> Rânes avec sa fée et le Champ de la Pierre,
> Dont l'étang renommé porterait un vaisseau.

Les deux ports sont de forme différente. Le premier affecte le style militaire et présente un étroit goulet, que protègent des fortins crénelés avec d'inoffensifs canons de bois. On arrive au second en passant sous des cytises dorés. Une île charmante et un îlot de sauvage aspect offrent leur refuge aux gais canotiers.

Les étangs de la Forge-Neuve et de la Grande-Forge, les coteaux boisés que l'on aperçoit en amphithéâtre sur un long parcours et la solitaire promenade du *Rendez-vous*, créée au milieu du XVIIIe siècle par René de Bâmont, chevalier de Vitré et garde du corps de Louis XV, ont accru et complété ce pittoresque domaine.

Malheureusement, aujourd'hui, la *fenderie*, les forges et le fourneau, qui furent jusqu'en 1860 la vie et la fortune de ce beau pays, sont déserts et abandonnés.

Le Champ de la Pierre a été habité jusqu'en 1561 par les Le Verrier, seigneurs de Champsegré, Joué-du-Bois, La Chaux, Le Coudray, le Bois-André, Boutmont, La Croix de Taillebois, le Champ de la Pierre et autres lieux.

La fille de Jean Le Verrier épousa Claude de Broon, qui batailla successivement pour la Ligue et pour le Roi, à Vendôme, à Nantes, à Craon et au Mont-Saint-Michel. Il était sieur de la Guerche (Bretagne), du Val et du Fourneau.

Son petit-fils, François-René de Broon, mourut des suites de la blessure qu'il reçut le 2 mai 1650, à la guerre de Paris. Le baron de Cholet, son oncle, fut le tuteur de ses enfants mineurs. L'aîné devint marquis de Fourneaux, et mourut sans postérité en 1701.

Le Champ de la Pierre devint alors la propriété de Germain Ricœur de Bâmont, membre d'une famille déjà ancienne et anoblie, par suite des beaux faits d'armes de René de Bâmont, commandant de la corvette *La Prude* (1692).

Les de Bâmont ont possédé cette seigneurie pendant deux siècles. Tous ont servi avec honneur dans les armées françaises. René de Vitré de Bâmont fit, avec les gardes du corps, les campagnes de Louis XV (1735 à 1763), et combattit vaillamment à Dettingen et à Fontenoy, où l'on sait le rôle que joua la maison du roi.

Deux de Bâmont ont été incorporés dans l'armée des Princes, pendant l'émigration. A leur retour en France, ils sont devenus les amis et les confidents du général de Frotté.

En épousant, en 1853, Marie-Eugène, comte d'Andigné de Beauregard, Mademoiselle Alix de Bâmont a fait entrer au Champ de la Pierre l'une des plus anciennes et des plus illustres familles de l'Anjou.

Puisse-t-elle y séjourner longtemps !

C. Macé,
Curé-Doyen d'Athis.

RUINES DU DONJON DE DOMFRONT

ARRONDISSEMENT DE DOMFRONT

LE DONJON DE DOMFRONT

Domfront, la féodale cité, la petite ville dont parle La Bruyère, ses quatre portes, ses vingt-quatre tours crénelées, sa tour de Godras qui les dominait toutes, ses jardins suspendus en terrasses autour de ses murailles, ses clochers, ses maisons aux pignons dentelés, son donjon qui, vu de loin, déchire, à l'écueil semblable, la courbure de l'horizon et qui le soir, au soleil couchant, tient la ville entière dans sa grande ombre, son chemin de fer même qui fait serpenter à ses pieds dans la ravine des vertèbres massives, Domfront n'était pas encore et rien n'avait paru de ses formes diverses, et déjà l'on voyait, où plus tard serait la cité, la cabane d'un solitaire.

Cette ville a commencé par ce chaume.

Le chevalier de Dieu avait longtemps marché dans l'intimité du bocage; il était arrivé sur un promontoire, il avait pris possession de la majesté de l'étendue; il avait vu de haut tout autour de lui la forêt du Passais qui déroulait ses larges circonvolutions de la colline de Saint-Boamer au faîte celtique du Gargantin, et il avait trouvé que c'était là un lieu propice pour contempler la grandeur et l'opulence du créateur des frondaisons. Il avait vu à ses pieds la Varenne passer sans bruit et couler d'un cours si tranquille à travers une si longue continuité d'épais feuillages, que le murmure de cette eau lui avait dit : « O toi qui cherches la paix, construis là ta demeure. » Il n'avait point hésité, il avait habité ce sommet, et, depuis, les indigènes venaient de très loin pour voir l'homme extraordinaire qui ne vivait pas selon la nature, mais selon la piété. Ils s'étaient fixés près de lui, et cinq siècles après lui sa mémoire les attirait encore vers son ermitage; ils y venaient, en un temps d'insécurité, comme au point le plus favorable, où, du côté du grand missionnaire absent, pouvait leur venir le secours ancien. Alors Talvas, comte de Bellême, agissant dans le sens de leur désir, voulut leur donner un bouclier fait à sa mode. Ce fut un donjon monstrueux, le plus énorme de ceux qui se soient élevés sur le sol français. Il avait plus de vingt toises de l'ouest à l'est et des murs épais de dix-huit coudées, douze contreforts de granit taillé, huit aux encoignures et quatre au milieu des murs. Ces murs étaient faits de chaux et de quartiers de grès enclavés dans des parements de pierres taillées. Il était posé sur un socle rocheux dont la surface arasée formait une esplanade. Quatre tours encorbellées sur des rocs et reliées par des courtines, s'élevaient comme des sentinelles apostées aux quatre points cardinaux. L'une de ces tours, appelée tour de *Presle* à cause des prêles et des fougères primitives d'où elle émergeait, gardait à sa droite une poterne souterraine, grillée, ouvrant sur l'abime : on l'y voit encore ; mais en 1811, un mur est tombé dedans, comme une herse, et l'a bouchée.

Du côté du nord les courtines étaient accostées d'une chapelle romane dédiée à Symphorien, le martyr qui avait refusé d'adorer Cybèle. Cet édifice était une sorte de coffre-fort où Talvas avait placé le Dieu que Front avait intronisé sur le roc. Là était la conscience du seigneur, la limite du pouvoir féodal, la garde du faible placée près du fort, le souvenir immortel fortifié par les tours, gardé par les épées, du premier occupant de ce rocher, le souvenir de Front le solitaire.

Quand Talvas eut allumé le feu du grand foyer situé au premier étage de son donjon, et que la haute cheminée eut porté la fumée dans le plus haut et le plus calme azur, il dit : « Enfin voici la paix! Les orages qui viendront ne sauraient prévaloir contre ma race enclose en ces murs silencieux. » Mais bientôt la mort monta l'escalier et sans faire retentir la trompe ni lever le pont, vint surprendre le comte en 1030. La chapelle de saint Symphorien qu'il avait fondée résonna de la voix des moines. Ils commencèrent pour lui la prière perpétuelle : elle devait être la rançon des innombrables iniquités que Talvas avouait avec tant d'humilité et de terreur. « Qu'il repose en paix! » répéta en haut du rocher la vieille voûte romane. Au fond de la vallée, dans l'église Notre-Dame-sous-l'Eau, les religieux bénédictins qu'il avait établis sur le bord de la Varenne accueillirent ses os dans le caveau qui leur était destiné et répétèrent : « Qu'il repose en paix! » Et plus loin, à l'extrémité des grandes avenues de chênes qui menaient par le faîte des collines à l'abbaye de Lonlay, les fils de saint Benoît, dans leur vallon solitaire, répétèrent à haute voix : « Qu'il repose en paix! »

Et il dormit : alors Varin, son fils, lui succéda. Il ne trouva pas la sécurité dans le donjon, mais il y fut étranglé.

Robert de Bellême, frère du premier, eut son heure de règne ; mais il ne trouva pas la sécurité dans les murs du donjon, il fut assommé.

Arnulfe, fils de Robert, à son tour régna ; mais il ne trouva pas la paix dans les murs du donjon, il fut poignardé.

Robert de Bellême, fils de Roger de Montgommery et de Mabile, occupa le donjon en 1091 ; mais il ne trouva pas la sécurité dans ses murs, et la nuit, il en fut expulsé. Ils ne savaient tous pourquoi nul d'entre eux ne pouvait vivre en paix dans cette forteresse, là où, naguère, Front vivait si tranquille sous de simples rameaux.

Quand même les murs auraient été si épais que deux chars y pussent rouler côte à côte, ils ne pouvaient être qu'une faible garantie de sécurité, tant qu'une force moins matérielle, une autorité politique, celle du duc ou du roi, ne viendrait pas établir sa suzeraineté normande ou anglaise sur le pays, fatigué des Bellême. Jeoffroy Martel, comte d'Anjou, les détrôna et jeta de la sorte à Guillaume le Bâtard, duc de Normandie, un défi qu'il releva. Le futur conquérant n'hésita pas à venir en personne à Domfront. Robert Wace et les trouvères anglo-normands racontent qu'il reconnut la citadelle et fut surpris de son caractère inaccessible et sauvage. Du côté de la ville, était un fossé creusé dans le roc. De l'autre côté, s'ouvrait un autre fossé qui n'avait point été creusé de main d'homme. Des rochers le surplombaient qu'un léger effort semblait devoir précipiter à perte de vue dans la profondeur. C'était là une défense colossale, effrayante ; le roc était çà et là prêt à rouler dans l'abime pour y refouler d'impossibles assaillants. Sur un certain point, appelé fosse au dragon, il s'entrebâillait comme pour se détacher, et laissait entre lui et la paroi de la montagne une longue fissure caverneuse qui permettait de voir à ses deux extrémités, d'un côté les tertres, de l'autre le prieuré de Notre-Dame. Comment prendre une citadelle si haut isolée sous le ciel dont elle semblait braver la foudre ?

C'eût été perdre son temps que l'assiéger ; mais Guillaume eut une vue de génie ; il comprit que le donjon n'avait qu'un ennemi : la forêt ; ses arbres séculaires pouvaient seuls atteindre la hauteur des mâchicoulis et des hourds. Le duc opposa donc à l'énormité de la pierre, l'altitude des bois, et fendant les chênes antiques, il fit avec leurs troncs, plus hauts que les mâts des nefs, trois châteaux entourés de fossés, d'estacades et de tours crénelées. Il en fit garnir l'intérieur de tentures, il y mit à perpétuelle demeure ses gentilshommes. Ils attendirent là, patiemment, que les chevaliers de Jeoffroy, fatigués d'être obsédés par des voisins importuns, cédassent le château. La chose advint comme elle était prévue. Le donjon appartint dès lors aux ducs-rois de Normandie et d'Angleterre. Quand Achard l'offrit au nom des bourgeois à Henri Ier, fils de Guillaume, il ne fit qu'achever l'œuvre entreprise par le Conquérant.

Il fallait qu'il en fût ainsi dès l'an 1092, car déjà se préparaient les souverainetés plus larges de la province et de la nation.

Henri Ier ne se trouva pas en sûreté dans l'épaisseur des murs bâtis par Talvas. Il redoutait Robert Courte-Heuse, son frère, dont il avait usurpé l'héritage. Il avait du reste autour de lui multiplié les terreurs en multipliant ses remords. Après avoir saccagé le Passais, il fortifia le donjon.

Après avoir incendié Bayeux, il se réfugia dans le même donjon qu'il fortifia de nouveau.

Il vainquit en 1106 son frère, Robert Courte-Heuse, à la bataille de Tinchebray, le fit prisonnier, le priva de la vue, l'enferma à Kardif où l'aveugle mourut après vingt-sept ans de captivité. Le roi d'Angleterre emprisonna jusqu'à la mort un autre rival, le comte de Mortain, après quoi, se trouvant mal à l'abri, il fortifia encore le donjon, car il tirait de chacun de ses nouveaux forfaits de nouveaux motifs de crainte, et jamais les courtines n'étaient assez hautes, l'abîme assez profond autour de son aire. Un jour qu'il contemplait du haut des créneaux le Bocage normand et qu'il voyait moutonner comme une mer les vignes et les feuillages jusqu'à Mortain, un jour qu'il s'imaginait voir par delà le mont de l'Archange la mer occidentale elle-même et l'Angleterre, et qu'il disait avec orgueil : tout cela m'obéit, ces mêmes flots dont il ne pouvait refréner les caprices engloutissaient en se jouant toute sa postérité confiée à la Blanche-Nef ; comprise toute, hélas ! dans le même naufrage, à l'exception de Mathilde, seule réserve d'une race perdue dans les flots, mais d'où pourtant saint Louis un jour devait naître.

Henri II, fils de Mathilde, ne put désirer dans son duché et dans son royaume d'Angleterre, de *home* plus à l'écart, d'asile plus tranquille qu'entre les deux forêts d'Audaines et de Passais, son donjon bas-normand. C'était là qu'il se recueillait, qu'il tenait conseil ; c'était là qu'il était époux et qu'il était père, c'était là qu'il voyait sa fille Éléonore lui sourire pour la première fois au jour terne des verrières ; c'était là qu'abritant sa volonté dernière contre le temps et la mort, il dictait solennellement son testament, cependant que son fils Richard, comme un lion, s'élançait dès l'aurore vers la tombe d'un Dieu. Ah ! sans doute, le donjon était pour lui le lieu du repos ; mais un jour il eut la fantaisie de s'en prendre aux justices ecclésiastiques, et Thomas Becket, l'archevêque de Cantorbéry, défendit contre lui le droit qu'avaient les prêtres d'être jugés par l'Église. Cette résistance inattendue troubla le repos du roi. « De tous les lâches que je nourris, s'écria-t-il, il ne s'en trouvera donc pas un seul pour me délivrer de ce prêtre qui me trouble ? » Alors la cloche du donjon retentit, et le cor en haut des tours, et Henri vit entrer dans le château les ambassadeurs d'un pouvoir qui le tenait en éveil : les légats du Pape ! Ils lui représentèrent que les justices d'Église avaient été constituées par Guillaume le Conquérant ; que, s'il ne les voulait respecter, alors, contre lui, pour faire tomber de ses mains le sceptre, pour éteindre le cierge de son baptême et de son sacre, pour tuer son sommeil à jamais, un pouvoir supérieur au sien allait faire éclater comme un tonnerre entendu jusque dans les arcanes du donjon : l'excommunication! Et il trembla. Alors on vint lui apprendre que la parole de son dépit n'était pas demeurée stérile, et que Renault fitz Othon, Simon de Morville, Guillaume de Tracy, Richard Lebreton avaient fait rouler sur les marches de l'autel la tête du primat de Cantorbéry, et, jusque dans les murs du donjon, la voix de cette tête si muette sous les arceaux romans, l'inquiétait encore et l'accusait. Décidément, même en un donjon, il ne pouvait dormir.

Jean sans Terre ne le put davantage ; ce fut sa faute : il assassina, pour succéder à Henri II, Arthur de Bretagne ; il fut jugé par ses pairs, et Philippe-Auguste exécuta le jugement. Jean sans Terre ne fut point en paix dans le donjon.

Du mal sortit le bien ; du crime de Jean sortit cet heureux résultat : la demeure féodale fut au roi de France. L'une des plus hautes lois de l'histoire se trouvait de la sorte accomplie, car l'Église pour qui tout évolue, même la destinée des princes les plus pervers, avait besoin d'un peuple chevaleresque et qui la défendit. Un tel rôle ne pouvait convenir à cette puissance brutale de l'Angleterre et de ses rois, les ducs normands, qui s'était affirmée par la conquête et la tyrannie. Il devait appartenir à la France, plus digne de servir les intérêts de l'esprit humain, et de porter au bout du monde la grande voix de Dieu parlant aux hommes. Il convenait aussi, qu'ayant ce rôle elle constituât d'abord son unité territoriale et corporelle sur la pierre d'attente des substructions féodales.

Faire partie de la panoplie du peuple chevalier, n'était pas pour faire au donjon des destins paisibles. Le trouble ne serait plus au dedans, dans le for intérieur des puissants féodaux qui cherchaient un abri dans son enceinte, il serait au dehors, dans les guerres dont la forteresse serait l'enjeu. Elle serait entre le roc et la nue un apocalyptique étendard de contradiction, et si ses pierres recevaient des cicatrices, ce serait au service d'une royauté toujours contestée, et pour le plus grand bien de la catholicité militante.

La royauté française fit tout le possible pour la garder ou ne la céder qu'en famille. C'est ainsi qu'en furent investis, en 1214, Philippe le Rude, fils de Philippe-Auguste, en 1269, Robert II, frère de saint Louis. Si le donjon passait à l'héritier de Philippe le Rude, à Gaucher de Chatillon, celui-ci s'engageait à le restituer au roi. Ce fut, en 1343, un autre Valois qui le donnait à son neveu Philippe, comte d'Alençon, et à ses successeurs, les Jean II et les Jean III, et à François, dépositaires plus ou moins fidèles, plus ou moins soumis aux rois suzerains. Malgré tout, cette maison de la paix rêvée n'attirait que des orages, son histoire continuait de n'être que sièges : siège en 1211, soutenu contre Renault, l'ingrat vassal de Philippe-Auguste, siège en 1228 contre les paysans révoltés, siège en 1412 contre Bourguignons et le connétable de Saint-Paul, siège en 1417 contre Warwick, siège en 1450 contre C. de Culant, siège en 1574 et en 1589 et 1593 sous la Ligue ; ou bien, les sièges subis, ses annales n'étaient que réparations ; réparations en 1228, en 1302, réparations en 1322, en 1409 et en 1545 sous les comtes puis les ducs d'Alençon ; mais si le décor scénique était restauré, c'était pour servir à de nouveaux spectacles de guerre. Entre ces quatre tours romanes qui veillaient aux quatre coins de l'esplanade, se prolongea le duel de deux peuples : le peuple anglais et le peuple français ; ce fut alternativement l'un ou l'autre qui prit pied sur le donjon. Azincourt, Crécy, Poitiers, trois victoires que l'Anglais devait à l'invention de la poudre, eurent leur contre-coup à Domfront où trois éphémères gouverneurs, Montgommery, de Scale et Houcton, campèrent dans le donjon. Ensuite l'oriflamme d'azur semé de lis d'or reparut sur les créneaux avec le duc d'Alençon, puis Warwick acheta chèrement un nouvel et court avantage. Jeanne d'Arc le chassa, comme tous les

Anglais, des lueurs de sa lance; elle revêtit la France d'une force inconnue, qui semblait la rendre inviolable, et pourtant l'antagonisme des deux peuples ne cessa point. Le mouvement s'accusa d'un drame où le fond des choses montait en scène de plus en plus; le protestant apparut dans l'Anglais, le catholique s'affirma dans le Français; le fanatisme renouvela le terrible va et vient de vengeance entre les deux nations et mit dans leur rivalité je ne sais quel infini de haine qui prolonge les représailles jusqu'à l'extinction du plus faible des belligérants. Ici le plus faible serait l'Anglais, car, Jeanne la martyre de Rouen, qui depuis un siècle occupait la sphère des puissances qu'on ne peut braver, avait écrit du bout de son épée sur le livre même des destins ces paroles fatidiques : « La France gardera l'intégrité de son territoire pour garder l'intégrité de sa foi. » Ce décret, soutenu dans son exécution par les libres initiatives que Jeanne elle-même avait suscitées dans sa patrie, devint une fatalité de la lutte entre les deux peuples; à la méconnaître, l'Anglais ne fit à ses dépens que hâter le drame de son expulsion vers son nécessaire dénouement. Ce fut à Domfront que se joua sa dernière partie.

Une nuit, celle du 26 février 1574, Couppel, gardien momentané du donjon, reposait dans ses murs, lorsque s'éveillant en sursaut il aperçut deux formes noires qui s'agitaient sous la fenêtre cintrée, il cria : Qui vive! deux hommes répondirent : « Les vengeurs de la Saint-Barthélemy! vois nos poignards. » « — Pourquoi, dit Couppel, vous en prendre à moi de ce massacre, en suis-je la cause? et l'ai-je accompli? — Non, mais tu sers la reine qui l'a perpétré. — Et vous, qui êtes-vous donc, si vous n'êtes point des serviteurs de la reine? — Nous sommes des justiciers; reconnais-nous : je m'appelle René Le Héricé, et lui c'est mon frère, Ambroise, le Balafré. — Je ne vois en vous que des rebelles. — Oui, les vengeurs de nos frères. — Et qui vous a confié leur vengeance? — Que t'importe? tu es notre prisonnier, et si tu discutes davantage, ce poignard fera rentrer tes paroles dans la gorge. »

Le matin, les habitants de la ville de Domfront, qui est voisine du donjon, virent le pont levé, et près de la forteresse, sur l'esplanade, une grande échelle appuyée au mur.

Ils comprirent avec terreur qu'il était entré quelqu'un dans le donjon. Couppel, appelé, ne répondit pas. Il fallait agir; un chef manquait : ils envoyèrent à la Bonnelière chercher un chevalier nommé Boispitard; celui-ci les arma de lances, leur fit fermer les portes de la ville, excepté la Porte-Neuve — un grain de sable était dans la serrure, — et bientôt arriva Couppel lui-même, en sueur, sordide, sans souliers ni chapeau.

« Je savais une issue, dit-il, j'ai trompé la vigilance de mes geôliers, ils sont deux : oui, deux hommes seulement dans le donjon : ils attendent du renfort. C'est René Le Hérissé et le Balafré. » La panique redoubla; on alla se disant : c'est le Balafré! c'est le Balafré! Les femmes montèrent sur les tours de la ville; elles crièrent que le renfort arrivait, qu'il approchait de la grande porte... Il venait en effet, mais par la Porte-Neuve située près du château. C'étaient les Chauvigné, les Boisfrou, les de la Patrière, les d'Anjou, les de Montmartin de Bretagne, les du Touchet, les Sey, les Racine; ils se précipitaient par la porte mal fermée. Boispitard fuyait, au galop à peine entendu de leurs chevaux sur le pavé. Les calvinistes étaient maîtres de la ville. Ambroise Le Hérissé s'en proclamait roi, levait l'impôt, approvisionnait le donjon qu'il entendait bien garder pour demeure, faisait planer sur le Bocage la terreur de ses brigandages; jamais le donjon n'avait été si terrible que sous le règne de ce funeste sire, et pourtant lui-même, Le Hérissé, n'était que le précurseur d'un plus hautain que lui.

Gabriel de Lorges, comte de Montgommery, ne tarda pas à paraître.

« Ce raide et fier jeune homme », comme dit Brantôme, ce vaillant capitaine, ce noble soutien des Stuarts, avait vu tout lui réussir jusqu'à l'heure fatale où dans un tournoi le tronçon de sa lance avait heurté le casque ouvert de Henri II. Dès lors la fatalité qui poursuivait l'antique Œdipe sembla s'acharner sur le régicide involontaire. Un accident de telle conséquence lui pouvait au moins être un présage : il avait tué le roi, il pouvait blesser Dieu, il pouvait au galop de son ambition frapper d'un vain tronçon de lance une de ces volontés qui vous brisent et qu'on ne brise point. Il ne tint pas compte de l'avertissement et se rua sur ses malheurs avec la brutalité du soudard et le faux point d'honneur du gentilhomme. Fort de six mille hommes promis par Élisabeth au traité de Hauptancourt, en 1562, fort des concessions mêmes que Catherine de Médicis fit d'abord au protestantisme, il ne fut rien qu'il n'osât : il prenait les villes, saccageait les abbayes, faisait tirer le canon du haut des clochers sur les châteaux, il s'alliait aux plus sombres égorgeurs, et quatre fois il relevait le drapeau de l'invasion conquérante au profit du calvinisme. Il allait de Normandie en Anjou, d'Anjou en Béarn, en Gascogne, en Guyenne et revenait en Normandie. Le Parlement mettait à prix sa tête, et le brûlait en effigie; il répondait en allant chercher en Angleterre cinquante vaisseaux et deux mille hommes. Il essayait d'aborder à Cherbourg, il était repoussé; — que lui importait ? il se rejetait sur La Rochelle — il était repoussé; — qu'importe? il devenait le pirate effrayant de Belle-Isle ou de Jersey, et l'Armorique le redoutait pour ses côtes. Il avait la réputation d'être sorcier, hanté même d'un diable familier fort incoercible, qui lui prêtait des ruses pour s'évader. Il aurait été pris qu'on n'aurait pu le croire. Au siège de Rouen, il s'était échappé par la Seine, il avait coupé les chaines qui la barraient; il avait échappé de la Saint-Barthélemy grâce à la vitesse de son cheval; au siège de Saint-Lô, il gagnait la campagne par le lit d'un ruisseau, sous la roue d'un moulin, et l'on raconte encore dans le Bocage qu'il s'était évadé du donjon de Domfront dans le ventre d'un cheval, aussi subtil à se dérober à la mort, qu'opiniâtre à la braver.

Rien ne lui réussissait : ses plus grands succès n'étaient que des fuites, des évasions, des villes prises d'abord puis bientôt abandonnées, et quand il était sorti de la plus importante de ses positions de Rouen, il avait fui sur la galère même qui avait emporté dans l'exil et la mort la reine Marie Stuart, et qui l'emportait lui-même, à son insu, vers quelque nouveau revers. Il n'était pas l'homme indécis qu'un présage écarte de sa voie, mais, prompt à toute imprudence, aveugle à tout danger, il continuait de faire tête au sort et multipliait partout les témérités de son génie aux prises avec l'impossible.

En mai 1575, il allait comme toujours droit à son but, il se proposait de rejoindre par la forêt d'Andaines les gentilshommes qui lui venaient du Maine. Il entra dans l'enceinte de Domfront pour y rafraichir ses chevaux et ses hommes, s'inquiétant peu, lui rebelle, de l'indiscipline des gens qui avaient fait du donjon une caverne de voleurs. Il ne daigna pas même entrer là; il logea chez le lieutenant Desmoulins, au centre de la ville, en face de la prison. Là, quand il fut couché dans le vieux logis, il revint en rêve aux jours de sa jeunesse : il se revit en un tournoi semblable à ce tournoi mémorable où sa lance avait heurté la visière de Henri II, mais, ce n'était plus le roi qu'il avait devant lui, c'était un chevalier plus grand et plus beau que le feu roi et qui avait la visière baissée et bien close. Il était revêtu d'une armure dont les reflets étaient comme des éclairs. Montgommery rompit bravement sur cette armure non pas une lance de bois, mais plusieurs lances de fer, et quand il n'eut plus qu'un tronçon dans la main : « Quelle personne es-tu donc, lui dit-il, étrange adversaire! lève un peu ta visière que je te connaisse : je veux rendre à mon vainqueur l'hommage qui lui est dû. » Et le chevalier leva sa visière. — « Tes yeux, dit Montgommery, sont d'une femme, et tes cheveux aussi! ton nom? » — « Je m'appelle France. » — « Mais d'où vient que ton armure est infrangible et qu'elle te rend invulnérable ? — peut-être est-ce une arme enchantée. — Depuis quand la portes-tu ? » — « Depuis un siècle. » — « Et de qui la tiens-tu ? » — « C'est une jeune bergère qui me l'a donnée. »

Montgommery fut éveillé par la brusque arrivée de Michel Lassaussaie. Cet homme prudent et dévoué avait quitté tout exprès sa maison des champs pour avertir le général que la veille au soir les compagnies de Matignon étaient arrivées à Mortain.

Montgommery ne fit nulle difficulté d'envoyer cinq éclaireurs sur la route de Mortain.

Comme il achevait de s'habiller, un nouvel avertissement lui vint : entre Mortain et Domfront les chemins étaient couverts de soldats royaux.

A la suite des premiers éclaireurs Montgommery dépêcha quatre cavaliers. — Pas un ne revint, ni des premiers ni des derniers.

Montgommery donna l'ordre à ses gentilshommes de se préparer à monter à cheval ; pour partir, ils n'attendaient que le retour de l'un des envoyés.

Au milieu du repas, la sentinelle de la ville quitta son poste et vint dire : « Des cavaliers passent sur le pont de Notre-Dame-sous-l'Eau. On voit aussi briller à travers les pins du tertre grisière des cottes-de-mailles et des cuirasses ; sur la poitrine, ils portent des croix blanches. »

« C'est bien, dit Montgommery, je reconnais à ces insignes mon fils de Lorges ; il aura quitté Carentan malgré sa blessure, il vient me rejoindre. J'ai bien fait de l'attendre et de ne pas déloger pour une alarme légère. »

A une heure, Montgommery monta lui-même sur les remparts : « Pardieu ! cria-t-il, ce sont les gens du roi ; je les reconnais ! A moi Sey, du Breuil, de Bronay, Villeneuve, Friaise, Le Portal ! A cinq heures la sortie avec quarante chevaux ! »

Il était trop tard.

Le général n'admettait du reste, pour lui et ses compagnons, qu'une sortie glorieuse à la face de toute une armée.

Deux fois il la tenta, non sans donner une idée du dévouement et du courage des siens. Lui-même, à cheval, dans le creux du fossé, sous les tours de Godras, vers six heures du soir, il attendit l'heure de s'élancer rapide comme une flèche dans la direction du Mont Gargantin ; mais sur le visage inquiet de ses compagnons, qui, du haut des tours, considéraient l'issue de la tentative, il vit mourir le dernier reflet de ses espérances, avec les derniers rayons du soleil couchant.

Il prit son parti du siège. Il avait quarante gentilshommes et soixante arquebusiers. Il avait des vivres pour vingt jours. Son fils de Lorges aurait le temps de le secourir. Enfin, si croûlantes et pourries que fussent les murailles de la ville, il fallait de l'artillerie pour les renverser : l'artillerie était à Paris, elle n'arriverait jamais.

Il envoya vers Carentan des lettres portant ces seuls mots : « Lorges, secours ! » — mais le message fut intercepté ; l'aveu de sa détresse fut connu de ses ennemis.

Que faire ? dans quels hasards entrer ! qu'imaginer de glorieux et d'impossible à la fois ?

Il lut aux astres que regardent tous les captifs, il tâta les voûtes obscures des souterrains qu'explorent et que tentent les prisonniers. Le ciel sans nuage était sec à tarir les citernes, calme et clair à transmettre à mille oreilles le pas le plus léger qui frôlerait en fuyant les rochers ou les herbes.

Il consulta les almanachs de M⁰ Florent des Croix et de Nostradamus. Il voulut voir si quelqu'orage annoncé ne servirait pas de complice à son évasion. Il ne fut jusqu'aux pronostics qu'il ne voulût connaître. La chronique astrologique, au mois du siège, annonçait obscurément le temps futur, elle disait :

> Le Messager de la bande céleste
> Apaisera les menacés des vents.
> Lors, quelques-uns à nuire diligents
> Sentiront choir un meschief sur leurs têtes.

C'est bien de nous qu'il s'agit, dit avec un amer sourire, l'iconoclaste, le briseur de croix, le dévastateur.

Nostradamus enveloppait ses mauvais chants d'une ombre impénétrable, où il insinuait pourtant que son vice allait nuire à la « *mercate race* », c'est-à-dire à la race des bons voleurs, et Montgommery convint que ce nouveau pronostic, écrit précisément pour mai 1574, pouvait bien s'adresser à quelqu'un de ses gens, mais il en riait. « Pensez-vous, pasteur, dit-il à Clinchamps, que la nature ait enchaîné notre vaillance à ce point de marquer nos sorts dans les cieux ? » — « Je ne sache qu'un livre, répondit le pasteur, où soit imprimé ce qu'enferme la nuit des temps, c'est la Bible. » — « Ouvrez-la donc et consultez-la. » Le pasteur ouvrit au hasard et lut : Ch. XXXII, V. 23. « Quand Jacob eut fait passer tout ce qui lui appartenait au delà du fleuve, il demeura seul, et voilà que jusqu'à l'aurore il lutta contre l'ange du Seigneur. — Je crains bien que pour nous la nuit ne soit sans aurore, et que l'ange du Seigneur ne nous brise ! » Et comme il parlait, plusieurs de ses amis s'étaient déjà dérobés par les casemates du donjon.

Dès le 14 mai les rangs s'éclaircissaient déjà chez les assiégés.

Une trompette se fit entendre à l'ouest, ce n'était point encore de Lorges : c'était la cavalerie de la Meilleraye, c'était toute la suite de Matignon qui venait de Carentan, c'étaient les compagnies qui venaient du siège de Saint-Lô.

Une autre trompette sonna du nord : c'étaient les régiments de Sainte-Colombe. Ils venaient de Caen. C'était aussi Vauquelin de la Fresnaye.

Un autre clairon sonna du midi : c'étaient les compagnies qui venaient de la Beauce sous la conduite de Lucé, c'étaient Tanneguy Le Veneur de Carrouges, c'étaient les gens d'armes du duc d'Alençon.

Une quatrième sonnerie se fit entendre et c'étaient, à l'est, Fervaque et Lavardin, maréchaux de camp, Guy du Bouillonnay, Bussy de Sansac ; c'étaient La Hanaudaye, Tournemine de Vassé, Longueville, Malicorne ; c'étaient Saint-Léger et ses volontaires qui venaient de Paris.

De tous les côtés, aux ordres de Charles IX, roi de France, les compagnies de gens d'armes arrivaient. Elles obstruaient les routes, elles couvraient les coteaux. Douze cents chevaux s'ébrouaient et piaffaient. Les gentilshommes qui les montaient n'avaient jamais été conviés à une si belle partie de chasse à courre, et de tous les côtés de l'horizon les troupes sonnaient déjà les hallalis funèbres. La bête avait gâté tout au pays ; les chasseurs la tenaient enfin. Elle faisait front, mais ils allaient la servir au couteau.

Cependant un mouvement se fit au prieuré de Notre-Dame-sous-l'Eau.

Montgommery vit, du haut des remparts, des hommes qui tiraient du tombeau des Talvas, une forme indéfinissable, attachée avec un licol, et la portaient au milieu des vociférations d'une vile populace, à travers les rochers et les bruyères jusque sur le tertre grisière, et, sur ce point culminant situé en face du donjon, la suspendaient à un gibet où tout le pays la pouvoir voir vaciller. Cette forme était un spectre. C'était le cadavre à moitié décomposé du Balafré, le premier qui eut ouvert la route à Montgommery en montant, la nuit, au donjon par une échelle. Fier de son escalade, il s'était dit roi de Domfront, il avait rançonné tout le Bocage, pillé toute église; à la fin, dans une rixe avec un des siens, il avait été tué, et, roi dérisoire, il était descendu du trône au tombeau des Talvas... Mais il avait été tiré de la fosse, il gesticulait macabrement sur le tertre. Ceux qui ne l'avaient connu qu'au bruit de ses vols et de ses sacrilèges, venaient le voir enfin, tel qu'il était, reconnaissable encore dans ses restes hideux. La foule et les soldats lui ruaient motte, pierres, fange à la face et au corps et ils disaient : Anathème et malédiction sur l'heure de sa naissance ! Malédiction sur la mère qui l'a nourri ! Malédiction sur son frère René qui lève encore une tête superbe ! et, malgré les arquebusades partant du donjon, plus d'un habitant de Domfront venait voir, comme écrit Boispitard, « son roi pendu tout nud »... Mais à la fin, la puanteur était trop grande, on ne pouvait approcher, et la charogne nauséabonde fut livrée aux chiens à la lueur des torches, au bruit strident des cuivres, ainsi qu'une curée, prélude d'une autre curée.....

Avertissement bien inutile! Montgommery prenait gaîment son parti de mourir en face de toute la noblesse française et de toute une armée, au milieu de ces rochers sombres et de ces grands murs, possédés, habités par ses pères, par Montgommery l'époux de la fille de Talvas, par J. de Montgommery, gouverneur du temps des Anglais... Des hommes venaient d'asseoir des gabions à l'endroit même où pendait tout à l'heure la carcasse du roi de Domfront. Les grosses pièces d'artillerie du château de Caen se rangeaient en batterie en face du donjon sur le tertre grisière et le tertre voisin, elles faisaient succéder à l'image de la mort sa menace; et de Lorges n'arrivait pas!

Le soir tomba. Le silence se fit dans le Bocage, où tant d'hommes armés étaient couchés sans dormir, sous les vignes et pommiers en fleurs. Au château, le comte, lui non plus, ne dormait pas.

A l'heure où dans le ciel très calme Sirius occupait le zénith, une voix demi-basse se fit entendre : « Montgommery! Montgommery ! » L'appel venait du fossé. Comme Hamlet sur la terrasse d'Elseneur, le comte avança hardiment vers l'abîme. Quelqu'un monta vers lui; c'était l'auteur des *Tragiques*, Agrippa Daubigné. « C'est à vous seul qu'on en veut, lui dit le poète; on lèvera le siège de toute ville où vous ne serez pas. Mais le roi de Navarre s'intéresse à votre salut. Il m'envoie vers vous. J'ai bravé les périls, trompé les sentinelles et, par l'entremise de votre ami le chevalier Le Portal, j'ai pu vous tendre la main. J'ai tout préparé pour votre évasion. Les chevaux sont là-bas, au delà du tertre Bedé; vous n'avez qu'à monter en selle et à piquer des deux : Alençon vous attend, la ville est aux huguenots. Vous y trouverez deux cents gentilshommes et gagnerez la Beauce. Vous acceptez? suivez-moi dans l'ombre... Venez ! »

— « Entrez plutôt vous-même, répondit Montgommery; acceptez l'hospitalité de ces puissants murs, et faites-vous l'honneur à vous-même de vous associer à la fortune des miens... »

Et comme Daubigné, quoique bon huguenot, ne disait rien, — « Craignez-vous pour votre vie ? Elle n'est pas en danger, car nous la défendrons : de Lorges est tout près et des reîtres se hâtent par les chemins... »

Déjà Le Portal et Le Breuil, amis de Montgommery, avaient accepté pour eux-mêmes l'offre d'évasion qui ne leur était pas faite. Ils accompagnèrent le poète. Celui-ci méditait en se retirant ce passage des *Tragiques*, où devant le trône aux cent marches où cent lions « apportent à chaque pas une crainte », devant le trône du juge des siècles il voyait, appuyé sur sa lance, Gabriel, comte de Montgommery... et combien de ses détracteurs ne seraient point condamnés par son exemple, s'ils avaient fait pour la vérité ce que faisait pour l'erreur ce superbe rebelle.

Le soleil n'était pas encore levé que, dans la pâleur de l'aube, une petite armée de faux huguenots à la blanche tunique simula près de la porte l'arrivée du fils de Montgommery. C'était la ruse et l'ironie des plus forts ; ils reçurent quelques arquebusades... Il y fut répondu par dix-huit canons tout à coup démasqués sur les tertres : ce fut comme un énorme écroulement, et six cents boulets avec un bruit de basse continue passèrent par-dessus l'abîme que formait au pied du donjon un fossé gigantesque. Le tir convergeait sur l'angle nord de la ville, là où s'élevait une tour près de la Porte-Neuve. Toute la matinée la tour tint bon ; à midi, au milieu d'un nuage de poussière, elle s'effondra. Jusqu'à quatre heures l'écho des coups de canon bondit et rebondit d'une montagne à l'autre : on déblayait ainsi le terrain des débris de la tour, on faisait une issue par où pussent passer les soldats.

Ceux-ci refusèrent d'escalader la montagne de Domfront, formidable, à son sommet, de la présence de Montgommery.

Les gentilshommes, au refus des soldats, durent exposer leurs personnes.

Des cimiers panachés ondoyèrent sur la pente. Des bras revêtus de fer étreignaient les roches, s'accrochaient aux buissons, et Montgommery regardait d'en haut ces mille chevaliers qui montaient vers la brèche ouverte ; il attendait le moment favorable à faire rouler sur eux quelque bloc de rocher.

Il n'avait que cent hommes : soixante arquebusiers, quarante compagnons ; il comprit qu'il ne pouvait défendre à la fois la ville et la citadelle. Il chargea du Brossay de faire entrer dans le château tous les soldats : ce fut l'heure de la grande désertion.

La plupart des arquebusiers s'attardèrent sous prétexte de faire leurs paquets et passèrent à l'ennemi.

Montgommery savait que la ville serait prise, et l'artillerie amenée près de lui, il pourrait, avant qu'elle ne tirât à bout portant, s'engager dans un corps à corps désespéré avec les canons et les enclouer.

Ce beau coup d'audace, si digne de Montgommery, manqua son effet, et les canons, remparés par les maisons de la ville, eurent bientôt emporté trente pieds de la courtine du château. Il fallait que la poudre dont l'Angleterre avait tiré son premier avantage sur la France, se retournât contre le dernier soutien des Anglais, et détruisît, un siècle après la victoire d'Azincourt, leur suprême espérance.

Les assiégeants proposèrent à ceux que la peur et l'attrait du nombre n'avait pas encore détachés de Montgommery, d'abandonner sa gloire et son malheur ; ils s'indignèrent en un beau refus.

Alors, vêtu d'une guarguesque passementée de fils d'argent, au collet de buffle, sans armure et comme un homme qui cherche la mort, le comte, ayant abrité les arquebusiers dans les casemates et dans les tours, mit vingt-quatre gentilshommes à sa droite et vingt-quatre à sa gauche. A sa droite il plaça du Brossay, Chauvigny, de Cornière, de Tère, le jeune Latouche, la Mabillière, du Cros, Oulfe et les autres ; à sa gauche, de Sey, des Hayes, Vaudoré, du Mesnil, la Saussaye et Villeneuve ; puis il dit au ministre La Butte de Clinchamps : « Tous en prière ! » et, dans un nuage de fumée, ces cinquante hommes, devenus la cible de milliers d'arquebuses, s'agenouillèrent sur le mur.

Quand le comte se releva, on vit en lui paraître je ne sais quoi de plus grand que la rébellion, je ne sais quel reflet d'une gloire que d'ordinaire la guerre civile ne donne pas.

La colonne d'assaut apparaissait devant lui brusquement : cent gentilshommes cuirassés, six cents arquebusiers coiffés de morions bombés, cent piquiers corselés gravissaient les grès éboulés de la courtine; et voici qu'une couleuvrine, longue et bourrée de mitraille, cachée par Montgommery dans une des tours, démasqua sa gueule et de sa foudre imprévue, renversa sur les assaillants tout un pan de muraille. Quarante hommes tombèrent en grappe, écrasés dans le fossé.

Sainte-Colombe, armé d'une pique, escalade, pendant qu'on recharge la couleuvrine, les pierres écroulées; il saute sur le glacis, il rend confiance aux siens. Les royaux suivent leur chef, en un tourbillon de poussière, à la tuerie sur les pierres branlantes, au milieu des détonations et du bruit, des blasphèmes des huguenots, des cris de mort des catholiques; on hurle, on vocifère : c'est la seule manière de se connaître au milieu de la fumée; de se connaître et de s'exterminer. Boulets, balles et grenades pleuvent autour de Montgommery, un éclat de pierre l'effleure au visage, un coup d'arquebuse enfonce son brassard, son sang coule; à ses côtés, du Brossay jette un créneau du mur à Sainte-Colombe et l'écrase. Lui-même est frappé. L'enseigne de Lavardin est tué, Dailly est tué, Fervaques lui-même est blessé, Paistre est blessé; Thomassin, Tonnier, Saint-Père, Clepey saignent ou meurent; on ne compte plus les blessés, on brise les épées, on rejette les dagues et les corps se lient aux corps en étreintes féroces...

Les assaillants font avec leurs chairs empilées un autre mur à la place du mur démoli, et quatre cents mousquets croisent leurs feux sur le glacis et sur la tour, pendant que dans l'armée des assaillants, à l'écart, le crâne fracturé, le chevalier Bons fait à Mademoiselle de Rabodange ses adieux écrits de son sang.....

Les assiégeants n'avaient plus de poudre.

Montgommery vit poindre une lueur de succès : c'était une nouveauté dans sa vie; mais après avoir lutté deux jours, il s'aperçut de l'abandon des siens; ils avaient fui par les casemates : restaient quinze hommes. Ils avaient soif, et la sécheresse avait tari la citerne du donjon; les vivres étaient épuisés. Le héros, prenant pitié de ses fidèles, arbora le drapeau blanc.

A minuit seulement quelqu'un pénétra dans le château : c'était Matignon; il venait prendre Montgommery. Celui-ci avait partout trouvé devant lui cette figure inflexible : à Poissy, lorsqu'il était sur le point de se joindre à Condé; à Cherbourg, sur la tour de Guberville, lorsqu'il avait voulu débarquer en France avec les Anglais; à Carentan, lorsqu'il avait voulu secourir son fils; à Domfront où vingt mille hommes le cernaient maintenant. Matignon, c'était la prudence en même temps que l'inévitable rapidité. Montgommery le voyait toujours là, présent, comme une statue inexorable de son destin, ce personnage en qui vivait l'âme catholique de la France et l'esprit de la Pucelle, qui n'avait point d'égal en grandeur d'âme, qui avait sauvé du massacre de la Saint-Barthélemy les cités normandes, mais qui, contre les séditieux, était inexorable. Cet homme le prit par la main, lui Montgommery, et le traîna de ville en ville, jusqu'au pied de la reine, où la tête du rebelle put rouler, mais où ne plièrent jamais ses genoux.

Il était temps que finit le siège; un message vint à Matignon : douze mille Anglais descendaient à la Hague, et, d'un autre côté, s'avançaient réellement des reîtres; s'ils eussent réussi, c'eût été la prise de possession de la France catholique par les pays protestants, et l'œuvre de Jeanne d'Arc eût été vaine.

Quant au donjon, créé pour être la maison de la haute paix, de tout temps au contraire le point de ralliement des tempêtes, le pacificateur Henri IV le jugea sans but désormais. Il était l'œuvre d'un art puissant, mais que sont les arts sans la paix ? Des barils de poudre furent insérés dans les pierres séditieuses ; ce fut une minute épouvantable que celle où la colline oscilla sous le donjon croûlant « Tout être vivant, dit Byron, disparut de la campagne, le bœuf secoua le joug, le cheval s'élança dans la plaine, brisant sa sangle et ses rênes, les chiens hurlèrent, la vallée rugit, les corbeaux qui nichaient dans les mâchicoulis, les ailes subitement ouvertes, les plumes hérissées, abandonnèrent leur nid et s'élevèrent vers le soleil, les nuages qui montaient épaissis au-dessous d'eux et les flots de fumée qui les vinrent assaillir les firent monter plus haut encore » ; et les démons de la guerre religieuse et de la guerre étrangère, écrasés du coup, s'enfuirent vers les flots désordonnés qui sont leur empire, du côté de ce mont d'azur où l'archange Michel avait été leur vainqueur.

Les interminables querelles de la France et de l'Angleterre avaient pris fin, et c'était sur deux points de la Normandie : sur la place de Rouen, où s'était élevé le bûcher de Jeanne d'Arc; au pied de la forteresse abolie, où le sang de Fervaques s'était mêlé au sang de Montgommery.

Depuis ce moment, l'homme approcha peu de la ruine, et tout doucement, comme la fourmi par un labyrinthe de ruelles qui se rendaient à travers les jardins vers le foudroyé. On le reconnaissait encore aux pierres d'une vedette qui se levaient hors des lierres; on n'arrivait qu'à peine à voir les restes du monstre ; on laissait s'accomplir l'œuvre du temps. Il semblait que ce ne fût pas trop de plusieurs siècles de silence pour faire oublier tant d'arquebusades et de chocs d'armures; ni de plusieurs mètres de terre pour effacer les larges taches du sang français. Et pourtant les giroflées qui poussaient sur les ruines étaient des fleurs de paix; la violette disait : « silence » ; les branches enlacées parlaient de concorde, les oiselets entendaient ces voix et croyaient pouvoir nicher en repos dans un grand lierre somnolent qui sortait lentement de la poudre des morts, comme cet amour qu'ils accrurent et dont la Patrie est faite. Mais bientôt un souffle accourait de la plaine, c'était d'abord une brise légère comme la chanson d'Éléonore, puis le vent hérissait la cotte de mailles du lierre aux feuilles imbriquées, puis l'ouragan disait aux fleurs, au lierre, aux oiseaux : « non la paix ne sera jamais où vous êtes ; entendez-vous dans l'air des bruits d'armes ? des bannières qui claquent, des chevaux qui hennissent, les preux qui se parlent dans le donjon, et les coups sourds du canon de Matignon » Un parvenu vint qui coupa le lierre, et les oiseaux furent sans asile sur une place banale et publique. La ruine même leur était inhospitalière ; et pourtant, afin que tout finît là comme tout avait commencé, l'ermitage qui avait préexisté au donjon, reparut au XVIIe siècle sur le tertre grisière Appelant en effet la prière et l'aumône, la cloche de Jehan de Revillès, ermite franciscain de Sainte Anne, se fit entendre sur la montagne et sur la vallée, et la paix était dans sa voix.

FLORENTIN LORIOT.

RUINES DE LA TOUR DE GODRAS À DOMFRONT

DOMFRONT

LA VILLE — SES TOURS — SES PORTES — SES MAISONS

Caractère de la ville de Domfront. — Domfront est comme Avallon, comme Vezelay, comme Guérande, comme Loches, comme La Souterraine, comme Carcassonne, une de ces petites villes du moyen âge qui ont conservé quelque chose de leur physionomie propre.

L'histoire de la capitale du Passais ne se confond pas, comme on pourrait le croire, avec celle de ce donjon, qui garda moins la petite ville qu'il ne la compromit.

Tandis que les seigneurs et que les rois conduisaient du haut de la forteresse leurs destinées qui attiraient trop servilement l'attention de l'histoire, les bourgeois étaient jaloux de leurs franchises, et s'ils les croyaient menacées, ils ne manquaient pas d'en appeler à Talvas, à Henri Ier, à Robert d'Artois, à la révolte en 1318, et sous Louis XI en 1473, sous Charles VIII en 1487, sous Louis XII en 1501, à des chartes qu'ils faisaient confirmer à chaque avènement de prince. Leur esprit d'indépendance ne se démentit pas même au XVIIIe siècle.

En 1738, Robert d'Avenel, lieutenant-général du bailliage, seigneur de Saint-Georges, voulait ajouter à ses titres celui de maire en se passant d'électeurs; un arrêt du 30 mai, obtenu par les Domfrontais, contraria son entreprise. Domfront prit parti pour Montgommery; pour Henri IV contre la Ligue; la ville fut frondeuse, au temps de Mazarin; on y lut Voltaire aux approches de la Révolution. La monarchie ne fut jamais sans méfiance à l'égard des habitants. Pour se prémunir contre leurs agressions, les rois bâtirent dès le XVIIIe siècle, sur la courtine du donjon, des casemates, percées à fleur de sol de meurtrières effilées. Là, les archers royaux assis sans être vus, dans les embrasures anguleuses, sur des bancs de pierre, soutiendraient les défenseurs du donjon contre les bourgeois mutinés; et pourtant la monarchie n'eût pas dû oublier qu'elle tirait dix-neuf cents livres de la bonne ville, et que, s'il s'agissait d'arrêter l'invasion anglaise, nulle cité ne soutenait un siège de huit mois: car Domfront, aussi fidèle à l'indépendance nationale qu'à ses libertés locales, tint en échec Henri V et ses généraux, les Warwick et les Talbot. Sept habitants se livrèrent en otage, à la fin du siège de 1418, pour le salut de leurs concitoyens; et la ville fut de celles qu'on citera toujours pour entretenir d'exemples et nourrir d'un passé mémorable le patriotisme français.

Les tours. — Le sentiment de son importance venait à la petite cité de sa force même. Elle avait deux murs larges environ de six pieds et dont le plus haut était couronné de mâchicoulis et crénelé de vingt-quatre tours.

Les unes étaient de structure archaïque fort grossière, d'autres plus récentes et plus légères. Les unes remontaient à Talvas, les autres au XVe siècle.

Dans l'une d'elles, située à l'ouest de la ville, chez M. Féron, on voit encore le vestige d'un escalier qui tournait en spirale le long des murs cylindriques et qui reste en suspens dans le vide.

Près d'elle est la tour dite Patou. Au-dessous de mâchicoulis de grès rude, une échauguette se suspendait à ses flancs.

Mais les plus hautes des tours domfrontaises, celles qui dominaient toutes les autres, c'étaient, à l'orient, les quatre tours de Godras. La plus haute signalait le château des gouverneurs et dominait les cheminées mêmes du donjon.

On montait au premier étage par un escalier monumental s'engouffrant sous une large et profonde poterne qui s'élevait avec ses marches vers l'ombre creuse de l'intérieur. Ensuite, on gagnait les créneaux par un petit escalier colimaçonnant dans l'épaisseur des murs. La plate-forme était comme un observatoire où souvent montèrent Laferrière ou de Froulay, Achard, de Quincé ou Clément Bigot. Là parut, sans doute, Ledin en sa robe d'argent doublée de velours cramoisi. Ils eurent à leurs pieds, d'un côté, la citerne de Godras à la margelle très large et moulurée, le pavillon de Boudé et les avenues d'ormeaux qui élevaient au milieu de la ville leur verdure à la hauteur des tours; d'un autre côté, du côté de la campagne, la fine aiguille de pierre d'un bassin d'où l'eau coulait nuit et jour avec un bruit que la distance, tout au haut de la tour, rendait débile. Nul ne fera plus le guet au sommet de la superbe vigie, car, par une froide journée de décembre, à huit heures du matin, la tour, où l'on s'était taillé à même les murs trop de chambres particulières, remplit de ses décombres ce vieux fossé de Barbacanes.

Au sud de la ville, en avant des terres, étaient deux ouvrages de défense : l'un se trouvait sur la bruyère, l'autre, au delà du fossé Plisson, avait forme de demi-lune et était cerclé de pierres si longues qu'on les eût dites cyclopéennes.

L'ingrat oubli et le long nonchaloir de la vie pacifique a laissé périr onze tours; pourtant l'ancien Domfront s'accuse encore, les vieux murs s'entr'ouvrent çà et là, sous le débordement de la ville amplifiée. Sur les indestructibles assises des enceintes se sont établis des jardins suspendus comme ceux de Sémiramis, et l'on voit cascader de gradins en gradins un ruissellement de lierres mêlés à des fleurs.

Les portes. — Par où l'investigateur du passé doit-il entrer dans la cité ?

Serait-ce par l'ouest ? Une rue pavée, nommée jadis « le Pavé », conduit des profondeurs où veille *Notre-Dame-sous-Eau*, à la porte haute, dite « du château »; mais cette porte n'est plus.

Serait-ce par le nord ? La vieille route de Caen nous conduira soit à la porte de Normandie, soit à la troisième porte appelée *poterne*. L'une et l'autre ont disparu : la porte normande était ogivale, deux tours faisaient sentinelle à ses côtés : ogive et tours, tout a disparu. Fort à propos passait en touriste l'abbé Postel, qui savait voir et qui vit; il atteste « que la voie qui passait sous l'arche de la porte était pavée de larges dalles, usées par le frottement. Le mur d'enceinte avait en cet endroit 2 mètres d'épaisseur. Du côté du dehors, l'entrée avait 3 mètres de largeur. L'ogive de la voûte occupait le tiers de l'épaisseur du mur. En dedans la porte avait 3 m. 30 de largeur. Sa voûte était un plein cintre à petit appareil dont la clef était en contre-haut de celle de l'ogive, de la hauteur de plusieurs assises de maçonnerie. La solidité des mortiers avait fait de cet ouvrage un monolithe, et sa démolition coûta de longs efforts ».

Entrerons-nous par la quatrième porte, celle des Barbacanes ? Au XIIIe siècle, elle ouvrait sur la « bruyère », mais elle fut murée; on voit encore une indication qui la dessine entre ses deux tours que couronne aujourd'hui la ravenelle d'or.

Reste la grande porte, elle est placée au midi, et c'est par là que nous entrerons. Dans l'arrachement de la voûte en plein cintre, une sorte de niche a été creusée à coups de pic. Une madone est là. Elle avait naguère à ses pieds ces paroles écrites :

Occupabit salus muros tuos
Et portas tuas laudatio.

La montée de la Grande-Rue. — Le seuil franchi, on est dans l'ancienne ville. On « ahanne » à gravir la pente malaisée de la Grande-Rue. On passe au pied de maisons qui projettent sur elle une poivrière ou disposent à côté d'elle une terrasse.

On arrive à l'ancienne acropole, c'est-à-dire au point où la ville s'aplanit sur la hauteur. La rue alors prend une physionomie toute particulière : elle s'agrémente de porches anciens où les vieux Domfrontais se pouvaient abriter du soleil et de la pluie, vendre et causer avec leurs voisins.

« Ces porches étaient, dit M. de La Sicotière, un accessoire de la maison, comme un supplément de la rue, intermédiaire entre l'un et l'autre. »

La maison de la Prison. — Or voici qu'une ruelle comprise dans l'interstice de deux maisons semble ouvrir à pic sur l'horizon bleu. Là s'offre une maison à la mine particulièrement noire et renfrognée. Elle a derrière elle, comme tous les logis normands, une tour d'escalier, mais plus étroite, plus haute, plus effilée que les autres de ce genre. Elle est si sombre et si sournoise, si cauteleuse et d'un caractère si normand, qu'on ne lui voit point de fenêtres... Et pourtant, on y découvre, vers la base, un jour oblique, inaperçu d'abord, et comme un de ces trous de construction qui sont utiles aux nids après l'avoir été aux échafaudages : cette tourelle est comme une lanterne sourde.

Si l'on entre et si l'on se dispose à monter l'escalier, soudain, on aperçoit dans l'ombre, appuyé sur la première marche, debout, un témoin... un témoin de l'antiquité du lieu : une colonnette romane est là. Elle dit à qui sait entendre : le logis a mille ans. Il est impossible d'en douter, la colonnette est primitive, son chapiteau est formé de palmettes fort simples qui s'évasent pour soutenir l'abaque : c'est bien là une sculpture du temps de Talvas.

On dira peut-être qu'elle est une pièce rapportée et que le reste du logis est plus récent qu'elle; montons l'escalier; que trouvons-nous au premier étage? Une chose bien faite pour confirmer le témoignage du chapiteau roman : un vieil oratoire domestique, creusé, comme un *arcosolium*, dans l'épaisseur du mur : un autel est là. Sa table et son rétable de pierre sous une arcature centrale attestent qu'il est de facture romane. Mais voici à côté de l'autel un bien autre vestige : une grosse face réjouie aux lèvres épaisses, au nez camus, aux pommettes saillantes, sort de la muraille et vous regarde en riant; c'est une sculpture large et soignée, exécutée avec verve, exprimant avec réalité cette chose si rare en marbre, la vie exubérante de quelque Falstaff, qui eût diverti les camps du temps de Guillaume de Bellème. Tel est bien le faire des modillons qu'on voit au XIe siècle, contournés en forme de nids d'hirondelles sous les corniches des églises. La figure du soudard soutient un tailloir; au-dessus s'ouvre un orifice qu'on ne voit pas d'abord. Il permet à une seule main, longue encore et effilée, de plonger discrètement dans un bénitier, qui cache dans la profondeur même de la muraille une eau mystérieuse comme celle des sources.

La maison a mille ans : la colonnette nous l'avait bien dit. Tout parle ici, d'ailleurs, d'une antiquité colossale.

A l'entrée des caves, on voit les mortaises où les madriers allaient et venaient, comme d'énormes verrous. On descend une vingtaine de marches, et l'on s'aperçoit à l'anémie des flambeaux qu'on est dans une salle souterraine ; si les lumières s'éteignaient tout à fait, la nuit serait là dans sa plénitude. La terre s'est élevée autour de la maison. Le sol a dépassé de la taille humaine l'ouverture des soupiraux par où des lueurs venaient de la rue. Ces trous carrés et droits traversent une voûte épaisse de trois pieds ; ils n'ouvrent plus maintenant qu'en une cave construite sur la première et comme pour la faire oublier.

Si ce fut là, comme on l'assure, une prison, les sanglots des captifs ni leurs cris ne pouvaient être entendus à travers deux voûtes, et si épaisses ! Les soupiraux qui éclairaient, comme dans la prison mamertine, la salle la plus basse par l'obscurité de la plus haute, étaient grillés d'épaisses barres de fer, obstacle épouvantable à toute évasion ; et là, les condamnés goûtaient vraiment le tombeau.

La maison Caillebotte. — Pour opérer une diversion à tant de nuit, il est temps de visiter une de ces joyeuses maisons que le XVIe siècle appuya du côté de l'ouest aux vieilles murailles déjà délabrées au temps des Montgommery.

La maison de l'historien Caillebotte s'ouvre à nous et son intérieur hospitalier présente au visiteur le premier intérêt d'un escalier contenu dans une cage carrée, coudé toujours à angle droit, décoré de balustres prismatiques que semble déformer la montée. Pénétrons jusqu'à la salle spacieuse aux beaux lambris, au parquet tout plaqué de géométrie, au balcon de fer imitant des fleurs de lis et des thyrses, et de là, regardons !

A nos pieds sont les jardins : ils sont suspendus sur le terre-plein qui sépare les tours des murailles. La passe-rose, la fleur des temps passés, élève ses hautes quenouillées jusqu'aux lilas qui tombent du panache des tours; plus loin, à nos pieds, la plaine couverte de pommiers, sombre d'abord, s'azure peu à peu et s'estompe; plus loin, entre le mont Gargantin et la butte de Montécot, le lointain se perd et se dissipe dans la blancheur ensoleillée des brumes.

Florentin Loriot.

ÉGLISE DE NOTRE-DAME SUR L'EAU, À DOMFRONT

L'ÉGLISE DE NOTRE-DAME-SUR-L'EAU

L'église Notre-Dame-sur-l'Eau, ainsi nommée à cause du voisinage de la rivière la Varenne, qui la baignait presque à sa base, fut bâtie au XIe siècle par le fondateur du château de Domfront et de l'abbaye de Lonlay, Guillaume Ier de Bellême.

Elle n'a fait l'objet d'aucune charte; sa fondation proprement dite doit remonter à l'époque de celle du donjon de Domfront, c'est-à-dire aux premières années du XIe siècle, où une ère nouvelle commençait pour l'architecture et pour les arts, et vers l'an 1010, en tout cas avant l'année 1020 ou 1026, car les fondations de l'abbaye de Lonlay auraient été jetées dès l'année 1017; et il résulte de la charte de fondation de l'abbaye qu'à cette époque, 1017, l'érection du château de Domfront et la construction des églises de Domfront, *Ecclesias*, étaient des faits accomplis.

Or, cette désignation *Ecclesias* ne pouvait que s'appliquer à la chapelle Saint-Symphorien du château, située au nord, dans l'enceinte du donjon, tout près du mur d'enceinte; à la chapelle Sainte-Scholastique, oratoire privé du donjon, soit à l'église Notre-Dame-sur-l'Eau ou à la chapelle primitive Saint-Julien de Domfront.

L'église Notre-Dame-sur-l'Eau fut donc construite vers l'an 1010, à peu près en même temps que le donjon de Talvas.

Elle fut élevée au fond d'une charmante et pittoresque vallée, sur la rive droite de la Varenne, dans les eaux de laquelle se mire l'antique église, et ayant en face, tout près, au nord, le château de Domfront et la colline sur laquelle est assise aujourd'hui cette ville.

Guillaume Ier la donna à l'abbaye de Lonlay, qui en fit le centre d'un prieuré important : « nous leur donnons aussi les églises de Domfront, dit la charte de fondation, avec tout ce qui leur appartient ».

La chapelle Saint-Symphorien du château fut également donnée aux Bénédictins de l'abbaye de Lonlay, avec un enclos voisin qui devint le centre d'un prieuré beaucoup moins important, mais contenant logement pour le prieur, avec perception des dîmes du château.

L'église Notre-Dame-sur-l'Eau constituait un type parfait de l'architecture romane secondaire; elle présentait les sobres et gracieuses proportions qui caractérisent les monuments les plus estimés de l'époque byzantine, et une solidité parfaite. De tout temps elle avait été et est toujours visitée par les artistes et par les archéologues.

D'après les documents qui nous restent, cette église, dans le principe et avant la destruction partielle qu'elle a subie, n'avait pas moins de 40 mètres de longueur sur 15 m. 60 de largeur. Sa nef centrale avait 13 mètres d'élévation; la tour carrée s'élevait au centre de la croix, entre la nef et le chœur ; l'escalier était ménagé dans un des piliers. Un toit à quatre pans recouvrait cette tour, dont la corniche était supportée par des modillons sculptés.

La façade était ornée d'un grand portail roman, avec six colonnes à chapiteaux couverts d'entrelacs, séparés par des angles saillants, que l'on a replacé avec assez d'habileté dans le nouveau mur. Toutes les pierres de la façade étaient de granit, taillées, d'échantillons de 20 à 24 centimètres sur chaque sens, et offrant un marquetage régulier.

Presque toute la maçonnerie extérieure des bas-côtés était disposée en arêtes de poisson ; le mur intérieur des bas-côtés offrait tout à l'entour une suite d'arcades voûtées de 1 m. 33 de hauteur et très régulières.

En 1836, à l'occasion de l'ouverture de la route de Domfront à Mortain, la mutilation de l'édifice fut définitivement consommée. La grande nef et les bas-côtés de l'antique église romane furent atteints et mutilés ; la nef, après démolition, a été rebâtie avec une longueur de 9 m. 45 seulement, tout à fait hors de proportion avec le transept et le chevet ; elle a maintenant 7 m. 30 de largeur extérieurement ; l'abside et les chapelles du transept demeurèrent seules intactes. Elle n'en est pas moins restée encore un des monuments historiques les plus intéressants du département de l'Orne.

Et l'*Orne archéologique*, signalant plus tard l'état de ce monument, disait à ce sujet : « l'abomination de la désolation a pénétré dans le sanctuaire..... le rhabillage faux et mesquin ajoute aux regrets. On a détruit, gratuitement détruit, le plus curieux monument roman qui se trouvât dans le département de l'Orne ».

Mais, le pont anciennement construit sur la Varenne commandait, paraît-il, *comme mesure d'économie*, le tracé de la route départementale par l'angle nord-ouest de l'édifice !...

Espérons du moins que l'on conservera soigneusement ce qui nous en reste. Ces chefs-d'œuvre des siècles, en effet, précieux monuments de l'histoire et qui font l'attrait et l'ornement de nos contrées et de nos cités, appartiennent à tous et n'ont pas de prix.

Dans son état actuel, l'église Notre-Dame-sur-l'Eau forme une croix latine sans bas-côtés, avec transept, tour centrale carrée, abside et absidioles circulaires ; mais la nef et le chœur appartiennent visiblement à deux époques différentes.

Ainsi, notamment, la nef offre les caractères généraux de l'architecture romane dans la première moitié du XI° siècle, avec quelques traces de l'appareil en *opus spicatum*, tel qu'on l'employait encore à cette époque ; mais surtout avec ses cintres d'un dessin pur, ses portes à ressauts, seul ornement que l'on y remarque, ses piliers carrés à redans et ses tailloirs sans retour.

Mais c'est surtout le transept qui offre les caractères les plus remarquables et les mieux accentués de l'architecture romane dans le cours du XI° siècle.

Cette partie de l'édifice, en effet, rappelle le *vaisseau* de *Saint-Jean* à Château-Gontier, dont la date est connue (987-1040), avec ses piliers carlovingiens, sans socle ni chanfrein et avec ses tailloirs sans retour, au moins à l'inter-transept de l'ouest, comme également sans voûte, mais avec un plancher en bois portant sur des corbeaux.

Ce que cette partie de l'édifice offre d'ailleurs de particulier, c'est que le tailloir à biseau qui surmonte les piliers carrés de l'inter-transept, et qui n'a pas de retour à l'*ouest*, en offre déjà à l'*est*, indiquant par ce détail la réalisation d'un progrès, qui semble ne s'être accompli que vers le milieu du XI° siècle.

A l'extérieur, il n'existe soit dans la nef, soit dans les transepts, aucune trace ni de corniches, ni de modillons; mais il n'en est pas de même dans le chœur, et l'on remarque déjà, à la partie orientale des transepts, deux modillons, qu'on rencontre peu communément, en forme d'œil-de-bœuf, lesquels remontent à la construction primitive, dont l'un, au *midi*, est même orné de denticules; d'un autre côté, le chœur et l'abside sont ornés de modillons soit frustes, soit à têtes grotesques, et flanqués de contreforts avec socle et larmier.

A l'intérieur, le chœur ainsi que l'abside et les absidioles sont voûtés, partie en berceau et en cul-de-four, et partie même en voûte romane d'arêtes.

Le chœur est orné, à l'intérieur, d'arcatures simulées, que soutiennent des colonnettes engagées, telles que l'on en construisait au commencement du XIIe siècle, style dont cette partie de l'édifice offre plusieurs caractères généraux; l'on remarque des arcatures à peu près semblables, quoique plus archaïques, au transept *ouest* de l'ancienne église de Lonlay.

Les chapelles ont 7 mètres de largeur, leur saillie sur la grande nef égale 8 m. 13 cent.; une haute fenêtre existe de chaque côté du contrefort central. Le pignon de la chapelle du *Nord* a, de plus, une double arcature établie au-dessus de ces fenêtres, et son contrefort central possède pour amortissement, une statue en granit représentant, en manière de cariatide, un personnage singulièrement assis et tenant suspendue à son cou une sorte de bourse.

Un corps rectangulaire prolongeant la nef centrale et servant intérieurement de chœur, précède la partie arrondie de l'abside; celle-ci, dans son ensemble, est pourvue extérieurement d'une corniche formée seulement d'une tablette ou tailloir dont la face verticale est ornée de billettes et que supportent trente-six modillons présentant des têtes grimaçantes. L'abside s'appuie sur quatre contreforts. Cinq fenêtres à plein cintre l'éclairent; elles sont accompagnées de colonnettes, et leurs archivoltes sont décorées de torsades et de quelques autres sculptures, le tout en granit. Du côté de l'Épître est la chapelle des douze Apôtres; on y voit encore les douze corbeaux qui servaient de support à autant de statues.

Quant à la tour centrale carrée, la base seule est ancienne, avec quelques traces d'*opus spicatum*; mais cette tour a deux étages, dont le premier est plein et le second ajouré; elle a donc été remaniée sinon reconstruite, au commencement du XIIe siècle. L'on remarque effectivement qu'elle n'a pas été élevée d'un seul jet, et que les contreforts ne se ressemblent pas, notamment au *nord-ouest*, où l'angle de la tour n'est soutenu que par une colonnade; elle rappelle celle de l'église de *Saint-Pain*, construite au commencement du XIIe siècle.

En septembre 1568, l'église Notre-Dame fut dévastée par les protestants; le clocher et le mobilier furent brûlés. A ce clocher avait été substitué une flèche octogonale en charpente très élevée; elle dominait encore, en 1826, cette tour carrée; mais elle tombait de vétusté et a été remplacée par la pyramide quadrangulaire actuelle.

La consécration de l'église Notre-Dame-sur-l'Eau n'eut lieu qu'en 1156 (1), et elle fut faite par l'archevêque de Rouen, Hugues III d'Amiens, l'année même de l'exaltation des reliques de saint Guillaume Firmat à Mortain; d'ailleurs, les détails qui précèdent montrent que l'église Notre-Dame-sur-l'Eau a dû subir pendant plus d'un siècle des restaurations et des remaniements successifs, pour lesquels les ressources ne firent point défaut.

L'on sait, en effet, que les rois d'Angleterre Henri Ier et Henri II affectionnaient tout particulièrement la ville de Domfront et le prieuré de Notre-Dame-sur-l'Eau. Ainsi, notamment en 1161, ce fut sur les fonts baptismaux de cette vieille église romane que la fille du roi d'Angleterre *Henri II*,

(1) *Gallia Christiana*, t. XI, p. 47; Pallue, *Hist. du diocèse de Rouen*, t. I, p. 391, et Le Paige, t. I, p. 274.

et de la reine *Aliénor*, née au château de Domfront, fut tenue sur les fonts baptismaux par Achard, évêque d'Avranches et *Robert* du Mont-Saint-Michel, et baptisée par *Henry*, cardinal-prêtre et légat du Saint-Siège, en présence d'une foule considérable.

La présence de Richard Cœur de Lion, à Domfront, et celle de la reine Aliénor, sa mère, en 1195 et 1198, sont aussi attestées par deux articles des comptes de cette époque.

De nombreuses pierres tombales se trouvaient dans l'église Notre-Dame-sur-l'Eau. A côté de celles notamment des divers membres de la famille des Ledin de la Challerie, qui compta plusieurs châtelains et gouverneurs de Domfront, se voyaient un certain nombre de pierres tumulaires appartenant à d'autres notabilités.

Mais en 1823, sans plus s'arrêter à la religion des souvenirs et au respect dû aux sépultures, ces pierres tombales furent enlevées pour former le pavage de partie de la chapelle du collège, et sous la raison prétendue en même temps, d'en faciliter une meilleure conservation.

Deux de ces pierres tombales seulement restent aujourd'hui dans l'édifice.

L'une d'entre elles, qui se trouve maintenant déposée dans l'absidiole du côté de l'Épitre, mérite surtout d'être remarquée. Elle se compose d'un bloc calcaire de 2 m. 17 cent. de longueur sur 58 centimètres de largeur, avec une sculpture en haut-relief de 1 m. 66 cent. environ de longueur. La sculpture représente ainsi, à peu près en grandeur naturelle, un chevalier couché sur le dos et les mains jointes sur la poitrine. Sa tête est appuyée sur un coussin soutenu par deux anges, et les pieds sur un lion accroupi; les jambes, les mains sont bardées de fer et une cote de mailles élégante entoure sa taille, retenue par un ceinturon d'où pend une large épée enfermée dans le fourreau. Le haut du corps est pressé dans un autre vêtement qui s'attache sur le devant au moyen d'une double garniture bouclée. Au-dessus de la tête est un ornement gothique très saillant en forme de dais avec sculptures assez délicates.

Tombeau de Talvas. — Intérieur de l'Église.
D'après des photographies de M. B Magron.

La finesse du travail et l'ensemble des ornements gothiques de l'époque la plus brillante, n'annoncent pas une époque antérieure au XIV° siècle.

Aucun nom ne se lit sur la pierre, nulle indication héraldique sur les écussons unis qui décorent les angles du monument.

Aussi, dans cette ignorance du nom, et en présence de l'importance du monument, la tradition a voulu attribuer ce tombeau, sans que rien absolument en justifie, et qui n'a rien du XI° siècle, au fondateur de l'église, au duc Guillaume 1er.

L'autre pierre tombale est celle de dame marquise Ledin, « espouse de noble M° Brice Couppel de l'Epiné, conseiller du roy, vicomte de... qui décéda en... le 28 octobre 1613 ».

Ce tombeau est orné d'un beau dessin représentant en pied une femme vêtue d'une sorte de tunique. Le visage, les mains et les pieds étaient en marbre blanc, délicatement incrustés dans la pierre. L'ensemble est détérioré; la date s'efface, le nom disparaît à moitié.

L'épitaphe est formée de caractères gothiques, incrustés en métal, et l'inscription, qui nous donne une idée de certaines poésies de l'époque, est celle-ci :

« passant, ce marbre ne regarde.
« ma cendre n'est sous ce tombeau ;
« car mon cher mari me la garde,
« et dans son coeur en est le vaisseau. »

Le pourtour du sanctuaire de l'église est décoré de deux étages d'arcatures d'un bon effet. Le maître-autel mérite d'être particulièrement signalé. C'est une forme d'autel en pierre qui consiste en une table portant sur un massif triangulaire, ainsi que sur une colonne engagée au centre et sur deux colonnes dégagées aux extrémités, en granit. La base et le chapiteau sont composés de tores qui décroissent de haut en bas au sommet et s'élargissent au pied de bas en haut.

Or, cette forme gracieuse, élégante et simple, peut être considérée comme le type des autels du commencement du XIIe siècle et a précédé la consécration de l'édifice qui eut lieu seulement, comme nous l'avons vu, en 1156. Cet autel, qui doit être compté parmi les plus rares de nos jours et les plus anciens, est dominé par une statue de la Vierge, sculptée en pierre, d'une époque postérieure et qui peut appartenir aux XIIIe ou XIVe siècles.

L'on remarque le même genre d'autel : à Notre-Dame-d'Avesnières, près Laval, dans une chapelle du nord; à Notre-Dame de Vire, dans la chapelle de la Vierge, et dans l'ancienne église abbatiale de Saint-Sever, près Vire.

* * *

Quoiqu'elle fût située hors la ville et en la possession des religieux bénédictins de l'abbaye de Lonlay, l'église Notre-Dame-sur-l'Eau n'en constituait pas moins l'église principale des habitants de Domfront.

L'église actuelle de Domfront, sous l'invocation de saint Julien, évêque du Mans, ne date effectivement que de 1747, et a été bâtie en remplacement de l'ancienne chapelle dédiée au même évêque, saint Julien.

A partir de la fondation de cette église nouvelle, la messe fut alors dite à l'ancienne église Notre-Dame-sur-l'Eau, seulement tous les mois et jours de fêtes, par les religieux de l'abbaye de Lonlay.

Dans cette église Notre-Dame-sur-l'Eau, désolée et presque abandonnée pendant si longtemps, se voient encore quelques traces de fresques rougeâtres autour des fenêtres et dans diverses parties des murs de l'édifice, qui semblent être restées là pour rappeler à la pensée le souvenir de son passé, où rois et reines, princes et chevaliers venaient courber humblement leurs fronts devant la statue de Notre-Dame.

Mais nous sommes heureux de constater que, depuis un certain temps, loin de méconnaître le mérite et le prix de la vieille église romane, on s'y intéresse. On a eu, en effet, tout au moins le bon goût et l'heureuse pensée d'approprier l'édifice, de décorer et d'orner l'intérieur avec quelque soin.

Le prieuré était devenu, dès 1754, le centre de l'hospice de Domfront. La chapelle du prieuré et de l'hospice était toujours desservie par les religieux de l'abbaye de Lonlay ; et, quelques années avant la Révolution, on voit que le prieur de Notre-Dame était reçu, en cette qualité, par l'abbé de Lonlay, dans le logis abbatial.

Aujourd'hui, l'ancien prieuré solitaire est devenu le gros hameau de Notre-Dame, le centre d'une gare de chemin de fer ; et on entend le sifflet strident de la locomotive, traversant cette pittoresque vallée, qui rappelle tant de souvenirs historiques, avec son site unique et merveilleux, et laissant entrevoir le *Val-Nicole*, devenu désormais célèbre par les charmantes poésies d'un écrivain domfrontais, doublé d'un artiste.

H. Le Faverais.

LE ROCHER SAINTE-ANNE, PRÈS DOMFRONT

LE ROCHER SAINTE-ANNE

L'ERMITAGE — LA LÉGENDE — L'HISTOIRE

Deux rocs aigus : sentinelles aux portes du pays.

C'est Domfront.

Sur l'un de ces blocs arides, un jour, un homme vint. Vêtu de bure et de peaux de bêtes, humble et simple, il n'avait pour se défendre ou s'appuyer qu'un bâton en forme de croix.

Et, dans ce signe résidait la force de cet homme dont le regard domptait les loups, et de qui la voix rendait attentifs les oiseaux et les roseaux.

C'était un apôtre du Christ.

Il se nommait Front.

La paix, la prière, l'amour, la foi, tout l'idéal divin accompagnait sa marche vers les hauteurs. Arrivé sur le faîte, isolé entre le Ciel et la terre, le chrétien ouvrit les bras, étendit les mains comme pour bénir et chanta :

« Seigneur ! Seigneur ! puisque telle est ta volonté, je m'arrêterai en ce lieu, et je t'adorerai, et ces peuples barbares t'adoreront, et seul tu seras adoré. Toi seul étant adorable, Seigneur ! Seigneur ! dans les siècles des siècles ! éternellement ! »

Ensuite, il construisit sa demeure, faite de légers branchages, couverte de bruyère odorante, et si fragile que ceux d'en bas dirent en riant :

« Celui-là est insensé qui bâtit sa maison avec des brins de paille et la pose dans la main de l'ouragan. »

***

Un autre jour, à une autre heure, sur l'autre roc, un autre homme monta.

Couvert d'acier, étincelant dans son armure, entouré d'amis et de serviteurs brillants comme lui, Guillaume apparut sur le pic. Guillaume, surnommé Talvas, Guillaume ! le fer, le feu, la lance, l'épée, la toute-puissance humaine.

Il dit :

« Une forteresse, ma forteresse ! s'élèvera ici, très haute, très forte, invincible à jamais. »

Et sa volonté s'accomplit.

Des murailles épaisses, de formidables tours posèrent leur masse pesante sur les arêtes du rocher; le donjon monta dans les airs comme s'il voulait escalader les cieux, et la ville s'appuya contre ce colosse.

Semblables à des yeux vigilants, des meurtrières s'ouvrirent vers l'Ouest, vers l'Est, du côté du Sud et du côté du Nord.

Ce château eût pu prendre pour devise ces mots : *Qui me touche, j'écrase.*

* * *

En face, sur le tertre que le pieux cénobite consacra à la Mère de la Mère de Dieu, rien de terrible, rien d'imposant ne se montre. C'est de là, cependant, que jaillissent les premières lueurs de la civilisation dans ce pays; sous ce toit de chaume, où vit et prie l'homme au cœur pur, s'allume le foyer dont la flamme purifiera les âmes et illuminera le monde.

Ce rocher ne garde aucune trace apparente du rôle considérable qu'il a joué dans l'histoire; pourtant on ne saurait nier qu'il mérite, autant qu'aucun autre monument, d'être nommé « célèbre » et respecté à l'égal des plus illustres.

Le saint homme qui vécut là sa pieuse vie, ne pouvait d'ailleurs choisir une plus magnifique contrée.

La reproduction artistique, placée en ces pages, prouve bien que nous avons le droit de dire à nos lecteurs : « Arrêtez-vous et contemplez. »

* * *

Le rocher de Domfront et le rocher Sainte-Anne sont deux parties d'un bloc unique qu'un cataclysme préhistorique coupa en deux.

Un glaive gigantesque semble s'être appesanti sur le géant de pierre et l'avoir pourfendu tout droit, du haut en bas, d'un coup!

Entre les deux morceaux, séparés ainsi, coule une rivière mignonne, qui pleure ou chante en arrosant des prés verts et des bois ombreux.

D'un côté, la ville de Talvas avec le donjon sur la pointe; en face et séparé seulement par le mince cours d'eau, la crête aiguë du rocher de Sainte-Anne. Ici, la vue s'étend loin, loin, sur une campagne resplendissante.

Un groupe de quelques vieux sapins indique, dit-on, l'emplacement de l'Ermitage.

Du faîte de ces hauts lieux, l'âme du Sage planait au sein des rosées matinales, et lorsque venait l'ombre, sa prière s'élançait vers Dieu, avec les parfums de la vallée profonde, étroite, et fermée là, en bas, tout autour : cassolette, pleine d'encens, s'ouvrant au soir et s'ouvrant à l'aurore.

* * *

Plusieurs ermites se succédèrent en ce lieu; l'histoire a conservé les noms de quelques-uns.

La légende trouve naturellement sa place ici, et je crois ne point déplaire en racontant ce qui se passa en... ce temps-là.

D'abord, regardez la base du roc. Cela est formidable et sauvage. Mais qu'est-ce aujourd'hui, comparé à jadis?

Un trou effrayant apparaissait, entre deux blocs ; un sourd tourbillonnement indiquait l'abîme d'où sortaient parfois des flammes empestées.....

On nommait et l'on nomme encore cet endroit, « la Fosse au Dragon », — « le Trou d'Enfer ».

Le Dragon, l'Esprit du Mal, habitait ce repaire et, maître de toute la contrée, exigeait des habitants un tribut dont le souvenir nous fait frémir encore !

Chaque année, sous peine de voir dévorer la population tout entière, on devait livrer au monstre une jeune vierge que le sort désignait.

Cette année-là, — quelle année ? nul ne le sait, — la fille d'un Talvas fut choisie pour victime. Des gémissements retentissent dans la cité. L'enfant est belle, adorée. Mais il faut obéir.

Hélas ! hélas ! hélas !

*
* *

L'heure terrible sonne. Un lugubre cortège se forme. Les jeunes filles, qu'un sort pareil menace dans l'avenir, entourent leur pâle compagne ; des lamentations déchirantes éclatent au sein de la foule terrifiée. Le père, si redoutable, est ici sans puissance : tout acier s'émousse au contact de l'étincelle infernale.....

La victime s'avance à pas lents, défaillante entre les bras qui la soutiennent et vont la livrer tout à l'heure. Elle arrive à la pointe du roc..... Ici, tout au bord, regardez ! N'ayez pas peur : je mets ma plume entre vous et le vertige.

En ce temps il n'y avait point de route ; le rocher descendait sauvage, aride et majestueux jusqu'à la rivière, jusqu'au bord de l'antre où la Bête monstrueuse attend la vierge.....

Le Dragon mugit, ses grandes ailes de chauve-souris s'agitent ; sa gueule démesurée s'entr'ouvre, sa tête cornue se dresse ; son regard phosphorescent est levé vers la cime. Déjà son corps velu tressaille de volupté. Celle qu'on lui donne aujourd'hui vaut à elle seule toutes les autres.

La voici ! Ses blancs vêtements flottent au-dessus du gouffre ; l'effroi étend sur son visage les voiles du trépas... elle s'évanouit. C'est l'instant propice, il faut la jeter dans l'abîme.....

Soudain, en face, sur un bloc qui surplombe, l'Ermite apparaît.

Il tient une croix faite de deux branches de coudrier.

Un bras tremblant mais vigoureux prend l'enfant évanouie et la balance dans l'espace... Mais l'Homme du Dieu Sauveur fait signe d'arrêter. Instinctivement on obéit. Chacun demeure attentif.

L'Ermite du Tertre Sainte-Anne, d'un geste impératif, lance, dans le vide, la Croix. Elle tombe, droite dans le sol, en bas, sur le domaine du tyran formidable.

Aussitôt la Varenne étonnée remonte vers sa source ; le sol s'agite ; le rocher tremble sur sa base.....

Le Dragon pousse un cri qui ébranle toute la contrée ; ses griffes essaient de s'incruster dans le roc qu'il voudrait gravir pour atteindre le dompteur céleste. Mais celui-ci reproduit dans les airs le signe de sa croyance : une lueur fulgurante s'échappe de ses doigts ; la Croix brille... et soudain, le Dragon précipité vers le gouffre s'y enfonce en blasphémant, creuse en tombant le trou qu'on nomme « la Fosse terrière, la Fosse au Dragon, le Trou d'Enfer », et, vaincu pour toujours, ne reparut jamais en notre pays.

La foule s'incline devant le miracle.

La vierge se ranime et, saisie d'un esprit prophétique, chante le Dieu inconnu dont la puissance et la bonté viennent de se révéler.

On appelle l'Ermite; on va le chercher; toutes les voix proclament sa puissance.

Mais lui, humble et pauvre, leur enseigne les joies de la pauvreté et de l'humilité chrétienne; de même qu'il a vaincu le Dragon, il soumet les âmes et bientôt, comme autrefois le Jourdain, la Varenne est le baptistère où l'Ermite vient chaque jour laver, sur les fronts humains, la tache du péché originel.

* * *

Sans doute la fée Légende s'est complue à confondre les noms, les dates et les actions; il n'en est pas moins vrai que cette légende repose sur des bases véridiques. Les ermites thaumaturges n'étaient point rares aux temps primitifs et, le Mauvais Esprit est de tous les siècles.

Quoi qu'il en soit de ce récit fabuleux, il reste pourtant cette évidence :

Le formidable château n'est plus qu'une ruine de ruine; Talvas lui-même, dans son église, sous cette dalle, est-ce lui? Qui ose dire oui ?

Le vainqueur des hommes et du temps, c'est l'Ermite, c'est le Sage, c'est le Saint! Son nom seul est resté gravé sur les murs de Guillaume.

La Croix a remplacé l'épée et l'Esprit règne où triomphait la Bête.

Il est impossible de reconstituer exactement l'aspect de ce lieu à l'époque où vivait Front. Le tertre a été mutilé à différents âges. Cependant, tel qu'il est encore, ce rocher est digne d'admiration. Dans la gorge, où disparut le Dragon, quelques masures ajoutent leur délabrement à l'étrange grandeur des roches superposées. A présent le chemin de fer passe emportant, en grande vitesse, la légende et la croyance. Une passerelle en planches réunit les deux monts et mène au pied de l'escalier des Cent-Marches. Cet ancien escalier de la citadelle n'est plus qu'une ruelle en plein vent et monte, à pic, jusqu'au sommet de Domfront.

* * *

Le rocher où vécut saint Front ne fut pas témoin de pieuses actions seulement. Des scènes de guerre et de mort se déroulèrent sur ce plateau.

Le bruit des bombardes, les cris des combattants retentirent là, où l'Ermite avait conversé avec Dieu seul. Du haut de ce sommet, Français et Anglais, tour à tour, attaquèrent la ville dont ils se disputaient la possession.

Domfront, alors, était un pays cher aux rois et aux reines.

Huguenots et catholiques s'entrechoquaient en cet endroit; celui-là pour le Prêche, celui-ci pour la Messe et, férocement, se dévoraient entre eux.

La forteresse inaccessible ne pouvait être prise que par la famine, et les luttes étaient longues, meurtrières de part et d'autre. Un des plus terribles sièges fut celui que soutint, dans ces murs, le comte Gabriel de Montgommery, en 1574.

Les historiens ont décrit ce combat homérique, raconté comment Montgommery, forcé de se rendre, remit son épée et Domfront aux mains de Matignon et fut ainsi livré à la vengeance de Catherine de Médicis.

Après la capitulation, des haines personnelles ensanglantèrent le sol.

A la place où l'Ermite s'était agenouillé se dressa la potence. L'ami, le compagnon de Montgommery, René le Héricé, sieur du Pissot, un héros, fut pendu là, en face de la citadelle; à côté de lui, sur un autre gibet, se balançait déjà son frère, Ambroise le Héricé, dont on avait traîné le cadavre en cet endroit, afin de l'outrager encore après sa mort.

Le tertre Sainte-Anne est une tribune immense où retentirent autrefois les prières, les blasphèmes, les hymnes saintes, les chants belliqueux, le cantique de joie et les vociférations des condamnés : toute la gamme humaine.

Enfin, cette pointe pittoresque dont la couleur « grisière » prend à certains moments des lueurs incandescentes, sur ce plateau choisi par l'Ermite, fut pendu cet autre pendu fameux dont le nom demeure incertain et auquel, cependant, la ville est redevable de sa célébrité moderne.

C'est de la crête du Rocher Sainte-Anne qu'un condamné sublime jeta sur nous l'imprécation superbe :

Domfront, ville de malheur! Arrivé à midi, pendu à une heure... Seulement pas le temps de dîner!!!

F. Schalck de la Faverie.

LA FOSSE ARTHOUR

On a dit souvent, on a dit, en vers et en prose, l'enthousiasme qu'inspire le pays domfrontais dont nous nous occupons en ces pages; les illustrations, jointes ici au texte descriptif, montrent la réalité de ce que chante le poète.

Quelques auteurs désignent notre contrée sous le nom de « *Suisse Normande* »; d'autres la mettent en parallèle avec les plus célèbres endroits des bords du Rhin.

A quoi bon ces comparaisons ?

Nous sommes « Nous » et c'est assez.

Des rochers abrupts, un cours d'eau mugissant, une végétation violente s'élançant au-dessus des blocs monstrueux, des senteurs pénétrantes, une majestueuse sérénité : voici la Fosse Arthour.

La Fosse Arthour.

Montez sur la passerelle en bois, au-dessus du torrent, et regardez courir l'onde écumeuse, rageuse, pressée, qui se heurte aux aspérités et se revêt d'une tunique de vaguelettes blanches. L'eau de ce lieu ne chante pas, elle gronde; on dirait qu'elle a hâte d'aller plus loin.

Il faut escalader le rocher jusqu'au faîte ; c'est une ascension délicieuse. De là-haut, vous jouirez d'un spectacle inoubliable. Quand le temps est clair, on peut distinguer, comme un petit point à l'horizon, le Mont-Saint-Michel et... la mer !

Si ce coin ignoré était connu, le monde y viendrait de partout. Que Dieu nous en garde !

Dans le lointain, à l'Est, le donjon de Domfront se dresse isolé, semblable à un menhir ou bien à quelque statue gigantesque.

En face, l'immensité verdoyante, au sein de laquelle brillent, comme des étoiles, les clochers de quatorze paroisses cachées dans le Bocage.

Un sentiment de calme, de sublimité, d'inexplicable adoration, s'empare de l'âme au milieu de cette grandeur sans vertige, de cette puissance bienfaisante et simple.

La Fosse Arthour. Pourquoi pas Arthur? Cette prononciation s'est conservée jusqu'à nos jours, pour désigner les grottes mystérieuses, la gorge profonde, les rochers merveilleux, en partie représentés par nos gravures.

Qui donc, en ce pays, ne connaît l'histoire de la Fosse Arthour?

Cette histoire, que chacun raconte, est une légende trop longue pour être redite ici. On peut la trouver dans des recueils spéciaux. Quelques mots sur ce sujet suffiront pour remplir notre cadre :

Arthur ou Artus, roi de la Grande-Bretagne, premier chevalier de la Table ronde, pendragon de Bretagne et filleul de l'enchanteur Merlin, vint en ce lieu vivre d'amour et d'air frais.

La belle princesse qui l'accompagnait habita la grotte que voici, tout en haut; cette roche formidable lui servait de portail. On désigne encore aujourd'hui, sous le nom de *Chambre de la Reine*, l'excavation que je vous montre.

De l'autre côté, une grotte sauvage et très effrayante aussi, s'appelle *la Chambre du Roi*.

La Fosse Arthour.

C'est là que vécurent les deux amants, protégés par Merlin et par les fées.

Mais un génie méchant fut le plus fort. Après bien des péripéties très intéressantes, le « Mauvais » détruisit le bonheur, l'amour, et fit périr l'amant...

Sur ces rochers arides, l'amante infortunée erre, depuis ce temps (Arthur vivait au VI° siècle !) et tout homme sensé, habitant le pays, a pu constater la véracité du récit et entendre, comme je l'entendis moi-même, une voix plaintive qui, à certaines heures, appelle lamentablement et crie, dans l'éternité sans fin, ce nom : Arthour! Arthour!! Arthour!!!

Il est facile de deviner toute l'intensité des impressions poétiques qui

Vue prise du pont de Notre-Dame-sur-l'Eau.

s'emparent de l'imagination lorsque vous venez, promeneur solitaire, visiter ce mystérieux coin de terre normande.

Le houx, superbe et centenaire, offre son ombrage lugubre.

Entre des blocs éboulés, couverts de mousse, mettez le pied, de pierre en pierre, pour traverser le torrent et, grâce à ce sentier tragique et pittoresque, vous voilà sur l'autre roc.

Vue générale de Domfront.
D'après une photographie de M. Paul Briasse.

Malheureusement, de ce côté l'industrie a profané le désert.

Où les druides vinrent, sans doute, célébrer l'Invisible; où quelque Velleda prêtresse et prophétesse coupa le gui sacré, le marchand cueille des pierres et fume sa pipe.

Arrêtons-nous. Ici l'argent dit à la poésie : « Tu n'iras pas plus loin. »

La Fosse Arthour est située en la commune de Saint-Georges-de-Rouellé, voisine de Domfront.

Pour rentrer dans la ville nous passerons sur le pont de Notre-Dame-sous-l'Eau.

En face de nous se dresse, fière dans sa noble vétusté, la forte cité des Talvas. A la pointe du rocher, les débris de la forteresse détruite par Henri IV, la tour de Presles, les murs d'enceinte, les chemins de ronde, l'immense terrasse, et la ruine colossale du donjon qui refusa de tomber quand tout tombait autour de lui.

Puis, abrité par ce géant resté debout à la crête, Domfront, dans le soleil du midi, montre ses jardins en amphithéâtre, ses maisons suspendues hardiment sur des blocs de rocher, ses tours décapitées couvertes de lierre, sa rue de Montgommery, taillée dans le roc même, et qui est, certes, une des plus étranges rues que l'on puisse « gravir ».

Il est agréable de rester quelques instants en bas, où nous sommes, pour contempler, de ce côté rayonnant, la vaillante, l'héroïque, la vigilante petite ville qui fut autrefois la grande sentinelle dont l'épée barrait l'entrée de la France, dont la voix disait à l'Anglais : « Tu n'entreras pas ! »

A nos pieds, la gracieuse Varenne coule lentement, caresse, en passant, le mur du vieux cimetière, fait tourner le moulin de l'ancien Prieuré; puis son eau, limpide comme une prière d'enfant, lave la pierre grise du sanctuaire. Là, depuis huit cents ans, dans l'humide église de pur style roman dont tant d'historiens ont raconté l'histoire, mais où personne ne vient plus brûler l'encens et allumer la lampe, la Bonne-Vierge de Guillaume Talvas écoute chanter la rivière et montre aux générations qui s'écoulent comme l'onde, l'Enfant Jésus couronné d'étoiles, vêtu d'azur et souriant à l'éternelle Vie, dans les siècles des siècles !

F. Schalck de la Faverie.

LE MANOIR DES JUGERIES

Du temps que planait sur les campagnes et les cités la vague terreur des huguenots; du temps que les Domfrontais s'abordaient à l'aurore en se disant tout bas : « Le donjon est pris! » ils virent une grande lueur poindre et croître à travers les bois qui formaient, sur les coteaux, l'horizon sourcilleux de la cité.

Cette lueur montait de l'orient. On crut d'abord à l'un de ces étonnements que produit parfois la lune après tant de milliers d'ans que les hommes la voient se lever; mais le trouble inaccoutumé de cette clarté qui tremblait derrière la forêt, ne permettait plus de douter : les *Jugeries* brûlaient.

Pour livrer aux huguenots la forteresse, aux flammes le logis de Boispitard, l'église Notre-Dame, et la maison des juges, deux aventuriers avaient suffi : c'étaient les deux frères Lehérissé. Bientôt ils pendraient à de justes gibets qui vaudraient à Domfront la gloire proverbiale de ne point épargner plus d'une heure les ennemis publics.

Les ruines des Jugeries redevinrent habitables. Deslandes, sieur de Surlandes, conseiller du roi, les posséda, puis, en 1606, un sieur Lépinay, en 1670, un sieur Ledebotté leur attribuèrent assez d'importance pour s'en intituler seigneurs. Avant 1789, M. d'Oillanson, brigadier des gardes du corps du roi, devint acquéreur des Jugeries, qu'il n'habita point. En 1820, le propriétaire de Godras, marquis d'Halcine, descendant des Quincé, y fixa sa maison des champs, et son gendre Louis de Frileuse y bâtit le logis à deux étages qu'entourent encore aujourd'hui de vieux bois et de vieilles charmilles.

Ce lieu est, par le fait même de sa situation, l'une des promenades les plus exquises de la banlieue domfrontaise. De quelque côté qu'on s'y rende, on éprouve les impressions de la fraîcheur et de la solitude. Si, venu par le nord, on monte la colline appelée « Truble », on la voit hérissée d'arbres séculaires et pressés, pas assez pressés pourtant pour priver le regard de ces lointains profonds contenant, dans l'unité de leur azur sombre, des pommiers, des chaumières, des gentilhommières, des bruyères, des vergers, toutes les opulences de la vie la plus abondante. Sous les racines de la futaie miroite la Varenne. Elle vous regarde en tapinois avec des yeux de loup.

Si l'on vient du sud, on accède aux Jugeries par un sentier de sable fin qui dissimule longtemps sous les branches son point d'arrivée mystérieux; l'épi de la tourelle paraît d'abord en haut de la ravine, puis le faîte ardoisé, puis le mur et le seuil.

Enfin, si l'on vient du côté de l'orient, on s'engage dans un chemin rural ou plutôt forestier, que l'herbe occupe, où broute la chèvre, où courent les chevreuils, où croissent les cèpes, où quelque ornière à demi effacée trahit à peine un passage lointain de l'homme. De place en place, à travers les ajoncs, le marcheur aperçoit la file de ces toits inégaux, que découpe et profile sur l'horizon le féodal Domfront. Tout à coup les barrières peintes succèdent aux ajoncs, la route devient entretenue et même soignée, deux corbeilles de bégonias rutilent aux yeux, serties dans une fine pelouse, et tout au fond, bleuâtre des ombres vespérales, surgit le manoir. La forêt s'entr'ouvre et les grands arbres regardent extasiés cette surprise de la clairière.

La demeure est entièrement revêtue de tapisseries aux tons chavannesques, aux précisions flamandes. Des Antiopes chasseresses y percent des sangliers, par des matins clairs, en des temps homériques. Ce décor est bienséant dans la forêt. Au fond de la salle à manger, des portraits d'ancêtres ressemblent aux magistrats qui jugeaient sous les arbres du voisinage. Il était, en effet, dans les traditions antiques de faire siéger la justice en dehors des villes, afin de ne point assourdir les oreilles des bourgeois, et de calmer avec la paix des champs l'âcre humeur de ceux qu'on voit s'agiter pour un mur ou pour un fossé. Drapés dans leurs toges de conseillers, coiffés de leur perruque poudrée, les magistrats sont debout dans leur cadre, près de leurs épouses, aux robes à ramages et dont le ton se fane. Les plaideurs, après s'être agités, se sont tus; on n'entend plus rien que, par la fenêtre, les accents affaiblis de la cloche de Domfront.

C'est une voix qui passe par-dessus la vallée, s'épure et s'harmonise à travers la distance, s'infiltre de feuille en feuille, d'une aile de douceur caresse les nids, enfin s'allanguit et meurt sur la mousse.

Celui qui d'aventure passe le soir par ce théâtre enchanté de quelque histoire future, encore en expectative, aperçoit le soir l'orbe de la lune intercepté par les bois. Il pense alors aux incendiaires du XVIe siècle.

Mais ce souvenir des guerres de religion ajoute à la paix du lieu, comme un frisson de tempête lointaine ajoute au calme d'une demeure à l'abri des vents.

Florentin Loriot.

LE CHATEAU DU DIABLE

En un temps où les rois permettaient encore à ceux qui les avaient servis, d'être sans eux et loin d'eux les hôtes oubliés de quelque vallon solitaire, Jean Burjot, originaire de l'Anjou, céda à Joachim Gosselin, seigneur de Martigny, valet de chambre du roi, le lieu de Jumilly, qu'une lignée antique avait, dès le XIIIe siècle, rendu mémorable, et qu'une superstition rurale allait bientôt inféoder au diable.

Gosselin ne pouvait soupçonner un tel avenir. Formé lui-même au goût de ses rois, il voulut fonder en ce même lieu, un château digne d'eux, turriculaire, armorié, ciselé, reflété par des eaux, orné de cette fleur d'antiquité renaissante que le génie français accommodait si décemment à sa grâce propre. Il voulut à ce logis trois étages, un jardin de fleurs orné de salles vertes formées de lilas et décorant les encoignures, deux cours closes, l'une où l'on entrait par une grille de fer forgé, l'autre où les piétons et les voitures entraient par deux portes ornées de bossages, après avoir franchi le saut-de-loup sur deux ponts-levis. Du fond de la vallée aux tours orientales, s'allongeaient d'écluse en écluse des avenues d'eau : elles contenaient dans leur profondeur le mirage de futaies qui prolongeaient jusqu'au château la gravité des rives hautes, imposantes. Bientôt, si l'on suivait en barque ces longs étangs, pointait, comme un cri d'oiselet à travers les branches, le clocher d'une petite chapelle. Il était l'annonce des frontons et des toits. La chapelle était dans une île : des pierres étroites, appuyées sur un monolithe debout dans l'eau, conduisaient vers son isolement.

Les ruines du Château du Diable.
D'après une photographie de M. H. Bagros.

La damoiselle descendue de la haute tour, la pastourelle venue de la colline à travers les lilas du jardin, chargée l'une du missel enluminé, l'autre du livre d'heures, avanceraient sur l'étroite pierre avec circonspection ; elles veilleraient à ce que nulle branche ne se prit dans leur coiffe ; elles rassembleraient leurs jupes de leur main droite, gracieuses comme si elles allaient danser le menuet, et ce serait pour mieux voir où se poseraient leurs pieds. Peuple et seigneur se trouveraient bientôt réunis dans l'île, sous les granits ciselés, sous les pinacles garnis de statuettes. A ce rendez-vous de mystère où l'odeur du jardin se mêlait à travers bois aux lueurs de l'aurore, au chant des oiselets, un vieux prêtre venait, chaque dimanche, du Moulin-Peau qu'il habitait, et il disait, dans la chapelle, une messe matinale. Cependant, tout autour de l'île, des cygnes déferlaient, dans la brume, toutes ailes éployées, avec un imperceptible bruit d'eau remuée.

La douve, qui d'abord avait formé l'île de la chapelle, entourait ensuite le manoir de ses circonvolutions tranquilles; elle se retrouvait même formée en bassin, dans la cour close, au pied de la grande tour. Silencieuse partout ailleurs, l'onde y sautelait avec des notes d'harmonica; la douce intimité de son murmure intermittent faisait penser à la fuite du temps, qui devait tant changer les délices de ces demeures.

On connaît la distribution intérieure des chambres : de leur mobilier, nous ne savons rien sinon qu'un Pan de pierre, aux pieds de bouc, appuyant sa lèvre sur les roseaux inégaux, décorait de sa gaucherie fabuleuse la salle de compagnie.

Le fils du seigneur Gosselin ne tarda pas à vendre le château paternel. Il se trouva qu'un homme de guerre s'accommoda de cette retraite paisible, d'autant qu'il avait remarqué des bastions aux angles de la cour et que les terrasses mêmes du jardin se prêtaient à des destinations stratégiques. Henri Barré, seigneur des Hayes, s'embusqua dans cette forteresse. Lieutenant-général du bailliage, il surprit, il arrêta les huguenots, qui, après la mort de Henri IV, allaient encore une fois s'emparer de Domfront. Il agrandit aussi son domaine. Il obtint des lettres patentes qui unissaient les trois fiefs de Bresil, de Saint-Bomer et de Jumilly, en un seul fief de haubert.

En 1681, après la mort du fils de Henri Barré, le fief de Jumilly fut divisé en deux lots, et l'un, comprenant le château même, échut à damoiselle marquise de Jumilly, qui eut pour fils et héritier Julien Pitard, seigneur de Saint-Jean-de-Corail.

Jumilly passa aux Pitards. En 1691, ils pourvurent à leurs frais à l'enseignement primaire dans le pays, et ils confièrent les écoles de Domfront et de Saint-Bomer aux religieuses de la Chapelle-au-Riboul.

Le dernier seigneur de Jumilly fut, avant la Révolution, M. de la Rivière. Le roi fit vendre son domaine pour se payer de créances. Quant au seigneur lui-même, il prit la fuite. Le château fut longtemps désert. Dans la désuétude des salles, les villageois ne trouvèrent que Pan jouant du chalumeau. Ces gens, qui n'avaient point lu Ronsard, reconnurent le diable en cette figure qui leur était étrangère, et ne doutèrent pas qu'il n'eût enlevé le vieux seigneur. Un domestique l'aurait demandé après un festin; il serait sorti, puis ne serait plus revenu. Une brebis noire d'après les uns, d'après les autres de noirs palefrois seraient arrivés par l'avenue d'ormeaux, et l'auraient emporté vers les carrières où tombent encore, pareilles à des larmes, d'intermittentes gouttes d'eau. La famille du seigneur aurait simulé l'enterrement de l'absent et ceint l'église paroissiale des honneurs d'une litre; mais aux cahots du cercueil on reconnut qu'une bûche y était enclose; on s'en prit à la statue, cause de tout le mal, et qui, brisée, entra dans la construction d'un four, afin que ce démon malfaisant reprît en effigie contact avec sa flamme originelle. Le mal était fait, le lieu restait maudit, les troupeaux n'osaient y paître. M. de Kerbout l'acheta, mais pour en extirper pierre à pierre l'inhabitable manoir. M. du Halgouet, héritier de M. de Kerbout, est aujourd'hui le propriétaire de ces étangs désolés, que domine une ruine, et où la poule d'eau rencontre, au bord des écluses givrées de lichens, la carpe centenaire bâillant d'ennui.

Florentin Loriot.

MANOIR DE LA CHALERIE.

LA CHALLERIE

Non loin de Domfront, sur le chemin de la Haute-Chapelle, cachée sous les arbres, enfouie dans les herbages, se trouve la Challerie dont le nom semble venir d'une famille du pays, nommée Challes. C'est une gentilhommière dont l'architecture date du XVIe siècle.

A cette heure, ce n'est plus qu'une ruine, mais une ruine fort intéressante au point de vue de la vie d'autrefois.

Malgré les routes neuves, les facilités actuelles de circulation et de voisinage, le promeneur est encore impressionné par l'aspect lugubre du sentier qui l'introduit sur les terres de la Challerie.

Si c'est un jour d'automne, vous frissonnerez sous le toucher d'une invisible puissance et vous croirez aux contes des bonnes-femmes. Le rire se tait à l'ombre de ces arbres dont l'enchevêtrement pose sur le sol une fraîcheur sépulcrale.

Des toits aigus, couverts en ardoises, surmontés d'épis en poterie, apparaissent au-dessus des verdures. Sur ces toits la foudre tombe souvent, comme attirée plus qu'ailleurs. Les poutres calcinées, les plafonds défoncés, offrent un lamentable aspect. Les superbes marches de granit de l'escalier intérieur se disjoignent et l'immense cuisine, à cheminée monumentale, n'est plus que décombres. Les salles et les chambres sont pavées. Partout où je vois ces pavés, je suis saisie d'admiration pour la santé de nos ancêtres, hommes et femmes ; ils se portaient bien et vivaient vieux sur ce carrelage glacial, dans ces grands appartements où, malgré le vent et la bise, ils restaient l'hiver et l'été. De quelle façon vivaient-ils ? Sans doute, la Chasse et l'Amour existent depuis les premiers jours du monde ! La naissance et la mort ont été éternellement les grandes circonstances de l'humanité ! Et puis les grêles, les sécheresses, le tonnerre qui tombe, le loup qui emporte l'agneau, la gelée brisant les branches chargées de fruits, l'obligation de se défendre contre l'ennemi ; tous ces événements suffisaient pour remplir l'existence. Cependant cet endroit n'a rien de riant. Une porte lourde, de forme cintrée, bardée d'énormes clous à tête de diamant, s'ouvre sur la façade, dans le mur épais et donne accès dans la cour d'honneur. Au milieu de cette cour est un grand puits à haute margelle de granit. Une autre porte beaucoup moins importante et cintrée aussi, est à droite : c'était l'entrée ordinaire. Quand je dis « porte », c'est une ironie : la baie reste béante, fermée seulement par un fagot. Nous avons trouvé la porte enfouie sous les orties. La grande n'est plus qu'un misérable lambeau suspendu à l'une des dernières ferrures. Dans cette loque de bois quelques clous s'obstinent à rester encore.

Les bâtiments servent à présent au fermier, qui y loge ses grains. Sur l'un des frontons on lit le millésime de 1558, surmonté d'armoiries.

Les larges fossés sont comblés. Les jardins, qui furent somptueux, sont envahis par les herbes ;

les clôtures brisées nous laissent pénétrer partout. La vue ne peut s'étendre. L'archéologue seul, sait découvrir l'endroit où se trouvait l'allée, l'avenue, l'entrée principale qui conduisait vers cette demeure. Partout les abords sont difficiles, ravinés, remplis d'ornières. Un troupeau sort et rentre par le grand portail. Bœufs, vaches, taureaux, cochons, poules et moutons emplissent de leur disgracieux tumulte et salissent irrévérencieusement la cour où Magdeleine de la Landelle vit, pour la première fois, le trouvère éloquent dont les chants amoureux firent oublier la vertu, le devoir et... l'époux absent.

A la place de la châtelaine légendaire, une vieille paysanne apparaît. Décrépite, pieds nus dans de gros sabots, elle semble la fée mauvaise qui a chassé l'autre, la Belle et la Bonne. Mais non ! c'est tout simplement une brave fermière, mère-grand, qui garde les bêtes et les petits enfants.

Elle me conduit chez elle ; j'aperçois la ferme, plus enfoncée que le château, dans un pli de terrain. Devant la porte ouverte jouent des enfants, picorent des volailles. Le fumier qui entoure l'habitation les attire. Un coq bat des ailes et jette dans l'air un formidable appel de clairon. Ici la vie pullule : germes de toute nature, semences de toute sorte. Et, si loin du bruit et du monde,

Manoir de la Challerie.
D'après une photographie de M. L. Magron.

dans cette solitude qui n'est plus qu'un tombeau, les bourdonnements, les cris, les vagissements, la germination universelle est d'une intensité extraordinaire.

Au-dessous des tuiles « larmières », le long de la sablière, on lit une inscription tracée sur le bois à l'aide d'un outil primitif. Je copie exactement l'orthographe de ce curieux certificat de propriété :

FET FERRE PAR METRE PIERRE DELEDIN
SIEUR DE LACHALERIE ET AUTRE LIEUX
JEAN MIDY C. P.

Une jeune fille sort de la demeure et m'invite. Elle est fraîche comme une fleur de pommier.

J'entre. Les deux femmes racontent, expliquent : cette chambre est tout leur logement. Le père, la mère, les deux fils et les deux filles couchent là-dedans. Les murailles ne sont pas même enduites de chaux ; les grosses pierres noircies par la fumée montrent leurs formes grossières et rappellent les constructions celtiques. Devant cette large cheminée, noir trou par où entrent la neige et le vent, ils se réunissent après la journée de labeur, regardent la marmite noire attachée à la crémaillère noire sur le fond noir. C'est là que, depuis des siècles, naissent, vivent, pleurent, rient, crient, chantent et meurent des générations de la même famille, peut-être ; de la même race assurément.

La jeune fille jolie, enjambe un cloaque affreux pour me cueillir des roses qui s'étalent sur l'autre bord. Nous quittons la ferme ; les deux femmes me ramènent vers le château, me montrent les balcons effondrés, les girouettes qui ressemblent à des oiseaux ayant du plomb dans l'aile. Du côté des anciens jardins la dévastation prend un caractère de mélancolie suprême.

— Vous devez avoir des revenants ici ? insinuai-je d'un ton moitié sérieux, moitié railleur.

— Oh! ça... dit la vieille mère en se signant, faut pas en parler... ça porte malheur...

— Des bêtises! s'écrie la fillette, des revenants, à c't'heure! Des chats qui piaillent sur les toits! Des chouettes qui chantent la nuit!

Et la petite paysanne aux roses se met à rire du malin rire des villes. L'esprit moderne a pénétré dans cette cervelle. Par où donc a-t-il pu passer? Mais par la grande route donc! Il vient en chemin de fer, en vélocipède et même en ballon. Et, toujours en se moquant de sa grand'mère, la jeune fille me conduit.

Nous arrivons à l'endroit le plus intéressant : c'est la chapelle, située à une petite distance du château. Elle est fort simple; deux fenêtres ogivales l'éclairent. Sur les murs on voyait encore, il n'y a pas longtemps, quelques fragments de peinture : une tête et des pieds avaient conservé la couleur et le dessin; le reste de la personne n'existait plus. Dans ces derniers temps on a « restauré » la chapelle : on l'a blanchie à la chaux ! le badigeonnage a couvert ce qui restait d'intéressant sur les murs. Il est vrai que de longues guirlandes de houx et de buis s'y enlacent, l'autel est paré de superbes fleurs... en papier. Deux dalles de marbre noir indiquent l'entrée des sépultures.

Cet édicule, si modeste qu'il soit, renferme des documents concernant l'histoire de la contrée : sur la corniche sont écrits, noir sur blanc, séparés distinctement les uns des autres, les noms des différents propriétaires de la Challerie, et plusieurs de ces noms offrent un intérêt local.

En sortant de la chapelle, j'aperçois une masse informe que je prends d'abord pour une simple pierre affectant des airs de statue; j'écarte les ronces et reconnais des bras, des mains, un corsage avec ceinture et les plis d'un vêtement. On suppose que c'est la statue de sainte Clotilde. La tête manque. Si l'on cherchait, on la retrouverait peut-être.

Cette statue, décapitée par la Révolution, occupait la niche au-dessus de la porte du petit sanctuaire; elle resta durant de longues années cachée en terre. Mieux eût valu l'y laisser...

Dans la niche vide, on a posé la tête d'une croix de granit, qui me paraît venir du cimetière. Ce cimetière, situé derrière la chapelle, dans l'intérieur des dépendances, est dévasté aussi. Il n'en reste d'autres vestiges que des buis, cet arbre des morts; l'arbuste pousse, de place en place, au milieu des herbes mauvaises.

Le vieux fermier, très vieux, me raconte que son grand-père lui a raconté qu'il avait vu les tombes çà et là et, au bord du cimetière, les douves profondes où maintenant croit un bois touffu.

Le Jeu de Paume est devenu un beau champ, ayant conservé la forme régulière ; à côté, voici l'emplacement des Tournois; à présent on y admire de fiers pommiers joûtant, entre eux, à qui versera le plus de cidre dans le pichet du pauvre monde.

Les Viviers sont changés en prairies. Autrefois, l'entrée de cette habitation était protégée par des fossés larges de dix mètres ; pour accéder maintenant à l'ancienne demeure seigneuriale, il faut enjamber des trous pleins d'eau stagnante et verdâtre, passer sur d'étroites planches peu solides, au risque de tomber dans la boue ; le bruit de mes pas met les grenouilles en émoi.....

Les seigneurs de la Challerie dépendaient de la baronnie de Lonlay. Louis de Vassy, comte de Brecey, baron de la Landelle, dernier seigneur de la Challerie, épousa la fille de Pierre Ledin, dernier gouverneur de Domfront. Ces Ledin possédaient aussi le château-fort de Godras, dans la ville de Domfront.

Aujourd'hui Godras, dans la ville de Domfront, et la Challerie, au milieu des champs, ne sont plus que des souvenirs.

F. SCHALCK DE LA FAVERIE.

LE MANOIR DE LA SAUSSERIE

Le hobereau chasseur, juché d'aventure sur un talus pour apercevoir de plus haut la bécasse gagnant les marécages qu'elle habite, voit émerger des feuillages normands la forme étrange et lointaine de morions bombés en doucine, de casques aiguisés en accolade, de la couleur de l'acier bleuâtre, et qui sailliraient en faisceau pressé, à fleur de bocage. Il croit à un campement de chevaliers à demi cachés par les arbres et qui se seraient embusqués là, en tapinois, au plus épais du fourré. Ils seraient trahis pourtant par le sommet de leurs cimiers — des cimiers géants — qui font penser, avec cette agréable terreur que l'imagination crée et tempère à son gré, aux « Trols » des contes de fées... Bientôt, à cette apparence fantastique succède une réalité : ces casques ne sont que des toitures. En ce hardi XVIe siècle, où la fantaisie avait toutes les audaces comme toutes les grâces, les demeures étaient coiffées comme leurs seigneurs : le manoir des Doynel était caparaçonné d'ardoise comme ces chevaliers l'étaient d'acier.

D'après une photographie de M. H. Magron.

Si l'on approche de la Sausserie la désillusion devient mélancolique. Les prétendus morions ne sont plus que des greniers percés à jour, et des iris d'eau dardant au fond des fossés leurs innombrables pointes, sont les seuls glaives qui fassent encore penser aux vieilles épées de la race militaire des Doynel.

Le seul vestige de leur habitation est une porte.

En avant, elle est forte de grosses tours; elle est munie en arrière de l'encorbellement rouge et noir de poivrières en briques striées de colombages. Un attique de même décor sert de collerette au monument et de support à ses combles en doucine.

On entre, on franchit ce portique monumental qui pourrait contenir mille archers; au delà ?... rien.

Cette entrée ne mène à aucun logis. Un château fut là, sans doute, mais depuis un demi-siècle il a disparu. En vain Salcevius en posa les bases du temps d'Aliénor, qui lui confia cette terre encore couverte de forêts; en vain l'escalier menait vers les pilastres cannelés et les frontons trifoliés; en vain les cheminées élevaient aux angles du logis des sphères de granit. Tout cela n'est plus.

En vain dans la cour close s'éleva la chapelle où prièrent, en 1450, Guillemette de Villaine et Jacques Doynel, son époux, qui acquit par elle la Sausserie; ensuite, son fils, le capitaine J. Doynel, et Gilles Doynel, député aux États de Rouen, et J. Doynel, conseiller au Parlement, et J. Doynel, maistre d'hôtel de Henri IV, et damoiselle Marie de Poillé, fille du gouverneur de Mortain, et ce Doynel, qu'elle épousa en 1618; puis Charles et François, pages de la duchesse de Berry, et René-François-Jean, colonel au régiment de Noailles, et François Doynel, qui émigra en 1791... Le vieux nid de la famille s'est éparpillé pierre à pierre à travers les champs. Le pont-levis dont on voit encore les rainures a disparu de la porte, pour ouvrir un plus libre passage à la charrue de ceux qui labourent et à la mélancolie de ceux qui pensent.

Florentin Loriot.

LE CHATEAU DE VARENNES

La forge de Varennes, en la paroisse de Champsecret, a figuré, dans les premières années de ce siècle, parmi les établissements métallurgiques les plus considérables du département de l'Orne. Elle dut son principal développement au comte de Redern, qui ambitionnait de joindre le titre de grand industriel à celui de châtelain de Flers. Il venait souvent à Varennes et y avait bâti une maison de chasse, habitée aujourd'hui par un fermier.

Comme les autres forges du département de l'Orne, où l'on fabriquait le fer à bois, Varennes ne put soutenir la concurrence avec les établissements similaires qui avaient à proximité le charbon de terre et des débouchés pour leurs produits. — Les derniers objets fabriqués à Varennes furent des socs de charrue.

Le voyageur qui se rend de Domfront à Flers, par la ligne de Laval à Caen, après avoir remonté, pendant dix kilomètres, le cours de la Varenne, entre dans une gorge resserrée entre deux collines. C'est l'aspect pittoresque et sévère des pays de montagne. Une courbe de chemin de fer fait soudain apparaître une prairie au fond de laquelle se dresse le château de Varennes. Le faîte d'une humble chapelle se dégage du milieu des arbres qui dominent le côté nord du château. Cette chapelle fut, sans doute, construite en faveur des ouvriers de la forge. La statue de saint Éloi, patron des forgerons, qu'on y vénère, semble assez l'indiquer.

Les débris de la forge, disséminés çà et là dans le parc ou sur les bords de la rivière, n'ont rien de monumental et tendent de jour en jour à disparaître. Les propriétaires cependant conservent avec soin trois cheminées remarquables par leur forme, qui attirent l'attention des visiteurs.

Le Chanoine J. ROMBAULT.

INTÉRIEUR DE L'ÉGLISE DE LONLAY-L'ABBAYE

LONLAY-L'ABBAYE

SON ANCIENNE ÉGLISE ABBATIALE ET ÉGLISE ACTUELLE

Lonlay-l'Abbaye, ancien chef-lieu de canton, est un gros bourg situé à 7 kilomètres de la gare du chemin de fer de Domfront et à 8 kilomètres environ du centre de cette ville; il fait aujourd'hui partie du canton et de l'arrondissement de Domfront.

Suivant l'étymologie qui paraît la véritable, le mot Lonlay est un hybride latin celtique où l'on reconnaît la *lette*, vallée, longue vallée.

La paroisse, bien plus ancienne que l'Abbaye, était placée sous le vocable de Saint-Sauveur et il y existait une chapelle dédiée à saint Nicolas et une autre à saint Michel.

Lonlay, dit dom Bouquet, était situé sur un très vieux chemin, conduisant d'Avranches ou de la *Civitas des Abrincates*, à Sées, par Mortain et par Briouze. C'était un passage, *passus*, un point central ou carrefour de routes, venant soit du Perche, soit du Passais et du Maine.

Étant donné l'état du lieu et lorsqu'on saura qu'il joûtait au sud-ouest la forêt de Lande-Pourrie (1), qu'il rejoignait à l'est et au sud-est les forêts de Passais et d'Andaines, on comprendra aisément que les premiers Gaulois aient eu là un *cantonnement*.

Aussi, Lonlay remonte-t-il à une époque plus ancienne que Domfront, et tout porte à croire que dans le principe, pour éviter *les marais de Rouellé* et les grands cours d'eau, les anciens chemins infléchissaient vers Lonlay. Mais la construction du château de Talvas dans le XIe siècle, ainsi que plus tard l'établissement de ponts jetés sur la *Varenne*, enfin l'importance rapidement acquise par la ville favorite des Plantagenets au détriment de Lonlay, ne tardèrent pas à dévier l'ancien courant qui s'était originairement établi dans le bassin de la Sonce, pour lui substituer une ligne nouvelle.

A cette époque du XIe siècle, Guillaume Talvas jetait presque en même temps les fondations du donjon de Domfront (1010), de l'église Notre-Dame-sur-l'Eau et de l'église de Lonlay.

C'est en effet au commencement du XIe siècle que Lonlay vit s'élever autour de son humble clocher une abbaye célèbre, sous le vocable de Notre-Dame de Lonlay ou de Notre-Dame des Déserts de Lonlay. C'est vers le XIe siècle également que le titre de baronnie fut attaché à l'abbaye de Lonlay; et, depuis ce temps, les deux noms de Lonlay, Lonlay-l'Abbaye, se sont confondus.

Situé au fond d'un fertile bassin traversé par les eaux de l'Egrenne, Lonlay est un des sites les

---

(1) C'est en chassant dans la forêt de *Lande-Pourrie*, sur les parages de Ger, bourg situé dans l'arrondissement et près de Mortain, que le roi d'Angleterre Henri II, au mois d'août ou de septembre 1170, fut pris d'une indisposition subite qui mit sa vie en danger. Transporté à Ger, ce fut là qu'il dicta le testament par lequel il désignait ses héritiers, instituant notamment comte de Mortain, son jeune fils Jean. Cette indisposition du roi n'eut pas d'autre suite, mais elle fut si grave que le bruit de sa mort se répandit en France. (V. Robert du Mont et Dom Bousquet, t. XIII, p. 314.)

plus agréables et les plus pittoresques de l'arrondissement de Domfront ; et l'antique église abbatiale, devenue l'église actuelle de Lonlay, est encore comptée aujourd'hui parmi les monuments historiques les plus intéressants du département de l'Orne.

Le cartulaire de l'abbaye de Lonlay n'existe pas aux Archives nationales. La Bibliothèque nationale possède seulement sur l'abbaye de Lonlay cinq pièces (t. IX, p. 190 à 194 des papiers de M. Lechaudé). Ce tome est coté n° 10071 du fonds latin, et encore les pièces ne sont pas des originaux, mais des copies sur papier.

La première, qui date environ de 1017, est la charte de fondation de l'abbaye par Guillaume de Bellême.

Ce n'est pas le lieu de reproduire ici cette charte ; c'est vraisemblablement à Bellême qu'elle a dû être rédigée par un lettré du diocèse du Mans, probablement par un religieux de *la Couture,* abbaye célèbre à cette époque par la science de ses religieux.

Letald, moine de la Couture, contemporain de l'évêque du Mans, Avesgaud, était un lettré qui avait composé la Vie de saint Julien. (V. *Hist. litt. de France,* t. IV, p. 528 et 531.)

Le rédacteur semble être étranger au pays et traduire péniblement *en latin* des noms de lieu et autres que le peuple prononçait en langue romane, comme : *rivus pulcher ductilis* (ruisseau de Beaudouet), qui formait au levant la limite des terres concédées en Lonlay ; *mons Briceriis* (le mont des Bruyères), dont la situation véritable était restée jusqu'à présent ignorée, formant à l'ouest, avec le tertre dit tertre Bizet, les limites extrêmes de la commune de Lonlay et la limite des terres concédées à l'abbaye de Lonlay de ce côté.

Escalier intérieur. — Tour et portail.
D'après la photographie de M. B. Magron.

La charte suppose comme faits accomplis, la fondation de l'abbaye de Lonlay *(construximus),* l'installation des religieux et partant la consécration de l'église, enfin l'érection du château de Domfront *(Danfrontensis castrum),* et la construction des églises de Domfront, *ecclesias ;* tous faits qui sont l'œuvre de Guillaume de Bellême, et qui ont dû exiger un certain nombre d'années.

Suivant l'auteur des *Chroniques Percheronnes,* les fondations du château de Domfront furent élevées dès 1010 ; c'est aussi l'opinion du premier historien de Domfront, Caillebotte, suivant lequel, en 1014, c'est-à-dire quatre années après, Guillaume Talvas fit entourer le rocher de Domfront de gros murs, flanqués de distance en distance par des tours couronnées de parapets, afin de mettre les habitants à couvert des incursions des peuples voisins.

Guillaume de Bellême, premier du nom, comte du Perche et d'Alençon, était un des riches et puissants seigneurs de la fin du X° et du commencement du XI° siècle; contemporain du roi Robert son suzerain, de Richard II, duc de Normandie, le reconstructeur de l'abbaye du Mont-Saint-Michel; du comte d'Anjou, Foulques Nerra, le grand constructeur de châteaux, de villes et d'abbayes.

L'abbaye de Lonlay, si richement dotée par la munificence de son fondateur, vit encore augmenter dans la suite ses privilèges et ses bénéfices.

Au revenu de l'abbaye, il fallait ajouter le revenu des prieurés qu'elle possédait, tant en Normandie, comme le prieuré d'Alençon, que dans le Maine et même en Angleterre, où elle a possédé trois prieurés importants : Sainte-Lanswithe, fondé en 1095, Saint-André de Stoke et Saint-André d'Ardes.

Quant à la date même de la charte de fondation de l'abbaye, nous avons vu qu'elle était environ de 1017; en tout cas, Warin ou Guarin (Guarinus), fils de Guillaume de Bellême, signataire de cette charte, étant mort avant son père ou vers 1026, la charte ne peut être postérieure à cette époque et par suite également la fondation de l'église abbatiale; et c'est probablement ainsi que les auteurs de *l'Art de vérifier les dates* ont adopté l'année 1026; les auteurs Normands du XII° siècle, Robert du Mont, Guillaume de Jumièges, Orderic Vital, ne fixent aucune date; il en est de même de Mabillon ainsi que des frères Sainte-Marthe.

C'est donc certainement au commencement du XI° siècle que l'église abbatiale et église actuelle de Lonlay a été fondée et très vraisemblablement entre les années 1015 et 1017 au plus tard.

Les parties les plus anciennes de l'église abbatiale de Lonlay reflètent bien, en effet, tous les caractères de l'architecture romane au commencement du XI° siècle, telle qu'elle apparaît notamment soit à l'église de Notre-Dame-sur-l'Eau près Domfront, soit à celle d'Ambrières (Mayenne).

Cependant l'église de Lonlay n'a jamais dû avoir la forme d'une croix latine, comme l'église de Notre-Dame-sur-l'Eau, mais bien plutôt celle d'un *T* renversé qu'elle affecte encore aujourd'hui; et elle devait se terminer par une abside et deux absidioles, comme en général les édifices religieux de cette époque, les églises de Notre-Dame-sur-l'Eau, d'Ambrières et tant d'autres...

Dans l'hypothèse d'une croix latine, les massifs de colonnes engagées qui soutiennent les grandes arcades du transept, auraient présenté des retours à l'ouest comme à l'est, et il n'en reste absolument aucune trace.

Il subsiste bien peu de chose extérieurement de l'ancien vaisseau; il ne reste guère aujourd'hui que les bras de l'ancien transept avec la base de la tour qui le couronnait; la partie du chœur primitif avec son abside et ses absidioles n'existe plus.

C'est à tort toutefois que quelques archéologues ont pensé qu'il manquait une nef à cette église et qu'elle avait disparu; que cette nef devait s'avancer sur la place dans les environs de l'ancienne église paroissiale dite de Saint-Sauveur; non seulement plusieurs abbayes de la nature de celle de Lonlay n'avaient pas de nef, mais il ne paraît y avoir jamais eu d'autre nef, ni la pensée d'en avoir d'autre, qu'une portion de chœur séparée du reste au moyen d'une vaste grille en fer; cela suffisait aux fidèles peu nombreux qui suivaient les offices de l'abbaye. L'abbaye de Lonlay servait pour les moines; l'église Saint-Sauveur, située à quelques centaines de mètres de celle-ci, servait pour les paroissiens.

A l'extérieur, ce qui rappelle encore la vieille église du XI° siècle, ce sont :

Au midi, quelques pans de murs et rangs de maçonnerie en feuilles de fougère (*opus spicatum*) ou en arêtes de poisson; appareil de maçonnerie qui paraît dater, en Normandie, des X° et XI° siècles, mais qui, quoiqu'en pleine décadence, s'est néanmoins continué pendant la première moitié du XI⁰ siècle. Toutefois, l'on conçoit que ce mode anormal de construction, sans assises et sans contreforts, devait durer fort peu; aussi a-t-il été remanié sur bien des points à Lonlay, comme du reste dans presque toute la Normandie.

A l'intérieur, l'ancien transept offre encore les principaux caractères de l'architecture romane au XI⁰ siècle, sous les remaniements postérieurs qu'il a cependant subis; et il rappelle notamment les anciennes abbayes de Lessay et la Trinité de Caen avec ses piliers carrés, ses tailloirs simples souvent sans retour, ayant pour tout ornement un *filet* et un *chanfrein;* ses embases grossières avec un *tore* pour tout ornement, ses demi-colonnes conjuguées, ses chapiteaux avec têtes de monstres, figures étranges et allégoriques d'hommes ou d'animaux.

Vue Intérieure.

Plusieurs chapiteaux sont particulièrement dignes d'attention : sur l'un, on voit, à droite en entrant, deux personnages qui conduisent ou traînent chacun un bélier dont le corps est frêle et la tête monstrueuse; quelques-uns ont voulu voir là une image des anciens sacrifices. Sur un autre, à gauche en entrant, est une femme debout sur un petit personnage, étendu par terre, hors d'haleine, et laquelle, pour se tenir ainsi debout, est soutenue par un autre personnage qui lui donne la main. Cette sculpture rappelle en partie celle qui se voit sur l'un des piliers de l'église Saint-Pierre de Caen, laquelle nous représenterait Aristote, le philosophe, marchant à quatre pattes et portant sur son dos sa maîtresse, qui avait exigé qu'il la conduisît dans cette posture jusqu'au palais d'Alexandre. Ces deux sujets sont reproduits dans l'*Atlas des Mémoires des Antiquaires de Normandie*, années 1829 et 1830. On peut voir dans le même Atlas un petit personnage à tête énorme, qui se trouve dans l'une des anciennes chapelles des bas-côtés; il est armé et cuirassé comme un homme de guerre et, bien que recouvert de couches de mortier, il est facile de reconnaître là saint Michel terrassant le Diable. Toutes ces sculptures grossières et bizarres, comme celles qui se trouvent à la partie supérieure des chapiteaux, à l'entrée du chœur, portent bien le cachet du XI⁰ siècle.

Au-dessus des gros piliers, il règne des deux côtés du transept une double galerie romane décorative, composée de colonnettes et d'arcades cintrées, au nombre de dix à gauche, avec autant de face, mais dont trois seulement ont été débarrassées du mortier qui les recouvrait, et de huit à droite avec autant également de face, formant au-dessus des archivoltes une sorte de triforium qui rappelle celui de la Trinité de Caen.

Mais là s'arrête l'ancien vaisseau du XI⁰ siècle, dont les derniers pans de mur déchirés apparaissent cependant encore à l'entrée du chœur, ainsi que des pieds-droits à chanfrein et gravures, à l'entrée même du vaisseau; les archivoltes qui couronnent les anciens piliers carrés et qui supportent la tour centrale, affectent déjà la forme ogivale du XIII° siècle; en effet, vers cette époque, probablement à la fin du siècle ou vers 1271, date d'une bulle accordée à l'abbaye par le Souverain Pontife, l'ancienne église abbatiale subit un remaniement à peu près complet tant dans sa forme que dans son style.

C'est que le XIII° siècle est la date d'une révolution profonde en architecture, qui se remarque, dans la plupart des églises de Normandie, par la substitution de l'ogive gothique à l'ancien cintre roman; et, d'un style élégant, riche, ornementé, au style sec et sévère du XI° siècle. Or, le besoin de l'arcade ogivale se fit surtout sentir lorsque l'on voulut élever des tours centrales ou voûter des vaisseaux qui ne l'avaient pas encore été jusque-là; et c'est vraisemblablement ce qui se produisit à Lonlay-l'Abbaye. Aussi, lorsque vous entrez dans le chœur, un tout autre spectacle s'offre tout à coup à vos yeux, et le style gothique remplace partout le style roman. Effectivement le chœur actuel se développe devant vous avec deux rangs de bas-côtés que séparent des colonnes monocylindriques avec des archivoltes de forme gothique, le tout surmonté d'une voûte d'arêtes et d'ogives.

Ces archivoltes offrent tous les caractères du style ogival de la fin du XIII° siècle, avec leur large chanfrein et leurs tores ou *boudins*.

Quant aux colonnes monocylindriques du chœur, quoique plus grêles, elles offrent cependant le même type avec leurs tailloirs octogones, leurs chapiteaux et leurs embases.

Là s'arrête également la restauration de la fin du XIII° siècle; il se produisit, en effet, à Lonlay-l'Abbaye, à dater du XV° siècle, une série d'événements mémorables qu'il importe dès lors de rappeler.

Ainsi l'église de Lonlay a éprouvé trois incendies successifs, pendant le cours des XV° et XVI° siècles. Le premier, en 1418, c'est-à-dire pendant la guerre de Cent ans, époque à laquelle les églises du Passais furent ravagées par les Anglais; le second, en 1533, sous l'administration de l'abbé Jean V Le Veneur, par suite d'un accident; et enfin le troisième, le 31 mars 1574, époque à laquelle l'église de Lonlay fut pillée et incendiée par les huguenots que commandait le Hérissé dit Pissot.

Or, ce fut probablement après le premier incendie, que l'on construisit ou que l'on releva, dans la deuxième moitié du XV° siècle, le clérestory (ou haute nef) actuel du chœur, avec les bas-côtés, dont les baies offrent tous les caractères du style gothique de cette époque, et notamment *le fer de lance*. La clôture extérieure des neuf chapelles anciennes, avec ses larges baies en style ogival perpendiculaire, n'a dû être construite qu'après le troisième incendie de 1574; et, en effet, une pierre encastrée dans la muraille du nord porte *la date commémorative de 1607*. Dans quelques parties des murs supérieurs à l'intérieur de l'église, on remarque encore quelques pierres qui semblent avoir été rougies et calcinées par le feu.

En définitive, l'ancienne église abbatiale de Lonlay, aujourd'hui église paroissiale, depuis le décret du 30 novembre 1806, constitue dans l'état actuel des choses un tout complexe, reflétant quatre époques et quatre styles, savoir : l'architecture des XI°, XIII°, XV° et XVII° siècles; et cependant malgré ce mélange de styles et quoique sans unité, le vaisseau de Lonlay-l'Abbaye n'en conserve pas moins un certain aspect imposant, comme en général les monuments religieux que nous a légués le moyen âge.

Aussi l'*Association Normande* a-t-elle indiqué l'église de Lonlay comme l'une de celles du département de l'Orne, qui mérite le plus d'intérêt, et l'a-t-elle recommandée à la surveillance de ses membres, en la plaçant sous leur sauvegarde.

Le 13 février 1790, l'Assemblée Constituante prononçait l'abolition des vœux monastiques, et la suppression des congrégations religieuses; l'abbaye de Lonlay subit le sort commun.

Quant à l'église abbatiale, elle fut donnée à la commune, et, pendant la Révolution, on s'en servit comme d'un grenier à fourrages. Cet état de choses se prolongea ainsi plus de quinze ans, sans qu'aucune sorte de réparations fussent faites à cette ancienne église abbatiale. Toutes les couvertures tombaient en ruines; aussi parut-on un instant effrayé des réparations à faire et des frais d'entretien pour l'avenir; le vieil édifice monumental fut alors sur le point d'être sacrifié pour conserver l'église paroissiale Saint-Sauveur; mais, heureusement, d'autres idées et de meilleures inspirations finirent par prévaloir : l'église paroissiale Saint-Sauveur notamment était

Vue d'ensemble.

D'après une photographie de M. M. Magnen.

trop petite pour suffire aux besoins de la population; ce que les âges et le temps avaient épargné fut donc conservé et restauré : un décret du 30 novembre 1806, *daté de Berlin*, attribua l'église abbatiale à la paroisse.

L'église paroissiale Saint-Sauveur, qui se trouvait tout à côté, devenait inutile; et il fut trouvé de plus qu'elle allait être une cause de réparations nouvelles et de frais pour la commune. La vente en fut décidée et eut lieu le 31 octobre 1807, afin de venir en aide à la réparation de l'église abbatiale et dans l'espoir d'y trouver quelques ressources et quelques objets qui permissent de mettre provisoirement l'église de l'abbaye en état de servir.

C'est ainsi que le maître-autel de l'église Saint-Sauveur fut transporté dans l'église abbatiale, devenue celle de la paroisse; il y est resté jusqu'à ces dernières années où il a été remplacé par un nouvel autel en pierre de Caen, qui est dans le genre gothique, et dont le plan avait été préalablement approuvé par l'inspecteur des monuments historiques.

L'ancien autel de l'église Saint-Sauveur, qui est de l'époque du XVIIIe siècle, possédait un beau tabernacle sculpté et orné de cariatides, d'anges prosternés et de petites fenêtres ogivales à meneaux dorés; au-dessus du tabernacle, une double galerie, et la croix surmontait le tout.

Cet ancien autel a été reporté dans le transept, sous la tour carrée, où il forme à gauche l'autel du Sacré-Cœur, tandis qu'à droite, et parallèlement, se trouve l'autel Saint-Joseph, tous deux élevés à une date assez récente.

Sous cette même tour, à droite, est un large escalier monumental qui permettait aux religieux par une porte qui s'y trouvait ménagée, et dont on aperçoit encore la trace, de communiquer de leur cloître dans l'intérieur de l'église. C'est également par le grand escalier du midi, servant de communication entre l'ancienne abbaye et l'église abbatiale, que l'on monte aux combles et à la tour carrée. Pour arriver au deuxième étage de cette tour, il faut monter, par une porte basse cintrée, cinquante marches d'un escalier étroit, en forme de colimaçon, dont les marches n'ont guère qu'un mètre de largeur.

Les murs de la tour du deuxième étage présentent des ouvertures profondes et étroites, en forme de meurtrières, qui auraient pu servir comme moyen de défense, à l'époque de la guerre de Cent ans ou des guerres de religion; en entrant dans cette tour, vous voyez une des fenêtres romanes qui éclairait le transept à l'est, et la porte cintrée avec chanfrein, par laquelle on monte au beffroi.

C'est ce qui reste de l'ancienne église du XI° siècle; puis, commence l'église du XIII°, avec le triforium de cette époque : c'est une série de baies de forme ogivale très évasées, mais plus étroites et plus aiguës quand on arrive au rond-point. Ce sont les anciennes baies qui ont été, en 1887, décorées à l'intérieur, à l'aide d'un placage fait au ciment dans le style plus élégant du XV° siècle; et c'est dans ces nouvelles baies en style ogival trilobé que l'on a placé les statues des apôtres comme dans autant de niches. Ces statues remplacent d'anciennes statues ou plutôt d'anciennes peintures sur panneaux en bois qui avaient été détruites à la Révolution.

De chaque chapiteau partent des colonnettes, appuyées sur des têtes d'hommes; et celles-ci s'élancent vers le clérestory, où elles devaient recevoir les retombées d'une voûte en pierre, voûte qu'on a pas osé entreprendre avec raison, car les murs très ajourés des hautes-nefs, et d'ailleurs sans contreforts ni arcs-boutants, n'auraient jamais pu la supporter; aussi s'est-on prudemment contenté de couronner le vaisseau d'abord d'un lambris de bois et plus tard d'un plafond en plâtre.

Mais autour de la nef centrale règnent des bas-côtés, voûtés en pierre, formant le tour du chœur, et composés de deux rangs de colonnes monocylindriques, avec des chapiteaux octogones ornés de volutes, et en *pierre calcaire*, comme du reste, en général, les couronnements des colonnes et des piliers, sauf toutefois la galerie décorative du transept, qui est toute en granit.

Dans l'origine, ces bas-côtés étaient clos par neuf chapelles latérales, voûtées elles-mêmes en pierre, comme l'indique l'*ogive fer de lance* des piscines.

Cependant ces chapelles auront été remaniées au XVII° siècle, sans doute à la suite d'un incendie, comme l'annonce la présence de larges fenêtres à meneaux en style perpendiculaire. Elles sont reliées aux bas-côtés par des murs qui forment contreforts intérieurs.

A l'entrée de l'escalier dont nous avons parlé plus haut et qui conduit à la tour, on remarque un petit bas-relief représentant l'*Annonciation*, certainement polychromé dans l'origine et qui devait faire partie de la décoration de l'ancienne église. La Vierge, dont le style rappelle celui de Notre-Dame de Paris, est représentée debout, et l'ange tient un ruban sur lequel était vraisemblablement écrit l'*Ave-Maria*; au-dessus de la Vierge est le Saint-Esprit et à ses pieds un vase, *vas insigne devotionis*.

Or ce bas-relief semble une œuvre du XIII° siècle, bien que dans la partie supérieure l'on remarque des détails d'ornementation certainement d'une autre époque, mais peut-être ajoutés après coup.

On voit encore sur le mur de l'église, au haut du grand escalier, l'empreinte des armes de l'abbaye, qui ont été effacées à la Révolution.

La sacristie de l'ancienne abbaye, qui se trouve tout à côté de ce même escalier, est devenue la sacristie de l'église actuelle, et mérite aussi d'être remarquée: c'est un bâtiment voûté, qui sert, en effet, comme de transition dans l'ordre des époques entre la nef et le chœur.

Quant aux autels, outre les trois autels dont nous avons parlé, parmi lesquels deux surtout d'origine récente, les chapelles de l'église de Lonlay renferment aussi quatre autels qui remontent au temps de l'ancienne abbaye.

C'est seulement au XVIIe siècle que l'on aura remplacé les autels plus anciens, en ruines ou détruits, et que l'on a décoré ces chapelles des quatre autels qu'on y voit en marbre noir et en pierre calcaire : autels d'une grande richesse artistique avec leurs rétables sculptés, formant tableaux, leurs statuettes, leurs modillons et certaines figures en haut-relief.

Ce que représentent surtout les bas-reliefs des autels, ce sont les phases principales de la vie de la Vierge, sous le patronage de laquelle était placée l'abbaye ou Sainte-Marie de Lonlay.

Ainsi, dans la chapelle absidale (chapelle Sainte-Anne), la plus ancienne de toutes, le bas-relief du fond représente la Consécration de la Vierge, entourée sans doute des membres de sa famille; à droite est sainte Anne apprenant à lire à la Vierge, et celle-ci est entourée d'autres femmes. Le bas-relief de gauche représente saint Joachim priant dans le temple pour avoir un enfant, et un ange qui lui apparaît.

En s'occupant de la restauration de cet autel, 1889, on a mis à découvert, au-dessus du bas-relief, la date 1672, qui indique que ce bas-relief aurait été terminé à cette époque. Ainsi un siècle s'était à peu près écoulé depuis la dévastation qu'avaient subie tant le monastère que l'église, de la part des protestants, 31 mars 1574, et d'autre côté, le monastère de Lonlay avait reçu la réforme le 20 octobre 1657. La table en pierre, sur laquelle repose le dit autel, a été également mise à découvert au moment de la restauration de cet autel, en 1889 ; cette table est en pierre grise, espèce de pierre de transition par rapport au granit. Elle mesure environ 2 m. 45 de longueur sur 1 m. 20 de hauteur, 98 centimètres de largeur, et porte encore en deux endroits les marques de la consécration. Elle forme un monolithe énorme, et l'on se demande comment une pareille table d'autel en pierre d'un seul bloc a pu être transportée là. Bien évidemment ce n'a pu être qu'au moment où l'on a jeté les fondements de l'église abbatiale, à l'origine de sa construction même. D'autre part, le premier autel du midi au fond de l'église et joûtant presque l'autel Sainte-Anne, qui est situé à l'est, représente, dans un bas-relief de grande dimension, le Mariage ou le *sponsalizio* de la Vierge par le Grand-Prêtre de Jérusalem. Le second autel du midi, à l'entrée du chœur, à droite en entrant, reproduit l'*Annonciation*, avec la Vierge-Mère au sommet.

Il est vrai que le bas-relief de l'autel du nord, à l'entrée du chœur, à gauche en entrant, représente la Mort de saint Benoît; mais au sommet l'on a reproduit l'ancienne sculpture détruite d'une *Mater dolorosa*, par une autre assez récente et bien imparfaite ; de sorte cependant que les principales phases de la vie de la Vierge ont été reproduites à dessein sur les rétables des quatre autels de l'église abbatiale, sauf toutefois la scène de sa mort remplacée par la mort de saint Benoît, patron des religieux.

Mais les deux autels du fond contiennent en outre des détails d'ornementation intéressants; ainsi, sur les pieds-droits de l'autel absidal, autel Sainte-Anne, l'on remarque à droite un aigle que l'on croit la reproduction des armes du prieur claustral, Charles Le Court, de la maison de Fredebise, lequel dirigea les principaux travaux de restauration de l'abbaye et du monastère au XVIe et au XVIIe siècle ; à gauche, sur un des piliers de l'autel, on remarque les nouvelles armes de l'abbaye elle-même, c'est-à-dire la couronne d'épines, avec les trois clous en haut et l'inscription *pax*, et au bas, une partie fruste, probablement une fleur de lis.

Ces armes, reproduites sur le plan de l'abbaye, sont évidemment de nouvelles armes données à Sainte-Marie de Lonlay vraisemblablement par saint Louis, après la réunion du Perche à la couronne de France ; et c'est probablement cet événement que l'artiste a voulu reproduire ici.

Mais quels sont les deux personnages, à mi-corps et en haut-relief, représentés dans les deux médaillons qui couronnent l'autel ?

A droite, le Père Éternel tenant le Globe couronné de la Croix.

A gauche, au-dessus des armes de l'abbaye, l'artiste a vraisemblablement voulu représenter saint Louis avec le collier de Saint-Michel, tenant la couronne d'épines qu'il était allé reprendre sur les infidèles ; et en figurant les chaînes qui paraissent entourer le saint roi, rappeler sa captivité après la prise de Damiette en 1247, et sa victoire à Mansourah en 1150.

A-t-on voulu en même temps faire allusion au voyage de saint Louis en Normandie, ainsi qu'à son pèlerinage au Mont-Saint-Michel, et est-ce ce saint roi qui donna à l'abbaye de Lonlay les nouvelles armes que nous avons décrites ? Ces suppositions sont assez vraisemblables, et il est certain qu'en 1266, c'est-à-dire quatre ans avant d'entreprendre sa dernière croisade, saint Louis, après avoir visité le Mont-Saint-Michel et l'abbaye de Savigny, retourna à Paris par Mortain et Domfront, sinon par l'abbaye même de Lonlay.

C'est vers cette époque que l'ancien édifice du XIe siècle fut remanié dans le style du XIIIe et vraisemblablement sur le modèle de l'église de Mortain, dont saint Louis était comte.

A l'autel dit de Saint-Roch, quel est le personnage représenté dans le médaillon supérieur ? Ce personnage tient à la main droite une gourde comme saint Roch, sous le vocable duquel l'autel est placé ; et de la gauche il montre le ciel.

Chapelle Saint-Roch — Sainte-Radegonde.
(D'après une photographie de M. Paul Brunet.)

C'est dans cette chapelle que l'on a placé la pierre tombale du prieur claustral, Charles Le Court, avec un écusson contenant un aigle et l'inscription suivante : D : X : Le Court, P. Claus, donec veniat immutatio caro mea requiescat in spe 1630.

Enfin l'on remarque, à l'entrée du chœur, deux autres autels, à peu près de la même époque et plus riches encore dans le style magistral du grand siècle ; le rétable de l'autel de droite représente l'Annonciation, avec l'ange Gabriel debout et la Vierge à genoux, suivant l'usage, et au-dessus de l'autel est une élégante statuette de la Vierge, debout et tenant l'Enfant-Jésus sur son bras. A gauche est un autre autel, dont le rétable en pierre calcaire représente la mort de *saint Benoît*, patron de l'abbaye. Cette scène émouvante se passe dans un temple splendide dont le sculpteur a seulement indiqué les grandes lignes ; le saint est debout au milieu d'un groupe de religieux en pleurs qui l'entourent et le soutiennent, pendant que l'un d'eux prend le ciboire dans le tabernacle pour donner le saint viatique au mourant ; on aperçoit dans un rayon de gloire, l'âme de saint Benoît allant au ciel accompagnée du Christ et reçue par les anges.

Or, ce bas-relief est encore supérieur à tous les autres par le mouvement et la vie qu'on y remarque. Au-dessus de l'autel est une *Mater dolorosa*, tenant le Christ sur ses genoux : souvenir de la *Pieta* de Michel-Ange.

Quant aux stalles de Lonlay, elles ont aussi leur célébrité et l'on sait qu'elles figurent dans l'*Abécédaire d'Archéologie* de M. de Caumont.

Ces stalles se composent de stalles hautes et de stalles basses. Les sculptures des *miséricordes* sont ornées d'un mélange de sujets religieux et profanes; plusieurs ont été en partie détruits ou mutilés; d'autres grossièrement refaits. Mais il faut bien distinguer les stalles proprement dites du baldaquin qui les couronne. Ce dernier, d'un grand effet, est en style du XVIIe siècle; les sculptures des *miséricordes* sont plus anciennes.

Lutrin et stalles.
D'après une photographie de M. H. Nogent.

Lorsqu'en 1840, au début de ses travaux, M. de La Sicotière (1), l'éminent et érudit historien dont le département de l'Orne s'honore, visitait l'église de Lonlay-l'Abbaye, cette église n'était encore éclairée que par de grandes fenêtres blanches, et jusque vers 1860, en effet, les fenêtres, d'ailleurs larges et bien ouvertes de cet édifice, ne présentaient que quelques débris de verres de couleur échappés à la Révolution. Mais depuis, les fenêtres de l'église ont été munies complètement de vitraux peints d'un assez bon effet. C'est à partir de 1837 surtout que l'Administration municipale, la fabrique et MM. les curés de Lonlay qui se sont succédé, se sont occupés des travaux de réparations et de restaurations à faire à cet édifice. Les hautes voûtes ou voûtes du chœur, avons-nous vu, ont été refaites; elles sont à une hauteur de plus de 60 centimètres moindre que les anciennes; la dévastation et l'incendie avaient aussi passé par là, à d'autres époques.

Les charpentes de la tour ont été aussi faites à neuf; il ne restait des anciennes que celles des bas-côtés. Depuis, les charpentes et couvertures du chœur ont été également refaites à neuf et le haut de la couverture a été orné d'une crête en forme de fleurs de lis; à l'extrémité de la crête a été placée une croix rayonnante et nimbée de 1 m. 20 de diamètre environ sur 2 m. 30 de hauteur totale.

Si la décoration de cette église, de même que son architecture, laissent bien un peu à désirer, comme unité, l'église de Lonlay n'en offre pas moins un ensemble assez imposant et mérite d'être visitée.

On y entre par un porche dans le style du XVe siècle, voûté, à ogive fer de lance un peu écrasée et qui lui sert de vestibule.

Ce porche est collé contre une tour carrée qui domine l'édifice et qui a dû être refaite en partie vers le XVe siècle, avec le porche.

H. Le Faverais.

(1) Ce fut à la suite d'un remarquable rapport fait, à cette époque, par M. de La Sicotière que l'église de Lonlay fut comprise au nombre des monuments historiques.

PHARE DE BONVOULOIR

LA TOUR DE BONVOULOIR

Lorsqu'on a quitté la gare de Juvigny, lorsqu'on a gravi la colline où s'élève aujourd'hui l'église du vieux bourg, si l'on continue de marcher à l'est, on voit passer, à très peu de distance, un horizon boisé qui n'est autre que les coteaux d'Andaines. On peut s'acheminer à pied vers ces collines, car elles semblent tout près; on les touche du regard ; à peine l'échiquier que forment les héritages laisse-t-il entrevoir, de la forêt au bourg, quelques-uns de ses petits carrés de culture diversicolore ; on les franchit, ou plutôt on contourne les haies qui les séparent, et l'on trouve un *oratoire* où, depuis trois cents ans, ont déjà prié bien des âmes, au seuil de la forêt. A partir de là les bruyères et les ajoncs succèdent aux guérets. Ce sentier s'égare sur la lande ; tout à coup, dans une éclaircie et sur une colline inculte, apparaît une tourelle étrange.

Nulle avenue ne l'annonce, nulle gentilhommière ne s'élève à côté d'elle; elle n'a pour compagnie que la fougère qui jaunit et la bruyère qui se fane à ses pieds. Les souvenirs inquiets, qui jamais ne sommeillent et qui se précipitent en foule vers tout ce qui, contemporain de leur temps, pourrait leur rendre un corps et leur donner la vie, battent de l'aile comme un vol de corbeaux ou de gentilles hirondelles, à l'aspect de ce noir pilier fruste comme eux et qui fait rêver. Il est comme ces menhirs des landes bretonnes que leur isolement fait grands et dont la majesté peu communicative sollicite la curiosité des chercheurs sans la satisfaire. Mais la tourelle est plus haute qu'un menhir ; son faîte arrondi dépasse les plus grands arbres; sa cloche est en tête à tête avec les plus grands coteaux; son ombre penche au loin jusqu'à l'orée des bois. A son faîte, au-dessous de la sablière, sont quatre regardoirs ouverts aux quatre points cardinaux et soulignés de noirs mâchicoulis. Elle est très grêle, elle a tout au plus quelques pieds de diamètre, et pourtant elle est pleine d'importance, elle ne ressemble en rien à une cheminée, elle a plutôt l'air d'un joli donjon, mince et fluet ; elle est fermée d'une porte de fer; elle est couverte d'une petite cloche en ardoise.

Pour connaître l'explication de cette surprise de la forêt, il faut nous transporter en une île formée par le ruisseau de Baseille, dans la commune de Saint-Front. Là s'élève encore aujourd'hui le logis de *La Palu* ; ses pignons sont aigus et bordés de rampants de granit ; à leurs extrémités, des chiens à deux têtes, assis sur le toit, semblent hurler à la lune, et, du côté de la façade, un sanglier descend avec impétuosité le rampant, arrive à la sablière, et là, malgré le vide, paraît vouloir s'élancer dans la cour. Les fenêtres sont grillées, les lucarnes traversées de barres de fer forgé en forme de pertuisanes. Une grosse tour garde l'entrée ; une chambre carrée est au haut de la tour. Vue de face, elle n'a pas d'ouverture, mais une fenêtre oblique et dissimulée regarde en tapinois si quelqu'approche suspecte ne va pas rampant sous les pommiers. Sous l'encorbellement, un œil sournois, embusqué là comme à l'abri d'une paupière, surveille la cour, et tout au pied de la tour, flanquant la porte, à hauteur d'homme, une archère effilée et féline achève de donner à ce logis du temps de Louis XI, le caractère de la méfiance.

La porte est basse, et dans les archivoltes de son ogive on voit un chien sculpté, chassant des sorciers. Au dedans, dans la grande salle aux poutres peintes, un grand cerf de pierre est posé sur le manteau de la cheminée. A ce vieux foyer nous trouvons, au XV° siècle, un homme assis : c'est Messire Guyon Eschirat, conseiller et maître d'hôtel de René, duc d'Alençon.

Près de la fenêtre aux losanges de plomb se tient sa fille. Pour la doter peut-être, et récompenser les bons et loyaux services de son père, le duc consent à lui donner trois cent vingt acres de forêt, formant deux fiefs, le fief de *Loyauté* et le fief de *Bonvouloir*. Dès lors, Eschirat n'a qu'une pensée,

Tour de Bonvouloir.
D'après une photographie de M. B. Magron.

quitter son repaire humide, et construire pour sa fille et pour lui une autre demeure plus en rapport avec sa fortune nouvelle : ne marie-t-il pas sa fille à Michel de Froulay, noble seigneur dont le château s'élève entre La Palu et Juvigny?

Il a fait choix du site que nous avons décrit. Il est situé sur ses terres d'Andaines, et nous avons vu, dans la tourelle haute, un vestige du manoir qu'il bâtit.

Cette habitation avait deux faces : d'un côté, ce n'étaient que meurtrières, trous d'arbalète, mâchicoulis, échauguettes, créneaux ; de l'autre, c'étaient de vastes fenêtres ouvertes à la douce vue des landes vêtues de rose, aux effluves de la grande forêt.

Le trait le plus saillant de la partie militaire était la tourelle. On peut se demander comment un édicule à la fois si grêle et si élevé ait pu tenir debout pendant des siècles, avec un mètre de fondations sur une colline exposée à toutes les rafales du vent qui accourt de la plaine.

L'explication en est simple. Considérons les ouvrages qui forment à ses pieds une masse compacte, une avec lui, d'autant plus solide, qu'augmente avec l'âge la ténacité du silicate qui joint la pierre à la pierre. Là, près du sol, dans cette spatule est le centre de gravité de la tourelle haute.

Autour d'elle rayonnent plusieurs ouvrages : voici d'abord une tour plus basse qui tient accolée sa sœur jumelle ; voici quatre contreforts, l'un en forme de rampe, l'autre en forme d'escalier, les deux autres qui sont les murs d'angle du logis ; voici enfin, au côté nord, une construction ronde et creuse, où l'auteur d'une histoire de Domfront a vu des oubliettes. Tout cela se ramasse en un bloc solide, au pied de la tourelle haute, qui, elle-même, fait partie de ce bloc, bien que son altitude paraisse l'en distinguer.

A supposer donc que le ciment soit assez dur pour tout tenir, et qu'aucune pierre ne se détache, on pourrait déraciner la tourelle haute, la coucher même sur le flanc : elle se relèverait toute seule. Le secret de l'architecte fut de placer, presqu'au niveau du sol, le centre de gravité de tout le système.

De tous les ouvrages qui tiennent à la tourelle haute, les plus intéressants sont la tour basse et l'escalier qui monte à la porte de fer.

La tour basse est large d'environ vingt pieds, haute de quarante ; sa mine est grise et rude, ses mâchicoulis, à peine dégrossis, sont de ce grès de Domfront qui est la pierre du monde la plus difficile à tailler. Entre ces dents informes, des ouvertures permettaient de laisser tomber des projectiles, et partout, au-dessous d'elles, on voit des meurtrières évasées, allongées, aplaties, parfois de simples brèches carrées comme celles qui supportent les échafaudages des maçons. La tour est criblée de ces points noirs, et si la bruyère autour d'elle n'était pas si douce, on croirait que la cheminée de la tour va fumer encore, que l'arquebuse, les coulevrines, les mousquets, les fauconneaux, les bombardes vont sonner de toute part, la bouche des mâchicoulis vomir la poix, la tourelle haute faire feu de ses vingt meurtrières et s'auréoler de fumée.

On accède à la tourelle haute comme à un donjon, par le premier étage. Un escalier, de vingt marches y conduit ; il est coudé comme pour tromper sur sa direction. Au sommet de l'escalier, une porte de chêne blindée d'imbrications métalliques, ouvre au moyen d'une énorme clef. Les vieux ressorts de la serrure rouillée crépitent, la porte s'entre-bâille et laisse voir l'intérieur de la tourelle.

On voit passer devant soi l'axe vertical d'un escalier tournant ; si l'on descend, les marches deviennent obscures ; tout à coup, elles font défaut et l'on risque de tomber dans le vide. On voit alors une prison sans issue, profondément enfoncée dans la terre, haute, voûtée et noire.

A mesure que l'œil s'habitue aux ténèbres, on distingue des paroles crayonnées sur les murs. Nous n'avons recueilli que celles-ci :

> Adieu, tour dont les murs sombres
> Souvent
> M'abritèrent dans leurs ombres
> Enfant.

L'auteur de cette inscription n'était pas de ceux qui avaient le plus souffert de la prison.

On remonte l'escalier ; voici de nouveau la porte revêtue de fer.

Les marches s'élèvent et s'éclairent : deux portes introduisent aux deux étages de la tour basse. Après avoir desservi ces étages la tourelle haute s'élève indépendante.

On continue de monter l'escalier qu'éclairent çà et là des jours disposés pour faire le coup de feu ; on arrive dans la chambre haute où quatre regardoirs soutenus par quatre échauguettes, protégés à droite et à gauche par des meurtrières, s'ouvrent aux quatre points cardinaux.

La tour, comme son propriétaire, est coiffée à la mode du temps, d'un bonnet cylindro-conique, constitué de petites ardoises imbriquées. Cette toiture ressemble aussi à une grosse cloche reposant sur de larges modillons. Au sommet tourne une girouette.

A la fin du XVe siècle ou au commencement du XVIe, il devait être pittoresque de voir monter jusqu'à la chambre haute, de meurtrière en meurtrière, la lampe du veilleur nocturne. Il arrivait à ce point culminant du pays, il observait les profondeurs sourdes de la forêt, les lointains de la plaine, et s'il ne voyait rien s'agiter, s'il n'apercevait la lueur d'aucun incendie, s'il n'entendait aucun cri d'alarme, s'il ne percevait que le cri du grillon, s'il ne voyait que les astres tranquilles pencher au-dessus de sa tête, il redescendait l'œil demi-clos, et rentrait par la porte de fer dans les appartements du château.

Quand il avait aperçu quelque chose, peut-être n'en faisait-il pas davantage ; car, s'il faut dire toute notre pensée, la tour du guet, les prétendues oubliettes, les mâchicoulis, les meurtrières, tout cet appareil militaire n'est qu'une fantasmagorie sans raison d'être à la fin du XVe siècle. La Ligue n'est pas formée encore, et bien que l'architecture civile puisse imiter l'architecture guerrière, elle n'est déjà plus soumise à ces lois de ruse, de violence et de peur qui semblaient devoir, au moyen âge, la condamner à demeurer sévère.

Pour montrer que la partie occidentale du château de Bonvouloir ne fut pas construite en vue d'une défense sérieuse, observons que certains mâchicoulis de la tourelle haute et certaines meurtrières ouvrent qu'à la toiture du château. Les projectiles qui tomberaient de ces ouvertures ne serviraient qu'à défoncer cette toiture, à supposer toutefois qu'ils eussent été précipités d'assez haut pour produire cet effet même : elles sont donc de vains simulacres.

La partie militaire du château de Bonvouloir est l'œuvre d'une époque où l'on visait plutôt à paraître fortifié qu'à l'être. Déjà les fils des seigneurs jouaient avec l'armure de leurs pères et se passaient la fantaisie de contrefaire les vieilles carapaces féodales ; ils le faisaient, il est vrai, avec moins de gaucherie qu'un parvenu d'aujourd'hui, qui plante une tour crénelée au milieu de son jardin potager. Ils savaient imiter avec une exactitude, une intelligence du passé récent encore, capables de tromper les archéologues de l'avenir, mais ils imitaient, et ne conservaient de mâchicoulis que pour la forme et de créneaux que pour l'agrément. La porte basse et la tour sournoise de *La Palu* montraient en réalité plus d'entente de la fortification que Bonvouloir, avec sa vigie aux ornements prétentieux, aux allures conquérantes. Ce beffroi de la solitude, Eschirat l'avait élevé seulement pour que rien de féodal ne manquât à son domicile.

La partie la plus riante du manoir de Guyon Eschirat reste à décrire. Rien de ce côté-là ne rappelait la guerre ; les seules défenses étaient des eaux, des terrasses fleuries, puis, par delà les eaux, de hautes futaies dont les arbres avaient alors leur majesté séculaire ; ils abritaient la gentilhommière contre le vent du nord. C'était un vaste abri qui, de coteaux en coteaux, se prolongeait jusqu'à Saint-Maurice-du-Désert. De ce côté murmuraient les fontaines, de ce côté chantaient les rossignols, ces ménestrels des bois ; de ce côté s'étendait au loin ce que Jules de Glouvet appelle la verdoyante seigneurie des fées.

La façade principale du logis était au midi. L'archivolte de la porte était d'un large granit : quatre nervures prismatiques en enveloppaient les courbures parallèles. Entre leur relief étaient des creux profondément évidés. Par-dessus le tout, une accolade épanouissait en bouquet sa pointe, assez abaissée toutefois pour ne point donner à la porte un caractère vertical, analogue à celui de l'âge précédent.

L'architecture alors évoluait dans le sens horizontal. La porte s'ouvrait, l'esprit aussi, la maison et l'âme devenaient plus hospitalières ; le ménestrel pouvait entrer, conduisant à ses hôtes comme par la main, l'antiquité ressuscitée comme Alceste et comme elle toujours aimée. L'accolade évasant ses branches souples, presque aplaties, s'ouvrait de toute son ampleur au-dessus du linteau ; elle ajoutait, à sa nervure incurvée, les grâces de plusieurs crochets et de deux clochetons surgissant à ses extrémités.

Toute la façade était de ce style. Et ce n'étaient que colonnettes aux bases prismatiques, fenêtres en croix aux appuis moulurés sous lesquels se blottissaient des bêtes monstrueuses, où se contournaient des feuilles déchiquetées. Pas une de ces croisées ne ressemblait à l'autre. De petits sièges étaient ménagés dans les embrasures entre lesquelles on voyait déferler au loin, de Tessé à Domfront, les ondulations de la forêt. L'orient du manoir était ouvert à toutes les influences de la nature. Le saut-de-loup lui-même et les murailles s'interrompaient de ce côté-là, et à la place laissée libre, par l'absence de fortifications, se dessinait, comme le dit la chronique, « ung jardin de fleurs où il y avait foison de oiseaux qui chantaient de beaux et gracieux chants ».

Là dut venir en la rouge vesprée la fille de Guyon Eschirat, quand le veuvage eut, à ses hanches, « noué les sombres cordelières » ; là dut-elle respirer le parfum des lis et se pencher languissamment alors que diminuait la « douce reluisance du jour », au souvenir de Michel de Froulay, son premier époux.

Plus bas s'échelonnaient d'ombreux plessis, et sous les saules, « accolés en vertes brassées », miroitaient deux étangs qui, eux aussi, s'étageaient.

Les eaux du premier étaient suspendues par une digue. Un réservoir les laissait s'échapper en bouillonnant pour former une seconde pièce d'eau, plus abaissée que la première : une chaussée retenait encore cette nappe liquide. A peine un mince filet filtrait-il à travers ce nouvel obstacle; il allait mouiller l'herbe d'une prairie où l'on voit encore un bouquet d'arbres faire une tache sombre, au centre d'une immense étendue de verdure, afin que les bœufs, en été, pussent goûter cet ombrage, tandis que l'horloge du château sonnerait les chaudes heures du jour. La vue descendait ainsi de terrasse en terrasse, d'étang en étang jusqu'à cette prairie où elle trouvait son repos.

Dans l'étang supérieur, on voit une île d'où s'élèvent des arbres majestueux au profond et calme reflet. Ce n'était pas une île naturelle, mais ses bords étaient comme le pied d'une tour aux solides jointures. C'était là sans doute une terrasse où les châtelains venaient en barque pour jouir de la fraîcheur qui tombe des ombrages et qui monte des eaux. Les paysans appellent aujourd'hui cet endroit, Cimetière des seigneurs.

Pour en revenir au logis, il se composait, au rez-de-chaussée, comme au premier étage, de vastes salles quadrangulaires. Un corridor latéral courait le long de la façade et donnait accès dans les pièces dont aucune ne se commandait. Un souterrain s'ouvrait sur l'aile gauche; il allait sous la cour, vers la citerne. Aux quatre angles de la cour close s'élevaient, au bord du saut-de-loup, quatre constructions symétriques : la grange, le pressoir, la boulangerie et le colombier; mais partout sur la cour, sur les fortifications, sur les grands toits mouvementés, sur les sycomores et les châtaigniers de l'avenue, planait en nuée palpitante, toute faite de colombes, une blanche image de la paix.

Au centre de la cour était la citerne. Sa margelle de granit s'arrondissait avec grâce devant le logis seigneurial. On la voit encore : elle est cannelée comme un fût de colonne, elle est ornée d'un chapiteau; elle est large comme une tour enfouie jusqu'au faîte dans les profondeurs du sol et dont le sommet ciselé resterait à fleur de terre pour qu'on l'admire encore. Aussi haut que dans le ciel monte la tourelle qui domine le manoir, aussi avant dans la terre descend la profonde citerne où dort l'eau des pluies.

Maintenant, veilleur, spectateur changeant du passé changeant, monte à la vigie; ses regardoirs s'ouvrent comme des yeux sur la plaine et sur la colline, sur l'horizon, sur les événements, sur l'histoire. Parle, ô spectateur, des choses du XVI° siècle et dis-nous ce qui se passe alors à tes pieds dans ce manoir encore jeune et blanc.

— Le chevalier de Courtalver épouse Françoise Eschirat. Bientôt Françoise de Courtalver épouse Fr. Achard de Saint-Auvieux. Je vois son antique famille entrer par l'hymen en cette demeure qu'elle n'avait point bâtie : elle vient du plus lointain passé de la province. En 1091, du temps que par une nuit sombre Henri pénétrait dans la citadelle de Domfront, quelqu'un était à côté de lui dans l'ombre, tenant les clefs du noir donjon : c'était un Achard, et lorsque le même Henri, devenu roi d'Angleterre, regardait de l'occident du haut de ce même donjon et ne pouvait apercevoir les limites de son empire, quelqu'un encore, au delà de la mer, vivait de ses bienfaits : c'était un Achard, devenu possesseur de sept manoirs dans le Bershire. Près de Guillaume, sur le champ de bataille de Hastings, et depuis, partout devant l'Anglais, aux assises d'Avranches comme aux états de Normandie, aux évêchés d'Avranches, de Noyon et de Séez comme à la châtellenie de Domfront, à la fondation des grandes abbayes, près du berceau d'Éléonore de Castille et près du lit de cendre de saint Louis, partout on retrouve les Achard, depuis que vint du Poitou, pour habiter la grasse Normandie, leur antique famille; je vois venir, invisible et présent aux nouvelles alliances de sa maison, un philosophe couché depuis trois siècles dans la paix sépulcrale, Achard de Saint-Victor, qui joignit la mitre d'évêque à la crosse abbatiale : il vint bénir les époux ; il revient, pour prendre part à leur fête, errer au pied de la tourelle.

— Veilleur, depuis ce temps-là, que vois-tu du haut de la vigie ?

— Rien si ce n'est le petit ruisseau de la prairie qui coule toujours, les étangs qui dorment au soleil, les bœufs qui broutent dans la prairie, et quatre enfants qui jouent dans la cour close, sous les châtaigniers.

— Parle encore ! Que dis-tu du temps qui s'avance ?

— Je vois l'un de ces enfants qui jouaient naguère dans la cour du manoir, introduire une jeune épouse dans le jardin de fleurs ; elle a nom Jacqueline du Mesley ; puis je vois cette épouse, à son tour, mère heureuse au milieu de ses enfants, et l'un de ses fils conduire sous les mêmes ombrages, parmi les fleurs qui n'ont jamais été négligées, une autre épouse qui s'appelle Isaure.

Déjà l'horloge a sonné les heures de l'an 1608 ; veilleur, que dis-tu du temps qui s'avance ?

— Là-bas, à l'extrême horizon, je vois le donjon de Talvas écartelé par la poudre, et qui saute sur la colline comme un bélier joyeux ; au pied de la vigie, je vois qu'on élève à Bonvouloir une petite chapelle, et qu'un ermite s'établit sur le coteau le plus voisin du manoir du côté de l'aurore.

— Que dis-tu du temps qui s'avance ?

— Rien. Seulement je vois galoper sur la route, en habit écarlate, Julien Achard, du pas de la vente, mousquetaire du roi, le nouvel acquéreur du manoir, cependant que sa femme, Anne de Vambès, suit les déclivités du chemin rocailleux qui mène aux étangs ; elle tient par la main son fils Guy ; elle arrive à la promenade ménagée entre les eaux ; elle marche à petits pas entre les deux berges, admire les beaux poissons aux reflets de pourpre et d'argent, et compare l'inégal niveau des nappes transparentes.

— Veilleur, l'horloge du château a sonné les heures de l'an 1667 ; que dis-tu du temps qui marche ?

— La longue lignée des Achard se prolonge vers l'avenir. Voici Geneviève de Freibourg, l'épouse de Guy ; voici même un visage nouveau, Charles du Pertuis Achard, il succède à son cousin Guy ; puis je vois l'honnête figure de Luc René Achard, le député du bailliage aux États généraux, l'ami du peuple ; c'est toujours, au pied de la tour, la même famille qui se rallie à ce point de repère dans la forêt, qui se groupe autour du même foyer et boit l'eau de la même citerne... Cependant la vue monotone de la campagne ne m'apprend rien de nouveau ; j'entends toujours les mêmes bruits, les paysans qui pour écarter les bêtes soufflent la nuit dans des cornes, ou bien l'essieu des lourdes charrettes, qui craque et grince dans les chemins creux, ou bien la chanson de ceux qui battent le blé noir ; je vois encore des mendiants groupés sur la friche autour d'un feu de bruyère, cependant que le roi soleil luit à Versailles sur les courtisans et sur les lambris.

— Veilleur ! que dis-tu du temps qui s'avance ? N'as-tu pas vu la Révolution passer comme Léviathan à l'horizon de notre âge et laisser après elle les hommes et les choses profondément troublés ?

— Non, je vois seulement le manoir devenu carrière. La cour close est ouverte aux publiques rapines : les paysans prennent la pierre du foyer ou celle de la tombe pour servir de borne à leurs héritages.

— Une dernière fois, que dis-tu du temps qui s'avance ?

— Rien, je ne vois que la mousse qui rougeoie dans la prairie, les roseaux qui cachent de larges touffes, les eaux ferrugineuses des étangs, et Dame Nature qui reprend sa seigneurie.

Florentin Loriot.

BAGNOLES. — ÉTABLISSEMENT THERMAL.

BAGNOLES-DE-L'ORNE

La partie la plus pittoresque du département de l'Orne est, peut-être, cette contrée boisée et montagneuse, qui s'étend au nord du bassin de la Mayenne. Les cours d'eau torrentueux, qui descendent des sommets de l'ancien *désert* normand, traversent, au sortir de la région forestière, des gorges d'un aspect sauvage, tout emplies d'éboulis de rochés (1). Dans l'un de ces ravins, où coule la Vée, entre le Roc-au-Chien, demi-écroulé, et les aiguilles jumelles du Saut-du-Capucin, jaillit la source thermale de Bagnoles. Autour de *cette merveilleuse fontaine de Baignoles*, comme l'on disait au siècle dernier, s'est formé le principal établissement de bains de l'Ouest de la France. Bagnoles possède des légendes et une histoire (2) ; avant de dire l'histoire, voyons les légendes.

Deux seulement sont nées des traditions du pays et méritent de ne pas être confondues avec celles inventées, au cours de ce siècle, par les chroniqueurs et les faiseurs de prospectus : celle du cheval poussif, celle du Saut-du-Capucin. Nous transcrirons, comme il convient de le faire, quand il s'agit de légendes, le texte le plus ancien nous parlant du cheval fourbu. « Il y a près de deux siècles, suivant la tradition

Le Roc-au-Chien.
D'après une photographie de M. H. Magron.

populaire, — écrit Hélie de Cerny dans le *Traité des eaux minérales de Baignoles* (3), — que cette fontaine fut découverte par les habitants de ces quartiers, naturellement attaquez d'une galle affreuse,

---

(1) Telles sont les gorges de Villiers, du Saut-à-la-Biche, et, particulièrement, celle d'Antoigny, que les baigneurs de Bagnoles vont fréquemment visiter et dont deux vues (la vallée et le lac) illustrent cette étude.

(2) Nous ne saurions mentionner ici tous les ouvrages imprimés nous ayant servi, ainsi que des documents inédits encore, à reconstituer l'histoire de Bagnoles. Nous devons dire, toutefois, combien nous ont été utiles les articles consacrés aux origines de Bagnoles par MM. Louis Duval et le docteur Legallois, dans la *Revue normande et percheronne illustrée*.

(3) *Traité des eaux minérales de Baignoles*, par M*** (Hélie de Cerny). Alençon, MALASSIS l'aîné, 1740, in-8°, 52 p.

qui ressemble assés à la lèpre, et par un cheval poussif, outré et hors d'état de servir, abandonné dans les forests. Les peuples qui, les premiers, se baignèrent dans cette fontaine, accablez de ces galles affreuses, devinrent sains et propres, comme s'ils venaient de sortir du ventre de leur mère, et le cheval poussif, après avoir bu de l'eau de cette fontaine, se guérit si parfaitement qu'il fit l'admiration de ceux qui l'avaient vu hors d'état de servir. » Une variante de la légende dit que le cheval buveur d'eau abandonné par son maitre, qui se rendait de Mayenne à la Guibray de Falaise, fut retrouvé et repris par lui, au voyage de l'an suivant. Mais ne faut-il pas, dans une légende bas-normande, parler quelque peu de la célèbre Guibray ?

Ce n'est qu'en ce siècle que nous trouvons dans les livres le récit du saut prodigieux du capucin. « Les deux aiguilles du capucin sont distantes l'une de l'autre d'environ trois mètres au moins. Un capucin vint établir près de là un hermitage. La vieillesse et la maladie l'avaient presque totalement privé de l'usage de ses jambes. S'étant aperçu de l'heureuse influence de la source sur sa constitution, il fit vœu, s'il guérissait, de sauter d'une aiguille à l'autre, ce qu'il effectua devant une foule nombreuse et à la satisfaction générale des spectateurs (1). » Pour avoir été tardivement fixée, la légende du capucin n'en est pas moins une tradition populaire, répandue dans la contrée avoisinant Bagnoles depuis de longues années. Peut-être est-elle basée sur une cure véritable, fort remarquée à la fin du dernier siècle? Odolant Desnos, le très sérieux auteur des *Mémoires historiques sur la ville d'Alençon*, attesta, dans une pièce, que le docteur Ledemé a eue entre les mains (2), qu' « un pauvre capucin du monastère d'Alençon, traîné dans une charrette de son couvent à Bagnoles, y arriva absolument perclus de tous ses membres et qu'il y retrouva si bien la santé et les jambes qu'il y disait encore la messe à la chapelle de l'établissement, gaillard et dispos comme à vingt ans ». Le capucin, en un instant de gaillardise, se dit, peut-être, disposé à sauter d'une roche à l'autre; cela fit rire, sans doute, et la légende se forma.

Presque toutes les notices ayant Bagnoles pour objet contiennent quelques lignes consacrées à l'étymologie de ce nom, dont l'orthographe, d'ailleurs, a maintes fois varié. Ces remarques n'ont, jusqu'à présent, rien fourni de bien utile pour l'histoire de l'établissement thermal, près duquel l'on n'a jamais rencontré de vestiges permettant de croire à l'existence, à Bagnoles, d'une station romaine.

Il n'est pas aisé d'assigner une date à la découverte de la source de Bagnoles et de dire à quelle époque ses vertus curatives ont été reconnues et employées par les habitants du pays. Mais, à partir du XVIIe siècle, nous pourrons suivre, sans difficultés, les destinées de l'établissement normand. Remarquons toutefois, que Roch Le Baillif, originaire de Falaise, premier médecin du roi Henri IV et surintendant des eaux minérales, ne dit pas un mot de Bagnoles, quoique ayant parlé dans son *Demosterion* (3), des eaux de la province de Bretagne « où se trouvaient bains curans la lèpre, podagre, hydropisie, paralisie, ulcères et autres maladies ». Et pourtant, pour se rendre de Falaise à Rennes, où il publia son livre, le surintendant des eaux n'eût-il pas dû prendre le chemin passant par Bagnoles, aussi bien que le maître du cheval poussif ? Dans les *Observations sur les eaux minérales de plusieurs provinces de France* (4), le docteur Du Clos, en 1675, ne parle pas davantage de Bagnoles, silence

---

(1) *Mémoire judiciaire pour le sieur Cholet, notaire à Juvigny*, publié à l'occasion de la liquidation de la direction Lemachois. Il contient un très curieux chapitre historique, auquel nous ferons de nombreux emprunts.
(2) *Notice historique et médicale sur les eaux de Bagnoles-de-l'Orne*, par le docteur H. Lederé, publiée dans l'*Annuaire normand* (1845), p. 33-83. Ce travail est, peut-être, le meilleur et le plus sérieux de tous ceux qui, en ce siècle, ont été consacrés à Bagnoles.
(3) *Le Demosterion* de Roch Le Baillif. Rennes, Pierre Le Bret, 1578, p. 161.
(4) *Observations sur les eaux minérales de plusieurs provinces de France*, par le sieur Du Clos, médecin ordinaire du Roy. Paris, de l'Imprimerie royale, 1675.

inexplicable et, cette fois, bien injuste, car, à l'époque où il écrivit son volume d'observations, Bagnoles était depuis longtemps et connu et fréquenté.

Mais ce n'est qu'au début du XVII⁰ siècle qu'il est possible d'étudier historiquement les origines de Bagnoles. Nous rencontrons, dans le premier document relatif au passé de la station thermale, le nom de la maison de Frotté qui possède encore aujourd'hui, aux environs de Bagnoles, la terre de Couterne. Jehan de Frotté, secrétaire de Marguerite d'Angoulême, sœur de François Ier, duchesse d'Alençon et reine de Navarre, avait, le 15 septembre 1542, acquis de Guy d'Aligné, seigneur de la Rochelle, la seigneurie de Couterne. Il avait fait construire le château, que nous voyons encore actuellement, au centre de ce nouveau domaine, « dont faisaient partie les buissons et bruyères de la Gastinière ». Son arrière-petit-fils, Gabriel de Frotté, ayant hérité de ces bruyères et ayant dû, à la suite d'une ordonnance de l'intendant d'Alençon, Favier du Boulay, ouvrir un fossé entre ses propriétés et le domaine royal, avait, par une sorte d'usurpation, détaché de la forêt de la Ferté-Macé « une lisière de bois taillis et une grande place vague de bruyères et de rochers, où était située la fontaine de Bagnoles (1) ». Les pièces relatives à cette contestation de territoire entre le seigneur de Couterne et le domaine sont les premiers documents officiels contenant une mention de la fontaine minérale. Le grand maître des eaux et forêts de Normandie, Pierre Barton de Montbas, rendit, le 26 septembre 1644, une sentence défavorable à Gabriel de Frotté. Bernard-Hector de Marle, commissaire général de la réformation des eaux et forêts, confirma cette sentence, le 31 avril 1668. Il déclara que les bois et bruyères dont il s'agissait, ainsi que l'emplacement des bains de Bagnoles, contenant 86 arpents et demi, étaient réunis au domaine royal et il ordonna qu'ils seraient affermés au profit du roi. Cette ordonnance ne devait pas être exécutée de suite. Le Bagnoles primitif de cette époque est assez curieux à restituer. Pour abriter la fontaine, « il n'y avait qu'une loge sur quatre fourches, sur laquelle on jetait quelques bruyères et pailles pour lui servir de couverture. Ceux qui y venaient prendre les eaux, et même les plus grands seigneurs, allaient loger dans les villages voisins de ladite fontaine, qui sont Couterne et Tessé. Tout y abondait pour lors, les paysans voisins y apportaient de toutes parts des viandes et autres vivres, et l'argent qu'ils retiraient de leurs denrées les mettait en état de payer leurs tailles, leurs maîtres, et de faire subsister leurs familles ; et les bains s'y prenaient sans aucune dépense (2) ». L'on rencontrait au lieu des Roches, sur la rive droite de la Vée, entre la source et la forge de Bagnoles, deux masures à la couverture de paille, cabaret plutôt qu'auberge, tenu par Marin Gérard, à qui M. de Frotté avait baillé à cens deux arpents de terre. Puis l'on arrivait à de misérables cabanes et aux bâtiments de la forge, abandonnée depuis plusieurs années. C'est là que logeait celui que nous nommerions aujourd'hui le médecin et le directeur des eaux, maître Pierre Guy, apothicaire à Alençon, à qui, le 4 janvier 1651, les trésoriers de France en la généralité d'Alençon avaient « baillé à cens deux arpents de terres vaines et vagues avec faculté d'y construire tels édifices qu'il aviserait pour la commodité et l'utilité publique ». Guy, qui tenait « ladite fontaine, maisons et prés et terres en dépendant, et les deux arpents de terre », en censive du roi, était tenu de payer 75 livres de rente annuelle et deux deniers de cens aux mutations. Près de la chaussée de l'étang, se trouvaient, en effet, les bâtiments d'une forge construite, en 1611, « par la prudence et l'économie du sieur de Fleury, grand-maître des eaux et forêts de France, pour faciliter la consommation des bois » des forêts d'Andaine et de la Ferté-Macé. Cette forge avait été construite sur le territoire de la vicomté de

---

(1) Avis de Charles Geoffroy, grand maître des eaux et forêts, sur la demande des sieurs Helie et Laloé, fieffataires des bains de Bagnoles (Archives nationales).
(2) *Ibid.*

Falaise, — que la Vée séparait de la vicomté de Domfront, — appartenait alors à la grande Mademoiselle, cousine de Louis XIV. Un arrêt du Conseil d'État du roi avait, le 25 novembre 1679, autorisé la princesse à convertir la forge de Bagnoles en fenderie, ce qui explique que les bâtiments principaux de cette forge étaient alors abandonnés et occupés par Pierre Guy (1). Du côté de la forge, habitait aussi François-René de Laloë, sieur de Saint-Pierre, médecin demeurant paroisse de Couterne, qui avait « fait bâtir un petit bâtiment ayant deux cheminées aux deux bouts, pour loger les malades qui venaient se baigner en la fontaine médicinale de Bagnoles ». Mais comme, de l'autre côté de l'étang, il n'y avait que le désert et la forêt, et que la seule route, pour arriver à la source, venait de Couterne, l'on descendait le plus souvent, à Bagnoles, dans une maison située à l'entrée de la vallée, au coin du chemin de la chapelle de la Madelaine. Elle appartenait à « la famille des Bidart, dont les héritages n'étaient pas éloignés de la fontaine et chez qui ceux qui voulaient prendre les bains, trouvaient tous les secours nécessaires ». Cette hôtellerie des Bidart, pompeusement nommée Versailles, — les rayons du roi-soleil brillaient, paraît-il, à Bagnoles comme à la cour, — fit, jusqu'au milieu du XVIIIe siècle, une concurrence acharnée à l'établissement thermal. De là des querelles et des procédures, entretenues et envenimées par l'obstination et l'astuce de chicaneaux bas-normands, qui ne durèrent pas moins de cinquante années.

L'exécution de l'ordonnance d'Hector de Marle mit fin, en 1691, à ce primitif état de choses et, le 2 mai, l'intendant d'Alençon, M. de Pomereu, après les proclamations requises, procéda à « l'adjudication de la fontaine des bains de Bagnoles avec les maisons, prés et terres en dépendant ». Philippe Guy, garçon apothicaire d'Alençon et fils de Pierre Guy qui, appartenant à la religion réformée, avait dû quitter le royaume, s'en rendit adjudicataire. Mais il y eut une surenchère mise par Jean-Baptiste Le Geay, médecin à Alençon, et François-René de Laloë, qui restèrent définitivement propriétaires de Bagnoles. Ils s'engagèrent à payer au domaine une rente annuelle et perpétuelle de 150 livres, que nous retrouvons mentionnée dans tous les actes de vente postérieurs. Philippe Guy renonça à ses droits sur deux arpents de terre, moyennant une indemnité de 250 livres, et Marin Gérard se réserva, sa vie durant, la jouissance de la maison des Roches.

Dès le 24 décembre 1685, Antoine d'Aquin, premier médecin du roi et surintendant général des bains, eaux, fontaines minérales et médicinales de France, avait nommé Jean-Baptiste Le Geay, après s'être informé « de ses sûres suffisances, capacité et connaissance particulière des vertus et propriétés des eaux minérales de Bagnoles, conseiller médecin ordinaire de Sa Majesté et intendant desdits bains, eaux et fontaines minérales dudit Bagnoles, avec vue et inspection sur le concierge, le baigneur doucheur et autres (2) », lesquels étaient tenus d'agir sous ses ordres. Jean-Baptiste Le Geay appartenait à une famille originaire du Maine, qui fournit à la ville d'Alençon, près de laquelle se trouvait son domaine du Chevain, plusieurs médecins distingués.

Le 30 décembre 1691, les sieurs Le Geay et Laloë, par devant Pierre Héron, notaire à Briouze, rétrocédèrent « la fieffe de la fontaine des eaux de Bagnoles » à Jean Cardel qui, lui-même, le 29 janvier 1692, la rétrocéda à Pierre Hélie, conseiller du roi, receveur des tailles à Falaise. Bagnoles devint, à la suite de ce contrat, la propriété de la famille Hélie qui, pendant plus d'un siècle, devait le posséder. Cette acquisition aurait été de la part de Pierre Hélie, d'après le docteur Ledemé (3), un acte de gratitude. « Cet homme — selon un texte que le docteur eut sous les yeux — était rongé

---

(1) Archives nationales. Titres relatifs aux forges de Bagnoles et de la Sauvagère.
(2) Titre en la possession de l'auteur de ce travail.
(3) *Annuaire normand* (1845), p. 37.

BAGNOLES. — UN COIN DU PARC DE L'ÉTABLISSEMENT THERMAL

de douleurs, et les bienfaits qu'il avait retirés de l'usage des bains de la fontaine de Bagnoles, le forcèrent à s'en rendre propriétaire dans l'unique et très louable dessein d'en populariser l'usage. » Quels qu'aient été les motifs ayant décidé Pierre Hélie à acquérir Bagnoles, il paraît avoir compris de suite la valeur et l'importance de cette propriété nouvelle, et il est juste de le regarder comme le fondateur de l'établissement thermal. Il éleva de suite à Bagnoles les bâtiments nécessaires pour le service des bains et le logement des baigneurs. Il s'était du reste engagé, en achetant Bagnoles « à faire construire incessamment un bain particulier pour les pauvres, et deux autres bains séparés, l'un pour les hommes, l'autre pour les femmes ». Il s'était obligé, en outre, « à ne pouvoir, sous quelque prétexte que ce fût, exiger ni recevoir aucune chose desdits pauvres pour le bain à eux destiné, et, à l'égard des autres personnes qui se serviraient des deux autres bains, de ne pouvoir rien exiger mais seulement recevoir ce qui serait volontairement offert ». Cette clause fut-elle très fidèlement observée ? L'on sut au moins provoquer les volontaires offrandes, après avoir construit « plusieurs corps de logis pour loger les malades et leurs équipages ». Une visite faite, le 5 octobre 1694, par Pierre-Gabriel de Villebois, trésorier de France au Bureau des finances d'Alençon, constata que le nouveau propriétaire des bains avait, en ce qui concernait les constructions à faire, rempli tous ses engagements et qu'il y avait dépensé une somme de 15,000 livres. M. de Villebois eut de plus à constater, à la requête du maître de Bagnoles, que, depuis peu d'années, « trois corps de logis avaient été élevés au lieu nommé Versailles, joignant le fossé de la forêt d'Andaine, et cela, au préjudice du roi ». Au préjudice, surtout, du propriétaire des bains, qu'irritait une concurrence commencée chez les Bidart et continuée avec succès, semble-t-il, chez les Dupont, à qui une alliance avait apporté l'auberge.

Mais aux visiteurs de ce naissant Bagnoles, éloigné de toute église paroissiale, il fallait « faciliter le moyen de satisfaire leurs devoirs religieux ». Pierre Hélie, dans ce but, fit construire une chapelle et la dédia à saint René (1). Le 29 juillet 1695, il dota cette chapelle de 50 livres de rente. Le plus proche parent du fondateur devait présenter à ce bénéfice, dont l'évêque du Mans avait la nomination. Les premiers chapelains de Bagnoles paraissent avoir été un curé de Jublains, Michel Leplat, et Michel Froger, curé de Couterne.

En 1694, Étienne-François Geoffroy, appelé sans doute par Pierre Hélie, vint visiter l'établissement de Bagnoles. Il possédait déjà, dans le monde médical, quoique n'étant âgé que de vingt-deux ans, une véritable notoriété. Cinq ans après, il était nommé membre de l'Académie des Sciences, et ses observations, répandues parmi les savants bien avant qu'il les publiât dans son *Tractatus de re medica*, commencèrent à établir la réputation de Bagnoles. Dès cette époque, un certain nombre de baigneurs se rendaient, chaque année, à l'établissement thermal, et nous voyons, en 1698, Catherine de Monpinson, religieuse à Lassay et sœur du châtelain de Saint-Maurice, venir y faire une cure, avant de se rendre au manoir patrimonial.

Bagnoles appartint, pendant la première moitié du XVIIIe siècle, au fils de Pierre Hélie, Louis-Alphonse-Hippolyte Hélie, sieur de Cerny (2). Hélie de Cerny, lieutenant civil et criminel au bailliage de Falaise, avait été, en 1707, nommé receveur des tailles en remplacement de son père. C'était, selon la tradition, un homme intègre et de valeur, mais d'une extrême originalité. Il s'occupa activement du développement de Bagnoles et semble avoir, surtout, compris la nécessité de donner à cet établis-

---

(1) Registres des insinuations ecclésiastiques du diocèse du Mans (40e registre, f° 384). François-René de Laloë, qui avait encore une part dans la propriété de Bagnoles, signa, ainsi que Pierre Hélie, l'acte de fondation, et c'est sans doute en l'honneur de son patron que la chapelle fut dédiée à saint René.

(2) Hélie de Cerny était bien le fils de Pierre Hélie, puisqu'il écrit, dans le *Traité des eaux minérales* (p. 15) : « Le sieur Hélie de Cerny, son *fils*, suit avec attention les desseins de *Monsieur son Père*. »

sement une notoriété dont l'on n'avait que trop négligé de s'occuper jusqu'alors. Le *Journal de Trévoux* avait cependant publié, en 1715, des *Observations* d'un docteur Tablet, originaire de Domfront ou des environs, *sur la qualité des eaux de Bagnoles en Basse-Normandie*. Mais cet article, dans lequel l'auteur critiquait assez vivement le mode de balnéation employé à Bagnoles à cette époque, avait-il pu produire un heureux effet ? Il importait donc d'obtenir alors pour Bagnoles une publicité véritablement profitable. Louis Hélie de Cerny prépara, dans ce but, un livret qui parut en 1750, sous le titre de *Traité des eaux minérales de Baignoles, contenant une explication méthodique sur toutes leurs vertus, leur situation, et la route pour y arriver de toutes parts*. Cet opuscule avait été annoncé dans un avis imprimé dès 1737 et inséré dans le *Journal de Verdun*. L'on y lisait que les chemins « pour arriver à Bagnoles de toutes parts » étaient en bon état et que l'on trouvait « dans ce lieu toutes les commodités de la vie ».

Le traité, publié en 1740, était suivi d'une attestation du « docteur en médecine Gondonnière, intendant des eaux minérales de Bagnoles », qui avait sans doute pris part à la rédaction du petit volume. Propriétaire et intendant furent alors malmenés dans un factum, élaboré à Versailles, dans l'hôtellerie rivale de l'établissement, où les Dupont continuaient la guerre de procédures, engagée par les Bidart au XVIIe siècle. « Le sieur Gondonnière, — lisons-nous dans ce factum, — pourvu du brevet d'intendant desdits bains, n'y réside point. Il demeure en la ville de Falaise et, depuis douze à quinze ans qu'il est pourvu de ce brevet, il n'y est venu que deux fois : la première, pour prendre possession de son emploi, où il fut trois jours; la seconde, avec un avocat de ses amis et par compagnie. » Quant au sieur de Cerny, il avait, selon les Dupont, violé toutes les clauses du contrat d'acquisition, et tenu dans une indicible saleté le bain des pauvres, « où il n'entrait que la laverie des draps et excréments des autres bains ». Il refusait de recevoir les indigents hors d'état de payer, et tout se conduisait à Bagnoles par une de ses servantes qui retenait jusqu'aux draps que les indigents apportaient pour se baigner. Elle rançonnait, bien entendu, les visiteurs plus aisés, réclamant de l'un jusqu'à 30 sols pour une douche, faisant payer à tous six livres au lieu de cinq, prix réglementaire, pour l'abonnement au bain; les obligeant parfois « à consigner cette somme par avance et arrêtant au départ, si quelqu'un apportait quelque lenteur à payer, et hardes et équipages ».

Tout autre est le tableau du Bagnoles de ce temps-là tracé par Hélie de Cerny, dans son élogieux traité. « L'on y trouve — affirme-t-il — tout ce que l'on peut rencontrer dans les plus fameuses auberges et dans les villes les plus policées. On trouve dans les appartements des meubles des plus propres et de bons lits. Il y a des traiteurs qui servent à tel prix que l'on souhaite, tant pour les maîtres et pour les domestiques que pour les chevaux, en sorte que les malades sont tranquilles et n'ont d'autre souci dans l'intervalle des bains que de se promener dans les allées couvertes pratiquées dans la forêt, ou de se visiter les uns les autres (1). »

Le traité contient la curieuse nomenclature des « routes naturelles et faciles pour arriver à Bagnoles ». A Paris, rue du Jour, l'on pouvait trouver un carrosse qui partait chaque semaine pour Alençon. L'on y couchait au More et le maître de l'auberge fournissait, pour se rendre à Bagnoles, toutes sortes de voitures. Il y avait, en outre, un messager qui partait tous les huit jours de l'Hôtel de Lisieux, rue Saint-Germain-l'Auxerrois, pour Alençon et pour la Bretagne et qui passait à Prez-en-Pail, à deux lieues seulement de Bagnoles. Le célèbre Réaumur, à qui des amis opulents, les Jarosson, avaient légué le domaine de la Bermondière, suivit alors souvent cette route. Il se rendit

(1) *Traité des eaux minérales de Baignoles*, p. 15-17.

maintes fois à Bagnoles, se plaisant à aller, en compagnie de son élève, le botaniste Guettard, herboriser dans les forêts d'Andaine et de la Ferté-Macé.

Mais le principal événement de l'histoire de Bagnoles au XVIII° siècle fut la visite faite aux bains, en 1749, par Étienne-Louis Geoffroy, le fils de l'auteur du *Traité sur la matière médicale*. Il fit sur les eaux diverses expériences et en consigna le résultat dans trois lettres adressées au *Journal de Verdun*, en juin et juillet 1751 (1). Geoffroy fils choisit, pour faire ces expériences, le 6 septembre, « jour auquel il fit fort beau et assez chaud, surtout dans un fond entouré de roches, tel qu'est celui où sont placées les eaux de Bagnoles ». La première expérience eut pour objet la température de l'eau : « Nous plongeâmes notre thermomètre (un thermomètre de Réaumur) dans l'eau de la fontaine et, dans les premières minutes, il monta jusqu'à 20 degrés ; quelque temps après, l'ayant examiné, nous le trouvâmes à 21 degrés et même un peu davantage, et c'est le terme où il s'arrêta tout le reste de la journée que nous le laissâmes plongé dans l'eau. » La seconde expérience, relative à la pesanteur de l'eau, fut faite à l'aide d'un pèse-liqueur gradué, plongé à Paris dans l'eau de la Seine, pour fournir un point fixe de gradation. « Dans l'eau de la Seine, ce pèse-liqueur était descendu jusqu'au sixième degré ; dans celle de Bagnoles, il ne descendit qu'entre cinq et six. Ce qui prouve que l'eau de Bagnoles est plus pesante que celle de la Seine. » Les visiteurs s'étaient baignés le 6 septembre, vers les neuf heures du matin. « En entrant dans le bain, nous trouvâmes l'eau médiocrement froide, à peu près comme est l'eau de Seine dans les jours d'été les plus chauds. Mais nous n'y fûmes pas restés pendant trois ou quatre minutes que nous trouvâmes l'eau fort tempérée, et nous y restâmes trois quarts d'heure sans avoir le moindre froid. » Ils goûtèrent ensuite les eaux de Bagnoles. « La dégustation ne nous fit apercevoir dans ces eaux ni odeur, ni goût désagréable ; elles sont seulement un peu fades et semblent avoir quelque chose de gras. »

Les trois lettres adressées au *Journal de Verdun* accrurent la renommée de l'établissement de Bagnoles, où l'on rencontrait, chaque été, une société choisie, mais encore bien peu nombreuse, car dans la seconde moitié du XVIII° siècle, le nombre des baigneurs varia entre 15 et 36. Un prêtre de Falaise, l'abbé Hébert-Duval, fait connaître, dans une relation de ses voyages, le Bagnoles mondain de 1767. « J'arrivai assez tard et très fatigué à la forge de Bagnoles ; elle est située au milieu de trois montagnes, entre les forêts d'Andaine et de la Ferté : c'est le lieu le plus agreste que je connaisse. Au-dessous de la forge, il y a des bains d'eau chaude assez renommés, surtout pour les paralytiques. Les deux forêts d'Andaine et de la Ferté sont coupées de belles et spacieuses routes. La chasse aux bêtes fauves, dont ces deux forêts abondent, y est très agréable ; on y voit beaucoup de cerfs, de chevreuils, de sangliers. J'eus le plaisir de voir la chasse de ces trois espèces pendant le mois que j'y passai. Comme la saison était favorable pour les bains, j'y vis bonne compagnie, avec laquelle je pris souvent le plaisir de la pêche dans l'étang, qui est très poissonneux. Outre la promenade dans les forêts que je faisais tous les jours, je me procurais le plaisir de visiter les environs ; je partais à cinq heures du matin, et je ne rentrais qu'à dix, où je me réunissais aux personnes qui prenaient des bains (2). »

A Louis Hélie de Cerny avait succédé, vers 1770, Michel-Dominique Hélie, chevalier, seigneur et

---

(1) Voy. *Journal de Verdun*, juin 1750 (p. 442-447) ; juillet 1750 (p. 39-44) ; juillet 1751 (p. 49-52). Certains auteurs s'appuient sur ce qu'il est parlé, dans la première de ces lettres, de Geoffroy fils à la troisième personne, pour prétendre que ces lettres ne sont pas de lui. « Je vous rapporterai les expériences qui furent faites à Bagnoles par M. Geoffroy fils, médecin de la Faculté de Paris. » Cette raison, selon nous, n'est pas probante. Les auteurs parlent fréquemment d'eux-mêmes de cette façon. Hélie de Cerny le fait dans son *Traité des eaux minérales de Baignoles*, et nous continuerons à regarder ces lettres comme dues à la plume de Geoffroy fils ou, tout au moins, comme écrites sous ses yeux et par son ordre.

(2) Manuscrit de l'abbé Hébert-Duval, conservé à la bibliothèque de Falaise.

patron de Tréperel, du Fresne-Poret, d'Esson et de Préaux. Le domaine de Tréperel, situé près de Falaise, et entouré des différentes terres de la famille Hélie, était la principale propriété de cette maison. Il est curieux d'examiner les comptes du nouveau maître de Bagnoles. En 1770, les recettes brutes s'élevaient à la somme de 1,089 livres 9 sous; les frais d'exploitation, y compris les rentes à servir, à 468 livres et 1 sou; le produit net fut donc de 621 livres 8 sous. Le prix du bain naturel, à la température de la source et sans la douche, était de 4 livres 10 sous, par abonnement et pour une saison de 15 à 18 jours. Il s'élevait, avec la douche et dans les mêmes conditions, à 8 livres 10 sous. Le prix d'une chambre meublée n'excédait pas 8 ou 10 sous par jour. Chaque repas coûtait, pour les maîtres, 18 sous, et la nourriture d'un domestique, 24 sous par jour (1). Citons, parmi les baigneurs venus à Bagnoles, pendant cette période, un officier des carabiniers royaux et un capitaine du régiment des dragons de Monsieur, envoyés l'un et l'autre par les chirurgiens majors de ces corps, regardés comme incurables et guéris entièrement. Un chapelain de la Sainte-Chapelle de Paris, l'abbé Lemonnier, le très zélé promoteur des rosières (2), y fut si bien guéri d'une paralysie faciale qu'à la fin d'une seconde saison de bains, en 1778, il laissa au concierge de l'établissement un certificat détaillé d'une cure qu'il considérait comme miraculeuse. La comtesse de Rânes, née d'Autemare d'Ervillé, se rendait alors fréquemment à Bagnoles de son château de la Coulonche. La tradition veut qu'elle ait été la première à faire usage de bains chauds à Bagnoles, où les bains ne s'étaient jamais pris auparavant qu'à la température naturelle de la source. Nous avons nommé le concierge de l'établissement; ce concierge en était, en réalité, le gérant, car, pendant la seconde moitié du XVIIIe siècle, Bagnoles fut administré en régie pour le compte des propriétaires, qui ne se chargeaient alors que des bains et du logement en garni. Le régisseur tenait, à ses risques et périls, l'auberge et l'écurie. Il les affermait 150 livres par an, y compris les terres du domaine.

Hélie de Tréperel fit exécuter à Bagnoles des travaux considérables et y améliora surtout l'installation balnéaire. Il voulut que le public en fût informé et adressa, à cet effet, au *Journal de Normandie*, à Rouen, et aux *Affiches de Basse-Normandie*, à Caen, cette très utile *lettre au rédacteur* : « Monsieur, je vous prie d'annoncer que le bâtiment des bains de Bagnoles près de la Ferté-Macé, en Basse-Normandie, vient d'être refait à neuf, d'une manière infiniment plus commode qu'il n'était auparavant, notamment pour les bains mêmes que l'on prenait en commun depuis leur établissement. Par la nouvelle construction, chacun aura sa baignoire où l'eau de la source entrera par des tuyaux avec des robinets et se videra à volonté. Les salles de bains seront plus vastes, plus commodes et leur plus grande élévation fera que les douches, tombant de plus haut, produiront encore de plus heureux effets..... On donne en même temps avis que le sieur Bourget, docteur nommé par le roi intendant des bains de Bagnoles, s'y trouvera vers le 15 juin et commencement de juillet pour diriger les baigneurs (3). »

Le docteur Bourget était un officier de santé de Crocy près de Falaise, qui avait, sans doute, été pourvu du brevet d'intendant des eaux de Bagnoles, à la requête du châtelain de Tréperel. Il communiqua, en 1787, à l'Académie de Médecine de très intéressantes observations sur les eaux thermales de Bagnoles. De 1760 à 1789, le docteur Le Maignan, de Vire, le docteur Capelle, de Falaise, et le docteur Piette, de Lassay, avaient constaté, sur les lieux mêmes, les bons effets de l'eau de la source et ses vertus curatives.

---

(1) *Annuaire normand* (1845), p. 41.
(2) Voy. l'abbé LEMONNIER. *Fêtes des bonnes gens de Canon et des Rosières de Briquebec et de Saint-Sauveur-le-Vicomte*. Paris, Prault, 1778; et *Rosière de Passais ou la piété filiale de Jeanne Closier récompensée*. Paris, Jombert et Didot, 1788.
(3) *Affiches de la Basse-Normandie* (n° du 13 mai 1787). *Journal de Normandie* (n° du 19 mai 1787).

BAGNOLES. — LES ROCHERS DE LA VALLÉE D'ANTOIGNY

L'établissement eût donc dû prospérer, si son propriétaire, après l'effort de réclame que nous venons de mentionner, ne s'en fût petit à petit désintéressé, en abandonnant entièrement la direction au régisseur ou concierge. Il préférait, en effet, au séjour de Bagnoles celui de son château de Tréperel, près de Falaise, qu'il avait fait récemment reconstruire d'après les plans de l'architecte Gondouin. Un riche mariage, contracté le 4 avril 1780 avec Jacqueline Desmonts, le lui avait permis. En 1789, M. de Tréperel figura, à Caen, à l'assemblée de la noblesse. La Révolution, pendant laquelle il eut, comme seigneur de Tréperel, mille tribulations à essuyer dans son nouveau château (1), l'atteignit aussi dans ses intérêts de propriétaire de Bagnoles. En 1790, la recette brute de l'établissement était descendue à 475 livres. Que fut-ce donc pendant la Terreur ? Aussi dès qu'il le put, dégoûté d'un domaine dont le revenu paraissait chaque jour plus incertain, se décida-t-il à vendre Bagnoles.

Le deuxième jour de prairial de l'an III (22 mai 1795), Bagnoles cessa d'être la propriété de la famille Hélie qui, depuis plus d'un siècle, le possédait. Ce jour-là, en effet, au château de Tréperel, le citoyen Louis-César-Pierre-Marc-Antoine Hélie le vendit « aux citoyens Gilles et Gabriel Jenvrin, frères, marchands, résidant dans les communes de Chanu et de la Chapelle-Biche ». Le prix de vente était de 11,740 livres, dont 5,240 en monnaie métallique et le surplus en assignats ayant cours. Les acquéreurs se chargeaient en outre de servir au domaine la rente de 150 livres. Et, dans le cas « où le citoyen vendeur, son épouse ou leurs enfants auraient besoin de prendre les eaux de Bagnoles, ils se réservaient le droit d'y être logés et baignés gratuitement ».

Une clause de l'acte de vente imposait aux nouveaux propriétaires l'obligation de souffrir la jouissance du citoyen Olivier, alors concierge et locataire des bains. Les Jenvrin devaient tenir d'ailleurs fort peu à administrer directement Bagnoles, car la chouannerie venait de commencer, et ils allaient être des chouans intrépides (2). Le concierge Olivier vit donc le pauvre domaine passer des mains des nobles aux mains des chouans. Gabriel Jenvrin habitait la Chapelle-Biche, où, fort riche, il avait fait restaurer la maison patrimoniale. La légende veut que deux de ses fils, l'un blanc et l'autre bleu, se soient rencontrés en frères ennemis et entre-tués dans un chemin creux du Bocage. L'histoire dit seulement que le fils cadet du nouveau maître de Bagnoles fut massacré sur la place du bourg de la Chapelle-Biche, pendant que son cousin, Jenvrin-la-Rivière, servait dans les volontaires républicains. Le second acquéreur de Bagnoles, Gilles Jenvrin, dit Bourgneuf, habitait, dans la commune de Chanu, un hameau, dont il avait fait réédifier les maisons et où les chouans étaient certains de trouver un sûr asile.

Mais, comme la chouannerie n'était pas l'émigration, les Jenvrin ne furent pas troublés dans leur possession de Bagnoles, où les baigneurs ne devaient, toutefois, se rendre qu'en bien petit nombre; car Bagnoles était situé sur la ligne des grandes forêts dont les chouans, dans leur marche, recherchaient l'ombre, passant et repassant sans relâche sur la chaussée de l'étang. Dès le mois d'avril 1795, ils avaient mis en interdit la forge de Bagnoles et en avaient dispersé les ouvriers. Dans les années d'accalmie relative, qui suivirent la campagne de 1796, un petit effort fut fait pour rendre la vie à Bagnoles. Les docteurs Perrier, Lenoir et Laroche, médecins de Domfront, accompagnés du pharmacien Leroy-Lanjuinière, se rendirent à l'établissement thermal au mois de juillet 1798, afin de procéder à l'examen des eaux de la source. Ils constatèrent, dans un très sincère

---

(1) Voy. dans la *Notice sur Madame de Néel et sa famille*, par A. DE NÉEL, des *Notes sur la famille Hélie de Tréperel*, p. 63-64.
(2) Voy. *Un Coin du Bocage normand : la Commune de la Chapelle-Biche*, par M. A. SURVILLE, où les pages 57-59 sont consacrées à la famille Jenvrin de Bourg. Voy. aussi la nouvelle d'ARTHUR ARNOULD, *Les Deux Frères* (Étrennes pittoresques, 1835), dont les héros sont les frères Jenvrin.

rapport, l'état de mauvais entretien de la fontaine, où l'eau de la source était mal captée. Puis vi*n*
la seconde et suprême expédition des chouans. Le 19 juin 1799, le garde général Bougiard était t*ué*
par eux dans une escarmouche, au carrefour du Vieux Moulin, dans la forêt de la Ferté-Macé. En*fin*
ce fut *des rochers de Bagnoles* que le général de Frotté data cette lettre (1), écrite sur son genou*,*
adressée au chevalier de Brulart, lettre toute pleine, en une héroïque tristesse, de pressentiments *de*
mort : « Mon cœur est navré, mon cher chevalier; je pars pour Alençon et fais une démarche qu*e*
la nécessité peut seule justifier. Je dois éviter au pays... une plus longue résistance. Je sais qu'éta*nt*
le dernier, on peut me préparer un sort plus rigoureux. Je me repose sur mon sauf-conduit. Que*ls*
cruels pressentiments m'agitent ! A quatre heures, je serai à cheval. Si je reviens de cette entrevu*e,*
après-demain, à deux heures, je serai ici. » Alors, sur ces bruyères de Bagnoles, d'où il pouva*it*
apercevoir les hautes futaies d'un domaine familial, le général dit adieu à ses camarades, *et*
tirant à part Moulin, son meilleur soldat : « Je ne m'abuse pas, mon cher Michelot, — dit-il, *je*
sais que je vais à la mort; mais je me sacrifie volontiers pour le salut d'un pays et d'une armée, q*ui*
me furent toujours chers. Adieu, mon ami, sois heureux, souviens-toi du pauvre Frotté. » Trois jou*rs*
après, et malgré son sauf-conduit, *le*
général était fusillé dans la plaine *de*
Verneuil.

En 1806, Gabriel Jenvrin éta*nt*
mort, Gilles Jenvrin-Bourgneuf, se fa*i-*
sant fort pour lui et les héritiers de so*n*
frère, loua, le 7 août, les bains de Ba*-*
gnoles à Scholastique Lefebvre, veuv*e*
Viel, pour le prix de 1,400 livres tou*r-*
nois. La locataire devait en outre serv*ir*
la rente de 150 livres due au domaine *et*
transférée, le 28 brumaire an X, à l'ho*s-*
pice de Domfront. Scholastique Lefebv*re*
épousa en secondes noces François Gué*-*
rin-Lacroix. Les époux Guérin-Lacroi*x,*
dont le nom n'est pas oublié à Bagnole*s,*
conservèrent la direction de l'établisse*-*
ment thermal jusqu'à l'aliénation d*e*
cette propriété par la famille Jenvrin (2*).*

Cette aliénation eut lieu, en 181*2,*
après la mort de Gilles Jenvrin-Bourg*-*
neuf. Ses héritiers, le 28 août, vendire*nt*
les bains de Bagnoles à Alexandre Lemachois, négociant, demeurant à Caen. Le prix de vente éta*it*
de 21,700 francs, dont 18,205 pour les immeubles et 3,500 pour les objets mobiliers.

Parc de Bagnoles. — Les rochers.

D'après une photographie de M. H. Magron.

---

(1) Voy. *Louis de Frotté et les insurrections normandes*, par L. DE LA SICOTIÈRE, qui y défend (t. II, p. 481) l'authenticité de cette lettre, contestée p*ar*
Billard de Vaux.

(2) Ils semblent avoir exploité alors l'auberge de la Forge, actuellement l'hôtel SALING. « L'ancienne habitation du directeur de cet établissement (la forg*e*
est devenue une auberge, qui sert, en quelque manière, de succursale à la maison des bains, dont elle reçoit le trop plein dans la saison, en lui opposant une util*e*
concurrence; j'entends, utile aux étrangers, mais non au propriétaire, M. Lemachois... L'auberge de la Forge, lors de mon passage, était propre et bien serv*ie,*
au delà de ce qu'on aurait lieu d'attendre dans une pareille solitude, au milieu des bois. » (VAYSSE DE VILLIERS. *Itinéraire de la France, Région de l'Ouest, R*oute
de Paris à Rennes, p. 265.)

C'est sous la direction Lemachois que Bagnoles fut transformé et devint tel que nous l'avons connu jusqu'à ces dernières années. Les anciens propriétaires l'avaient, paraît-il, négligé à ce point « que toutes les terres étaient presque incultes, que le peu de bâtiments à l'usage de la source étaient inhabitables et qu'on ne comptait pas annuellement plus de trente personnes qui vinssent à Bagnoles pour prendre les eaux (1) ». Et, comme pour compléter le lamentable aspect de ce val de misère, le 29 juin 1811, à la suite d'un orage dont le souvenir « épouvantait les personnes qui en avaient été témoins », la Vée, transformée en torrent, avait balayé les bâtiments de l'ancienne forge et les avait à jamais détruits. Mais tout changea bientôt, grâce au nouvel acquéreur. Homme d'affaires à la fois intelligent et hardi, M. Lemachois comprit toute la valeur de Bagnoles, n'hésitant pas à employer en améliorations de toutes sortes les capitaux dont il pouvait disposer. Madame Lemachois, par le charme de ses manières, fut comme la sirène de ce renaissant Bagnoles, sachant y attirer, y retenir et y rappeler. « Un certain Italien opulent, M. de Sommariva, vint alors passer une saison à Bagnoles.

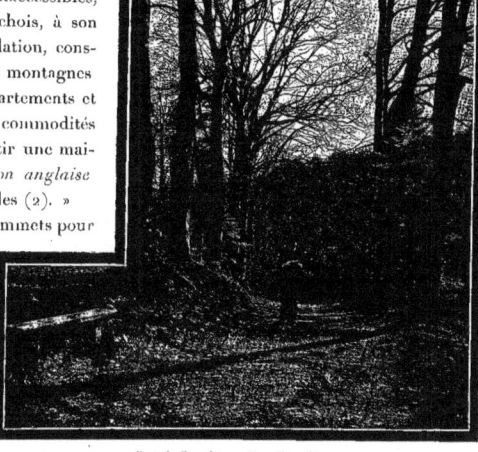

Parc de Bagnoles. — Une allée, l'hiver.
D'après une photographie de M. M. Magene.

Enchanté de ce lieu, il s'y fixa et son engouement fut tel qu'il se décida à y dépenser des sommes considérables en embellissements. Ainsi, il creusa dans le roc vif, ces sentiers qui montent en serpentant sur les montagnes jusqu'alors inaccessibles, dont Bagnoles est entouré... M. Lemachois, à son tour, comme s'il avait été saisi d'émulation, construisit, sur les plus hautes crêtes de ces montagnes un vaste belvédère rempli de beaux appartements et offrant aux riches voyageurs toutes les commodités des hôtels fashionables. Il fit encore bâtir une maison carrée, qui a pris le nom de *maison anglaise* assez vaste pour loger plusieurs familles (2). »

Mais descendons des crêtes et des sommets pour examiner les nouvelles et importantes constructions élevées sur la rive gauche de la Vée. Le plan, tracé par l'architecte Châtelain et adopté par M. Lemachois, comprenait une fontaine, une chapelle, deux pavillons ; mais il ne fut exécuté qu'en partie, et le pavillon, projeté au sud de la source et semblable à celui des Thermes, ne fut jamais élevé.

Tout ce qui pouvait rendre ou plutôt donner la vie à Bagnoles, fut alors tenté par le nouveau directeur. Le chimiste Vauquelin, membre de l'Institut, fut appelé par lui aux bains, le 14 octobre 1813, pour procéder à l'analyse chimique des eaux de la fontaine. Il était accompagné de M. Thierry, professeur de physique à la Faculté des Sciences de Caen; de M. Lair, secrétaire de la Société d'Agriculture du Calvados, et assisté de l'éternel docteur Piette, qui, après avoir connu les jours d'Hélie de

---
(1) Factum Cholet, p. 9.
(2) *Ibid.*, p. 8.

Tréperel, était resté, pendant les années d'abandon et d'obscurité, le seul médecin de Bagnoles. Le soir du 15 octobre 1813, un banquet réunit à Bagnoles, autour de l'illustre chimiste, les châtelains du voisinage et les directeurs des bains. M. Lair, ravi de cette visite à Bagnoles, le témoigna dans une relation, répandue de tous côtés en manière de prospectus : « M. Lemachois a fait construire un vaste édifice, où l'on peut prendre les eaux et les douches de la façon la plus commode et trouver de très beaux logements; on se croirait à Tivoli de Paris, si les rochers qui environnent notre fontaine ne rappelaient que l'on est à Bagnoles (1). » Amusante idée de réclame, présentée de nouveau, en 1815, dans l'*Almanach des Modes* : « Malgré toute la commodité que peut offrir l'établissement des eaux minérales factices de Tivoli, on n'a point tout à fait renoncé aux eaux minérales naturelles. La réunion brillante et nombreuse que l'on a vue à Bagnoles, pendant la saison dernière, en est la meilleure preuve (2). »

Sans attendre l'effet de ces élogieux articles, M. Lemachois chercha et sut trouver pour Bagnoles un élément de recettes très certaines. Il parvint à obtenir des ministres de la guerre et de la marine que des malades, appartenant à leurs départements, fussent, chaque saison, envoyés à Bagnoles. Dès la première année, il en vint trente à quarante. Aux termes du traité passé avec les ministres, l'État payait 3 francs par jour, pour chaque militaire. Trouvant le marché lucratif, M. Lemachois conçut le projet de l'étendre; mais, pour cela, il fallait créer un hôpital militaire. Il loua, avant d'entreprendre cette construction, une maison bourgeoise, qui avait longtemps servi de logement au maître de la forge détruite en 1811. Un ancien médecin principal des armées, Étienne, chargé en 1822, par le ministre de la guerre, de suivre le traitement des militaires malades à Bagnoles, signala l'installation défectueuse de l'hôpital ainsi improvisé. Il réclama des sœurs, tout au moins des infirmiers, inquiet de l'avenir d'une institution entreprise hâtivement et dans les conditions les moins satisfaisantes. Célébrant d'ailleurs, dans son rapport au ministre, en un réjouissant enthousiasme de troupier, la bienfaisance des baigneurs de cette saison-là : « Doit-on compter que la Providence enverra chaque année à Bagnoles des bonnes dames, des veuves de généraux, disposées à s'enquérir des désirs, des petits besoins, des fantaisies mêmes des militaires malades ? L'heureuse idée de recueillir et d'encaisser la moitié des bénéfices de tous les jeux de société, pour l'employer en bonnes œuvres, se conservera-t-elle longtemps à Bagnoles ? Des femmes admirables, des comtesses de l'ancienne et de la nouvelle noblesse s'entendront-elles toujours pour soulager plus efficacement les souffrances humaines ? (3) »

Trois années après, en 1825, les veuves de généraux et les comtesses de diverses noblesses furent observées à Bagnoles par des visiteurs beaucoup plus malicieux que l'ancien médecin des armées. C'étaient de prétendus ermites, dépêchés jusqu'en Normandie par M. de Jouy, le fameux hermite de *la Chaussée d'Antin* : Jean Clogenson, un futur préfet de l'Orne, et Noël Lefebvre-Duruflé, un futur ministre du second Empire. Ils consacrèrent à Bagnoles tout le fascicule du 10 juillet de leur *Hermite en province*, et le remplirent d'observations indiscrètes sur les baigneurs et les baigneuses, rencontrés par eux à l'établissement : « Le haut bout de la table est occupé par Madame la comtesse de V..., la supériorité sociale la plus marquante que nous ayons en ce moment aux bains. On l'admire encore comme ces belles ruines d'Italie ou de Grèce, dont la faux du temps a respecté quelques parties suffisantes pour faire juger de ce qu'elles ont dû être jadis..... Quant à cette autre femme, vous voyez en elle

---

(1) *Bains de Bagnoles* (département de l'Orne). Caen, Poisson, 1813, in-8°, 7 p.
(2) *Almanach des Modes* (année 1815, p. 46); à Paris, chez l'éditeur, rue Montmartre, 183.
(3) *Notice topographique et médicale sur Bagnoles (Orne)*, par E. Estienne, ancien médecin principal des armées, publiée dans les *Mémoires de médecine, de chirurgie et de pharmacie militaires*, t. XIII, p. 15.

BAGNOLES — L'AVENUE DU DANTE, L'HIVER

l'ornement et l'âme de notre salon. C'est par elle que l'on danse et que l'on chante ici. Les soins que réclame toujours la santé d'une jeune veuve ont déterminé un oncle plein de tendresse à l'amener à Bagnoles. Elle paraît se trouver bien de ce séjour, surtout depuis que le jeune comte de... est des nôtres. » Et ainsi pour toutes... sans compter les notes prises le soir par les ermites, qui, des sommets du rocher du Capucin, virent passer à l'établissement, derrière les blancs rideaux, à la mode en ce temps-là, des ombres étrangement frivoles et imprudentes.

M. Lemachois ne devait pas achever, à Bagnoles, l'œuvre qu'il avait entreprise ; il mourut le 5 juillet 1826. Le comte de Sommariva, « le Mécène, dont — suivant *l'Hermite en province* — tous les arts pleuraient la perte », l'avait précédé dans la tombe (1). Madame Lemachois prit alors vaillamment en main la direction de Bagnoles et la conserva jusqu'en 1840. Elle conclut de nouveaux marchés avec les ministres de la guerre et de la marine, par suite desquels l'établissement reçut, chaque année, cent et même, quelquefois, cent trente baigneurs au compte de l'État, ce qui lui assurait annuellement une recette brute d'environ 28,000 francs, précieuse au moment des plus graves inquiétudes financières. Mais, pour cela, il fallut terminer la construction de l'hôpital militaire, dont les bâtiments achevèrent de clore, sur la rive droite de la Vée, cette cour de Bagnoles où, contrairement à la pensée de l'architecte Châtelain, toute la vie et tout le mouvement de l'établissement se sont concentrés pendant ce siècle. Madame Lemachois, en dépit de tels soucis, restait, à Bagnoles, une hôtesse parfaite, ayant pour chacun l'accueil qu'il pouvait attendre. Nous en rencontrons la preuve dans un curieux *Voyage à Bagnoles*, publié en 1834, par la comtesse Eugène d'Hautefeuille, née de Marguerye (2). La comtesse, souffrante, très abattue, très nerveuse, après quelques instants d'enthousiasme pour Bagnoles, dont le site lui semblait « au-dessus de toute description », fut troublée par les fièvres et l'insomnie dans un hôtel bruyant, où pourtant Madame Lemachois, « mère de trois aimables enfants qui méritaient l'intérêt comme elle », l'avait logée le mieux possible. L'intelligente directrice lui offrit alors « une charmante maisonnette, située sur le plateau couronnant la double chaîne de rochers qui serrent le vallon de Bagnoles », et elle sut la rendre sociable au point d'oublier sa tristesse et sa souffrance dans la compagnie de baigneurs, « parmi lesquels se trouvaient l'amiral Bouvet (dont nous parlerons plus loin), le général Despinois et son frère, — ce dernier parlant et poli comme au bon vieux temps, — la famille de Boyne, et un grand vicaire de la ville du Mans, remarquablement aimable et plein de bonhommie ».

Mais impuissante, en dépit de ses efforts, à relever une situation depuis longtemps compromise, Madame Lemachois, le 8 octobre 1841, dut voir mettre en adjudication le domaine de Bagnoles. Il fut adjugé à M. Louis Desnos, pharmacien à Alençon, pour la somme de 228,000 francs.

Un fait heureux pour le développement de la station thermale avait eu lieu en 1834. L'État, en exécution de la loi du 25 mars 1831, avait aliéné, sur le périmètre de la forêt d'Andaine, des portions de bois, dont la contiguïté eût rendu l'extension de Bagnoles à jamais impossible. Cette aliénation permit de créer, dans les environs, où abondent les sites pittoresques et forestiers, les domaines du Lys-des-Vallées, du Gué-aux-Biches et de la Roche-Goupil, que nous visiterons tout à l'heure.

Le nouveau propriétaire de Bagnoles, M. Desnos, était un homme sérieux, instruit et intelligent. Son esprit d'ordre lui permit de maintenir la prospérité de Bagnoles sans que sa prudence lui laissât l'accroître autant qu'eût pu le faire, peut-être, un directeur plus hardi. A l'expiration du traité avec

---

(1) Le comte de Sommariva, l'un des anciens directeurs de la République cisalpine, était mort à Milan, le 6 janvier 1826. Dans *le Moniteur universel* (n° du 21 janvier 1826) un long article lui est consacré.

(2) Voy. *Souffrances*, par la comtesse E. d'Hautefeuille. Paris, Baudouin, 1834, p. 237-275.

l'État, relatif à l'hôpital militaire, M. Desnos refusa de le renouveler, trouvant alors insuffisant l'allocation proposée pour chaque soldat. Plus sérieusement administré, mais moins gai qu'aux jours de la direction Lemachois, l'établissement thermal fut néanmoins visité par des baigneurs plus nombreux, les communications avec Paris étant déjà plus faciles et les maisons de campagne, élevées autour de Bagnoles, l'entourant d'une sorte de colonie. Au bout de la chaussée de l'étang et sur le chemin de Domfront, on rencontrait tout d'abord la Tanière; c'était la retraite d'un mystérieux personnage, dont l'originale figure apparaît dans tous les livres ayant parlé de Bagnoles depuis cinquante années : la marquise d'Épinay-Saint-Denis, née Herminie de Lépinay. Femme d'un esprit délicat mais égaré dans les plus tempétueuses ténèbres du romantisme, Madame d'Épinay, qui avait chanté *l'Enfance du Christ*, en un poème candide, venait d'écrire *Valida* (1), roman très noir digne de Petrus Borel, et Herminie était devenue M. Jules. Travestie en homme et jouant en province les Georges Sand, chaussée de bottes fauves et vêtue de pourpoints rouges, la marquise suivait furieusement, comme en une chasse infernale, la meute du prince de Wagram, découplée alors en Andaine. Elle impressionna, parfois jusqu'à l'épouvante, les habitants du pays et les baigneurs de Bagnoles. Parmi ces derniers se trouvait une toute jeune fille, Mademoiselle Valérie Dubois, qui devait un jour, dans des pages exquises, évoquer les souvenirs du Bagnoles de ce temps lointain (2). Elle y fait apparaître le maître de la Tanière : « M. Jules n'avait pas de moustaches, bien entendu, mais il avait les cheveux coupés comme un conscrit, ce qui lui faisait la tête trop petite pour ses deux grands yeux noirs... Je vois toujours ces terribles yeux, qui avaient l'air de transpercer nos âmes. » La jeune visiteuse qui traça alors, sur une page d'album, ce très vigoureux croquis, devint un jour Madame Octave Feuillet et chemina plus tard, avec l'auteur du *Roman d'un jeune homme pauvre*, sur le chemin de l'*Ermitage* de Saint-Ortair (3). Quant à M. Jules, lorsque le romantisme fut mort, il redevint une marquise très simple et très bienfaisante, à la fin de laquelle des souffrances cruelles et longues apportèrent une poésie aussi sinistre que celle contenue dans ses pages les plus sombres.

L'on rencontrait, vers ce temps-là, à Bagnoles, comme un trio de héros, appartenant à des générations bien diverses de notre armée : c'étaient l'amiral Bouvet, le général de Bréhat et un jeune officier, M. Bourbaki. L'amiral Bouvet ne quittait guère alors le Lys-des-Vallées que pour s'en aller voir à Paris s'il n'y aurait pas quelque moyen de décider Louis-Philippe à faire la guerre à l'Anglais (4). Le général de Bréhat, un baigneur douillet et méticuleux, soucieux à l'excès et de la température de son bain et du menu de son repas, devait être massacré, aux journées de Juin, dans un cabaret de banlieue et mourir avec le calme et la dignité d'un martyr. Le jeune Bourbaki, le zouave légendaire, accompagnait alors à Bagnoles une sœur charmante, que le docteur Charles Lebreton épousa. Madame Lebreton fut, plus tard, attachée à l'impératrice Eugénie, à qui elle sut témoigner, dans les heures les plus douloureuses, une admirable fidélité.

Aux jours du second Empire, nous retrouvons à Bagnoles M. Desnos, qui, pendant sa direction, a peu modifié l'aspect de l'établissement thermal. Une chaumière rustique, casino primitif construit sur la rive gauche de la Vée, a cependant disparu et l'on commence à se réunir au salon tel qu'il est

---

(1) Voy. *l'Enfance du Christ*, poème en douze chants. Paris, imp. Péhan, et *Valida ou la Réputation d'une femme*. Paris, Levavasseur, 2 vol. in-8°. L'éditeur Levavasseur était le gendre de M. Lemachois. Nous avons parlé plus longuement de Madame d'Épinay dans notre étude : *Bagnoles (Souvenirs littéraires)*. Alençon, Renaut de Broise, 1894, p. 8.
(2) Voy. Madame Octave Feuillet. *Quelques années de ma vie*. Paris, Calmann Lévy, 1894, p. 108-111.
(3) Octave Feuillet a placé à la chapelle de Saint-Ortair, près de Bagnoles, la scène de son proverbe : *l'Ermitage*.
(4) Voy. *Précis des campagnes de l'amiral Pierre Bouvet*. Paris, Michel Lévy, 1865, p. 214.

CHÂTEAU DE TESSÉ-LA-MADELEINE

aujourd'hui. L'on y rencontre, chaque année, un littérateur mondain, dont les vers faciles ont fait le tour du monde, portés sur la musique des meilleurs maîtres du temps; c'est le marquis Eugène de Lonlay, déjà un peu réduit aux succès de salon et de table d'hôte, qui célèbre Bagnoles de toutes les façons, en vers et en prose, en chansons et en romans (1). Un autre habitué de Bagnoles, le vicomte de Liesville, qui deviendra conservateur adjoint du musée Carnavalet, a publié un *Guide du voyageur à Bagnoles-les-Eaux* (2), que tous les baigneurs ont entre les mains. L'on remarque, parmi ces baigneurs, une femme charmante, Madame Bouvet-Pacini, belle-fille de l'amiral, qui descend, chaque jour, à Bagnoles, du Lys-des-Vallées. Elle est accompagnée de deux filles d'une rare beauté, dont l'une doit être Madame Carette, lectrice de l'impératrice Eugénie et tracer un jour, de la plume la plus délicate, des *Souvenirs intimes de la cour des Tuileries*.

Vers 1860, l'amiral Bouvet, se retirant à Saint-Servan, vendit le Lys-des-Vallées à M. Lanos, de qui le marquis d'Oilliamson l'a acheté, depuis, pour le transformer en rendez-vous de chasse. La maison du Gué-aux-Biches, que l'amiral avait fait construire pour sa fille, Madame Adam, fut alors vendue à un rédacteur du *Siècle*, M. Vialon. Il y reçut, à cette époque, de nombreux littérateurs, entre autres Alexandre Dumas, Paul Féval, Auguste Vitu et Barbey d'Aurevilly, qu'impressionna profondément, au cours d'une excursion dans la forêt d'Andaine, la légende de la Croix-Fauvel, cruelle comme certaines pages du *Chevalier Destouches*.

La partie de forêt, située à l'ouest de Bagnoles, vendue, en 1832, à M. Radigue, fut acquise depuis par un richissime propriétaire du pays, M. Louis Goupil. Il y fit élever, en 1859, par M. Duval, architecte du Mans, un vaste château dans le style de la Renaissance. Il entoura cette demeure d'un parc étendu, où le dessinateur a tiré un merveilleux parti d'un terrain exceptionnellement pittoresque et accidenté. Dans ce parc, toujours ouvert aux visiteurs de Bagnoles, se trouvent deux des principales curiosités de la contrée : le Roc-au-Chien, dont des sentiers ouverts dans le roc rendent l'ascension facile, et une tranchée où, à la surface de grès siluriens, les géologues vont observer de très intéressantes empreintes, connues

Lac dans la vallée d'Autoigny.
D'après une photographie de M. B. Mignon.

vulgairement sous le nom de *pas de bœuf* (3). M. Goupil, qui avait fait du château de la Roche sa résidence habituelle, y est mort en septembre 1895, laissant à Bagnoles et dans tout le pays, des regrets justifiés par son inépuisable bienfaisance.

---

(1) Voy. sur le marquis de Lonlay, auteur du roman *Les Eaux de Bagnoles*, notre étude : *Bagnoles* (Souvenirs littéraires), p. 12.
(2) Voy. *Guide du voyageur à Bagnoles-les-Eaux*, par A.-R. DE LIESVILLE (Paris, imp. Walder, in-12, 86 p.), et la *Biographie de A. de Liesville*, publiée par L. DE LA SICOTIÈRE (*Revue de la Révolution*, t. VI, p. 470-474).
(3) Voy. M. MORIÈRE. *Note sur le grès de Bagnoles* (Caen, Le Blanc-Hardel, 1878). *Sur les empreintes offertes par les grès siluriens, connues sous le nom de « pas de bœuf »* (Paris, imp. Chaix, 1078), et M. DAVIDSON, *Note sur les brachiopodes trouvés dans le grès armoricain de Bagnoles* (Caen, Le Blanc-Hardel, 1881).

Après avoir administré personnellement Bagnoles pendant un temps assez long, M. Besnos l'afferma à M. Pierre-Félix Benardeau, commissaire-priseur à Alençon. Les années de la gestion de M. Pierre Benardeau fournissent peut-être les pages les plus brillantes de l'histoire de Bagnoles avant sa récente transformation. Ce furent alors les beaux jours de *la Folie*, un ancien break de chasse de la duchesse de Berry, que M. Benardeau conduisait à grandes guides vers les sites les plus remarquables de la contrée, le Mont d'Hère ou la vallée d'Antoigny. Madame Benardeau, femme très aimable et musicienne accomplie, aidait le directeur de l'établissement à organiser à Bagnoles ce que les journaux du temps appelaient *la vie de château*. Tous les jours, excursions aux environs ou bien parties de pêche ; tous les soirs, au salon, sauteries ou concerts, dans lesquels l'une des premières cantatrices mondaines, Madame Crémieux, qui devint depuis la générale Bataille, faisait entendre son admirable voix. Plein d'entrain et de gaîté, très actif et très obligeant, M. Benardeau restera assurément, dans les annales de Bagnoles, l'une des figures les plus sympathiques.

A la fin de son bail, le 18 avril 1865, M. Besnos vendit Bagnoles à une société formée par M. Richard, ancien notaire à Alençon. D'importants travaux furent alors exécutés. Une vaste piscine fut construite dans un bâtiment nouveau et présentée comme l'une des principales curiosités de la station thermale. Après diverses phases dans l'organisation de la propriété, soit avant, soit après la mort de M. Richard, le domaine de Bagnoles fut, sur enchères publiques, adjugé, en 1879, à M. Louis Vabre, qui fit construire l'ancien pavillon de l'hydrothérapie et le chalet-abri de la source. En 1880, l'établissement thermal de Bagnoles fut acheté par M. Lescanne-Perdoux, pour une société dont M. Alexis Duparchy devint le président et le plus gros actionnaire (1). Cette société posséda Bagnoles jusqu'en mai 1896 et, pendant cette longue période, des constructions nouvelles et de constantes améliorations accrurent la prospérité de l'établissement ornais. En dehors de la société, et tout personnellement, M. Alexis Duparchy fit construire le Casino actuel, situé entre le parc et l'établissement thermal. Il était impossible de choisir un site permettant mieux d'apprécier le charme sauvage et forestier du pays. De la terrasse du Casino des pentes de verdure descendent à l'étang de Bagnoles, encadré de chênes séculaires et dominé par des collines abruptes. A la mort du secrétaire-général, M. Meunier, décédé en 1896, M. Duparchy a cédé l'établissement thermal ainsi que le Casino, à une nouvelle société, dont il est resté administrateur et l'un des principaux actionnaires, ne cessant point de s'intéresser aux destinées de Bagnoles.

Cette nouvelle société, dont est président M. Georges Hartog, l'un des plus distingués industriels parisiens, et dont un ingénieur de grand mérite, M. Baratoux, est administrateur délégué (2), doit placer Bagnoles, par une transformation complète, au premier rang des stations thermales de France. Elle a déjà commencé la réalisation de son très vaste programme par une réorganisation du service de l'hydrothérapie, entendue d'une façon très pratique et très luxueuse à la fois, et par d'importantes modifications apportées à l'hôtel de l'établissement que M. Alphonse Hartog, directeur général, administre avec une rare intelligence et une parfaite affabilité.

Il serait injuste, en constatant la prospérité présente de Bagnoles, de ne pas nommer un homme qui, pendant près d'un quart de siècle, a consacré sa science et ses efforts à faire connaître et apprécier la station ornaise. Le docteur Joubert, inspecteur des eaux de 1869 à 1893, était un ancien chirurgien de la marine ; il avait fait la campagne de Crimée, séjourné six ans au Sénégal ; puis, attaché à

---

(1) Voy. au sujet de cette période de l'histoire de Bagnoles, l'excellent *Guide du Baigneur aux Eaux minéro-thermales de Bagnoles-de-l'Orne*, par M. JULES DE BLANZAY, p. 12-14.

(2) Le Conseil d'administration de la *Société de l'établissement thermal de Bagnoles-de-l'Orne* est ainsi composé : Président : M. Georges Hartog, industriel ; administrateur délégué : M. Jules Baratoux, ingénieur ; administrateurs : MM. Alexis Duparchy, propriétaire ; Émile Dollot, ingénieur ; Maurice Allard du Chollet, propriétaire ; Eugène Chatelaine, ancien industriel ; directeur général, M. Alphonse Hartog.

l'expédition du capitaine de frégate Doudard de Lagrée, il avait fait le trajet de l'Inde au Thibet, en redescendant par la Chine. Fixé à Bagnoles, le docteur Joubert contribua, plus que nul médecin ne l'avait fait avant lui, à établir la réputation des eaux dont il constatait, chaque jour, l'efficacité. Rempli de franchise et de cordialité, profondément attaché à ses malades dont il devenait promptement l'ami, le docteur Joubert jouissait à Bagnoles d'une véritable popularité, et sa mort y a causé des regrets unanimes. Il a aujourd'hui, à l'établissement, des successeurs dignes de lui dans les docteurs Barrabé, Bignon, Censier, Poulain et Vaucher, qui, par diverses publications scientifiques, ont encore accru, dans ces temps derniers, la notoriété des eaux de Bagnoles (1).

A l'est du parc de l'établissement et sur l'un des derniers versants de la forêt de la Ferté-Macé, un Bagnoles nouveau a récemment été créé. Il s'étend des anciennes bruyères de Couterne, d'où l'œil embrasse le vaste horizon de la vallée de la Mayenne à la gorge rocheuse de la Montjoie. Il comprend de nombreuses et élégantes villas, une église, une gare, un hippodrome, un manège. Le fondateur de ce Bagnoles est M. Albert Christophle, député de l'Orne, puis successivement ministre des Travaux publics et gouverneur du Crédit Foncier de France. Séduit par la situation pittoresque du domaine du Gué-aux-Biches, il l'acheta, en 1868, de M. Prosper Vialon. Il n'a cessé d'embellir et l'habitation et le parc, dans lequel le ruisseau de la Prise-Pontin serpente entre des bois de pins et des prairies. Dans une construction très heureusement annexée au bâtiment élevé par M. Adam, se trouve un vaste salon de style Louis XIII. Il est décoré de remarquables boiseries, d'une cheminée provenant de l'ancien château de Lonray près d'Alençon, d'une porte et de panneaux recueillis à Domfront, lors de la démolition du château de Godras. Le bois de la Montjoie, sillonné de sentiers, tracés à travers des éboulis de roches, étend, jusqu'au vallon de la Vée, le domaine du Gué-aux-Biches. Pressentant que l'efficacité des eaux de Bagnoles y attirerait, chaque saison, des étrangers plus nombreux, M. Christophle a consacré toute son activité et toute son influence à la transformation de la station thermale. Il a fait, pour ainsi dire, de la création de ce nouveau Bagnoles l'œuvre de toute sa vie. Sa haute situation de gouverneur du Crédit Foncier de France, son influence comme homme politique, son autorité dans un pays où il a été entouré des plus fidèles sympathies, lui ont permis d'obtenir des résultats merveilleux. Un échange conclu entre l'État et la compagnie *La Foncière* a rendu possible, sur une bordure détachée de la forêt de la Ferté-Macé, l'établissement d'une colonie qui s'est très rapidement développée. Il convient de mentionner ici les noms des premiers propriétaires de ce naissant Bagnoles : M. Le Guay, sous-gouverneur du Crédit Foncier de France, MM. Méliodon, Plassart et Gravier, dont la très curieuse villa normande indique peut-être le style convenant le mieux aux habitations de cette colonie forestière. Plus loin, l'élégante villa norvégienne de M. Hartog, le président de la nouvelle Société des eaux de Bagnoles, apparaît en un cadre de pins sylvestres ; puis, à l'abri des bouleaux et des grands chênes, vestiges de l'ancienne forêt, nous trouvons la villa des Fauvettes, à Madame de Sauville, la villa Régina, à M. Binder, la

(1) Nous devons à l'un d'eux, M. le docteur Censier, cette intéressante note thérapeutique, rédigée en vue de notre publication :

« La source minéro-thermale de Bagnoles-de-l'Orne a, de tout temps, attiré l'attention des hydrologues et plusieurs analyses en ont été successivement faites... L'avant-dernière, celle de J.-B. Dumas, en 1878, dénomme l'eau de Bagnoles : *eau silicatée, sulfurée, chlorurée sodique*. Une toute récente, de contrôle, terminée le 13 février 1896 dans les laboratoires de l'Académie de Médecine à l'École des Mines, n'a pu que la confirmer sans que d'ailleurs l'assurance d'une telle exactitude puisse donner la clef du vitalisme mystérieux de toute source minérale. Mais le vrai critérium réside dans l'observation des faits thérapeutiques. Et ceux-ci doublent l'intérêt de la station, surtout en ce qu'ils ont révélé une spécialisation bien mise en lumière et bien démontrée par l'observation. — En effet, la caractéristique de l'eau de Bagnoles est son action sur le système veineux et la circulation veineuse qu'elle accélère, produisant le dégorgement des tissus, l'élimination des déchets de nutrition contenus dans le sang veineux, en même temps qu'elle donne un coup de fouet à la nutrition générale. Cette action, elle l'opère par l'excitation des terminaisons nerveuses, qui s'étalent à la surface de la peau et sont l'intermédiaire entre le contact de tout agent physique ou chimique et les phénomènes qu'il détermine dans l'organisme. Enfin, ces procédés thérapeutiques se complètent par une action topique due à la glairine à base de silice et de soufre, qui se dépose à la surface des téguments, et par l'effet diurétique de l'eau prise en boisson. » Puis le docteur Censier indique les principales maladies pour lesquelles les eaux de la source minéro-thermale peuvent être efficacement employées. Il place à leur tête *la phlébite* ou, plus exactement, les *suites de phlébite*, la grande spécialisation de la station ornaise, où de si belles cures de cette maladie sont observées chaque année.

villa des Myrtilles, à M. Gaston De Vaux, auteur d'un très complet *Guide de Bagnoles*, fort artistiquement illustré, et la villa des Bruyères, au comte de Frotté. Une vaste maison de convalescence pour les employés du Crédit Foncier clôt la perspective de ce Bagnoles contemporain. Le centre est une spacieuse chapelle, dont le svelte clocher s'élève entre les toits aigus des chalets et des villas. Elle a été récemment édifiée pour assurer le service du culte, aux frais de M. Christophle. Il a de même acquis, toujours disposé à agir personnellement, dès que l'intérêt de Bagnoles l'exige, un large terrain au bord de la Vée. Sur ce terrain et dans un site exceptionnellement pittoresque, un hippodrome a été créé. La Société des Courses de la Ferté-Macé, dont M. Christophle est président, y donne des réunions sportives dont le succès va, chaque saison, grandissant. Elles sont précédées ou suivies d'une série de fêtes. Nous ne saurions omettre de rappeler ici la fête organisée le 12 août 1894, en l'honneur de S. E. M. le baron de Morenheim, ambassadeur de Russie, dans laquelle l'enthousiasme des baigneurs et des habitants du pays sembla comme préluder aux grandes et

Bagnoles. — Villa normande.
D'après une photographie de M. H. Magron.

mémorables journées d'octobre 1896 : le drag tracé sur le champ de courses, qu'une meute traversait comme en un jour d'automne, et le coin de Guibray, restitué dans le manège, où de charmantes vendeuses, descendues d'antiques litières, portaient si gracieusement le grand bonnet des aïeules. Des sociétés savantes et artistiques ont souvent désigné Bagnoles pour le lieu de leur réunion, et la Pomme et la Société historique et archéologique de l'Orne, et la Société Linnéenne de Normandie. Enfin, au Casino, les baigneurs ont pu applaudir les meilleurs artistes d'aujourd'hui et de demain : Coquelin cadet et Baron, Thérésa, Julia Depoix, Pierre Magnier et Jean Coquelin. Une feuille spéciale, le *Bagnoles Thermal*, très littérairement rédigée par M. Léon Bigot, un romancier délicat, donne, chaque semaine, aux baigneurs d'intéressantes études et de fort spirituelles chroniques.

Voilà le Bagnoles actuel tel qu'il a été fait par un rare concours d'intelligences et de bonnes volontés. Le programme conçu par celui qui en a été le véritable fondateur, est-il toutefois entièrement réalisé. Nous ne le croyons pas et il nous est impossible, en voyant ce grand et superbe hôtel, pareil aux *palaces* de Suisse ou de la Riviera, dont l'élégante façade se reflète déjà dans les eaux de l'étang, de ne pas parler du Bagnoles de demain. Il nous est impossible de ne pas dire qu'un nouvel échange, semblable à celui dont M. Christophle a eu, le premier, la pensée et qui a assuré la fortune de Bagnoles, est projeté en ce moment entre l'État et la ville de la Ferté-Macé. Il permettra d'étendre, au centre des vastes forêts qui sont l'orgueil du pays, ce Bagnoles moderne, dont l'avenir paraît très grand ; sorte de *Spa* de Basse-Normandie, dont le renom deviendra très promptement européen, en raison de l'efficacité des eaux, de l'agrément du séjour, et du charme de la contrée.

G. DE CONTADES.

LA FERTÉ-MACÉ [1]

SA VIEILLE ÉGLISE ROMANE. — SES MONUMENTS DISPARUS

Les transformations accomplies depuis huit siècles à la Ferté-Macé ont été impuissantes à effacer complètement, dans cette ville industrielle, les traces de son origine féodale. Tout la rapelle, à commencer par l'étymologie de son nom, *feritas Mathei*, ferté (*forteresse*) de Mathieu, d'où *Ferté-Macé*. Le terrain qu'occupait cette forteresse n'a cessé de s'appeler *place du Château*, et si la motte où il était assis est aujourd'hui déprimée, elle apparaît encore nettement caractérisée, à l'est, par un remblai très élevé et coupé à pic. Au bas de cet escarpement artificiel, coule le ruisseau de l'Aulne, qui jadis baignait de ce côté le pied des fortifications et alimentait une retenue d'eau, *la Poterne*, assez profonde, à cette époque, pour renforcer la défense. *La Poterne* a gardé son nom, dû, sans doute, à une porte dérobée qui, à cet endroit, s'ouvrait au bas des remparts. A l'ouest de la place du Château, la rue *du Pont-Micheline* précise le lieu où fut le pont-levis.

Les bourgeois et les manants, dont les demeures s'étaient groupées en dehors de ces fortifications, n'avaient pas tardé à éprouver eux-mêmes le besoin de se mettre à l'abri des agressions si fréquentes en ces temps de troubles et de violences. Ils avaient donc entouré leur petit bourg d'un fossé bordé peut-être d'un rempart de terre, et maintenant encore les rues *des Fossés-Nicole* et *des Fossés-Saint-Denis*, derniers vestiges de cette seconde enceinte, permettent d'en reconstituer le périmètre d'une façon approximative.

D'autre part, la rue *de la Barre* perpétue la mémoire d'un ancien péage, et, au sortir de la ville, à l'entrée du chemin de Falaise, le *Champ-au-Larron* fait surgir dans l'imagination le sinistre gibet de la haute justice seigneuriale.

Pour compléter l'ensemble de cet établissement féodal, au sud-ouest de la cour du donjon s'élevait un prieuré dont il reste une église romane, en partie mutilée. Nous parlerons, avec quelques détails, de ces vieux monuments; mais il est difficile de traiter de l'un en l'isolant des autres, tant ils sont liés étroitement par de communs souvenirs.

Geoffroy, qui vivait dans la première moitié du XIe siècle, est le plus ancien seigneur de la Ferté que nous connaissions, et c'est lui probablement qui fut chargé par les ducs de Normandie de bâtir la forteresse. Son successeur, Guillaume 1er, est le fondateur du prieuré. Il y appela des moines de Saint-Julien de Tours, et, en 1053, par une charte au bas de laquelle Guillaume le Conquérant et Mathilde, son épouse, ont aussi apposé leur signe, il leur fit d'importantes et irrévocables donations.

---

[1] Documents à consulter : *Le Prieuré de la Ferté-Macé*, par M. le comte DE CONTADES. — *Essai sur le prieuré et la baronnie de la Ferté-Macé*, par MM. J. APPERT et P. BERNIER. — *La Ferté-Macé jusqu'à la Ligue*, article publié par M. L. DUVAL, dans l'*Avenir de l'Orne*, n° du 11 septembre 1887.

Au nombre de ces concessions, figurent, avec tous leurs revenus et privilèges, les églises de Magny et de la Ferté, toutes deux consacrées à la bienheureuse Vierge Marie.

L'église de la Ferté, désignée dans cet acte, est-elle la même que celle dont la tour se dresse sur la place du Marché? Cette tour carrée et massive, peu élevée au-dessus du toit de la nef, a tous les caractères du style roman; de plus, de petites ouvertures percées au-dessous des fenêtres et intérieurement ébrasées comme dans les donjons, montrent que cette sœur pieuse de la forteresse était disposée, en cas d'attaque, à se faire guerrière comme elle. Nous la croyons cependant postérieure à la charte de Guillaume Ier, et peu d'années après, suivant nous, les moines la bâtiront près de leur prieuré au moment où enrichis, comme nous le verrons, par des libéralités nouvelles, ils seront en mesure d'élever un coûteux édifice. Mais, en 1053, à peine viennent-ils de s'installer chez nous, grâce à la générosité de Guillaume Ier, et l'église qu'il leur abandonne est sans doute une construction moins importante, existant à cette époque. Ce seigneur et ses descendants ressemblent à la plupart des hauts barons du moyen âge : après une existence de longues chevauchées et de téméraires aventures, ces batailleurs, intrépides dans les mêlées, trop souvent aussi pillards de couvents et d'églises, pressés enfin par le remords, cherchent dans des fondations méritoires le pardon de leurs excès et le salut de leur âme. Leurs successeurs s'efforcent d'abord d'annuler ces donations, mais, après les avoir brutalement contestées, vaincus à leur tour par l'ascendant moral de la religion, ils les ratifient et y ajoutent encore, avec des marques de soumission et de repentir.

Église de la Ferté-Macé.
D'après une photographie de M. M. Magran.

Le fils aîné de Guillaume Ier, Guillaume II, fut du nombre des seigneurs normands qui s'embarquèrent avec Guillaume le Conquérant pour la conquête de l'Angleterre. A la bataille d'Hastings, il se distingua par de grands coups d'épée, comme nous l'apprend l'auteur du *Roman de Rou* :

> Cil de Mombrai et de Saie
> Et li sire de la Ferté
> Maint Engleiz unt acraventé.

Si l'on nous objectait que cette Ferté n'est peut-être pas la Ferté-Macé, nous invoquerions l'autorité du savant Auguste Le Prévost, qui a fourni des notes à Pluquet, l'éditeur du poème de Robert Wace. Ce poème, en effet, raconte les exploits des guerriers de notre contrée et ne peut parler ici ni de la Ferté-Bernard, puisqu'elle appartenait à une autre circonscription féodale, ni, à plus forte raison, de la Ferté-Fresnel, puisqu'elle n'existait pas au moment de la conquête. L'éloge s'adresse donc bien au sire de la Ferté-Macé, à qui, d'ailleurs, Guillaume le Conquérant donna ensuite un témoignage non équivoque de son estime, lorsqu'il fit appel à sa bravoure et à celle de Turgis de Tracy et plaça le Maine sous la sauvegarde de ces deux vaillantes épées.

Terrible fléau que ces guerres incessantes, auxquelles se joignaient la famine et un cortège de mystérieuses maladies ! C'était l'époque des léproseries et des maladreries. La contagion n'épargnait pas les plus hauts personnages. Le roi Robert n'était-il pas mort consumé par le mal des ardents ? La Ferté-Macé avait, non loin de ses murs, sur le territoire de Magny, une léproserie dont la chapelle, placée sous l'invocation de Saint-Jean, n'a été détruite qu'à la Révolution.

Guillaume III, qui, à la Ferté, avait succédé à Guillaume II, fut aussi *ardé du feu Saint-Antoine*. Poussé par l'espoir d'une guérison, il prend congé de sa femme Adeline, confie sa baronnie à son frère Robert, et part pour l'abbaye de Noblac, située de l'autre côté de la Loire. Cette abbaye possédait le tombeau de saint Léonard, spécialement invoqué par les malheureux atteints de l'épidémie. En passant par Tours, notre pèlerin reçoit de Gerbert, abbé de Saint-Julien, une large hospitalité qu'il s'empresse, d'ailleurs, de reconnaître par de seigneuriales largesses. En revenant de son pèlerinage, de nouveau hébergé par les moines, il confirme ses précédentes concessions et les complète par d'autres plus importantes encore : ce sont les dîmes de tous ses moulins, de tout le tonlieu, de toutes les foires, de ses droits forestiers et de tous ses fours (1093). L'augmentation du temporel du prieuré paraît avoir été le seul résultat de ce pèlerinage. Guillaume III rentre à la Ferté plus malade qu'au départ et ne tarde pas à rendre le dernier soupir. Rappelons qu'il s'intitulait dans ses actes *nepos Odonis*. Comme cet Odon, évêque de Bayeux, avait pour mère Arlette, mariée au seigneur de Conteville, et par conséquent était frère utérin de Guillaume le Conquérant, le sire de la Ferté tenait de fort près à la famille des ducs de Normandie, rois d'Angleterre.

Six ans après, Guigon de la Marre, seigneur de Beauvain, donne son église au prieuré ; deux membres de la famille de Magny, qui avaient contesté les concessions de leurs pères, rendent aux moines, le premier, la dîme de sa terre d'Habloville ; le second, un trait de dîme dans la même paroisse.

Voilà donc le prieuré parvenu à un certain degré de prospérité. Or, comme cette époque se rapporte à celle qui nous semble accusée par le style de notre église, nous inclinons à croire que ce monument a été bâti vers le même temps, c'est-à-dire à la fin du XIe siècle ou au commencement du XIIe, et nous voyons, dans cette construction, une conséquence des donations que nous avons rappelées. Le prieur, aidé de ses moines, remplissait les fonctions curiales, et leur église conventuelle servait d'église à la paroisse.

C'est dans ce même siècle que vivait Mathieu de la Ferté, mari de Gondrée Painel, lequel donna son nom à la forteresse. Leur fils, Guillaume de la Ferté, embrassa le parti de Jean sans Terre et, en 1204, abandonna sa baronnie pour accompagner ce prince en Angleterre. Le beau domaine d'Holsworthy, que Guillaume possédait en ce royaume, dans le comté de Devon, et qu'il tenait de sa mère, fille d'un riche seigneur normand, Foulques Painel, pesa sans doute dans la balance, quand il la fit pencher en faveur du rival de Philippe-Auguste. Le roi de France, mécontent d'une telle félonie, s'empara du château de la Ferté, le démolit et confisqua la baronnie. Quant à Guillaume de la Ferté, il se maria en Angleterre avec Marguerite Brewer et de cette union eut une fille nommée Alice, qui épousa Payen de Sourches (1). Si ce dernier s'intitula baron de la Ferté, ce ne fut plus

(1) La prétention des Du Bouchet de se rattacher aux de Sourches, par conséquent aux seigneurs de la Ferté, se fonde sur une alliance avec une héritière de la maison mancelle des seigneurs de Sourches.

qu'un titre honorifique. En réalité, il n'y avait plus qu'un seigneur de la Ferté : le roi de France.

En 1205, Philippe-Auguste donna la baronnie à un de ses dévoués partisans, Guérin de Glapion, sénéchal de Normandie. Dans la charte de donation, le roi certifie que Juhel de Mayenne a abandonné au même Guérin son fief de la Ferté. En 1208, Guérin de Glapion partit pour la Terre Sainte, d'où il ne revint pas, et comme il était sans postérité, la baronnie fit retour à la couronne et fut gérée tantôt par un bailli représentant le roi, tantôt par un engagiste.

C'était un pittoresque et spacieux domaine que cette baronnie, qui s'étendait, avec sa prévôté, coutume et sergenterie de l'épée, aux bourgs et paroisses de la Ferté, Magny, la Motte-Fouquet, la Sauvagère, la Coulonche, Saint-Maurice, Saint-Ouen-le-Brisouët, la Pallu, le Grais, Beauvain, Couterne, Saint-Patrice et ses environs. De nombreux moulins frangeaient d'écume les claires eaux de ses rivières ; au nord, le Mont d'Hère, avec les frondaisons de ses grands bois, lui faisait un diadème d'émeraude, cependant qu'à l'ouest d'immenses forêts se déroulaient et l'enveloppaient comme une royale draperie.

Les derniers engagistes sont : au XVIe siècle, Jacques de Thiboust, sieur du Grais; André Guillermé, sieur du Fay, et Jean Pinson, sieur de la Meslière, — leur contrat, renouvelé le 21 juillet 1598, fut passé moyennant 9,000 écus sol en principal, et 900 écus pour les deux sols; — au XVIIe siècle, Louis Potier, marquis de Gèvres, comte de Tresmes; Bernard Potier, seigneur de Blérencourt; au XVIIIe, Antoine de Crozat, Ledin de La Châlerie, et successivement trois membres de la maison d'Argouges, Louis d'Argouges, marquis de Rânes et ses deux fils, Nicolas et Charles-Louis.

Enfin, le domaine de la Ferté devint une partie de l'apanage de Monsieur, frère de Louis XVI.

Après avoir résumé succinctement les faits principaux auxquels a été mêlée l'existence de nos monuments fertois, il nous reste à noter certains détails particuliers au château, d'autres qui ont trait spécialement au prieuré et à son église.

Le fief de la Motte-Fouquet, lisons-nous dans le terrier de Falaise, devait au château de la Ferté quinze jours de service et « en l'enforcement du dit chastel deux cherretées une fois l'an ». Au XVIe siècle, nous apprend le même terrier, l'emplacement du château démoli faisait partie du domaine non fieffé, « contenait une acre trois quartiers et demy et pouvait valloir communs an cinq sols ». Les fossés n'étaient pas encore comblés. L'abandon de la place du château à la communauté des habitants est fort ancien. Aujourd'hui, cette place, séparée de la Poterne par la route de Carrouges, a de hauts talus garnis d'arbustes et couronnés d'une double rangée d'arbres. Les habitants trouvent pour leurs loisirs un calme promenoir dans ce même endroit, autrefois empli de bruit d'armes et théâtre de sanglants assauts.

D'après le chanoine Lepaige, qui écrivait au XVIIIe siècle, le prieuré était estimé à 2,500 livres, la cure à 600 livres seulement. L'abbé de Montfayon, clerc de la chapelle de Monsieur, termine la liste des prieurs, où figure, en 1559, Charles de Ronsard, frère de l'illustre chef de la Pléiade. A la fin du siècle dernier, la maison si ancienne du prieuré tombait en ruine, et les héritiers de l'avant-dernier prieur furent obligés de la démolir. Ils la remplacèrent par une vilaine bâtisse de 21 mètres de large sur 26 de long. Elle n'était pas achevée quand vint la Révolution. La municipalité réclama, le 4 floréal an XIII, « les bâtiments et dépendances de la cy-devant abbaye ». Elle fit terminer sommairement cette construction, où elle avait d'abord l'intention de loger un instituteur, mais elle finit par y installer le curé. Enfin, la maison du prieuré, dépourvue de tout intérêt archéologique, fit place, en 1852, à une église neuve, au flanc de laquelle reste accolé le chœur de la vieille église, transformé en sacristie. Comme lui, a été respectée la tour qui le surmonte, assise au point où il se raccordait avec la nef. A gauche, un pilastre peu saillant, à droite une maçonnerie carrée servant de cage à un escalier en spirale, contre-boutent le poids de cette tour quadrangulaire qui, ceinte d'une moulure à la moitié de sa hauteur, présente, à sa partie supérieure, sur chacune de ses faces, deux fenêtres à plein cintre avec archivoltes et colonnettes. De petites ouvertures, pareilles à des meurtrières, se voient à la cage de l'escalier et sur trois côtés, au-dessous de la moulure dont nous venons de parler. A partir de celle-ci, une colonnette engagée monte à chaque angle de la tour et s'arrête un peu au-dessous de la corniche, d'où se détachent des modillons à têtes grossièrement sculptées. Trois charpentes se sont posées successivement sur cette base de granit. La première était vraisemblablement une pyramide à quatre pans, comme celle de Notre-Dame-sur-l'Eau, à Domfront, église qui offre beaucoup de points de ressemblance avec la nôtre. Vers le commencement du XVIIe siècle, époque où une réaction contre la renaissance païenne du siècle précédent imprima une vive impulsion aux constructions religieuses, ce premier toit fut remplacé par une charpente renflée en forme de cloche, recouverte en ardoises et surmontée d'une petite lanterne. Cette espèce de dôme, assez élevé, fut démoli en 1863, et on y substitua une nouvelle couverture. Elle se rapproche davantage du style primitif, mais elle est trop basse et d'un effet disgracieux. Le chœur, conservé, sauf le mobilier, dans son intégrité première, mérite notre attention. Construit, comme la tour, de solide granit, il est orienté à l'est et le chevet est rectangulaire. Une voûte d'arêtes brise, à leur sommet, la courbe de deux grandes arcades, mais ne permet qu'un timide essor à cette ogive naissante et semble la refouler pour la maintenir en harmonie avec l'architecture sévère qui l'entoure. Les arcs doubleaux ont pour appui des massifs carrés, en saillie sur le mur avec lequel ils font corps. Chacun de ces massifs ou pilastres présente de face une grosse colonne engagée et, sur chaque flanc, deux colonnes pleines et plus sveltes, l'une dans un ressaut, l'autre touchant au mur, pour la retombée des arceaux. Tous les chapiteaux, du type roman le plus pur, sont sobrement ornés, les uns d'entrelacs, les autres de feuilles recourbées en volute ou d'enroulements avec palmettes. Au chevet, une ouverture à plein cintre et dans le mur, à droite, deux fenêtres de même forme. A gauche, les fenêtres furent supprimées en 1817, lorsque, de ce côté, l'on appuya au chœur une chapelle latérale que l'on fit communiquer avec ce dernier par de larges baies. Dans cette chapelle, se trouvait un autel dédié aux saints Anges. Quant au maître-autel, qui occupait le fond du chœur, il a été détruit pendant la Révolution. Des citoyens, exaltés par l'exemple de Paris où l'on avait installé le culte de la déesse Raison, renversèrent une croix élevée sur la place, devant l'église, garnirent le soubassement de cette croix avec les débris de l'autel, y firent asseoir une belle Fertoise plus ou moins fidèlement costumée à l'antique, et se donnèrent l'illusion de symboliser la Raison par cette ridicule mascarade. La fabrique, après le Concordat, racheta d'occasion un maître-autel avec grand rétable à colonnes, comme on les aimait aux XVIIe et XVIIIe siècles. Il avait appartenu à la chapelle des Eudistes de Domfront, et n'était pas sans mérite. Dans le mur dont on a clos le chœur et qui maintenant forme façade, on a replacé avec raison deux petites fenêtres trilobées, les seules de l'ancienne nef ayant paru présenter quelque intérêt.

La nef, démolie en 1852, en même temps que le prieuré, n'avait non plus rien qui pût la faire regretter. Modifiée et agrandie à diverses époques, c'était un long vaisseau, sans bas-côtés, dépourvu de style, éclairé de fenêtres de toutes formes et de toutes dimensions. La voûte en bardeaux était soutenue par des poinçons reliés à de grosses poutres transversales. Deux autels se faisaient pendant près du chœur. L'un, à droite, consacré à Notre-Dame du Rosaire ; l'autre, à gauche, sous l'invocation du Sacré-Cœur. Une vaste tribune en bois était adossée au mur intérieur de la façade. Inutile d'ajouter que cette façade était moderne et que le portail roman avait depuis longtemps disparu.

Les fonctions curiales, avons-nous dit, étaient remplies, à l'origine, par le prieur et les moines, mais, à une certaine époque, au moment de la guerre de Cent ans, pensons-nous, ils cessèrent de résider et laissèrent la cure aux mains d'un curé à portion congrue. Celui-ci se trouvait donc, vis-à-vis du prieur, dans un état de dépendance qui parfois devait amener entre eux certains discords. C'est au désir de se soustraire à cette subordination que nous attribuons la construction d'une chapelle ou petite église située à Saint-Denis, à une extrémité du bourg. Nous voyons là, jusqu'à la Révolution, un groupe curial modeste mais complet : presbytère, église et cimetière. Cependant, l'église Saint-Denis ne tarda pas à être trop étroite pour le nombre des fidèles, et les prieurs s'étant sans doute montrés plus accommodants, on revint au premier édifice, dont l'autre ne fut plus qu'une annexe. On put alors inhumer dans deux églises et dans trois cimetières, car l'église du prieuré en avait deux, l'un devant le portail, l'autre, nommé le cimetière Saint-Georges, qui se développait derrière le chœur. Le presbytère demeura à Saint-Denis jusqu'à la Révolution. Il fut vendu (floréal an V) au citoyen Ferrard, de Domfront, pour la somme de 12,000 francs, ce qui obligea ensuite la municipalité à convertir en presbytère la maison de « l'Abbaye ». Le 2 messidor an XII, des affiches furent posées à la Ferté, annonçant, pour la seconde fois, la vente des matériaux de la chapelle Saint-Denis. Il ne se présenta pas d'acquéreur, soit que personne n'eût voulu contribuer, même indirectement, à la démolition d'un sanctuaire vénérable, soit que les matériaux eussent été jugés de nulle valeur.

La Ferté-Macé n'a donc plus maintenant pour rappeler son passé féodal qu'un fragment de son église romane. Près d'elle, un temple nouveau, digne de la majesté du culte, s'achève par les soins de M. le curé Macé, chez qui l'intelligence de concevoir de belles œuvres s'allie à un zèle capable de les exécuter. Mais si les pyramides élancées des nouveaux clochers portent haut vers le ciel les regards et les cœurs, à l'ancienne tour romane est réservé le pouvoir de saisir la pensée pour lui faire remonter le cours des âges révolus. A la contempler, passent dans l'imagination de rapides visions de la Ferté d'autrefois. La ville redevient d'abord un gros bourg, haute justice et centre de la baronnie; de monuments curieux, le Logis Pinson, l'Hôtel de Bretagne, reprennent leur forme première, rajeunissent et disparaissent. La perspective recule, les rues en perdant leur physionomie changent de nom. La rue Palluel s'appelle, au XV° siècle, rue aux Maréchaux; la rue de la Teinture retrouve son nom poétique de rue du Valvert. Enfin, le bourg va toujours s'amoindrissant et l'on n'aperçoit plus, dans un lointain où tout s'estompe, que d'humbles et rares demeures craintivement tapies contre une église et une forteresse. Le pont Micheline s'abaisse; des guerriers, l'armure bossuée dans les combats d'outre-mer, rentrent, bannière en tête, avec des cris de victoire, et, à travers les siècles, nous arrive encore le chant du vieux trouvère :

> Cil de Mombrai et de Saïe
> Et li sire de la Ferté
> Maint Engleiz unt acraventé.

Wilfrid Challemel.

LE LOGIS PINSON

Le 29 mars 1594, deux heures après midi, MM. les commissaires du roi, siégeant en la grand'chambre du Parlement de Caen (1), mirent aux enchères publiques la baronnie de la Ferté-Macé. Plusieurs personnes, désireuses d'affermer ce domaine, se le disputèrent, mais le plus offrant et dernier enchérisseur fut Maître Jouenne, « procureur et au nom de noble homme Jacques de Thiboust, sieur du Grais, André Guillermé, sieur du Fay, et Jean Pinson, sieur de la Meslière ». Ce dernier appartenait à une famille des plus notables de la Ferté, et c'est à elle que nous devons la construction du petit manoir connu sous le nom de Logis Pinson. La famille Pinson compte parmi ses membres de riches marchands, des avocats, des ecclésiastiques, des baillis, des écuyers, des vicomtes de Briouze, des conseillers du roi, etc. La liste de leurs noms serait trop longue et d'un intérêt tout local; la branche la plus connue est celle des Montpinson de Saint-Maurice.

Construit au commencement du XVIe siècle, à la Ferté-Macé, au nord-ouest de la place du Marché, le Logis Pinson présentait encore, il y a quarante-cinq ans, une très intéressante façade. Des murs de granit sombre en soutenaient le toit élevé. Les fenêtres en accolade, surmontées d'écussons, bombaient des appuis festonnés de sculptures ou décorés de moulures élégantes. Le pignon surtout attirait les regards par des rampants où des animaux étranges et grimaçants s'accrochaient comme pour se retenir dans une dégringolade de cauchemar. Un porche à la voûte basse et cintrée, donnait accès à la cour intérieure par un long couloir. On y voyait, sur certaines pierres, des ornements d'un dessin pur, quoique d'un travail assez fruste. Plusieurs animaux fantastiques de ce logis démoli ont été conservés et replacés à la crête d'un mur, dans la cour du presbytère et au faîte d'un autre mur, rue Saint-Denis. Seule, parmi les anciennes maisons de la Ferté, celle des Pinson portait ces marques d'une préoccupation artistique. Un rayon de la glorieuse aurore de la Renaissance avait pénétré dans l'humble bourg de Basse-Normandie et fait éclore sur le granit réfractaire toute une ornementation bizarre et charmante.

Le propriétaire de ce logis était, en 1650, Jean Pinson, écuyer, sieur de la Brière, qui le laissa, après sa mort, à Jacques Héron, curé de Beauvain et à Martin Héron, sous-diacre, frère de ce dernier. Ceux-ci, n'ayant pu trouver un acquéreur pour cette habitation importante, se résolurent à la vendre en détail. Le 1er février 1662, Jacques Cordier, maître maréchal, achète, pour le prix de 360 livres, les écuries transformées en boutique, « avec le portail sur le pavillon du bout », et, par une clause spéciale, se réserve le droit « de faire démolir le dit pavillon et faire clore le portail, en fesant un passé où est le dit pavillon, pour passer en charette, etc. ». On voit que, dès cette époque, les mutilations commencent. Le mois suivant, 30 mars, Pierre Noire, sieur de la Brindossière,

(1) Le Parlement de Normandie fut, en 1589, transféré de Rouen à Caen, où il siégea jusqu'au 8 avril 1594.

marchand, devient propriétaire, moyennant 800 livres tournois en principal achat, « de la grande salle, avec cabinet dessus, etc., et deux jours après, vénérable personne Jean Duchesnay, curé de la Ferté-Macé, et François de la Loe, chirurgien, se rendent acquéreurs des appartements invendus, pour la somme de 1,300 livres tournois. Ils sont tenus aussi de payer, entre les mains du trésorier de la Ferté, huit vingt livres « pour l'amortissement d'une partye de huit livres de rente due au trésor par le dit défunt sieur de la Brière ».

Les jardins Pinson, qui s'étendaient jusqu'à la rue Saint-Denis, étaient compris, pour les trois quarts, dans le lot du curé Duchesnay et du chirurgien de la Loe ; l'autre quart restait la propriété du sieur de la Brindossière.

Cour intérieure.
D'après une photographie de M. H. Mogeon.

Au commencement du XVIIIe siècle, nous trouvons installé dans le Logis Pinson, Jean Pinson, sieur des Acres. En 1724, on tire au sort les lots de sa succession et le logis échoit à Jean-Gabriel Pinson, écuyer, sieur de la Fauvelière, conseiller du roi, gendarme de la garde du roi, juge gruyer des eaux et forêts, frère et l'un des héritiers du défunt.

Pour éviter une fastidieuse énumération, nous ne citerons plus qu'un propriétaire du vieux manoir, maître Bonaventure Dupont, chapelain de la louveterie du roi. Il rendit aveu, en 1749, de la totalité, ou du moins de la plus grande partie du logis :

« Je déclare tenir et relever du Roy, notre sire et souverain seigneur, en la franche bourgeoisie de la Ferté-Macé, un corps de logis nommé le Logis Pinson, situé en la place du dit bourg de la Ferté-Macé, composé d'une cave, bûcher où il y a cheminée, quatre chambres et les greniers de dessus, avec porches, piliers, soutenant les dites chambres sur quatre voûtes arcadées, un petit porche avec une cour commune, etc., etc. »

Que sont devenues les quatre voûtes arcadées et où sont les chapelains de la louveterie du roi? Maintenant, une petite tourelle, abri délabré de l'escalier tournant, et un bâtiment perpendiculaire à l'ancien corps de logis sont tout ce qui reste d'une maison, aux siècles derniers la plus belle du bourg, aujourd'hui réduite à cacher dans une cour sans soleil la tristesse d'un dernier pan de mur et la caducité de quelques ornements disjoints.

WILFRID CHALLEMEL.

ALLÉE COUVERTE LA BERTINIÈRE

ALLÉE COUVERTE DE LA BERTINIÈRE

Sur la route de la Sauvagère à la Ferrière, se trouve à gauche un petit chemin qui par l'ombre de son frais couvert, invite, dans la belle saison, à quitter la grande route poudreuse et à s'engager dans ce rustique promenoir empli d'herbes folles et de fleurettes sauvages. Il conduit par de sinueux détours à un champ situé sur le territoire de la Sauvagère, non loin des hameaux de la Bertinière et de Mauny, et pittoresquement encadré du lointain décor de la forêt d'Andaines. Au milieu de cette maigre pièce de terre nommée le Champ-de-Bas, se voyait, il y a une quinzaine d'années, un monticule de forme oblongue; c'était comme un amas de terre caillouteuse sous un fouillis inextricable de ronces et de genêts. En 1880, M. le comte de Contades, dans une de ses promenades coutumières, à travers les sites aimés qui sont aux environs de Saint-Maurice, fut frappé du caractère particulier des blocs de pierre, accusant çà et là, dans l'enchevêtrement des plantes du monticule, de vigoureux reliefs. Convaincu qu'il se trouvait en présence d'un monument mégalithique, il le débarrassa d'un épais manteau de broussailles, et bientôt apparut l'ossature de pierre d'un ancien tumulus. La disposition des tables de grès silurien, posées sur des supports verticaux et formant galerie, ne laissait aucun doute à cet égard : c'était bien une allée couverte, d'une incontestable authenticité. Il ne restait plus qu'à pratiquer des fouilles dans cette espèce de couloir funèbre, et j'eus la bonne fortune d'y assister avec mon ami M. Jules Appert. Nous remarquâmes de loin, en arrivant, l'étrangeté de ce monument accroupi sur le sol, où il allonge et semble traîner sa masse abrupte. Un peu affaissé à la partie occidentale, il relève à l'orient des vertèbres cyclopéennes et, à cette extrémité, présente une chambre sépulcrale aux premières clartés de l'aurore. On dirait d'un animal fantastique et monstrueux, à la carapace de pierre, qui ferait effort pour se dresser en ouvrant sa formidable mâchoire. Ses flancs mystérieux allaient-ils nous rendre le dépôt confié il y a tant de siècles ? Retrouverions-nous les ossements du mort préhistorique et quelques-uns des objets qui lui furent familiers durant sa rude existence ; pointes de flèches, poteries grossières, haches de silex ? Ce peu qu'espérait notre curiosité, elle ne put même l'obtenir. Un ossement humain, une petite pierre taillée avec intention, je ne sais pour quel usage, plusieurs débris d'un vase en terre noirâtre, voilà tout ce que nous découvrîmes. Sans doute, à une époque impossible à préciser, la grotte avait déjà été visitée et le mobilier funéraire dispersé. D'ailleurs, le tumulus aussi avait disparu sous l'action du temps ou sous la main des hommes. Il devait se composer jadis, pour être en rapport avec l'importance de la galerie, d'un énorme amas de terre et détacher dans le paysage un puissant renflement.

Telle qu'elle est aujourd'hui, l'allée de la Bertinière, la Grotte-aux-Fées, comme on l'appelle dans le pays, débarrassée des arbustes qui l'encombraient, mais toute fleurie de légendes par l'imagination populaire, est pour notre département un monument unique. On trouve, en effet, dans l'Orne, des dolmens et des menhirs, mais rien qui, comme souvenir préhistorique, approche de ce singulier entassement. Il mérite une description exacte et nous ne pouvons mieux faire que de l'emprunter à celui-là même qui l'a découvert et signalé.

« L'allée de la Bertinière », dit M. le comte de Contades, président de la Société historique de l'Orne, « se compose de deux lignes parallèles de pierres juxtaposées debout, couvertes de larges tables et aboutissant à la chambre sépulcrale qui communique à la galerie par un étroit orifice. Tables et parois sont formées de blocs bruts de grès quartzeux..... La longueur de l'allée est de 14 m. 70; sa largeur, assez irrégulière, est en moyenne de 1 m. 42. La hauteur de la galerie est de 1 m. environ. Neuf tables de pierre forment la toiture de l'allée couverte de la Bertinière..... La chambre sépulcrale, presque carrée, a 5 pieds environ de hauteur, 1 m. 45 de largeur..... La galerie communique avec la chambre sépulcrale par un orifice formé de deux pierres juxtaposées. La hauteur de cette ouverture est de 95 cent. et sa largeur d'environ 50 cent. (1). »

Allée couverte de la Bertinière.
D'après une photographie de M. E. Mayeux.

Dans les champs voisins de la Grotte-aux-Fées, des pierres bizarrement groupées, d'autres échouées au bord des haies, ou disposées en alignements difficilement imputables à la seule nature, font présumer que ce coin du Bocage fut une station préhistorique. Peut-être était-ce le cimetière d'une de ces tribus quasi sauvages, perdues dans les forêts solitaires de notre région qui plus tard, au moyen âge, fut désignée sous le nom de *désert*.

D'autres fouilles exécutées aux environs de la Bertinière amèneraient probablement de nouvelles découvertes, mais d'une moindre importance, croyons-nous.

Le 27 août 1892, la Société historique de l'Orne, ayant choisi la Ferté-Macé pour sa réunion, voulut connaître l'allée couverte de la Bertinière, et s'y transporta, suivie d'un nombreux public. L'élite du département s'était donné rendez-vous autour de la Grotte-aux-Fées. Celle-ci, longuement visitée, fit naître de doctes controverses; les poètes la célébrèrent et tous en réclamèrent la conservation, qui fut définitivement assurée.

Maintenant, le petit chemin ombreux de la Bertinière voit défiler, non plus seulement les habitants du hameau ou quelque rêveur promenant ses loisirs, mais encore des curieux venus de toutes parts, des excursionnistes de Bagnoles, des savants aussi, préoccupés de graves pensées. Le vieux monument n'éprouve-t-il pas quelque étonnement à sentir s'agiter les hommes d'aujourd'hui dans ce même retrait sépulcral où, si bien abrité contre les choses de la vie, reposa, pendant tant de siècles, l'ancêtre préhistorique, l'homme d'autrefois ?

WILFRID CHALLEMEL.

(1) L'*Allée couverte de la Bertinière*, par M. le comte DE CONTADES, *Bulletin de la Société Flammarion*, année 1883, t. I. — Voir deux articles du même auteur sur le même sujet, l'un dans la *Revue* de M. E. Cartailhac, 1881, t. XII, l'autre dans le *Bulletin de la Société des Antiquaires de Normandie*, 1881-1882, t. XI.

L'ÉGLISE ET LE CHATEAU DE COUTERNE

L'*Orne archéologique* constate, en 1845, que la vieille église romane de Couterne est dépourvue d'intérêt, sauf le portail à plein cintre orné de deux lourdes colonnes et de sculptures figurant des animaux informes. Or, comme depuis la publication de l'ouvrage de M. de La Sicotière, on a détruit le portail pour l'élargissement de la route, il ne reste plus à remarquer, dans cette construction, que certains détails d'une importance très secondaire.

Les fonts baptismaux, en forme de coffre, vont se rétrécissant d'une extrémité à l'autre, comme un cercueil, et semblent être du temps de François Ier. Les côtés de cette espèce de bahut sont décorés d'une frise représentant des enroulements de feuillages. Au-dessous, se voient des panneaux plissés, divisés par une torsade. A l'intérieur de la tour, les armes des Mallet du Fresne sont sculptées sur un corbeau de pierre. Les Mallet (1) possédaient la terre du Fresne située dans la paroisse de Couterne et relevant du bailliage de la Ferté-Macé. L'église si ancienne, dont les pierres tombales, usées par le pas des fidèles, ne laissent plus lire leurs inscriptions, doit disparaître, après l'achèvement de l'édifice destiné à la remplacer. Entrepris par M. l'abbé Barré, curé de Couterne, le nouveau monument laisse augurer avec quelle sûreté de goût il sera construit.

Tout près de Bagnoles, à un détour de la route, on aperçoit le château de Couterne, flanqué de deux tourelles couvertes d'un toit en forme de cloche. Une avenue latérale de hêtres séculaires conduit à cette élégante demeure dont les murs en briques, au ton pâli par les années, se découpent sur la verdure des grands arbres. Devant ce charmant décor, une pièce d'eau semble placée exprès pour le refléter.

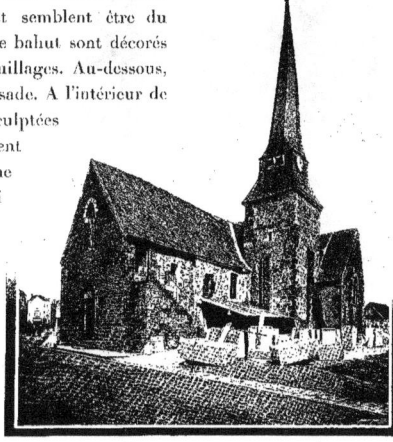

Vue d'ensemble de l'église de Couterne.
D'après une photographie de M. R. Bugras.

La terre de Couterne appartenait primitivement à une très ancienne famille, celle des

---

(1) MALLET, seigneur du Fresne, du Bois-Mallet, Coulfru, la Bermondière, Saint-Julien-du-Terroux, Tessé, la Chapelle-Moche, Geneslay, etc. : d'azur au chevron d'or, accompagné de deux tours d'argent en chef, et en pointe d'un lion passant de même, à la bordure de gueules, chargée de trois boucles d'or, 2 et 1.

Couterne (1), seigneurs de la Barre, du Horp, Poulai et Montreuil. Cette propriété passa ensuite dans la maison d'Aligny (2) qui la vendit, en 1540, à Jehan de Frotté (3), secrétaire de François Iᵉʳ et de Marguerite de Navarre. Ce fut lui qui fit construire le manoir de Couterne, modifié et agrandi au XVIIIᵉ siècle. Jehan de Frotté était fils de Jacques de Frotté, maître d'hôtel du connétable de Bourbon, et de Jacquette Séguier, fille de Pierre Séguier, président au Parlement de Paris. Il épousa en 1536 Jeanne Le Coustelier, fille de Guillaume Le Coustelier, seigneur de Say. Esprit très fin, huguenot zélé, négociateur adroit et consciencieux, poète sachant exprimer, dans des vers faciles, une pensée alambiquée, Jehan de Frotté faisait partie de cette cour d'érudits et de littérateurs dont aimait à s'entourer la spirituelle sœur du roi, la belle et savante reine de Navarre, la Marguerite des Marguerites. C'est à Frotté qu'elle a recours pour sa correspondance avec un frère bien tendrement aimé; c'est encore à Frotté que, malade, elle adresse un dizain d'une tristesse mystique et résignée. L'émotion que lui fit éprouver la mort de cette princesse inspira au poète des vers d'un sentiment vrai et d'une simplicité préférable aux concetti de ses autres pièces. On songe près du château de Couterne, à cette brillante époque de propos gaulois, de ténébreuses intrigues et de dévotion quintessenciée. Mais il rappelle surtout le souvenir plus récent d'un triste épisode de nos guerres civiles. Le soir, lorsque sur le fond noir des arbres le château se détache en rouge, frappé par les lueurs sanglantes du soleil couchant, notre pensée se reporte vers cet intrépide et malheureux Louis de Frotté, traîtreusement assassiné dans le champ de Verneuil. Les mémoires du général en chef des royalistes de Basse-Normandie, ainsi que d'autres pièces intéressantes pour l'histoire, sont conservés par la famille de Frotté, qui possède toujours le château de Couterne. Entre autres manuscrits précieux, s'y trouve encore, très artistement habillé d'une belle reliure du XVIᵉ siècle, « le registre des finances de maistre Jehan de Frotté, contrôleur général secrétaire des finances des roy et royne de Navarre, etc. ». Ce curieux document a heureusement échappé, en juillet 1789, à une bande de pillards qui envahit le château et brûla dans la cour les papiers et parchemins du chartrier. Des titres périssables se peuvent consumer, mais un beau nom demeure. Celui des Frotté s'éclaire d'un rayon poétique à la cour étincelante de François Iᵉʳ. De plus, il tire un double éclat d'une héroïque bravoure et d'une fière et inébranlable fidélité.

WILFRID CHALLEMEL.

Vue générale.
D'après une photographie de M. F. Verrue.

---

(1) COUTERNE : d'azur à deux fasces d'argent, et en chef un lion lampassé et armé de gueules.
(2) ALIGNY (QUARRÉ, comtes d'), seigneurs de Couterne au XVIᵉ siècle. Famille de Bourgogne anoblie en 1412 : échiqueté d'azur et d'argent, au chef d'or chargé d'un lion léopardé de sable, lampassé, armé et couronné de gueules.
(3) FROTTÉ, famille originaire du Bourbonnais : d'azur au chevron d'or, accompagné de deux molettes en chef, et en pointe d'un besant d'argent.

MANOIR DE SAINT-MAURICE
Cour intérieure

LE MANOIR DE SAINT-MAURICE

Le Bocage normand est, aux environs de Domfront, rempli de pittoresques gentilhommières d'un caractère très particulier. Ce sont des manoirs jadis habités par des familles souvent fort anciennes, qui possédaient autour de leur demeure une petite seigneurie et une petite terre. Reconstruites presque toutes au XVIIe siècle, dans le calme qui suivit les guerres de religion, on les appelait des *logis*. Elles portent la marque d'un style provincial très caractérisé et facile à reconnaître, mais dont la fantaisie variait dans chacune de ces constructions rustiques. L'une avait un portail abrité par un large auvent ; l'autre, des pavillons trapus à la toiture amincie, des tourelles à culs-de-lampe, coiffées d'une sorte de cloche. La sévérité du granit bleu du pays donnait à l'aspect de ces petits castels bocains une mélancolie profonde. Le manoir de Saint-Maurice reste un curieux spécimen de ces logis de Basse-Normandie qui, bâtis autrefois pour des familles éteintes, s'écroulent et s'en vont disparaissant chaque jour.

L'histoire du manoir de Saint-Maurice peut tenir en quelques lignes. Il fut construit, au XVIIe siècle, par deux membres de la maison de Monpinson-Saint-Maurice (1), Jacques et son fils René. Jacques fit élever le principal corps de bâtiment, dont une pierre porte la date de 1646 (2); René fit construire, en 1666, le portail flanqué de pavillons à meurtrières, qui donne au logis une entrée seigneuriale. L'intérieur de la maison avait alors la distribution très simple, commune à tous les manoirs de la contrée. Au rez-de-chaussée se trouvait la grande salle. « Salle à manger et salon à la fois, — écrit Jules Lecœur, qui a si fidèlement transmis, dans ses *Esquisses*, les sensations du Bocage normand (3), — la grande salle est le lieu préféré des réunions de famille. C'est là que le gentilhomme bocain reçoit ses fermiers, les gens qu'il occupe et ceux qui ont des comptes à lui rendre. Le mobilier qui la garnit est peu de chose... un cabinet d'ébène, un bahut historié, deux ou trois pièces d'argenterie, une vieille tapisserie et de belles faïences. » A Saint-Maurice, les tapisseries dont les larges panneaux représentent les scènes d'une histoire d'Alexandre, se trouvent dans la grande chambre, l'autre appartement d'honneur de tous les manoirs normands.

Le fils de René de Monpinson, Jacques René, baron de Lougé, réédifia l'aile droite de son logis et la fit décorer dans le goût du temps. Il y reçut souvent les gentilshommes, ses voisins, dans des salles ornées, en un effort d'art provincial, de boiseries à coquilles et de trumeaux galants. L'on passait, après dîner, dans un jardin à terrasses où s'élevait une serre remplie d'orangers et de myrtes.

---

(1) Armoiries de la maison de Monpinson-Saint-Maurice : *tiercé en fasces, au 1 de gueules à une tête de lion d'argent; au 2 de sable, à trois losanges d'argent; au 3 d'azur, à un pinson d'or.* Voy. au sujet de la maison de Monpinson, notre *Notice sur la commune de Saint-Maurice du Désert*. Paris, H. Champion, 1880, in-12, VIII,-187 p.

(2) La date de 1622, qui se trouve sur une pierre des communs, établit que la construction du manoir de Saint-Maurice avait été commencée dès les premières années du XVIIe siècle.

(3) Voy. *Esquisses du Bocage normand*, par Jules Lecœur (Jules Tirard), première série, p. 74.

Puis l'on trouvait, dans un bosquet à allées droites et à salles de verdure, une charmille aboutissant à une sorte de butte, d'où l'on découvrait les lointains horizons du Maine. Derrière le petit bois, une vaste futaie, appelée *troche*, selon l'expression normande, descendait jusqu'à des prairies encadrées dans des rochers et des talus chargés d'arbres.

A la fin du siècle dernier, le manoir de Saint-Maurice appartenait à Daniel-David de Monpinson, le fils aîné de Jacques-René. Il fut le dernier de son nom à habiter le logis, où il mourut octogénaire en 1794. Le château de Saint-Maurice passa, à sa mort, à sa fille, Anne-Rose-Suzanne de Monpinson, qui avait épousé, en 1779, Michel-François Desson, comte de Saint-Aignan (1). Il appartint ensuite à la marquise de Contades, née Suzanne-Émilie Desson de Saint-Aignan, qui avait appris, de la bouche de son aïeule, à connaître et à aimer un domaine patrimonial, où sa destinée devait un jour la conduire. Le manoir fut, vers 1860, restauré par le marquis et la marquise de Contades (2), que les liens d'un attachement héréditaire avaient fixés au milieu des habitants de Saint-Maurice. La façade fut reportée du côté de l'ancien jardin et un parc anglais, planté d'arbres verts, étendit des pelouses jusqu'à la vallée de la Maure.

Portail d'entrée.
D'après une photographie de M. H. Reeves.

Mais le principal charme du vieux logis réside peut-être dans la partie qui n'a pas été touchée, dans cette cour entourée de constructions anciennes, où une fontaine coule perpétuellement. Un poète ami a dit le charme de cette *cour verte*, sorte de *patio* de Basse-Normandie, et chanté le

..... bassin clair, où, de son bruit débile,
Une eau tinte au milieu de la cour en repos,
Sous l'ombre des grands toits, au milieu des murs clos,
Que lambrisse un grand lierre à la feuille immobile (3).

L'on croirait, en effet, dans cet enclos fermé sur les anciens souvenirs, que le temps n'a pas marché depuis la construction du manoir de Saint-Maurice. Et le maître d'aujourd'hui chérit cette pensée, que, si ceux qui l'ont précédé dans sa demeure se réveillaient en cette cour intacte, ils la reconnaîtraient et s'y sentiraient chez eux, à l'abri des mêmes murs, au bruit de la même source.

Comte G. DE CONTADES.

(1) Armoiries de la maison Desson de Saint-Aignan : *d'azur à la tour d'argent crénelée d'or, accompagnée de trois croissants d'argent, deux en chef un en pointe*. La maison Desson était originaire de Normandie, où elle possédait les seigneuries du Torp, de Douville, de la Varenne et du Guesne. La seigneurie comtale de Saint-Aignan-au-Maine lui avait été attribuée dans la succession de Louise-Françoise de Clermont-Gallerande, décédée à Saint-Aignan en 1761.
(2) Armoiries de la maison de Contades : *d'or à l'aigle d'azur, becquée, languée et armée de gueules*. Léon, comte, puis marquis de Contades, avait épousé en 1839, Mademoiselle Suzanne-Émilie Desson de Saint-Aignan. L'auteur de cette notice est leur fils. Il possède actuellement le château de Saint-Maurice qui n'a pas cessé, depuis la construction de 1622, d'appartenir à ses ascendants.
(3) V. Ch. FLORENTIN-LOMOY. *Oriens*, p. 79.

MESSEI

Messei fut de bonne heure le centre d'une baronnie féodale. La *Motte* où était assise sa forteresse subsiste. Elle est entourée de fossés que son propriétaire actuel, M. Édouard des Hayes de Marcère, fils du sénateur, a fait nettoyer et réparer. L'eau qui y circule librement ne protège plus, il est vrai, que des ruines, mais ces ruines rappellent un passé de près de neuf cents ans.

Les débris que nous voyons se composent d'une portion de l'une des douze tours qui flanquaient la forteresse et d'un mur percé de meurtrières.

A quelque cent mètres se trouve la demeure du fermier. C'est l'ancienne chapelle dédiée à saint Jean-Baptiste. Les arceaux de la voûte se voyaient encore à l'étage supérieur, il y a peu d'années.

Tout cet ensemble de choses d'autrefois porte le nom de « Vieux-Château ».

Là sont passés, à titre de maîtres et seigneurs, les du Merle, les du Grippel, les de Souvré, les Le Tellier de Louvois, les d'Harcourt. Longtemps baronnie, Messei fut érigé en marquisat par Louis XIII, le 12 septembre 1621, en faveur de Joseph de Souvré dont l'héritière, Anne de Souvré, petite-nièce de Madame de Sablé, avait épousé Le Tellier de Louvois, en 1662.

Hyacinthe de La Motte-Ango, comte de Flers, acquit Messei en 1750, de Madame de Louvois, duchesse d'Harcourt. Il fut compris dans la vente que les La Motte-Ango firent du vaste domaine de la maison de Flers, en 1806, au prussien Jean-Sigismond Ehrinreich, comte de Redern-Bernsdorf.

En 1824, Messei et une grande partie de ses dépendances devinrent la propriété de M. Schnetz. Il fit démolir les tours qui restaient et qui menaçaient ruine. Une de ces démolitions amena la découverte d'un moule et de plusieurs instruments de monnayage destinés à frapper des pièces d'or à l'effigie de Charles IX. — Ces instruments, renfermés dans une boîte en métal, sont conservés au château de Flers.

Messei a joui, jusque dans ces vingt dernières années, d'une importance commerciale assez considérable. Sa foire de la *Saint-André* se prolongeait deux et trois jours. Elle avait été établie par Henri II, duc de Normandie et roi d'Angleterre, pour l'entretien d'une léproserie.

Trois *Halles* occupaient la place centrale du bourg. Les maisons voisines des halles avaient des porches. Les arcades de ces porches, quoique murées, restent très apparentes.

Le commerce de Messei a disparu avec ses vieilles *Halles*, pour passer à Flers, dont l'industrie textile, en se développant, a créé une des places commerciales les plus riches de Normandie.

On remarque, à Messei, son église et son nouveau château. L'église a été construite de 1874 à 1878. Elle est à trois nefs et rappelle, dans son style, les églises abbatiales de la fin du XIIe siècle.

Une Cène, en bronze de sculpteur, artistement ciselée, orne le tombeau du maître-autel. Cette composition est l'œuvre de Le Harivel-du-Rocher.

Église de Messei. — Bronze ornant le tombeau du maître-autel.

Le nouveau château est séparé de l'ancien par une prairie dont la partie basse fut un étang qui rendait difficile, de ce côté, l'accès de la forteresse.

M. des Hayes de Marcère, qui fut deux fois ministre et est maintenant sénateur inamovible et maire de Messei, fit bâtir ce château sur l'emplacement d'un vieux logis que lui avait légué son parent, M. du Bur. Il l'habite pendant ses vacances parlementaires. C'est une demeure gracieuse avec une terrasse ombragée de beaux arbres tels que la Normandie peut en produire.

Le chanoine J. Rombault.

LE CHATEAU DE DOMPIERRE

Le délabrement et l'abandon du château de Dompierre contrastent si fort avec ses splendeurs évanouies et les souvenirs de son brillant passé, qu'on trouve, à le visiter, un charme mélancolique.

La longue et tragique série des seigneurs de ce domaine lui fait une histoire peu banale. Le premier d'entre eux paraît être Rioul de la Ferrière, qu'une légende naïve accuse encore d'avoir, au temps du roi Clotaire, mis à mort le « pieux sainct Baosmer » ; ses descendants accompagnent Guillaume en sa conquête, bataillent pendant la guerre de Cent ans, où ils tiennent pour le roi de France, et les guerres de religion, où ils se montrent déterminés ligueurs ; presque tous périssent les armes à la main ; leur domaine passe, par alliance, à Jean de Falaise, dont la petite-fille épouse un paisible conseiller au Parlement de Normandie, Christophe de Hally ; puis des ventes successives le font appartenir à Louis Berrier qui, fils d'un greffier de Domfront, fut le commis de Colbert et son aide dévoué dans le procès de Fouquet, et plus tard devint secrétaire du Grand Conseil ; à l'oratorien Fouquet, fils du surintendant ; à son neveu, le maréchal de Belle-Isle ; au grand et malheureux Dupleix ; aux La Motte-Ango, comtes de Flers et aux La Barberie.

De la forteresse féodale, il ne demeure que son nom, — donné aujourd'hui encore à la motte qui domine La Ferrière, — et des souterrains qui s'effondrent.

C'est au XVIe siècle qu'elle fut remplacée, sur le penchant d'un coteau, près et en face de Dompierre, par un château qui était, d'après la tradition, le plus beau qui se pût voir à trente lieues et comptait trois cent soixante-six portes ou fenêtres.

Un des pavillons du château de Dompierre.
D'après une photographie de M. N. Mogras.

Il formait avec son entourage, terrasses et jardins, fontaines et charmilles, vastes étangs et futaies seigneuriales, un décor achevé, dont le fond était la forêt des Andaines. Une avenue longue d'une lieue conduisait de la Ferrière à la cour d'honneur du château, dont les grilles dorées et les rampes étaient un chef-d'œuvre de ferronnerie. Des cuisines voûtées, aux cheminées gigantesques, permettaient d'y traiter toute la province. Des fêtes fastueuses, dont les paysans gardent le souvenir émerveillé, s'y succédaient, et dans l'une d'elles, en 1650, — d'après une tradition que rien jusqu'ici ne dément, comme l'a démontré M. le comte de Contades, — Molière même serait venu donner la comédie.

Mais le 8 mars 1731, de cette somptueuse demeure, un incendie ne laissait debout qu'un pavillon et les écuries. Restauré, le château se composa d'un bâtiment central, massif et sans élégance, relié par de longues galeries, à deux pavillons. L'un de ces pavillons a été mutilé ; l'autre contient l'ancienne chapelle, dont la voûte en bardeau est décorée de curieuses peintures. A cette époque, le château

Un escalier des jardins.
D'après une photographie de M. H. Magron.

conservait du moins ses terrasses et ses jardins qui, bordés de balustrades et réunis par des escaliers grandioses, descendaient jusqu'aux rives de l'*Étang des Fenestres*.

La Révolution consomma sa décadence. Il fut, quatre jours durant, du 15 au 19 septembre 1792, pillé et saccagé de fond en comble par les bûcherons d'Andaine et les forgerons de Champsecret.

Aujourd'hui le nom même des anciens seigneurs a disparu ; le domaine est morcelé ; les futaies sont abattues ; les étangs desséchés ; une simple haie d'épines, traversant les terrasses et les perrons écroulés, partage les anciens parterres, transformés en potagers ; le grand salon est devenu une cuisine, et les valets de ferme occupent, dans la chambre d'honneur, l'alcôve profonde, ornée d'attributs galants.

ADIGARD.

CHÂTEAU DE FLERS

LE CHATEAU DE FLERS

Flers, humble bourgade jadis, et, de nos jours, ville industrielle sans cesse accrue depuis 1830, n'aurait qu'un passé insignifiant sans le château que nous voyons et celui qui l'a précédé. C'est donc là qu'il faut évoquer nos plus anciens souvenirs.

Du portail de l'église Saint-Germain, centre de l'ancien bourg, au delà du cimetière limité par de modestes jardins, on apercevait encore, au commencement de ce siècle, des prés verdoyants formant un étroit vallon, et au delà les masses sombres d'un parc de trente hectares, aujourd'hui bien amoindri. Tout l'espace occupé maintenant par la rue Schnetz, l'usine Frémont et la moitié de la gare, en faisait partie. Le ruisseau de Plancaion l'entourait comme d'une ceinture, au sud et à l'est. Vers l'ouest, un étang formé par les eaux de la Vérette complète l'ensemble décoratif du parc et le borne de ce côté, tandis que se dresse au nord le château, digne par son architecture de ce somptueux entourage.

Deux époques bien distinctes ont laissé leur empreinte sur cet édifice, d'un aspect entièrement différent, suivant que l'on envisage l'une ou l'autre de ses façades. La plus ancienne regarde Flers. Sans les avenues qui la masquent, elle détacherait, dans le panorama de la ville, la silhouette de ses deux tours aux toits renflés et couronnés d'élégants campaniles. Malgré les transformations qu'elle a subies, cette portion conserve dans son ensemble les caractères du XVIe siècle; la fenêtre du milieu avec son linteau en accolade et les petites ouvertures des tours, bordées d'un chanfrein, ont seules échappé aux remaniements opérés durant le XVIIe siècle. Certains manuscrits de *La Clef majeure de sapience*, œuvre de Nicolas Grosparmy, viennent du reste corroborer nos appréciations. Ils nous apprennent que la « maison » de Flers (c'est-à-dire le château) fut fondée par Nicolas Grosparmy, l'alchimiste, mort sans héritiers mâles et dont les deux filles épousèrent : Anne, l'aînée, « le sieur de Moussy en Lorraine », et Jeanne, la cadette, « le comte de Fleurs et de Dragé (Flers et Tracy) en Normandie ». Or, ce même Nicolas rendit aveu au roi pour le fief de Flers, le 30 avril 1527, et mourut au mois de mai 1541. C'est donc entre ces deux dates qu'il faut placer les premiers travaux entrepris pour la construction du château qui existe aujourd'hui.

Tout concorde d'ailleurs avec ces données historiques : les détails d'architecture cités déjà et ceux qui vont suivre. Une longue rangée de corbeaux en pierre soutient la toiture. Très haute, elle est bordée aux pignons de rampants hérissés de choux frisés et autres sculptures fantastiques, suivant le goût de l'époque. Les appuis des fenêtres, avec leurs moulures profondes, sont aussi caractéristiques. Cette partie forme un tout bien distinct du reste de l'édifice. Elle doit être attribuée à l'alchimiste, comme nous l'avons dit, puis aux premiers Pellevé, Jean et Henri, peut-être même à Nicolas de Pellevé, le gendre du prince de Rohan et l'opulent possesseur à la fois de la baronnie de Flers et de la châtellenie de Condé. Un petit pont de pierre très ancien, à trois arches à plein cintre, avec piles garnies d'épis en amont du cours d'eau, se voit encore sur la rivière de la Selle, juste au point central de cette façade. Est-ce l'indication de l'entrée du château à cette époque ? Un pont-levis jeté sur la douve aurait alors livré passage à l'intérieur. Toujours est-il que l'accès direct n'existe plus de ce côté. Il a été reporté plus loin vers le milieu de la cour d'honneur, où l'on pénètre maintenant par une grille flanquée de deux petits pavillons. Là, nous le savons de source certaine, existait un pont-levis, aujourd'hui remplacé par un pont fixe.

Devant cette façade du XVI° siècle, un parterre garni de fleurs occupait le préau actuel, désigné sous le nom de « Bosquet » par le plan cadastral. Ce préau était ceint d'une douve alimentée par le ruisseau de la Selle. Du côté opposé, un second pont, placé en ligne du premier, donnait accès dans le « Grand Jardin », dessiné à la française et entouré, au XVII° siècle, d'une rangée de cèdres

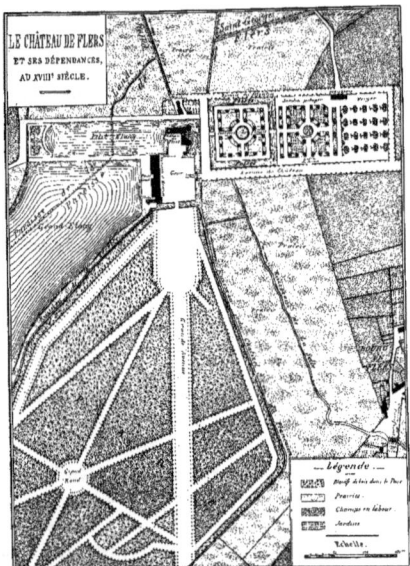

formant berceau. Antoine de Pellevé ayant été saisi et ses biens mis sous séquestre, un procès-verbal de 1695 constate que la plupart de ces beaux arbres avaient disparu par la négligence et les dilapidations des gardiens. C'est là une particularité qui mérite d'être signalée, car, importé pour la première fois de l'Orient en Angleterre en 1683 seulement, le cèdre devait être, en 1695, un arbre très rare en France. Aussi, le château de Flers était-il célèbre autrefois par ses allées de cèdres, comme le constate Béziers dans ses *Mémoires sur le diocèse de Bayeux*. Le « Jardin » s'étendait en amphithéâtre, à l'exposition du couchant, avec ses carrés symétriques, un bassin au centre, alimenté par une source située dans le coteau de Rainette et, vers la gauche, une orangerie qui existe encore. Un verger, le « Fruitier », faisait suite au Jardin, vers les rues actuelles de la Boule et de la Banque, dont il occupait en partie l'emplacement. Deux larges avenues de hêtres, l'une d'elles se prolongeant jusqu'au Bois-de-Flers, encadraient le Jardin et le Fruitier.

L'autre façade est exposée au midi ; elle décrit au fond de la cour d'honneur, des lignes d'une régularité classique, rappelant l'époque de Louis XIV. Le visiteur, en descendant le perron, voit à sa droite le miroir de l'étang assombri par les grands arbres qui l'entourent, à gauche, le logis de Nicolas Pellevé, diminué dans sa longueur par toute l'épaisseur de la nouvelle construction, et n'ayant plus de ce côté que l'apparence d'une aile dans l'ensemble de l'édifice. A l'extrémité opposée de la cour d'honneur, en face d'une longue allée, à travers les volutes de fer d'une ancienne grille, on aperçoit les pelouses du Parc et, comme dernier plan, la lointaine perspective des maisons de la ville. Le point de vue des façades était donc varié comme elles ; la plus ancienne avait son jardin à la française, et l'autre les profondes et ombreuses allées du parc.

Vers 1850, on a trouvé enfouis au pied des murs de la partie ancienne du château, à l'entrée des caves, les fragments assez complets et bien conservés, d'une fenêtre en lucarne, ornée de pinacles, chapiteaux et autres motifs dans le goût de la plus riche Renaissance. Nul doute que ces débris n'aient appartenu au logis de Nicolas de Pellevé. Leurs saillies pittoresques en dominaient et agrémentaient les façades. Dans la première moitié du XVII° siècle, Louis et Pierre de Pellevé voulurent raccorder, sans qu'elles fussent trop disparates, la construction primitive avec la nouvelle. Ils remplacèrent ces fenêtres surgissant de la toiture par les frontons actuels, qui laissent aux regards l'impression d'une plus harmonieuse unité.

La forteresse du XII° siècle, si elle existait au même endroit, était probablement édifiée sur une motte; mais la décoration aux alentours devait être nulle. Le parc, l'étang, les douves sont des créations de Louis et de Pierre de Pellevé; peut-être même Nicolas, leur père, en a-t-il commencé l'exécution. Toujours est-il que le rachat des terres inféodées, les travaux de plantation du parc, ceux de construction, la création des douves et de l'étang occasionnèrent d'énormes dépenses qui contribuèrent pour une forte part à la ruine de la maison de Pellevé et à la mise sous séquestre, pendant près d'un tiers de siècle, de son magnifique apanage. La vente de la châtellenie de Condé, avec ses trente-deux fiefs, ne suffit pas à combler le déficit.

Suivant une tradition locale, le « Parterre » ou Bosquet, dont nous avons parlé plus haut, était l'emplacement du précédent château (1). Nous regardons comme peu probable que les seigneurs de Flers aient choisi la partie basse du vallon pour y établir leur demeure. Là était peut-être la basse-cour, mais non l'habitation fortifiée elle-même, construite soit à l'endroit affecté plus tard au jardin, soit au lieu occupé par le château actuel.

Le château de Flers.
D'après une photographie de M. E. Megret.

Pour en finir avec ce dernier, il resterait à en décrire l'intérieur, mais ce serait dépasser les limites assignées à notre cadre. Il faut donc se contenter d'un rapide coup d'œil. Le salon proprement dit, est la pièce la plus curieuse et renfermant le plus de souvenirs. Deux grands panneaux d'ancienne tapisserie d'Arras, d'un travail très fin, en forment la tenture. Ils représentent des sujets mythologiques, encadrés de bordures délicatement nuancées. Les meubles rares, les portraits des Pellevé, plusieurs belles toiles de M. Victor Schnetz, y constituent un ensemble fait pour les délicats. Puisque nous recherchons particulièrement ce qui se rattache au passé de Flers, indiquons parmi les portraits, celui du cardinal de Pellevé, dans le trumeau de la cheminée et le

(1) Tradition transmise par M. J.-B. Lechevrel, maire de La Lande-Patry, mort tout récemment dans sa 81° année.

grand portrait de Jourdaine de Pellevé, entre les deux fenêtres, enfin celui de la comtesse de la Brisolière, revêtue d'un étrange costume de chasse et coiffée d'un tricorne. Au-dessus de la porte donnant sur le vestibule, une autre peinture lui faisant face représente également une dame de la famille de Flers, mais son nom est ignoré. Deux portraits de femmes, de même provenance et malheureusement inconnus aussi, se voient encore dans la chambre au-dessus du salon. Un grand portrait de Marie de Médicis, un autre de Gaston d'Orléans, d'un pinceau très expressif, puis une toile donnant la représentation en pied de Louis XIV et de la grande Mademoiselle ou de Marie-Thérèse enfants, ornent cette pièce du plus intéressant décor. Ces portraits doivent provenir de l'héritage des Gaureault, dont les titres de famille sont également conservés dans le chartrier de Flers. Louis XIV avait eu pour sous-gouverneur Hyacinthe de Gaureault, sieur du Mont et gouverneur de Meudon, qui jouissait à la Cour d'un véritable crédit. Louis III de Pellevé, son gendre et Hyacinthe-Louis de Pellevé, son petit-fils, eurent après lui ce gouvernement de Meudon, témoignage de la persistance de la faveur royale pour les héritiers des Gaureault. A la suite du salon, une pièce lambrissée d'une boiserie de l'époque Louis XIV renferme également un remarquable portrait de jeune fille. Son riche costume de cour indique le temps de Charles IX ou de Henri III. Serait-ce le portrait d'Isabeau de Rohan, femme de Nicolas de Pellevé ? En revenant par le vestibule, après avoir traversé la salle à manger, on pénètre dans la partie ancienne du château, qui est occupée par trois salons en enfilade. Ils sont surtout remplis de dessins de M. Victor Schnetz et de toiles du même peintre, quelques-unes ébauchées et les autres entièrement terminées. La bibliothèque renferme aussi deux précieux albums contenant de curieuses études du directeur de l'École de Rome, ainsi qu'un portefeuille bourré de croquis et d'esquisses dont plusieurs sont des souvenirs piquants du Flers de 1830.

Le visiteur, attiré au château par la curiosité, pourrait sans doute ajouter beaucoup à ces remarques. Il est du reste assuré d'y rencontrer toujours l'aimable accueil qui, dans cette noble demeure, est une tradition du passé.

GASPRÉE

Au XIIIe siècle, une autre maison-forte se dressait en vue du château de Flers, à trois ou quatre cents mètres au plus de celui-ci. C'était le château de Gasprée, construit sur le versant nord du vallon où coule le ruisseau de la Planchette, limite des paroisses de Flers et de Saint-Georges. Gasprée appartenait donc au territoire de cette dernière paroisse. En 1855, M. de La Ferrière, notre historien, pouvait constater encore « quelques vestiges du château et l'emplacement des douves. »

Mais le village de Gasprée s'est formé depuis en cet endroit, où aucune habitation n'existait alors, et comme l'on n'y compte pas aujourd'hui moins de 24 maisons et 111 habitants, toute trace des constructions anciennes a disparu. D'après M. de La Ferrière, la motte sur laquelle était assis le château se trouvait dans le « Pré de Gasprée ». Il nous paraît plus probable que la forteresse était construite dans la « Pâture de Gasprée », à l'extrémité du plateau du « Grand Domaine » et commandait le vallon. Un fossé, comme au château de La Lande-Patry, l'isolait au nord du « Bois de-Gasprée », tandis qu'un étang, couvrant encore en 1692 « une acre et demie » du Pré-Neuf, protégeait vers le midi. L'étroite futaie ou plantation de hêtres, marquée sur le plan cadastral, indique nettement vers le nord, la ligne de cette tranchée ou fossé. La parcelle d'environ trente ares, adjacente à l'ouest, était aussi en futaie, probablement parce qu'une pente trop rapide ou les substructions dont elle était encombrée la rendaient impropre à la culture. Primitivement un parc, ou bois ceint d'une clôture, nommé le Clos-Simon, formait vers le nord la défense du château de Gasprée. Il y a moins de trente ans, l'emplacement de ce parc était encore bien reconnaissable sur le plateau dépourvu d'habitations et semblable à une plaine, qui s'étendait entre le Pré-Neuf, le Moulin-de-Launay, le Hameau-de-Vère et le vieux chemin de Saint-Georges. Le « Bois-de-Gasprée » indiqué sur le plan cadastral en a été le dernier vestige.

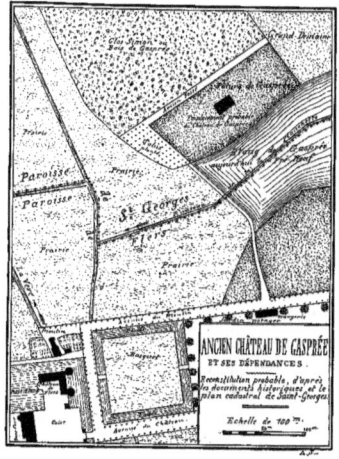

Outre la paroisse entière d'Aubusson et une faible partie de Saint-Georges, le fief de Gasprée comprenait aussi, au commencement du XIII° siècle, une notable portion du territoire de Flers, à partir de la Blanchardière et du parc actuel jusqu'à La Chapelle-Biche, où il avait une extension marquée avec précision sur la carte féodale dressée par M. Surville : elle englobait plus d'un tiers de la paroisse.

Mentionner Gasprée était nécessaire, car nous ne pouvions oublier le fief le plus important de la baronnie et le château vassal, si longtemps voisin de la demeure suzeraine des seigneurs de Flers.

Jules Appert.

L'ABBAYE DE BELLE-ÉTOILE

Cachée au fond d'une vallée étroite formée par un des nombreux affluents de la rive gauche du Noireau, abritée par les Monts de Cerisy, qu'on aperçoit à droite de la ligne de Flers à Caen, l'abbaye de Belle-Étoile n'en a pas moins été exposée tour à tour au pillage des gens de guerre et aux dilapidations plus odieuses encore des commendataires.

De pieux ermites trouvant cette solitude appropriée aux besoins de la vie contemplative, y avaient bâti des cellules à une époque reculée, sous la tutelle de l'abbé de Lonlay; mais celui-ci, en 1213, ayant appris que plusieurs seigneurs des environs avaient résolu de fonder en ce lieu un monastère régulier, se démit de tous ses droits de juridiction pour favoriser ce pieux dessein, à condition qu'on n'y appelât pas des moines de Cîteaux. Cette clause caractéristique fut respectée et des chanoines de Prémontré prirent bientôt possession de l'emplacement qui leur fut concédé par Henri de Beaufou et Edix, sa femme, seigneur et dame du lieu. On raconte que leur choix aurait été déterminé par l'apparition en plein jour, au fond d'une fontaine, d'une étoile, d'où le nom de Belle-Étoile donné, dès l'origine, à la nouvelle abbaye. La première charte qui la concerne, émanée d'André Savary d'Escoville, est de l'année 1215 (1).

L'année suivante, le seigneur et la dame de Beaufou firent rédiger une charte solennelle ratifiant la donation qu'ils avaient faite aux chanoines de Prémontré de l'emplacement du nouveau monastère du bois voisin, d'un vivier dans lequel se réunissent trois sources, de la colline qui est de l'autre côté jusqu'à la chaussée, les terres non fieffées du Mont-de-Cerisy, avec la chapelle de Saint-Jacques précédemment desservie par les ermites. C'est parmi ces derniers que fut choisi le premier abbé de Belle-Étoile, Jean de Manufray, après qu'il eut échangé sa robe de bure pour la soutane et le manteau blanc des chanoines de Prémontré.

L'église abbatiale ne fut bâtie qu'en 1238, au moyen des libéralités de Henri de Beaufou, fils aîné du principal fondateur. Après un siècle de prospérité, dont cette église, monument remarquable de l'art gothique, rendait elle-même témoignage, Belle-Étoile eut sa part des souffrances amenées par la guerre de Cent ans. En 1356, elle fut taxée par les États de Normandie à la somme de soixante-quinze livres, représentant le dixième de son revenu, dans le rôle de l'aide ordonnée pour la guerre contre les Anglais. Bientôt la pauvre abbaye fut visitée par les terribles bandes qui ravageaient le pays. C'est ce que nous apprennent des lettres du dauphin Charles, duc de Normandie, données au mois de mars 1364, quelques semaines avant la mort du roi Jean, son père; il est dit dans ces lettres

(1) *Archives départementales* antérieures à 1730 (Orne). *Archives ecclésiastiques*, t. I, p, 16 (H. 44).

que les religieux de Belle-Étoile sont « petitement fondez et assis en plat païs, et sont si grandement grevez et dommagez pour le fait des guerres (1) ».

Un Italien, Jean Frequepent, était à la tête de l'abbaye lorsque Henri V envahit la Normandie et exigea le serment de fidélité de tous les possesseurs de fiefs. Il essaya d'abord de résister, à l'exemple de son évêque, qui préféra l'exil à la soumission; mais voyant son temporel saisi, il prêta le serment qu'on lui demandait. Cette soumission, suivie par trois de ses successeurs, ne mit pas l'abbaye à l'abri des insolences des soldats anglais, qui même y mirent le feu. On comprend sans peine que, dans ces conditions, la résistance était difficile à de pauvres moines. Henri VI les en récompensa en leur accordant par lettres datées de Tinchebray, du 11 avril 1430, à titre de dédommagement, la dîme et le patronage de dix-sept paroisses dont les curés ou les patrons lui avaient refusé le serment.

On raconte que les Anglais, pendant leur séjour dans notre pays, firent faire des fouilles aux Monts de Cerisy, où l'on disait qu'il y avait une mine d'argent. Inutile d'ajouter que les recherches n'eurent pas plus de résultat que celles des fameux alchimistes de Flers et des environs.

Lorsque notre territoire fut débarrassé des Anglais, la France éprouva un soulagement qui se manifesta par un retour à la prospérité qu'elle avait connue du XIIIe au milieu du XIVe siècle. Belle-Étoile en eut sa part et, en 1498, Jean Gallier, abbé, construisit une partie du cloître qu'achevèrent deux de ses successeurs, Thomas Chancerel et Jean Le Prince. Des portions de cette construction et de sa charpente subsistent encore et l'on y lit des inscriptions que les archéologues ont relevées.

Vue extérieure de l'Église paroissiale de Cerisy-Belle-Étoile.
D'après une photographie de M. H. Magron.

A partir de 1540, cette abbaye, dont les revenus étaient assez importants, devint la proie des commendataires, que se disputèrent les fils ou neveux des grands seigneurs et des courtisans. La commende de Belle-Étoile fut ainsi possédée successivement par Jacques d'Harcourt et par Philippe de la Grainerie, aumônier du roi.

Ce fut du temps de ce dernier que les habitants de Caligny mirent l'abbaye au pillage. Rien d'étonnant, dès lors, que l'abbé commendataire de Belle-Étoile se soit jeté dans le parti de la Ligue. Henri IV, porté au trône par les huguenots, punit les moines des fautes de leur abbé nominal, confisqua leurs biens et en donna la jouissance à un capitaine calviniste, Antoine de Crux, baron de Larchamp, seigneur de Bellefontaine. Gilles Busnel, pendant ce temps, eut le titre d'abbé, mais n'en remplit guère mieux les fonctions que ses deux prédécesseurs. Le baron de Crux, agissant comme maître et seigneur, fit transporter le chartrier et une partie du mobilier de

(1) *Ibid.*, II. 39.

l'abbaye à Bellefontaine et s'établit dans le logis abbatial avec ses femmes et ses valets, après avoir chassé les religieux de leur cloitre et les avoir forcés de se contenter de leur chapelle particulière. Cette situation se prolongea pendant près de vingt ans, car c'est seulement en 1600, que le Parlement, sur le rapport du conseiller Turgot, arrêta que les revenus de l'abbaye seraient désormais consacrés à la relever de ses ruines, et que le baron de Larchamp serait obligé de céder la place aux religieux. Le capitaine huguenot put être enfin expulsé du monastère ; mais il continua malgré tout à en percevoir les revenus. Pierre Scarron, évêque de Grenoble, nommé abbé commendataire en 1620, réussit à faire cesser cette insolente usurpation, et un de ses successeurs, Pierre Roussel, seigneur de Saint-Gilles, conseiller au Parlement de Rouen, eut la gloire de faire refleurir, à Belle-Étoile, les règles de l'étroite observance de l'ordre. Il faut noter pourtant que, dès 1619, les religieux avaient fait marché pour l'établissement de stalles dans leur église.

Du temps de Philippe Le Chapelier, seigneur de Bournonville, aumônier du roi, nommé abbé commendataire en 1657, des travaux plus importants furent commandés à un sculpteur d'Argentan, Guillaume Gougeon, connu par plusieurs excellents ouvrages. En 1659, marché fut fait avec lui pour faire cuire, étoffer et placer dans les lieux à lui désignés « deux figures au naturel de *Notre-Dame de Pitié*, avec son *Christ mort* proportionné à la hauteur de trois pieds et demi que doit avoir la dite Vierge, et l'autre figure d'une *Sainte Anne*, accompagnée d'une petite *Vierge* proportionnée au dessain de la dite figure, de quatre pieds environ, moyennant la somme de 200 livres »

En 1662, les religieux commandèrent un autre sculpteur, Pierre Langlois, de Laval, la façon d'une contretable au grand autel, de trente pieds de hauteur et de quinze de largeur, suivant et conformément au plan et dessin, pour la somme de 1,000 livres. L'année suivante, un autre artiste, François Chauvel, sieur de Cantepie, fut chargé de faire le tabernacle. En 1677, Jean Postel, maître sculpteur à Caen, fut à son tour appelé à mettre la dernière main à la décoration de l'église de Belle-Étoile, en plaçant au sommet de l'autel principal la figure du *Sauveur* et celles des *Anges* entourées de têtes de *Chérubins*, recevant et couronnant la *Sainte-Vierge*. Quatre autres statues, ouvrage du même artiste, furent destinées aux autels du bas-chœur.

Au moment de la Révolution les œuvres d'art que renfermait Belle-Étoile n'y furent pas mieux respectées qu'ailleurs. Les grilles du chœur, spécimen remarquable de l'industrie du pays, furent enlevées. Peut-être, hélas ! servirent-elles à fabriquer des piques ! Les stalles furent vendues comme bois menuiserie ; l'arcade en bois qui soutenait le Christ mourant, en terre cuite, chef-d'œuvre de Guillaume Gougeon, dut disparaître. Une statue de *sainte Véronique*, en pierre de liais, d'un beau travail et des tableaux sur toile de saint Augustin, de sainte Cécile, de sainte Marie l'Égyptienne, furent heureusement portés à l'église Notre-Dame de Tinchebray. Une faible partie du mobilier put être recueillie par l'église paroissiale de Cerisy. L'église de Moncy hérita aussi de quelques bonnes toiles. Les orgues, ne trouvant sans doute pas d'emploi, furent brisées, la bibliothèque dispersée.

L'enlèvement des plombs, motivé, soi-disant, par les besoins de la défense nationale, prépara la ruine de l'église. Ses voûtes s'écroulèrent en 1818, et ses colonnes furent rasées à hauteur d'appui ; une ogive seule, debout à l'entrée du chœur, survivait à ces ruines. Le logis abbatial et ses dépendances avaient été baillés à ferme à Jean Jaqueline, en 1790. Le tout, avec les Petits-Champs, la Fiault, deux clos à chennevière et le Pré-aux-Bœufs, fut adjugé, le 3 janvier 1791, à Louis Le Boisne, de Condé-sur-Noireau, au prix de 15,000 livres, sur la folle enchère de Jacques-Alexandre Guesdon-Beauchesne.

On y établit, sous la Restauration, une fabrique d'alun, de vitriol et de tissus de coton. Ces essais ne réussirent pas, et il courut là-dessus toutes sortes de légendes ; le domaine de Belle-Étoile fut alors converti en une exploitation rurale, destination plus en harmonie avec son origine.

Rien ne peut rendre l'impression que l'on ressent en approchant de ces lieux jadis transformés par le travail des moines, animé par leurs chants et décoré par la main des premiers artistes de la région.

Louis Duval.

L'ÉGLISE DE LA LANDE-PATRY

A deux kilomètres du château de Flers se trouve une petite bourgade, au sein de la campagne. Si modeste qu'elle soit à présent, c'était jadis une ville. Elle a son histoire et tout un passé glorieux. Les hauts personnages y fixant leur séjour en avaient fait une demeure seigneuriale. William Patry premier seigneur connu de La Lande, se vantait d'avoir reçu en son château-fort, et à la même heure, le roi Harold et son futur vainqueur Guillaume le Conquérant.

Les seigneurs ont disparu; il ne reste à La Lande que la motte et les fossés du château, et, à quelque distance, le sanctuaire dédié à Notre-Dame, par la piété des Patry.

Bâti à l'époque dite de transition, l'édifice se composait de deux travées d'inégale grandeur, terminées par un chevet droit, comme cela se voit dans les cathédrales anglaises.

Les voûtes et les contreforts ont une épaisseur énorme. Les cinq fenêtres, en pur roman, s'ouvraient à 2 mètres à l'intérieur et à o m. 20 au dehors; on eût dit une meurtrière ou barbacane. La première travée servait de péristyle aux moines de Saint-Vincent, chargés de célébrer l'office.

La restauration de l'église paroissiale exigeait la suppression de cette partie, qui d'ailleurs était en mauvais état, outre qu'elle avait été singulièrement maltraitée par les maçons du XVIIe siècle.

Le chevet qui nous reste est parfaitement conservé.

Les colonnes engagées sont couronnées de chapiteaux romans, variant entre les simples palmettes et les enroulements. L'arc triomphal et la voûte présentent de belles ogives gothiques.

*
* *

La nef, que l'on a commencée en 1877, a été terminée en deux ans et demi : elle comprend six travées de quatre mètres sur huit; les bas-côtés se partagent huit autres mètres et s'arrêtent à l'abside, selon l'ordonnance des anciennes églises désignées sous le nom de basiliques de second ordre. Le clocher a été bâti en 1888 : la tour carrée avec ses contreforts en granit, ses deux tourelles, son élégante flèche qui porte le coq à 130 pieds de hauteur, est d'un effet très satisfaisant.

En entrant par la porte principale, une sorte d'apparition vous arrête : vous avez devant vous, au sommet de l'édifice, dans un demi-jour de panorama, un admirable groupe de l'Assomption de la Vierge, entourée d'anges portés sur des nuages, à dix mètres au-dessus du sol.

La nécessité d'occuper l'intervalle de quatre mètres entre l'ancien sanctuaire et la nouvelle nef a suggéré cette disposition, si heureuse, a-t-on dit, que tout l'ensemble paraît lancé comme d'un seul jet.

Les fenêtres des collatéraux présentent vingt-quatre baies avec des verrières dont les sujets, en pied, représentent toute la hiérarchie des Bienheureux.

Dans le soubassement de chaque vitrail se détache un blason, ou plutôt une série non interrompue de blasons dont voici l'origine : à la mort d'Antoinette-Jourdaine Pellevé, comtesse de Flers, baronne de La Lande, en 1738, on mit l'église en deuil, et sur la litre funèbre on fit peindre les armes de La Motte-Ango et de Pellevé.

Avant la démolition (de 1877), on fut assez heureux pour enlever l'enduit qui portait cette fresque que l'on soupçonnait à peine sous sa couche de badigeon.

Cette découverte donna l'idée de rechercher la filiation des anciens seigneurs; l'ordonnance des blasons, telle qu'elle apparaît dans les verrières, donne la succession authentique des barons de La Lande, depuis le XI° siècle.

Le premier est celui des Patry, qui figura à la première croisade, et qui prit pour devise : « *Gloria decus honor Patry* », puis les alliances, avec Tesson, Pesnel, jusqu'au XV° siècle. Viennent ensuite de Larchamp, de Grimouville; au XVII° siècle, de Crux, Fauvel, Pellevé et enfin La Motte-Ango, qui fut le dernier seigneur de La Lande.

* *

LES PIERRES TOMBALES. — Avant d'enlever les *vieilles bancelles*, en 1877, on connaissait quelques-unes de ces pierres, qui servaient de pavé, mais les plus riches étaient à leur place primitive sous le banc

Église de la Lande-Patry.
D'après une photographie de M. R. Mogeon.

de famille. Leur nombre et la beauté de leur forme se sont trouvés tels qu'il a été possible de les poser en socle, à l'extérieur, où une trentaine de ces pierres forment une ceinture historique de plus de cinquante mètres. Nous ne croyons pas que rien de pareil existe dans aucune église. Une douzaine des anciennes et honorables familles de La Lande, verront leurs noms transmis aux générations, par cette liste écrite dans le granit. Les dates commencent avec le XVII° siècle et finissent en 1824.

L'emplacement de chacune a été noté, en attendant la légende historique.

On sait par un acte d'aveu d'Antoine de Crux, tuteur de Marie Fauvel, baronne de La Lande (22 mars 1688), qu'à cette époque, « il y avait encore à La Lande ville et bourgeoisie : le donjon était en ruine, mais le château était encore en état ».

Les tombes les plus remarquables sont celles de Charles de Couespel, *escuier*, sieur de Louvigny (1703), et de Marguerite Lemazurier, son épouse (1686).

Et François Lemaître, sieur de la Salletière, qui s'était fait un blason et léguait, en 1629, une de ses terres à l'église.

Puis Dumesnil, qui, cette même année, faisait graver sur la tombe de sa mère, Anne Brémenson

> « Le Fils n'a pu témoigner vers la mère
> « Sa piété qu'en présentant souvent
> « Pour l'âme à Dieu sacrifice et prière
> « Et sur le corps posant ce monument. »

* * *

La Bannière des Trinitaires. — Le *Bulletin de la Société historique de l'Orne*, au mois d'avril 1888 a donné une description et la photographie de cette fameuse bannière, qui a si longtemps excité la curiosité et la sagacité des amateurs.

C'est une peinture sur toile peu remarquable au point de vue artistique, mais très précieuse pour l'histoire locale, et assez bien conservée eu égard à ses aventures.

Elle date de 1625, époque à laquelle la Confrérie pour le rachat des captifs fut établie à La Lande. C'est un livre en deux chapitres : le premier rappelle en entier la fondation de l'Ordre des Trinitaires ou Mathurins, de l'an 1195 à l'an 1198, par saint Jean de Matha et saint Félix de Valois.

Le second chapitre, ou plutôt la seconde page de la bannière, représente Félix de Valois au monastère de Cerfroi, et Jean de Matha, sur les côtes de Barbarie, préparant l'embarquement des esclaves dont il a payé la rançon.

Faute de place, nous nous contenterons de mentionner les étonnants bénitiers qui vous arrêtent sous le portail. Ce sont les deux valves de cet immense coquillage que l'on nomme là-bas, dans les Iles de la Sonde : *Tridacné gigantea*. Elles atteignent un mètre dans le grand diamètre, et surpassent celles que l'on admire à Paris dans l'église Saint-Sulpice. C'est un don de Mgr Bourdon, des Missions étrangères, enfant de La Lande.

L'entrée de l'église est flanquée de deux ifs qui depuis *des siècles* ont attiré l'attention des visiteurs.

Le plus gros mesure 10 m. 80 à la hauteur de la poitrine. C'est devant lui que Bernardin-de-Saint-Pierre s'est extasié et a écrit :

« J'ai vu en Basse-Normandie, dans le cimetière d'une église de village, un vieux if planté du temps de Guillaume le Conquérant ; il est encore chargé de verdure, quoique son tronc tout percé ressemble aux douves d'un vieux tonneau. »

Bien des touristes ont modifié leur itinéraire pour venir contempler ce phénomène du règne végétal et le monument historique, qui est l'église de La Lande-Patry.

L. Burel,
Curé de La Lande-Patry.

MOULINS SUR LA ROUVRE, À ROUVROU

LA ROUVRE

DES TOURAILLES A LA ROCHE-D'OITRE

La Rouvre est une rivière torrentielle, qui prend sa source à 316 mètres dans la commune de Saint-Georges d'Annebec et se jette dans l'Orne à Saint-Philbert, après un cours de 33 kilomètres. Son lit est creusé dans le granit jusqu'à ce qu'elle vienne se jeter impuissante contre la muraille des poudingues cambriens de Roche-d'Oitre. Forcée de se replier à angle droit vers l'ouest, elle entre, à partir de là, dans les phyllades où, jusqu'à son embouchure, elle décrit de fantastiques méandres.

Nous allons suivre la Rouvre depuis le village des Tourailles. Les sites sévères, mais d'une physionomie pleine d'originalité, qui vont défiler devant nous, sont bien en harmonie avec les sombres souvenirs d'un passé plein de violences.

Comme, en général, les contrées dont le sous-sol est constitué par le granit, le pays est doucement mamelonné. Seulement, de place en place, surgit une éminence isolée, un cône dont le sommet arrondi est surmonté d'un bouquet de grands arbres qu'on appelle ici une « troche ». On les aperçoit de très loin. Ce sont des parties de la masse granitique plus dures que les autres, qui ont mieux résisté à l'érosion que le reste.

Toutes les maisons sont en granit, ce qui leur donne un aspect rude, mais point banal. De gros blocs de la même roche, superposés, sans ciment, servent de clôture au-devant des habitations. Presque partout le sol est cultivé en pâturages, surtout dans les fonds de la vallée. Comme dans tout le Bocage, les pièces de terre sont séparées les unes des autres par des haies formées d'arbres de haute tige. — Les pommiers abondent. En mai, quand chacun d'eux présente au voyageur le splendide bouquet de ses milliers de fleurs roses, c'est un enchantement. Mais une fois que cette note gaie s'est éteinte, le pays reprend son air austère, que déride seulement par endroits, l'or éclatant des ajoncs qui couvrent les landes.

Nous voici aux Tourailles. Le vallon où sont nichées les quelques maisons de ce village de 200 habitants est abrité de toutes parts par des collines boisées. Il y règne un silence qui n'est troublé qu'en mai et juin quand les habitants des communes voisines se rendent en pèlerinage à une petite chapelle située à côté de l'église. Ceci explique pourquoi dans ce petit bourg perdu, il y a deux grandes hôtelleries. Mais, par suite probablement de la concurrence que font, grâce aux chemins de fer, d'autres sanctuaires d'un accès plus facile, la vogue qu'a eue longtemps Notre-Dame des Tourailles paraît sur son déclin. Les hôteliers se plaignent de ne plus faire leurs affaires. Les familles de paysans qui descendent des villages des environs apportent, paraît-il, maintenant avec elles, les vivres nécessaires pour les quelques heures qu'elles passent aux Tourailles. Le pèlerinage ne sert plus d'occasion aux joyeuses bombances dont les deux hôtelleries ont été autrefois les témoins intéressés, sinon peu édifiés. Sans doute, la fête religieuse y aura gagné en recueillement ce que les hôteliers y ont perdu en recettes.

L'une au moins de ces hôtelleries est fort ancienne et a vu s'accomplir un tragique événement. C'est là que, le jeudi 7 octobre 1621, fut tué Anthoine Montchrestien de Vasteville, une des figures les plus originales de son temps, à la fois poète, économiste et soldat. Poète, Montchrestien a fait des tragédies qui lui ont mérité d'être compté parmi les précurseurs de Corneille et de Racine. En 1615, il publia à Rouen, chez Jean Osmont, le *Traité de l'Économie politique*, dédié au Roi et à la Reine-mère. Cet ouvrage était appelé à une telle fortune que toute une science en a gardé le nom et on a pu dire avec vérité que tout ce qui s'est écrit depuis deux siècles sur la matière était en germe dans Montchrestien. Enfin, comme soldat, il a pris la part la plus active à l'insurrection dont l'Assemblée générale tenue par les Réformés à la Rochelle, le 2 janvier 1621, donna le signal. Obligé de capituler dans Sancerre où il s'était jeté, il passa en Normandie pour soulever cette province. Mais il n'y eut guère de succès. Il était si peu sûr des quelques forces qu'il avait réunies qu'il n'osait rester plus de deux jours au même lieu. C'est ainsi qu'il arriva aux Tourailles, le 7 octobre 1621, entre 9 et 10 heures du soir. Il descendit à l'hôtellerie de Saint-Martin avec son valet et six capitaines tous bien montés et bien armés de carabines et de pistolets. La petite troupe demanda à souper et annonça l'intention de partir aussitôt après. L'hôtelier, Pierre Lemancel, avait entendu parler d'assemblées qui se tenaient dans les bois voisins. Trouvant aux arrivants des mines suspectes, il courut au château des Tourailles, distant d'un quart de lieue et appartenant à Turgot, sire des Tourailles, capitaine des chevau-légers, l'un des vingt-quatre gentilshommes de Sa Majesté. Turgot rassembla et arma ses gens et descendit en toute hâte vers le village. En route il rallia deux gentilshommes et trois à quatre soldats. Ils étaient en tout une vingtaine d'hommes. On voyait de loin la fenêtre éclairée de la salle où Montchrestien et ses compagnons, le repas fini, se préparaient à partir. — Sommé par l'huissier du bourg, que Turgot avait fait entrer dans l'hôtellerie, de décliner son nom, Montchrestien répondit qu'il s'appelait Champeaux et chercha à gagner la porte. Mais trouvant l'escalier occupé, il fit feu de ses pistolets, ainsi que ses hommes. Trois des assaillants roulèrent morts sur les degrés ; mais avant que Montchrestien ait eu le temps de se frayer un passage, Turgot et sa troupe se jetèrent sur lui ; il tomba mort à son tour, percé de coups de pertuisanes. Il avait quarante-six ans. Ses compagnons, sauf son valet, parvinrent à s'enfuir par une fenêtre. Le corps de Montchrestien fut porté à Domfront par ordre de Matignon, et les juges ordinaires se hâtèrent d'instruire le procès du cadavre. L'ayant déclaré convaincu de lèse-majesté, ils prononcèrent qu'il serait traîné sur une claie en la place de Brière, pour y être brisé sur le gril, puis brûlé en la manière accoutumée et ses cendres jetées au vent. Cela ne faisait pas le compte de Messieurs du Parlement de Rouen. Ils réclamèrent le corps. Mais il était trop tard ; ce qui avait été Montchrestien n'était plus qu'une poussière dispersée aux souffles de l'air. Messieurs du Parlement se dédommagèrent sur le valet, qu'ils firent pendre. Telle fut la déplorable fin d'un homme qui, en 1602, avait adressé au roi de France, ces vers d'une si belle envolée :

« Permettez à mes vœux que pour votre service
« Au milieu des combats bravement je finisse,
« Que dans le champ d'honneur, jà suant et poudreux,
« J'aille verser mon sang bouillant et généreux,
« Armé sur un cheval et tenant une pique,
« Non sur un échafaud, en vergogne publique » (1).

(1) Petit du Juleville. *Les tragédies de Montchrestien*, p. XXII et s.

Des Tourailles il ne nous faut pas longtemps pour arriver à Taillebois en passant par Mille-Savattes. D'où vient le nom de ce village, écrit Mille-Savatta dans le pouillé du diocèse de Sées, Moille-Savatte dans l'histoire manuscrite du même diocèse, par Hébert, Mille Chuiate et Mille Chuchiate dans une charte du XIVᵉ siècle? C'est une énigme dont il faut laisser la solution aux amateurs d'étymologie. Quoi qu'il en soit, les habitants de Mille-Savattes, auxquels la grotesque dénomination de leur commune valait force quolibets, ont obtenu de la changer. Mille-Savattes s'appelle officiellement aujourd'hui Notre-Dame-du-Rocher.

Arrêtons-nous un moment devant un vrai bijou, le moulin de Taillebois. Il est à l'entrée et en travers d'une gorge dont le versant oriental disparaît sous un manteau de bois. Sur un fond d'un

Le Moulin de Taillebois.
D'après une photographie de M. A. Bénard.

vert noirâtre se détache la blancheur éclatante des murs du moulin. Il se mire dans l'eau cristalline de la Rouvre et celle-ci se complaît à en reproduire l'image. Rien de plus frais, de plus reposant que ce délicieux tableau.

La route qui monte à l'ouest du moulin de Taillebois nous conduit au village de ce nom. Le manoir seigneurial est encore debout, on l'appelle la Tour de Taillebois. La grande porte d'entrée, de style ogival, est flanquée d'une porte plus petite, en accolade; elle était destinée aux piétons. Sur le fronton de cette porte est représenté un cerf sculpté en plein granit. Au bas des rampants du gable s'allongent et grimacent des animaux bizarres, une tourelle coupe le milieu de la façade du derrière; elle renferme un élégant escalier à vis conduisant à l'étage supérieur. Cette tourelle, à toit en poivrière, est surmontée d'un épi en forme de lis qui s'épanouit en quatre branches, entre chacune desquelles se trouve un écusson chargé d'armoiries peintes en couleur. Le manoir date du XVIᵉ siècle.

De Taillebois par Ségrie, que domine à gauche la « troche » du même nom, nous descendons à Rouvrou. Ce n'est plus aujourd'hui une commune distincte, mais un simple hameau de Saint-Philbert, ce qui n'empêche pas le hameau d'être bien plus important que son chef-lieu. L'endroit est si ravissant qu'on n'est pas surpris du nombre de jolies maisons de campagne que des citadins enrichis y ont fait construire. Les paisibles loisirs qu'ils sont venus y goûter, font un singulier contraste avec les passe-temps des anciens seigneurs de Rouvrou. En 1676, le seigneur s'appelait Alexis Guéroult. Ce qu'il était, un journal tenu par le seigneur des Iles-Bardel, le sieur Brossard, cité par le comte de la Ferrière-Percy, dans son *Histoire du canton d'Athis*, page 267, va nous l'apprendre :

« Le lundi 9 septembre 1676, le sieur de Beauvoisière, le chevalier de Beauvoisière, son frère, le sieur des Londes, fils du sieur des Bauves, étaient partis pour aller voir le sieur de Saint-Gervais de la Carneille; ayant rencontré sur le chemin le sieur d'Espins qui s'en allait coucher au Repas, ils étaient venus ensemble au Pont d'Ouilly, où ils s'étaient arrêtés chez le sieur de Beauchamps où ils avaient bu du vin et avaient dit qu'ils allaient voler leur oiseau (chasser avec un oiseau de proie dressé à cet emploi). Passant par auprès de la maison de Rouvrou, l'oiseau du sieur Beauvoisière avait volé une perdrix qu'il avait prinse. Le sieur d'Ouilly du Détroit ayant apprins cette nouvelle, avait assemblé de ses amis pour venir avec son oiseau faire semblant de chasser et il avait envoyé le sieur du Détroit, son fils, pour dire au sieur de Grouville (Alexis Guéroult, seigneur de Rouvrou) que le sieur de Beauvoisière était à la chasse près du parc de Rouvrou. Il l'obligea à monter à cheval avec un sieur de la Garenne. Le sieur du Détroit et le sieur de la Garenne étaient armés de pistolets et de fusils; ils retrouvèrent le sieur d'Ouilly avec le sieur marquis de Caligny, son deuxième fils, et leurs valets armés de fusils, en tout au nombre de douze. Le sieur de Grouville s'avança vers le sieur de Beauvoisière et lui dit qu'il ne trouvait pas bon qu'il chassât sur la terre de Rouvrou; le sieur de Beauvoisière dit qu'il savait bien que sa cousine de Rouvrou et ses enfants ne le trouvaient pas mauvais. Ils tirèrent chacun un coup de pistolet qui ne partirent pas et le sieur de Beauvoisière tira encore un second coup sans faire de mal, puis il proposa au sieur de Grouville de faire une action d'honneur et d'échanger deux autres coups d'épée. Au même instant, le sieur de Beauvoisière fut frappé par derrière d'un coup de fusil qui lui fendit le cœur et il tomba de cheval; on dit que c'était le sieur d'Ouilly qui avait tiré. Les sieurs d'Espins, des Londes et le chevalier de Beauvoisière voyant un grand nombre de fusils, dirent qu'ils n'avaient que des épées et des pistolets qui étaient des armes de gentilshommes et proposèrent une action d'honneur; mais les autres tirèrent encore cinq ou six coups de fusil dont deux ou trois blessèrent le sieur des Londes. Il y avait une querelle entre les sieurs d'Ouilly et de Beauvoisière. » — On voit quelles étaient les mœurs des gentilshommes « dans le Bocage normand à la plus brillante époque du règne de Louis XIV. » — Cet Alexis Guéroult, seigneur de Rouvrou, eut une fin digne de sa vie. Sur le refus de deux de ses vassaux de prendre part à une chasse au loup, il vint les chercher jusque dans leur maison, hameau de la Branle. Ils s'y étaient barricadés. Le seigneur de Rouvrou commanda à ses domestiques d'enfoncer la fenêtre; comme elle était trop petite pour donner passage à un homme, il la fit agrandir à coups de pioche, et ses domestiques hésitant à entrer, il se précipita le premier dans leur maison. Aussitôt il tomba le crâne fendu à coup de dolloire. C'est l'instrument qui sert à tailler les sabots » (1).

Laissons là le « bon vieux temps » et continuons notre route. A peine arrivée au niveau de la rivière, elle remonte rapidement. Suivons-la jusqu'au point d'origine d'une longue arête de rochers dont la tranche en haut n'a pas même un mètre de large et dont les flancs sont presque partout verticaux. Engageons-nous sur la crête de cette haute muraille, formée de phyllades dont les couches

---

(1) LAINÉ DE NÉEL. *Histoire du marquisat de Ségris*, cité par LA FERRIÈRE-PERCY dans son *Histoire du canton d'Athis*, p. 270.

sont complètement redressées. Sous nos pieds, à notre droite, la rivière et au delà les maisons de campagne, se détachant sur le fond couvert de sapins des hauteurs de Ségrie; sous nos pieds, à notre gauche, encore la rivière qui s'éloigne ensuite, en décrivant une courbe magnifique au pied des escarpements de la chaîne principale. C'est que la Rouvre n'a pu parvenir à percer le mur redressé des phyllades qui barraient son cours. Elle a été réduite à se replier complètement sur elle-même pour le contourner.

En face de nous, l'extrémité de notre arête est enveloppée par un demi-cercle de rochers à pic, au bas desquels est un moulin, dont le site ne le cède pas en charme à celui de Taillebois et dont l'entourage est encore plus pittoresque. Descendons dans cette direction, repassons sur la rive gauche

Vue de Rouvrou.
D'après une photographie de M. A. Monet.

de la Rouvre et suivons la base des rochers du Cul-de-Rouvre, jusqu'à l'endroit où leurs parois verticales feront place à une pente raide mais praticable. Escaladons-la et atteignons Saint-Philbert, puis continuant à monter et revenant vers le sud, nous parviendrons sur le plateau. De là, nous avons une perspective étendue sur Ségrie-Fontaine et, au fond, sur les hauteurs du Repas. Elle ne diffère guère de tout ce que nous avons vu depuis les Tourailles. Nous continuons pourtant à marcher vers le midi, nous arrivons au bord d'une lande à l'autre extrémité de laquelle des blocs de rochers dépassent un peu les têtes des ajoncs. Un sentier s'ouvre devant nous; nous le prenons, nous touchons aux blocs aperçus de loin, et nous faisons un mouvement pour nous rejeter en arrière. C'est qu'à deux mètres plus loin, sans que rien ait pu avant nous le faire soupçonner, le sol manque sous nos pas; devant nous, s'ouvre un abîme béant de plus de 100 mètres de profondeur. Nous sommes sur la crête de Roche-d'Oitre. Elle se découpe en promontoires surplombant le précipice; au fond d'un ravin farouche, tout assombri de bois, la Rouvre se fraie avec peine sa voie à travers les quartiers de poudingue tombés des parois de Roche-d'Oitre; le torrent trace au milieu du ravin un large sillon d'argent. Nous resterons longtemps à suivre du regard les jeux de la lumière sur ce magnifique ensemble; les rudes saillies du poudingue cambrien projettent des ombres profondes qui dessinent à Roche-d'Oitre un relief superbe; les couches, doucement inclinées vers le nord-ouest qui forment sa masse, sont d'une couleur pourpre foncé à laquelle le soleil donne des valeurs extraordinaires. Rien de plus grandiose que cette ruine encore si robuste, dernier vestige d'un continent qui est parmi les plus anciens dont notre globe ait gardé la trace. Incalculable est le nombre de milliers de siècles dont Roche-d'Oitre supporte le poids sans qu'ils aient encore pu l'écraser entièrement.

A trente mètres environ au-dessous de la cime qui forme un plateau horizontal, s'ouvre non pas une caverne, comme l'ont écrit ceux qui ne l'ont jamais visitée, mais un simple creux produit par le détachement d'un gros quartier de roc. Ce creux n'a pas deux mètres de profondeur; il est impossible d'y trouver un abri; pour l'atteindre, il faut suivre, aux flancs de la muraille de Roche-d'Oitre, une corniche de quelques centimètres de large et d'une très grande raideur; elle n'est accessible qu'à ceux qui ont le pied sûr et la tête ferme. Celui qui écrit ces lignes a vainement cherché dans le trou de Roche-d'Oitre les vestiges de l'homme préhistorique qu'il espérait y trouver : c'est qu'aussi il est absolument inhabitable. Pourtant, certains auteurs prétendent que cette anfractuosité, qu'ils s'imaginent être une spacieuse caverne, a servi d'abri pendant la Terreur. Le malheur est qu'ils ne sont pas d'accord sur le personnage auquel ils y font trouver un refuge assuré. De La Sicotière (*Louis de Frotté*, t. I, p. 149, t. II, p. 620. *Orne archéologique*, p. 271) dit que c'est Frotté, le célèbre chef de la Chouannerie; mais le très savant et très intéressant auteur de l'histoire des Insurrections normandes ajoute prudemment que la tradition n'est pas sûre.

Le comte de la Ferrière Percy (*Histoire du canton d'Athis*, p. 286) y place un certain de Noirville qui fut le dernier et justement détesté seigneur de Rouvrou (La Ferrière, *op. cit.*, p. 420 et 421. Lainé (de Néel) (*Histoires des antiquités du marquisat de Ségrie-Fontaine*, p. 144) y met d'autres proscrits.

L'inanité de toutes ces légendes est démontrée par la visite des lieux; mais il y a une chose qu'une excursion à Roche-d'Oitre ne prouvera pas moins : c'est qu'elle est une des merveilles de l'Orne

ALFRED MONOD.

LE CHATEAU DE SÉGRIE-FONTAINE

Au moment où éclata la Révolution, les trois seigneuries de la Lande, de Rouvrou et de Ségrie n'en formaient plus qu'une seule, possédée par Noël-Alexandre Fouasse de Noirville.

Les premiers seigneurs, dont le nom soit parvenu jusqu'à nous, étaient, pour la Lande et Ségrie, les de la Pommeraye.

D'après le comte de La Ferrière, et conformément à l'opinion de quelques autres érudits, la Lande-Saint-Siméon fut le centre le plus important d'habitation, à ces époques reculées où les indigènes cherchaient refuge au milieu des marécages.

Des coins de terre portent encore les noms suggestifs de Champs de la Ville, Camp Barri, Cour Héline, Chênes-aux-Dieux, de carrefour des Épeylets, rues Bourdon et de la Salerie.

Les morceaux de bois équarris et calcinés, que l'on a retrouvés dans des fondrières et des détritus de toute sorte, indiquent l'endroit où les cases avaient été groupées.

Des fouilles pratiquées dans le Camp Barri, à l'occasion d'une plantation de pommiers, ont amené la découverte de trois pièces de monnaie romaine à l'effigie de Néron et de Nerva, d'une hachette en pierre de jade, d'une autre en jade moins pure; des champs peu éloignés ont fourni deux autres hachettes de même nature, et sur l'éminence du Saulcey on a ramassé cinq hachettes et deux piques de bronze.

A l'époque de la réorganisation normande, les seigneurs d'Annebecq se retirèrent à Rânes; ceux de la Lande se fixèrent d'abord auprès de l'église paroissiale. Ils y construisirent un manoir et un *manet* (grand et petit château) et, après les croisades, une léproserie.

Un litige, qui s'était élevé entre les moines de Saint-Étienne de Caen et ceux d'une autre abbaye, au sujet de cet établissement, détermina l'envoi d'un bref du Pape, que l'on voyait encore dernièrement dans les archives de la mairie. Près du bourg, se trouvent une fontaine et une mare que l'on désigne toujours sous les noms de fontaine et de mare du Montier.

Au XV° siècle, les de Rupière, nouveaux seigneurs, délaissèrent l'antique demeure des ancêtres et se fixèrent sur les hauteurs de Ségrie.

L'emplacement était heureusement choisi. Des digues puissantes arrêtèrent le ruisseau qui coule dans la vallée et formèrent de vastes étangs, où l'on voit maintenant de vertes prairies. De belles avenues sillonnèrent le domaine. Toutes les éminences furent garnies de hêtres et de chênes qui firent ressembler le pays à un parc merveilleux.

L'on adossa à la futaie voisine du château une longue terrasse d'où l'on pouvait aisément découvrir les coteaux dorés du Calvados, Roche-d'Oitre et les innombrables contours que la Rouvre a été forcée de faire, afin de pratiquer son passage à travers un sol tourmenté.

Les de Rupière commencèrent à bâtir sur la fin du XVe siècle. Ils entreprirent d'abord la construction des communs. On admire encore un long corps de logis, au toit à double pente, bordé par des rampants de granit, avec têtes sculptées et choux frisés. Le porche monumental qui s'ouvre à l'une des extrémités, les fenêtres à meneaux et croisée, aujourd'hui en partie refaites, les gracieuses lucarnes témoignent du sens artistique des ouvriers de cette lointaine époque.

Ferme du château de Ségrie-Fontaine.
D'après une photographie de M. R. Mégrêt.

Pour des motifs que nous ignorons, les de Rupière interrompirent leurs entreprises, et, par le mariage d'une des héritières, Barbe Cousin, Ségrie passa, vers 1612, aux mains de Nicolas de Vanembras, déjà seigneur de la Coulonche et de la Sauvagère. A cette époque, et non en 1571, comme l'affirme Lainé de Néel, Ségrie fut érigé en marquisat. (Cf. DE CONTADES, La Sauvagère.) La reconstruction du château, dont le plan est conservé au château d'Houville, près Chartres, fut retardée jusqu'en 1786. Étienne de Vanembras n'ayant pas laissé d'enfants, le chevalier de Préaux, son héritier, vendit le marquisat de Ségrie à Pierre-Alexandre de Noirville (1733). Le même acheta en 1738, la baronnie de Rouvrou et y fixa sa résidence.

Ce domaine, comme celui de la Lande, avait une origine plus ancienne et une plus grande importance féodale que celui de Ségrie. Il devint, nous ne savons à quelle époque, le siège d'une baronnie. Au XIVe siècle, il appartenait aux de Mcheudin, baron d'Annebecq et seigneur de Rânes. Par le mariage de sa petite-fille, Marguerite d'Husson, il échut à Samson de Saint-Germain, avec beaucoup d'autres seigneuries. A sa mort, arrivée en 1464, son troisième fils eut Rouvrou en partage. Cent ans plus tard, un de Saint-Germain de Rouvrou se jetait dans le parti protestant, prenait part à vingt combats, était l'un des plus intrépides capitaines de Gabriel de Montgommery, et succomba au siège de Vire, avec son voisin, Jacques de Vassy, sieur de la Forêt-Auvray.

En 1691, la terre de Rouvrou passa aux de Guéroult, dont le dernier fut assommé par des braconniers du Mesnil-Hubert que le baron avait eu la témérité d'aller châtier dans leurs huttes de sabotiers. Jacques de la Roque lui succéda en 1720, et Pierre-Alexandre Fouasse de Noirville en 1738.

Tout près du château, qui n'a rien de bien remarquable, la piété des Tesson, premiers seigneurs du lieu, avait fondé, au Xe siècle, un prieuré assez richement doté. La chapelle, convertie en église paroissiale, possède un très joli portail roman. Il reste, de l'ancien chœur, au chevet de la demeure qui servit aux moines, une arcature du même style, dont le mérite a été signalé par le comte de la Ferrière.

Récemment anoblis et nouveaux venus dans le pays, les de Noirville se montrèrent trop exigeants et trop durs envers leurs tenanciers. Quand Noël-Alexandre commença son château de Ségrie, les rigueurs redoublèrent encore. Jean-François de Saint-Germain, seigneur d'Athis, lui fit parvenir, par l'intermédiaire de son intendant, quelques observations sur les inconvénients de pareils procédés. De Noirville eut le tort de ne vouloir rien entendre. Mal lui en prit.

Le 14 juillet 1789, la foule ameutée envahit sa demeure, l'abreuve d'humiliations, le souille d'ordures, le promène dans l'étang à l'aide de deux cordes, et le meurtrit de coups. A la faveur de la nuit, de Noirville put se dérober et se cacher dans les grottes de Roche-d'Oitre, guidé et soutenu par un fidèle serviteur. De là il se rendit aux Iles-Bardel, où il fut de nouveau en butte à de cruelles et ignobles vexations.

A son arrivée à Falaise, il veut apaiser les esprits et sauver son château en renonçant par acte notarié à ses droits féodaux. L'irritation était trop grande : le château fut pillé malgré les promesses du père et la présence du fils, accouru de Falaise avec douze hommes de son régiment.

Les de Noirville partirent pour l'exil, et, quelques années plus tard, l'immense bâtisse de quarante-cinq pas de long fut vendue à l'encan et détruite ; les trois cent soixante-cinq fenêtres, les larges vestibules, les salles aux dimensions grandioses, tout, jusqu'à la lanterne inachevée, tomba sous la pioche des démolisseurs.

Après leur départ, un des intendants, Penin, injurié et menacé par un journalier, lui déchargea son fusil en pleine poitrine et l'étendit mort à ses pieds.

De tels événements impressionnèrent mal les héritiers de M. de Noirville. A son retour de l'émigration, le fils de Noël-Alexandre se retira au château des Yveteaux, où il est mort au milieu du siècle, et sa fille Élisabeth, épouse d'André de la Pommeraye, se fixa à Caen, vendit Rouvrou et son parc de 24 hectares à M. Durand (1816). Une partie de la Lande devint la propriété du conventionnel Bertrand l'Hodiesnière. Ségrie, après avoir été vendu et revendu, n'est plus habité que par des fermiers.

C. MACÉ,
Curé-Doyen d'Athis.

SAINTE-HONORINE-LA-CHARDONNE

LA BODERIE. — SAINT-SAUVEUR

Le bourg de Sainte-Honorine n'offre en fait de monuments que son église. Le chœur et les deux chapelles seigneuriales sont de la fin du XVe siècle ainsi que l'indiquent les contreforts d'angle et les grandes fenêtres ogivales à meneaux prismatiques. La chapelle du nord appartient à la maison de Saint-Sauveur. Les Payen de la Poupelière construisirent celle du midi. La fenêtre en est travaillée avec art et la clef de voûte, qu'un excès de prudence a fait descendre, offrait en relief les armoiries de cette maison. Par un douloureux contraste, moins d'un siècle après, l'un de ces Payen se faisait l'introducteur et le fauteur du Protestantisme dans le pays, fermait cette même église de Sainte-Honorine et en chassait les prêtres catholiques.

Église de Sainte-Honorine-la-Chardonne.
D'après une photographie de M. H. Magros.

LA BODERIE

La Boderie ne fut qu'une très modeste gentilhommière du XVe siècle. La propriété est arrosée par le Lambron, petit ruisseau chanté par Guy de la Boderie au XVIe siècle. On y avait formé des étangs, creusé des bassins, dressé une terrasse, aligné un vaste jardin. L'avenue, de près d'un kilomètre de longueur, était garnie de quatre rangées de hêtres vigoureux ; mais, malgré sa porte en ogive et sa belle croisée, l'habitation ne pouvait être qu'un pauvre logis.

La famille de la Boderie eut quelques années de célébrité. Ses hommes illustres sont presque tous du XVIe siècle. Guy Lefèvre de la Boderie naquit en 1541, devint très jeune un orientaliste distingué, put écrire et parler huit à dix langues mortes ou vivantes, fut nommé précepteur du duc d'Alençon, qui monta sur le trône et régna sous le nom d'Henri III, composa de savants ouvrages et mourut en 1598.

Son frère Nicolas fut son collaborateur. Antoine entra dans la diplomatie et devint ambassadeur sous Henri IV. Pierre assista à la bataille de Lépante et fut tué, en 1574, au siège de Saint-Lô, où Matignon l'avait envoyé. Philippe, ligueur passionné, succomba à Pont-Audemer, dont il dirigeait le siège.

En 1636, Mathieu de la Boderie contribua à la conversion de plusieurs protestants de Sainte-Honorine, et enfin Constantin de la Boderie, curé d'Athis, adressa à l'évêque de Bayeux, le 31 décembre 1774, un instructif rapport sur la mendicité, que le P. Bernier, docteur ès-lettres, a inséré dans sa thèse intitulée : *Le Tiers-État rural de Basse-Normandie*.

SAINT-SAUVEUR

Le château de Saint-Sauveur a l'aspect triste et désolé des lieux inhabités. C'est un édifice du genre Louis XIII, avec cour d'honneur, balustrades, douves, terrasses et jardins. Il présente un corps de logis flanqué de deux ailes, avec deux étages de fenêtres, surmontées d'élégantes lucarnes.

Une futaie de hêtres et une longue avenue appelée *chasse*, des bois taillis et des bosquets d'arbres de diverses essences lui forment une demi-couronne de verdure.

Saint-Sauveur, qui appartint aux Le Boisne, fut acheté par Marguerin de Grésille, en 1505. Cette acquisition fut le principe de nombreux embarras et de graves difficultés avec la famille Payen de la Poupelière. Marguerin mourut empoisonné à Falaise, en 1521. Son fils Nicolas se vit, par trois fois, dépossédé de son château et conduit par son terrible voisin, Guillaume Payen, dans les prisons de Pontorson et d'Avranches, où Montgommery, le chef politique du protestantisme en la contrée, était maître absolu.

Son successeur, Louis de Grésille, épousa Madeleine de Mesnage, fille de l'ambassadeur de France auprès de Charles-Quint. Leur fils Jacob obtint,

Château de Saint-Sauveur.
D'après une photographie de M. Lair.

en considération de ses loyaux services, l'autorisation de porter le nom de Saint-Sauveur, et ses terres furent érigées en plein fief de haubert avec titre de baronnie. Il construisit le château actuel.

Voués au parti des armes, braves guerriers, les Saint-Sauveur étaient aussi de hardis chasseurs, jaloux de maintenir leur privilège. Vers 1720, un jeune homme du village du Fang, en Berjou, surpris par les gardes, s'enfuyait à toutes jambes. On lança à sa poursuite un chien vigoureux; le fugitif se retourne et tue le chien. Peu après, effrayé de son aventure, il quittait le pays et se réfugiait à Paris, où il exerça l'état de boucher. Sa fille, d'une rare beauté, est devenue, on sait comment, Madame de Pompadour.

Un autre Saint-Sauveur infligeait cette vengeance originale à un autre braconnier :

« Monte sur ma jument, lui dit-il, et attends-moi là. » Peu après, le baron, qui s'était malicieusement arrêté au sommet d'un de ses bois, ordonna à son garde de sonner du cor. A cet appel, la bête tressaillit, partit comme un trait à travers les broussailles et éraflà de la belle manière son cavalier d'occasion. On en rit encore dans le pays.

A la Révolution, Claude-Michel de Saint-Sauveur émigra et mourut à Verviers, pays de Liège, le 17 novembre 1793.

Dix-huit ans plus tard, son fils aîné, Henri de Saint-Sauveur, voulut rejoindre Louis de la Rochejacquelein qui, aux Cents-Jours, fit soulever l'ancienne armée de son frère.

Parti malgré les supplications de sa femme, Henriette de Guerpel, malgré les larmes de son jeune fils, Sosthène, et les instances de ses serviteurs et de ses amis, il arriva à Cossé-le-Vivien le soir du 27 mai 1815. Les bataillons insurgés du général d'Andigné de Sainte-Gemmes venaient de s'y installer.

La nuit suivante, vers deux heures du matin, la fusillade retentissait dans les rues. Une troupe de gendarmes, accourue de Laval, avait pu surprendre les royalistes. Les mémoires du major de Guesdon, que nous avons récemment découverts, nous ont appris la triste fin du baron. Voici le texte:

« Ceux des nôtres qui périrent, furent massacrés alors qu'ils sortaient des écuries avec leurs chevaux. Un M. de Saint-Sauveur, venu des environs de Caen pour rejoindre M. de la Rochejacquelein, fut rencontré par les gendarmes au moment où il conduisait son cheval dans la rue; il avait une cravache à la main. On le fusilla sur-le-champ; et, parce qu'on trouva beaucoup d'or sur lui, on crut qu'il était le trésorier de notre petite armée. »

Ce M. de Saint-Sauveur, tué à Cossé, était le baron Henri de Saint-Sauveur de Sainte-Honorine-la-Chardonne. Sa mère, Aglaé de Morell d'Aubigny, qui s'était servie de l'influence de François Le Gonidec, ancien officier de l'armée de Charette, pour engager son fils à partir en Vendée, écrivit tristement sur le manuscrit où elle avait consigné ses souvenirs de la Révolution : « Mon fils est mort à 34 ans, victime de sa bravoure et de son zèle pour Louis XVIII. Sa perte a mis le comble aux malheurs de son infortunée mère. »

C. Macé,
Curé-Doyen d'Athis.

CHÂTEAU DE LA ROUPELIÈRE

LA POUPELIÈRE

Le château actuel de la Poupelière, avec son vaste hall, ses baies largement ouvertes donnant vue sur le parc et sur la vallée voisine, ne rappelle en rien le sombre manoir aux fenêtres étroites et grillées, aux murs épais, aux doubles portes garnies de ferrures capables de résister à un assaut, aux fossés profonds, dont les Payen, au XIVe siècle, firent sinon une forteresse, tout au moins une place de refuge pour les protestants de la région.

De cette construction, remontant peut-être au temps de Philippe le Bel, — en 1292, la vavassorie de la Poupelière arriva aux Payen par le mariage de l'un d'eux avec une riche héritière du pays, Catherine de Brescey, — rien ne subsiste que la chapelle, qui rappelle des souvenirs chers aux réformés, tandis que le manoir, survivant mutilé de nos guerres civiles, conservait dans sa ruine même l'aspect farouche et terrible qu'il avait au temps où la religion devint le prétexte d'une véritable guerre sociale, qui répandit la désolation jusque dans nos paisibles vallées.

Un lierre touffu couvre les murs de la chapelle et ajoute à son aspect vénérable. Une cloche du XVIe siècle, jadis placée dans un campanile, occupe la place d'honneur dans le sanctuaire, parce que c'est elle qui sonna le tocsin dans la nuit historique où le culte réformé fut inauguré au cœur du Bocage.

Une nuit, dit M. le comte de la Ferrière, Guillaume Payen, secrètement gagné aux idées de la Réforme et en correspondance avec leurs propagateurs, fait sonner cette cloche à toute volée. Réveillés dans leur premier sommeil, les gens des villages voisins

La Chapelle.

accourent en foule au château, croyant à un incendie; et qu'y trouvent-ils ? un ministre protestant, venu tout récemment de Jersey, Guillaume Berthelot, qui, cette nuit-là, fit son premier prêche dans notre Bocage. A Berthelot se joignit un vicaire de Vassy, passé dans le camp des calvinistes. Le sire de Vassy, lui-même, suivi bientôt du seigneur de Rouvrou, du seigneur de la Fressengère, fief de la paroisse d'Athis, le bailli de Condé se déclarèrent hautement protestants.

Bientôt la chapelle de la Poupelière ne suffit plus à contenir les fidèles du nouveau culte. Berthelot va prêcher tour à tour au bourg voisin de Sainte-Honorine et dans les villages de la Vallée et de la Ménardière. Il étend sa propagande dans les communes environnantes et se fait entendre à Berjou, au village des Cours, à Athis, au village de la Quentinière, à Ronfeugeray, où plus tard s'éleva un temple protestant.

Une lutte violente ne pouvait manquer d'éclater entre les catholiques et les réformés. Se sentant les moins nombreux et les moins forts, ceux-ci prirent l'offensive. Les deux curés de Sainte-Honorine, menacés de mort, n'eurent que le temps de s'enfuir pour éviter le sort des trois prêtres de Clé[cé] et du curé de Villers, qu'on venait de massacrer. De concert avec les gentilshommes ses voisins, le sire de la Poupelière avait levé une compagnie de gens de pied, équipé quelques cavaliers, et s'était mis en communication avec Montgommery. Un soir, le 31 août 1562, il surprend Vire; mais la ville n'est pas tenable, et bientôt il y est attaqué, à son tour, par le duc d'Étampes et par Matignon. Après une défense héroïque, La Poupelière tomba aux mains des gens de Matignon, et ne dut la vie et la liberté qu'au dévouement de Françoise de Pommereul, sa femme. Que devint-il ensuite? nous l'ignorons. Ce qui est certain, c'est qu'il exerça de terribles représailles sur ses voisins catholiques. Il saccagea le château de Saint-Sauveur, voisin du sien, et traita de même l'habitation du sieur Delozier, à Ménil-Hubert.

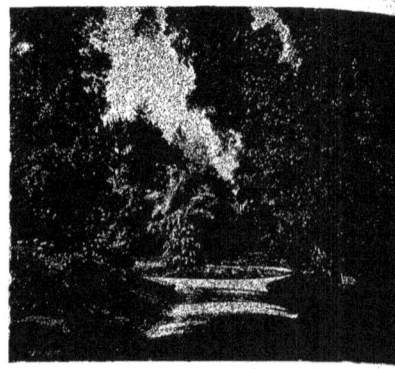

Le Parc.
D'après une photographie de M. H. Magne.

L'Étang.
D'après une photographie de M. H. Magne.

Suzanne, sa fille unique, dame d'honneur de Madame, sœur unique du roi, épousa Jacques Lefèvre, sieur du Radier, dont la petite-fille, Anne Lefèvre, fut l'héroïne d'un roman dont on trouve le récit dans l'*Histoire du canton d'Athis*. « Le jour même de l'enterrement de son grand-père et pendant qu'on lui rendait les derniers devoirs, elle fut enlevée du château de la Poupelière, et, chose étrange, il y eut un moment où sa mère et son tuteur Jacques Poret, seigneur de Berjou, s'accusèrent réciproquement de cet enlèvement: la mère prétendant que Jacques Poret avait la pensée de marier cette jeune fille à son fils; le tuteur, de son côté, accusant la mère d'agir dans des vues d'intérêt, et de s'être fait assister dans l'enlèvement de sa fille, par M. de Baudre, sieur de la Vallée, qu'elle épousa depuis... La justice était déroutée; mais heureusement tout s'éclaircit, et la jeune fille, cause de ce singulier conflit, fut enfin retrouvée: la mère l'avait placée en lieu sûr; elle finit par épouser, en 1669, Isaac Auvray, seigneur de Bernay-sur-Orne. »

Une héritière des Auvray apporta en dot, en 1775, à François Legonidec, la terre de la Poupelière. Un de ses petits-fils fut député de l'Orne en 1825.

Devenu la propriété de M. Hardy-Lafosse, conseiller général de l'Orne, le château de la Poupelière a été reconstruit récemment par son petit-fils, M. André Velay.

Louis Duval.

LES TOURAILLES

Le château des Tourailles a sa légende de la dame aux vingt-quatre garçons ; la mort de Montchrestien fournit à l'hôtellerie de Saint-Martin son chapitre d'histoire ; la légende et l'histoire se donnent la main dans la chapelle de Notre-Dame de Recouvrance.

La légende de la « Dame des Tourailles » repose-t-elle sur un document sérieux ? La robuste et féconde châtelaine qui dut envoyer ses vingt-quatre garçons au service du roi et qui put les rassembler autour de son lit de mort, vivait-elle avant Philippine Bertrand, qui apporta la seigneurie des Tourailles à Jehan Turgot, en 1445 ? Était-ce Philippine Bertrand elle-même, comme l'indique M. de Vaudichon dans sa notice ? Parmi les nombreuses dames de la famille Turgot, qui posséda les Tourailles pendant trois cents ans, ne cite-t-on pas une mère de vingt-deux garçons dont les registres de baptême ou les papiers de famille ont dû garder les noms ? Claude Turgot, qui débarrassa si militairement le pays du condottiere Montchrestien, fit-il à lui seul la besogne des « vingt-quatre » gentilshommes de la maison du Roi, parmi lesquels il avait l'honneur de servir ? Quel que soit le canevas, il disparaît sous la broderie.

Claude Turgot fut le principal acteur de la tragédie du 7 octobre 1621.

Ce jeudi-là, vers dix heures du soir, une troupe de huit hommes armés jusqu'aux dents arrivait à l'hôtellerie de Saint-Martin, s'arrêtait pour souper et faire rafraîchir les chevaux. Les temps étaient troublés ; les guerres de religion avaient laissé le souvenir encore récent de leurs sanglants excès. On parlait de réunions dans la forêt d'Andaines ; Carrouges avait failli être pris d'assaut. MM. de Longueville et de Matignon étaient au pays normand, guettant, disait-on, les faits et gestes du fameux Montchrestien de Falaise, qui devait être le chef de la bande. A défaut du signalement exact, l'hôtelier Lemancel, jugeant les gens à leur mine, leur servit à souper dans une chambre haute et monta rapidement au château pour prévenir son jeune seigneur, Claude Turgot, de l'arrivée de gens suspects. Turgot rassemble à la hâte amis et voisins et surprend les étrangers sortant de table. Sommé par huissier de dire son nom, Montchrestien répond qu'il s'appelle Champeaux et gagne la porte. Elle est gardée, l'escalier est occupé par les amis de Turgot. Montchrestien fait feu, en tue trois et tombe mort. Son valet, grièvement blessé, reste sur la place. Les six autres huguenots prennent la fuite. On sait comment le corps de Montchrestien fut traîné sur la claie à Domfront, « bruslé et réduit en cendres et les cendres jetées au vent par l'exécuteur des sentences criminelles » sur la place de la Brière.

Si l'on joint au récit de cette tuerie l'épilogue de la fin d'octobre, où l'on pendit à Rouen, avec sept complices de Montchrestien, le valet Pierre Paris, malgré son genou fracassé et la complaisance de sa langue, on conviendra qu'aucune des six tragédies de Montchrestien de Vasteville ne met en scène aucun dénouement aussi sanglant que le dernier chapitre de sa propre vie.

La vieille hôtellerie est encore debout. Le château des Tourailles est resté pendant trois siècles la propriété des Turgot. Jean-René-Charles de Prouverre de la Cressionnière en fit l'acquisition vers le milieu du XVIIIe siècle. « Le logis principal », d'après un aveu cité par M. de la Ferrière, « était, par derrière, flanqué de tours ; deux pavillons étaient placés aux deux angles de l'enceinte ; dans la cour du manoir se voyaient deux jets d'eau de belle hauteur. Cette cour était fermée par des tours et des douves ; un pont-levis faisait face à l'avenue ; un second pont-levis donnait accès au jardin où il y avait également un jet d'eau de quinze pieds de hauteur et une grande allée servant de pro-

Le Château des Tourailles.

menoir. » L'avant-dernier propriétaire, mort il y a quelques années, M. Gustave de Vaudichon, ancien préfet, héritier des Prouverre, l'a fait restaurer avec goût et intelligence.

Le pèlerinage de Notre-Dame des Tourailles remonte à la plus haute antiquité. L'extrême simplicité de sa chapelle, « blottie contre le mur roman » d'une église humble elle-même, semblait, jusqu'à ces dernières années, convenir plutôt à l'oratoire d'un ermitage qu'à un sanctuaire fréquenté. Sans s'arrêter aux difficultés matérielles du temps et de la dépense, deux prêtres zélés ont entrepris d'élever aux Tourailles un édifice chrétien digne de la piété des fidèles et de la charité des pèlerins. Celle-ci leur permettra d'achever leur saint et patriotique dessein. Quel que soit son scepticisme apparent, notre siècle ne le cède point en générosité aux époques les plus croyantes du moyen âge.

Quelles sont les grâces que vont demander les pèlerins à la *Madona del ricovero?*

Dans sa bulle datée du 23 septembre 1696, le pape Innocent XII les engageait à aller aux

Tourailles « *ut ibi pro christianorum principumconcordiâ, heresiæ extirpatione ac Sanctæ Matris Ecclesiæ exaltatione pias preces ad Deum effuderint* ».

Depuis longtemps le « Viage » avait une autre spécialité :

> « Au temps où l'on croyait en mariant ses filles
> Que le bon Dieu bénit les nombreuses familles,
> Les femmes s'y rendaient avec simplicité
> Pour implorer le don de la fécondité.
> Sans y chercher malice et sans peur des risées,
> Les hommes y venaient avec leurs épousées
> Et parfois, du passé méditant les leçons,
> Ils songeaient à la dame aux vingt-quatre garçons. »

Vingt ans avant la tragédie du 7 octobre 1621, en 1601, Isaac Eudes, de la paroisse de Ry, homme de bien, droit de cœur et bon chrétien, vint aux Tourailles avec Marthe Corbin, sa digne compagne. « Une seule jouissance manquait à cet heureux époux », dit l'historien du P. Eudes ; « mariés depuis trois ans, ils n'avaient pas encore d'enfant. Pleins de cette vive foy à laquelle il semble que Dieu ne peut rien refuser, ils firent vœu, de concert, d'aller à Notre-Dame de Recouvrance, chapelle dédiée à la Sainte-Vierge dans la paroisse des Tourailles, distante de Ry d'environ deux lieues, et d'y faire leurs dévotions pour demander à Dieu, par l'intercession de la Très Sainte-Vierge, de féconder leur union. Dieu exauça la prière de la foy. Marthe mit au monde, le 14 septembre, un fils auquel on donna le nom de Jean. »

Les Eudes firent souche de saints, de généreux citoyens et de bons français. « Nous sommes trois frères », répondait fièrement le jeune Charles d'Houay en parlant du vénérable P. Eudes, de François de Mezeray et de lui-même ; « nous sommes trois frères adorateurs de la vérité : l'aîné la prêche, le second l'écrit, et moi je la défendrai jusqu'à mon dernier soupir. »

Notre-Dame de Recouvrance.
D'après une photographie de M. R. Nugen.

Que les pèlerins attardés et les touristes noctambules qui passent au clair de lune par le carrefour du chemin du Roi, disent un *De Profundis* pour le repos de l'âme des sacrilèges qui abattirent la Sainte-Vierge et mutilèrent le Calvaire en 1793, puis, qu'ils se rassurent. Si le passé eut ses heures horribles de justice et d'égarement, le présent, aux Tourailles, est tout à l'oubli et au pardon des injures. Le château garde sans taches ses souvenirs d'honneur et ses héroïques légendes, et Notre-Dame de Recouvrance est prête à prodiguer dans l'église neuve les grâces qu'elle dispensait dans sa pauvre chapelle.

GUSTAVE LE VAVASSEUR.

LA CHAPELLE SAINT-AUVIEU ET L'ÉGLISE DE PASSAIS

A l'extrémité occidentale du département de l'Orne, à douze kilomètres de Domfront, sur la ligne du chemin de fer de Domfront à Mayenne, se trouve Passais-la-Conception.

Cette dénomination de Passais ne désignait pas autrefois une localité particulière, mais une région entière qui s'étendait sur les confins de la Basse-Normandie et le Haut-Maine.

Le Passais dut rester longtemps à l'état de forêt, comme l'indiquent encore bien des noms de villages, ainsi que certaines éclaircies faites à travers bois, et l'on y remarque plusieurs soulèvements dioritiques avec *galeries* ou *alignements* naturels, ainsi qu'avec des pierres levées ou menhirs déchaussés par le *diluvium*; en un mot, avec tous ces jeux de la nature que les Gaulois semblent avoir recherchés sinon imités à l'époque celtique.

Tout porte donc à croire que le druidisme était fortement installé dans le Passais, et qu'il subsista longtemps dans cette retraite où les Celtes trouvaient en grand le bois et la pierre, c'est-à-dire les deux éléments du culte druidique.

Quoique l'évêché du Mans, dont a relevé le *Passais Normand*, comme le *Passais Manceau*, jusqu'à l'organisation nouvelle, remonte à la fin du IIe ou IIIe siècle, cependant le Passais n'était pas encore évangélisé au VIe; mais c'était, ce semble, la seule partie de ce vaste diocèse dans laquelle le paganisme se fût réfugié, bien que les Francs se soient établis de bonne heure dans le bassin de la Pisse, comme, non loin de là, dans le bassin de la Sonce.

En effet, ce fut au commencement du VIe siècle que l'évêque du Mans, saint Innocent (486-542), envoya dans le Passais, pour achever son évangélisation, une pléiade de saints missionnaires originaires, pour la plupart, de l'Aquitaine et de l'Auvergne et venus du célèbre monastère mérovingien de Micy (près d'Orléans).

Parmi ces confesseurs de la foi se trouvaient saint Auvieu, qui fonda dans le Passais Normand un monastère mérovingien, comme saint Ernier à Ceaucé; et ce monastère, construit sur un domaine que lui avait concédé l'évêque du Mans, ne tarda pas à être enrichi par des libéralités royales.

Ce fut à Saint-Auvieu même que mourut, en 595, le saint missionnaire du Passais, et l'on montre encore, au nord de la chapelle actuelle, le lieu de sa sépulture et l'endroit où, suivant la tradition, était la pierre tombale posée sur ses colonnettes.

Lorsque la paix eut été rendue à ces contrées par la conversion de Rollon, les habitants du Passais, voyant que l'ancienne église de Saint-Pierre était détruite, en établirent une autre sur l'emplacement de l'Oratoire, en utilisant une partie de la construction primitive. Cette chapelle ne tarda pas à être érigée en église paroissiale et elle est restée église paroissiale depuis le XIe siècle jusqu'en 1477, époque de la fondation de la paroisse de Passais-la-Conception. L'église paroissiale fut alors transportée dans le lieu qui est devenu le bourg actuel de Passais, distant de trois kilomètres du sanctuaire consacré à saint Auvieu. Les seigneurs de Saint-Auvieu, connus depuis longtemps sous le nom d'Achard de Saint-Auvieu, obtinrent même de Louis XI que l'église de Saint-Alvée ou Auvieu, conserverait le titre de paroisse, pour le château et les fermes voisines. Cette église, qui était desservie par un prêtre indépendant de la cure de Passais, fut en possession de ce privilège jusqu'en 1725 ou 1730, où elle fut, avec le territoire qui en dépendait, réunie à la paroisse de Passais.

*   *
*

La chapelle Saint-Auvieu et ancienne église de Passais, abandonnée et convertie aujourd'hui pour la plus grande partie en appartement de décharge, mériterait de fixer l'attention et d'être conservée, tant à cause des souvenirs qu'elle rappelle que de sa haute antiquité.

Chapelle Saint-Auvieu.
D'après une photographie de M. H. Magron.

Elle se compose de deux parties très distinctes : 1° de la partie à l'est, laquelle a dû former la chapelle primitive de Saint-Auvieu; et, 2° de la partie à l'ouest, annexée ensuite; celle-ci accuse elle-même plusieurs styles des XIe, XIIe, XIIIe et XVe siècles.

Ainsi, ce sera seulement au XVe siècle que l'on aura ouvert au levant, ces deux fenêtres conjuguées en ogive lancette, destinées sans doute à remplacer d'anciennes baies romanes; et la statue de saint Auvieu avec sa chasuble de forme antique peut dater du XIe siècle. Cette statue brisée, qu'on aperçoit au milieu des ruines avec cette inscription : S. Alvée, représente un abbé tenant d'une main une crosse, et de l'autre le livre des Évangiles, symbole de la foi chrétienne, que saint Alvée a répandue dans le Passais.

Enfin, l'ancien autel en pierre, qu'il faut chercher à l'intérieur derrière les planches qui le cachent actuellement, offre tous les caractères du XIIe siècle, avec sa table ornée d'un cavé, son massif triangulaire et les colonnes romanes placées aux deux angles, genre d'autel qui se trouve notamment à Notre-Dame-sur-l'Eau, à Notre-Dame de Vire.

Mais ce qu'il y a de plus caractéristique à Saint-Auvieu, c'est l'appareil de la maçonnerie, lequel annonce en certaines parties une très grande antiquité. Effectivement, à côté de l'appareil en *opus spicatum* ou en *arêtes de poisson*, des XIe et XIIe siècles, que l'on trouve à l'ouest, on distingue encore, au levant de cette ancienne église et chapelle, le petit appareil roman, lequel remonterait au VIe siècle, tandis qu'à Ceaucé, situé à environ 14 kilomètres de Saint-Auvieu, l'ancien monastère de Saint-Ernier avait fait place complètement à l'église qui fut construite au commencement du IXe siècle, par l'évêque du Mans, Francon, pour y déposer les restes de saint Ernier; et bien que l'édifice ait subi des remaniements nombreux aux XIIe et XIIIe siècles et surtout de nos jours, il reste encore du monument carlovingien quelques pans de maçonnerie parfaitement conservés et un petit appareil symétrique d'un modèle très pur, baigné dans du ciment romain.

Des baies romanes qui éclairaient primitivement, au midi, au nord ainsi qu'au levant, l'ancien oratoire de Saint-Auvieu, une seule est restée apparente, celle du midi, petite baie romane étroite et à claveaux, comme les ouvertures de l'époque mérovingienne.

Le lambris de la chapelle est brisé en divers endroits; la couche de plâtre sur laquelle il y avait autrefois de curieuses peintures et motifs héraldiques, qui apparaissent encore çà et là, sous le badigeon actuel, est détachée des murs en plusieurs places. Sur la principale vitre de la chapelle on voyait peint Achard, le célèbre évêque d'Avranches, couvert d'une armure, armoriée en plusieurs endroits aux armes des Achard : *d'azur au lion d'argent;* et chargé de *deux fasces de gueules avec quatre haches d'armes posées en sautoir;* derrière l'écu était un pal surmontant le fleuron de la couronne.

* *

Le château de Saint-Auvieu, peu élevé eu égard à son étendue, est une construction du XVIIe siècle à pavillons carrés, dont les toits sont ornés d'épis en terre de Ger; une cheminée de la cuisine paraît dater du XIIIe siècle; le salon aux lambris de chêne, conservé tel qu'il était autrefois, mérite surtout d'être remarqué.

Le 11 septembre, jour anniversaire de la mort de saint Auvieu, attirait là une grande foule de peuple et avait donné lieu à une foire considérable, qui se tenait au haut des avenues du château de Saint-Auvieu; elle fut transportée à Domfront sous le nom d'*Angevine*.

Château de Saint-Auvieu.
D'après une photographie de M. B. Magron.

* *

L'église actuelle de Passais offre certains caractères analogues à la chapelle Saint-Auvieu, au moins dans ses baies conjuguées à ogive lancette. Cet édifice fut fondé à la fin du XVe siècle par Louis XI

Dans la charte (1) de fondation, en date à Plessis-les-Tours, du mois de novembre 1477, on lit notamment : « Loys par la grâce de Dieu roy de France savoir faisons : Comme par nos autres lettres patentes données à N.-D.-de-Liesse au mois de septembre 1475..... pour l'accomplissement de la promesse, bonne et singulière dévotion..... à la fondation, construction et érection d'une église *paroischiale* en *l'onneur* et *reverence* de la *conception* de la *benoiste* et très glorieuse *Vierge Marie*, mère de Dieu, notre Créateur..... nous avons voulu et ordonné ladite église paroissiale être fondée, dotée et érigée, avec un cymetière et presbitaire, *en certain lieu* d'entre les *boys et forests de Passays* situez et assis en notre pays et duché de Normandie, *sous la spiritualité* de l'évesché du Mans..... avons donné au curé d'icelle cure et à ses successeurs curés les dîmes des terres qui sont et seront défrichées à l'entour des dits boys et forests de Passais. »

Église de Passais. — Vue extérieure.
D'après une photographie de M. H. Magron.

Le premier curé fut Guillaume Le Coq, secrétaire du roi, maître-ès-ars, chanoine de Notre-Dame de Rouen. Le roi lui accordait, pour lui et ses successeurs, 400 acres de terre et *boys* de ladite *forest de Passays* avec toutes leurs appartenances et dépendances; mais les curés de Passais étaient tenus, d'après la charte, de dire une *grande messe sollempnelle* de la Conception de Notre-Dame par *chacun jour de samedy*, que Louis XI entendait être appelée d'ores en avant la *messe du roy*, être célébrée pour ses *progéniteurs* Roys, pour lui et son fils, *Dauphin de Vyennois*, pour ses *successeurs*, *Roys* de France et seigneurs de *Dompfront*. La messe du roi fut célébrée à Passais jusqu'à la Révolution.

Guillaume Le Coq, premier curé de la Conception, entreprit la construction de cette église en 1482 seulement, à peu près au centre de la forêt et du bourg actuel, à l'endroit où quinze ans auparavant Jean Germont, qui lui prêta un concours précieux, avait commencé à défricher la forêt.

Cette église, qui n'offre au reste par elle-même qu'un intérêt relatif, était un bâtiment long d'environ 20 mètres, sans chapelle; c'est la partie ancienne de la nef actuelle prolongée jusqu'à l'entrée du chœur. Les fenêtres étaient ce qu'elles sont, en ogives géminées réunies au sommet par une figure carrée; l'écartement des murs était soutenu non seulement par des contreforts, mais par des tirants.

Église de Passais. — Vue intérieure.
D'après une photographie de M. H. Magron.

(1) L'original de cette charte se trouve à la Bibliothèque de Vire, sous la cote 5e, parmi neuf autres pièces concernant le Passais.

La chapelle du nord fut percée près du chevet, en 1644, par maître Jean Ledemé, chanoine de Sainte-Croix d'Orléans, originaire de Passais. La chapelle du midi fut construite en face de la première, en 1690, par Charles Landais, curé de la paroisse, aidé de ses prêtres. Deux inscriptions placées à l'entrée des chapelles indiquent d'ailleurs l'époque de la construction de ces chapelles.

Le chœur fut ajouté en 1762, par Nicolas Ramard, curé de Notre-Dame de la Conception. La voûte a toujours été ce qu'elle est, en berceau. Dernièrement une tour, surmontée d'une belle flèche en granit, a complété l'édifice.

Le premier nom de cette paroisse était la Conception-en-Passais, ou Notre-Dame de la Conception-en-Passais; et c'est plus récemment qu'on en fit Passais-la-Conception.

A quelques centaines de mètres de cette église se trouve la gracieuse chapelle de Notre-Dame-de-l'Oratoire, consacrée à l'Immaculée-Conception, chapelle qui est devenue un lieu de pèlerinage célèbre.

Pendant tout le mois de mai notamment, comme autrefois dans le mois de septembre à la chapelle Saint-Auvieu, de nombreux pèlerins de l'ancien Passais et des environs se rendent à ce sanctuaire privilégié.

H. Le Faverais.

ÉGLISE DE TINCHEBRAY

ÉGLISE SAINT-RÉMY, A TINCHEBRAY

Comme beaucoup d'autres centres, Tinchebray doit son existence à la construction d'un château-fort. Une roche escarpée, dominant la vallée du côté du Noireau, fut tout d'abord l'emplacement choisi par les seigneurs de Mortain, pour y installer une forteresse qui protégerait leurs domaines sur ce point.

A l'ombre de la forteresse vinrent peu à peu se grouper les demeures des manants. Le château eut sa chapelle, qui fut bâtie sous le vocable de saint Rémy, et sans cependant être attenante à la demeure seigneuriale. Elle occupe, en effet, le centre de la bourgade. Elle dut être ainsi bâtie probablement tout à la fois pour l'usage du château et l'utilité des habitants. Elle forme d'ailleurs le seul monument de la ville proprement dite, puisque les deux églises paroissiales, qui se partageaient le territoire du lieu, se trouvaient situées à deux kilomètres environ du centre. Et quoique Saint-Rémy n'ait jamais été église paroissiale, l'ensemble de sa construction présentait cependant un caractère plus soigné que pour les deux églises paroissiales de Notre-Dame et de Saint-Pierre. Les seigneurs de Mortain, en effet, l'ayant fait bâtir, avaient voulu que le monument portât la trace de leur munificence.

C'est à la dernière moitié du XIe siècle qu'il faut le faire remonter, car diverses de ses parties portent le caractère marqué de cette époque, les autres ayant été surajoutées aux époques suivantes. On y distingue, notamment, une fenêtre romane parfaitement caractérisée, quelques modillons et chapiteaux de cette époque, assez grossièrement travaillés d'ailleurs. Il est facile, au reste, de comprendre que le granit de cette contrée, dont se compose en grande partie cette construction, ne se soit guère prêté aux mille fantaisies de l'architecture, ailleurs si riche, et là plutôt sobre et sévère.

Quelques autres parties portent le cachet du XIIe siècle. Le chœur, par une disposition assez rare, se trouve sous la tour de l'église; la voûte en pierre, qui le surmonte, a un cachet rare et remarquable; on y voit les arceaux de l'ogive primordiale dans toute leur pureté, avec fenêtres à lancette simple s'ouvrant sur les côtés dans le plein des murs.

Une fenêtre à plein cintre se présente au transept sud, tandis que dans la partie opposée se trouve une petite fenêtre ogivale trilobée, du XVe siècle, et au-dessous, à l'intérieur, l'enfoncement d'une crédence de même style.

Un oculus assez élégant du XVe siècle décore la partie supérieure de la façade principale de la tour, dont les quatre angles portent des lucarnes en pierre, du même style, à la naissance de la flèche.

Autrefois la nef se prolongeait sur la place actuelle, s'appuyant sur un chevet presque sans saillie à son extrémité, surmonté de la tour, et flanqué d'un transept de chaque côté.

Saint-Rémy, dont il ne reste plus aujourd'hui que les transepts et le sanctuaire surmonté de sa tour romane fortifiée, offre un spécimen assez rare chez nous de ces vieilles églises forteresses, très communes dans le midi de la France.

Au temps des guerres anglo-normandes, on se mit à fortifier les églises dans les cités et même les simples villages, et plus d'une fois on vit les populations, en proie à une véritable panique, venir s'y réfugier en foule. Le chœur de Saint-Rémy porte encore la trace visible des travaux de défense que nécessitèrent ces temps calamiteux. Alors, en effet, furent surélevés les murs des deux transepts; çà et là des meurtrières y furent ménagées et l'on établit vers les angles des mâchicoulis, aujourd'hui encore très bien conservés. Ce sont des tourelles courtes et carrées, flanquées en saillie, chacune posant sur trois corbeaux de granit à peine dégrossis. Entre chacun de ces encorbellements il n'y a point de plancher, mais un vide ménagé pour pouvoir jeter d'aplomb de gros projectiles sur les assaillants.

Autrefois les canons de notre province avaient défendu de fortifier les églises; leur sainteté devait suffire à les protéger contre toute profanation. Mais l'ennemi d'alors était sans foi ni loi, et l'on dut prendre ces précautions pour défendre le lieu saint contre ses fureurs. Là d'ailleurs se réfugiaient les populations, venant retremper leur courage au pied des autels, et mettre leur vie à couvert derrière ces enceintes sacrées, devenues momentanément des remparts de guerre. C'est l'honneur de ces vieux monuments d'avoir su tout ensemble protéger les corps et les âmes.

Vue de la façade.
D'après une photographie de M. H. Magron.

Une ancienne tradition a gardé un souvenir qui n'est pas sans honneur pour Saint-Rémy de Tinchebray. Le comte de Mortain, en effet, avait le privilège de porter l'étendard de saint Michel, et il le spécifiait parfois en ces termes dans certains actes : Moi, Robert, qui porte en guerre l'étendard de saint Michel. Or, satisfait des prouesses que le contingent de Tinchebray sous ses ordres avait faites à la bataille d'Hastings, c'est aux habitants qu'il confia, en récompense, la garde de sa noble bannière. Ainsi aurait-elle été déposée dans la chapelle du glorieux archange, en l'un des transepts.

Le 11 germinal de l'an IV, le comte Louis de Frotté vint donner l'assaut à Tinchebray, qui était devenu un centre de résistance contre les détachements de la chouannerie normande. Saint-Rémy devint de nouveau comme une sorte de forteresse, d'où les soldats républicains tiraient à coup sûr contre les assaillants, sans pouvoir être atteints par les coups de leur mousqueterie. Après sept heures de lutte acharnée, le comte Louis de Frotté se retira, laissant de nombreux morts et blessés.

Depuis ce temps une nouvelle phase d'existence a commencé pour Saint-Rémy. Rasée jusqu'à une certaine hauteur, crénelée çà et là pour les besoins de la défense, étançonnée de toute part, tant elle menaçait ruine, la vieille nef de Saint-Rémy dut tomber sous le marteau des démolisseurs, pour agrandir la place du Marché; l'art et le souvenir ne purent lui faire trouver grâce. On raconte que, lorsqu'il s'agit d'enlever l'antique statue de saint Rémy, qui décorait le portail, aucun habitant du lieu ne se soucia de cette besogne. Ce fut un étranger qui dut s'en charger, et quand elle céda sous ses efforts, elle l'entraîna dans sa chute, et il en fut pour une assez forte contusion.

La nef ainsi rasée, on établit un plancher au-dessous de la voûte de la tour, pour former l'appartement de l'Administration municipale, avec un escalier de granit à l'extérieur pour y donner accès.

Voici en quels termes l'Administration centrale du département avait autorisé la municipalité à procéder à cette démolition : « Citoyens, nous avons reçu votre lettre du 20 fructidor dernier, portant envoi de la délibération que vous avez prise le 19 relativement à la démolition de la ci-devant chapelle Rémy (sic), dont vous avez destiné les matériaux pour établir des redoutes, afin d'empêcher aux brigands de pénétrer dans votre commune.

« Les circonstances périlleuses où vous vous trouvez méritent sans doute la plus grande surveillance, et nous ne pouvons qu'approuver les mesures que vous avez prises pour votre défense; mais, comme il est résulté de cette démolition des matériaux qui peuvent être d'importance, et qui entrent dans la classe du mobilier dont il doit être disposé en conformité de l'arrêté du Directoire exécutif du 23 nivôse an VI, nous désirons que, de concert avec le receveur de la régie, vous fassiez dresser procès-verbal estimatif et détaillé de ces matériaux, et de suite nous le faire passer, afin d'en ordonner la visite, lorsque les circonstances seront favorables. Jusque-là ces matériaux resteront sous votre surveillance. — Salut et fraternité. »

On vit alors ce vénérable débris des siècles servir tout à la fois « de clocher pour les paroisses, de maison commune et de chapelle oratoire »; ce sont les expressions mêmes d'un document du temps.

Vue du côté gauche.
D'après une photographie de M. R. Magron.

Cet état de choses persista pendant la première moitié de ce siècle, puis Saint-Rémy finit par être à peu près complètement délaissé, tout en restant principalement affecté à l'usage de la paroisse. Des réparations d'entretien y ont été faites en ces derniers temps; elles étaient urgentes.

Cet antique monument reste donc comme le témoin des âges passés; il garde quelques antiques sépultures dont la trace se voit çà et là sur ses dalles; sa structure attire le regard du visiteur. Même quand ils sont détournés de leur usage premier, par leurs souvenirs comme par leur cachet, ces vieux monuments méritent conservation. C'est à tous ces titres que nous avons consacré ces lignes à la vieille chapelle Saint-Rémy de Tinchebray.

L'ameublement de l'ancienne église des Montiers, dont dépendait Saint-Rémy, présente également quelque intérêt au point de vue de l'art et de l'archéologie. Tout cela, d'ailleurs, provient de l'antique abbaye de Belle-Étoile. Nous aimons à citer une statue de sainte Véronique, très prisée des amateurs ; le rétable du maître-autel, où l'on admire quelques colonnes torses, richement ornementées de grappes de raisin ; à la base de ces colonnes se trouvent sculptés les quatre évangélistes, d'un mouvement assez heureux et qui rappellent certains travaux de Germain Pilon ; le tabernacle à personnages ; le lutrin et les consoles, d'un dessin assez tourmenté, mais élégant.

L'autel de la chapelle de Saint-Pierre, la grille en fer forgé, qui sépare le chœur de la nef, ont une réelle valeur. On y voit aussi deux rangs de stalles, également venues de l'abbaye de Belle-Étoile, et dont les deux premières sont ornementées de riches bas-reliefs représentant saint Augustin et saint Norbert, les deux principaux patrons de l'ordre de Prémontré.

Le pavage de cette antique église est jonché de pierres tombales dont les inscriptions ont leur intérêt pour l'histoire locale.

Nous avons cru devoir cette mention à ces précieux débris d'autres âges.

L. DUMAINE,
Chanoine-Archiprêtre.

TABLE DES NOTICES DU VOLUME DE L'ORNE

PREMIÈRE PARTIE

ARRONDISSEMENT D'ALENÇON

	Pages
Le Château d'Alençon, par Louis Duval	1
L'Hôtel de Ville et le Musée d'Alençon, par Louis Duval	17
L'Hôtel de la Préfecture de l'Orne, par Louis Duval	25
La Bibliothèque et le Musée de Sculpture d'Alençon, par Louis Duval	31
Le Tribunal de Commerce d'Alençon, par Reynold Descoutures	35
L'Église de Notre-Dame, a Alençon, par l'abbé Mallet	41
L'Église de Saint-Léonard, a Alençon, par l'abbé L. Hommey	52
Le Château d'Aché, par le vicomte du Motey	55
Lonray, par Louis Duval	57
L'Église de la Roche-Mabile, par Henri Onfroy	60
Les Ruines du Château de la Roche-Mabile et la Butte de Chaumont, par Henri Onfroy	62
Saint-Céneri-le-Gérei, par Eugène de Beaurepaire	65
L'Église de Saint-Denis-sur-Sarthon, par Léopold Mabilleau	80
Le Château de la Touche, par Louis Duval	82
Le Château des Noës, par Louis Duval	82
Les Châteaux de Chauvigny et de Lisle, par Eugène Lecointre	83
Boitron, par Louis Duval	88
Le Château et l'Église d'Essay, par l'abbé Mallet	89
Le Château de Beaufossé, par Louis Duval	93
Le Château d'Aunay-les-Bois, par Louis Duval	94
Le Château de Gaspree, par Louis Duval	96
La Cathédrale de Sées, par l'abbé P. Barret	101
Le Palais Épiscopal de Sées, par l'abbé P. Barret	123
L'Abbaye de Saint-Martin de Sées (Grand Séminaire), par l'abbé P. Barret	128
L'Église Notre-Dame de la Place. — Anciennes Églises et Chapelles de Sées, par l'abbé P. Barret	137
Chérat, par l'abbé P. Barret	141
Aunou-sur-Orne. — Médavi. — Fresnaux. — Saint-Céneri près Sées, par l'abbé P. Barret	143
La Source de l'Orne. — Les Voves, par Léopold Mabilleau	149
Le Château de Carrouges, par l'abbé C. Macé	151
Joué-du-Bois, par l'abbé C. Macé	155
Le Champ de la Pierre, par l'abbé C. Macé	157

ARRONDISSEMENT DE DOMFRONT

	Pages
Le Donjon de Domfront, par Florentin Loriot	159
Domfront. — La Ville. — Ses Tours. — Ses Portes. — Ses Maisons, par Florentin Loriot	171
L'Église de Notre-Dame-sur-l'Eau, par H. Le Faverais	175
Le Rocher Sainte-Anne. — L'Ermitage. — La Légende. — L'Histoire, par F. Schalck de la Faverie	181
La Fosse Arthour, par F. Schalck de la Faverie	186
Le Manoir des Jugeries, par Florentin Loriot	189
Le Château du Diable, par Florentin Loriot	191
La Challerie, par F. Schalck de la Faverie	193
Le Manoir de la Saussemie, par Florentin Loriot	196
Le Château de Varennes, par le chanoine J. Rombault	198
Lonlay-l'Abbaye. — Son ancienne Église abbatiale et Église actuelle, par H. Le Faverais	199
La Tour de Bonvouloir, par Florentin Loriot	209
Bagnoles-de-l'Orne, par le comte G. de Contades	215
La Ferté-Macé. — Sa vieille Église romane. — Ses Monuments disparus, par Wilfrid Challemel	233
Le Logis Pinson, par Wilfrid Challemel	239
Allée couverte de la Bertinière, par Wilfrid Challemel	241
L'Église et le Château de Coulonne, par Wilfrid Challemel	243
Le Manoir de Saint-Maurice, par le comte G. de Contades	245
Messei, par le chanoine J. Rombault	247
Le Château de Dompierre, par Adigard	249
Le Château de Flers, par Jules Appert	251
L'Abbaye de Belle-Étoile, par Louis Duval	256
L'Église de la Lande-Pathy, par l'abbé L. Burel	260
La Rouvre. — Des Tourailloa à la Roche-d'Oitre, par Alfred Monod	263
Le Château de Ségrie-Fontaine, par l'abbé C. Macé	269
Sainte-Honorine-la-Chardonne. — La Boderie. — Saint-Sauveur, par l'abbé C. Macé	272
La Poupelière, par Louis Duval	275
Les Tourailles, par Gustave Le Vavasseur	277
La Chapelle Saint-Auvieu et l'Église de Passais, par H. Le Faverais	280
L'Église Saint-Rémy, a Tinchebray, par le chanoine L. Dumaine	285

TABLE DES PLANCHES DU VOLUME DE L'ORNE

PREMIÈRE PARTIE

FRONTISPICE. — Motif d'entourage formé par le Portail de Notre-Dame d'Alençon. Au centre de la composition est une vue représentant l'entrée du château d'Alençon. *Héliogravure en taille douce tirée en trois couleurs d'après un dessin au lavis de Jules Adeline.*

ARRONDISSEMENT D'ALENÇON

Numéros des planches		Pages
1.	Château d'Alençon.	1
2.	» »	9
3.	Hôtel de Ville d'Alençon.	17
4.	Hôtel de la Préfecture, à Alençon.	25
5.	Bibliothèque municipale d'Alençon.	31
6.	Salle d'audience du Tribunal de Commerce, à Alençon.	35
7.	Église Notre-Dame, à Alençon. — Vue d'ensemble.	41
8.	» » » — Portail principal.	47
9.	Château de Lonray.	57
10.	Saint-Céneri. — Le Pont et l'Église.	65
11.	Saint-Céneri-le-Gérei. — La Chapelle.	69
12.	» » » — Le Pont du Moulin.	75
13.	Cathédrale de Sées. — Portail principal.	101
14.	» » » — Vue générale.	111
15.	Palais épiscopal à Sées.	123
16.	Les Voves. — La Source de l'Orne.	149
17.	Château de Carrouges.	151
18.	Dolmen de Joué-du-Bois. — La Pierre au Loup.	155

ARRONDISSEMENT DE DOMFRONT

Numéros des planches		Pages
19.	Ruines du Donjon de Domfront.	159
19 bis.	Ruines de la Tour de Godras, à Domfront.	171
20.	Église de Notre-Dame-sur-l'Eau, à Domfront.	175
21.	Le Rocher Sainte-Anne, près Domfront.	181
22.	Manoir de la Challerie.	193
23.	Intérieur de l'Église de Lonlay-l'Abbaye.	199
24.	Phare de Bonvouloir.	209
25.	Bagnoles. — Établissement thermal.	215
26.	» — Un coin du parc de l'Établissement thermal.	219
27.	» — Les rochers de la vallée d'Antoigny.	223
28.	» — L'avenue du Dante, l'hiver.	227
29.	Château de Tessé-la-Madeleine.	229
30.	Allée couverte de la Bertinière.	241
31.	Manoir de Saint-Maurice. — Cour intérieure.	245
32.	Château de Flers.	251
33.	Moulins de la Rouvre, à Rouvre.	263
34.	Château de la Poupelière.	275
35.	Église de Tinchebray.	285

NOTES POUR LE RELIEUR

Placer toutes les planches à gauche, en regard de la page indiquée dans la présente table ; les marges sont calculées de façon à ce que le titre des planches en travers soit dans le fond du volume.

Remplacer les pages 151 à 154 des feuilles 38 et 39, par les pages 153 à 156 de la feuille 38*-39*.
» » 229 à 232 de la feuille 58, par les pages 229 à 232 de la feuille 58*
» » 275 et 276 » 69, » 275 et 276 » 69*
» » 277 à 280 » 70, » 277 à 280 » 70*
» la planche n° 23 ayant pour titre : *Église de Lonray*, par la planche n° 23 ayant pour titre : *Intérieur de l'Église de Lonlay-l'Abbaye*.

www.ingramcontent.com/pod-product-compliance
Lightning Source LLC
Chambersburg PA
CBHW070843170426
43202CB00012B/1921